AF367484

Para Além do Desconhecido

Larissa Seklítova
Lyudmila Strélnikova

ALMA
E OS MISTÉRIOS DA SUA ESTRUTURA

CosmUnity 2024

Larissa Seklítova, Lyudmila Strélnikova

A ALMA E OS MISTÉRIOS DA SUA ESTRUTURA
Contactos com a Mente Cósmica Suprema

Pela primeira vez, no limiar do séc. XXI, a Mente Suprema revela à Humanidade as Mais Recentes Informações sobre a organização dos Mundos Superiores governados por Deus, sobre as Leis que regem a construção e existência daqueles, sobre o ser humano como Essência Cósmica e seu lugar no Sistema Global da Criação.

O leitor interessado fará muitas descobertas extraordinárias sobre a alma humana, a sua estrutura e desenvolvimento de acordo com o programa, compreenderá os mistérios da morte humana e o significado dos seus sonhos. Ele vai aprender mais sobre o karma, o cérebro humano e a auréola existente por cima da sua cabeça. O livro falar-lhe-á também dos mundos paralelos da Terra e dos seres que neles habitam.

As autoras continuam a desvendar novos mistérios para todos aqueles sedentos de Novas Verdades.

A informação foi obtida no decorrer dos contactos com a **Mente Cósmica Suprema** e contém materiais exclusivos.

Recomendamos a leitura de livros em papel, pois têm uma carga divina positiva, funções protectoras e curativas, bem como contribuem para a descoberta de talentos, várias capacidades paranormais nos leitores e elevam uma pessoa espiritualmente. Os livros electrónicos apenas contribuem para a expansão do intelecto, e a informação neles contida não possui um potencial energético valioso.

"Aqueles que pedem receberão.
Os ávidos de leitura lerão.
Os sedentos de saber saberão."

(Das regras inscritas nas paredes do Templo do Conhecimento)

INTRODUÇÃO

A informação contida neste livro foi obtida nos diálogos com **Deus*** (* – ver Glossário), que serviram de base de transmissão de Novos Conhecimentos para os próximos 2000 mil anos da Humanidade, ou seja, até ao ano 4000. Posteriormente, expusemos esses conhecimentos nos livros das séries: "Para Além do Desconhecido" (40 livros) "A Magia da Perfeição" (7 livros), "Esoterismo em Aforismos" (11 livros), "Enciclopédia da Nova Era" (15 volumes) (ver bibliografia no final do livro).

A nossa proposta ao apresentar este livro é a de transmitir de um modo resumido e simples, em forma de conversa-diálogo com Deus, a informação que até agora, isto é, até 2000, tem sido ocultada da Humanidade.

Deus transmitiu à Humanidade as novas Leis da Evolução, apresentadas por nós no livro "As Leis da **Estrutura Una dos Mundos Energéticos e Físicos*** ou Fundamentos da Existência da Hierarquia Divina". Trata-se de informação complexa para compreensão dos indivíduos da nova raça, a **sexta***. Para conseguir transmitir essa informação complexa de maneira compreensível aos indivíduos da atual raça, a **quinta***, Deus estabeleceu connosco uma série de comunicações em forma de diálogo, onde nós Lhe colocámos as questões e Ele nos respondeu através da **mensageira*** L.A. Seklítova.

Esta informação é acessível à compreensão da maioria das pessoas, daí ter sido classificada como ensino médio.

A aprendizagem inicial começa com os conceitos básicos de instrução esotérica, daí ela transmitir informações simples descritas nos outros nossos livros ("A Mente Suprema Revela Mistérios", "Revelação do Cosmos", "Mistérios dos Mundos Superiores", entre outros).

Na qualidade de **enviados*** de Deus, recebemos um grande volume dos Novos Conhecimentos, que transmitimos à Humanidade em três Níveis da Complexidade, ou três Níveis da Aprendizagem: inicial, médio e superior.

Evidentemente, aconselha-se o leitor a começar a sua aquisição informativa a partir do Nível inicial de aprendizagem para, aos poucos, se ir aproximando da melhor maneira possível de conceitos mais elevados. Mas, mesmo nesta fase de aprendizagem inicial, é possível ter-se muitas revelações novas e inesperadas dos **Mestres Superiores***.

O nosso contacto com Deus não se iniciou de imediato. As primeiras abordagens ocorreram com os Hierarcas Superiores que fazem parte da Comunidade Hierárquica dos **Sistemas Cósmicos***, chamada de **"União"***.

Ao longo de vários anos de provações e de assiduidade na escola dos conhecimentos transcedentais, fomos tendo contactos com diferentes **Níveis*** da **Hierarquia Divina***, subindo sempre cada vez mais alto nos degraus da Hierarquia no nosso conhecimento, até sermos finalmente agraciados com o encontro com o Próprio Deus, Aquele que enviou a Bíblia às pessoas, que criou o nosso mundo, o **Universo*** e o Grande Projeto de Ascensão da Alma até Ele e da elevação desta através da religião.

Da tarefa dos **enviados*** – nas pessoas de nós os três: a filha, **L.A. Seklítova**, eu, a sua mãe, **L.L. Strélnikova**, e o seu pai **A.I. Strélnikov** – fazia parte o ato de dar Novos Conhecimentos à Humanidade e de transferir a consciência da Humanidade para um Nível Superior de Desenvolvimento. Cada um de nós (dos três citados) tinha diante de si as suas próprias tarefas individuais. A nossa filha, **L.A. Seklítova**, foi a nossa principal **mensageira***, concretizando os nossos contactos com Hierarcas Superiores e com Deus. A mim, L.L. Strélnikova, coube-me, primeiramente, formular todos os temas de interesse das pessoas, elaborar as perguntas a serem colocadas a Deus e, posteriormente, junto com a filha, escrever todos os livros relacionados às nossas três séries, incluindo a série "Esoterismo em Aforismos". O meu Signo do zodíaco é Aquário e, como tal, trago às pessoas Novos Conhecimentos ao longo da época de Aquário. No entanto, todas as novas ideias e complexos textos originais foram feitos por L.A. Seklítova., cuja **alma*** possui um volume especial do conhecimento cósmico e, como tal, conseguiu transformar a energia enviada por Deus e pelos Hierarcas Superiores em conhecimento compreensível ao ser humano. Foi a minha filha que apresentou ideias e postulados para as pessoas da sexta raça, tendo eu posteriormente desenvolvido essas ideias e postulados em temas amplos, através da interpretação de textos complexos que eu tornaria depois compreensíveis para os indivíduos da quinta raça.

Eu precisava de analisar a consciência do ser humano contemporâneo para entender os aspetos positivos e negativos do seu atual desenvolvimento, de modo a conseguir criar, através de conceitos gerais entre os **Mundos Superiores*** e os **mundos inferiores***, um Sistema de Desenvolvimento Espiritual Comum da Personalidade que passasse pelo conhecimento das informações necessárias para tal, bem como para juntar coisas que anteriormente pareciam incompatíveis, revelando assim a unidade do mundo.

Ao nos transmitir a Nova Informação, Deus disse que ela **deveria transformar a visão de mundo da Humanidade em cento e oitenta graus**, tirar a pessoa que, no seu estado infantil e devido à sua ignorância, aceita constantemente como milagre tudo aquilo que lhe é incompreensível e incomum. Essa Nova Informação deverá então conduzir o ser humano às reais fontes da Verdade – que pode ser dura, difícil de compreender, talvez mesmo dececionante, mas que se nos é apresentada como ela é na realidade, sem a capa do embelezamento, sem as fabulosas e lendárias variantes do ser.

Ante a idade já atingida pela Humanidade, é chegada a hora de a sua consciência se aproximar da realidade da vida existente ao seu redor.

No que diz respeito ao presente livro, cabe destacar que ele vem estruturado sob a forma de perguntas e respostas. Este é um livro de um diálogo com **Deus***.

Cabe admitir que é difícil colocar questões sobre um mundo que o indivíduo não viu pessoalmente ou do qual não se lembra e onde nada se iguala à realidade da Terra; é difícil encontrar conceitos comuns entre mundos diferentes, mas, recorrendo a comparações, tentámos mostrar à Humanidade o infinito do processo de cognição e do aperfeiçoamento que Deus nos revelou.

Muitos dos conhecimentos por Ele apresentados estão tão estreitamente interligados que se torna difícil determinar a que tema atribuí-los. Assim, por exemplo, ao ligarmos uma informação a um determinado tema, damo-nos conta que este último fica incompleto sem uma outra informação já anteriormente exposta num outro tema qualquer, pelo que nos vemos obrigados a repetir a mesma informação no tema mais recente. Tais repetições nada mais são do que prova de que tudo o que existe no **Cosmos*** está interligado entre si, nada mais são do que prova da unidade da **Estrutura Una dos Mundos Energéticos e Físicos***.

Centrando-nos na linguagem da narrativa, convém atentarmos nos pronomes com que Deus se identifica a Ele mesmo. Nos diálogos, Ele refere-se a Si mesmo como "Eu" quando quer focar a nossa atenção para coisas que, acima de tudo, dizem respeito apenas a Ele. Já o pronome "Nós", Ele usa quando fala em nome daqueles que, juntamente com Ele, concretizam os Seus projetos, que, nas Suas grandes criações, estão por detrás Dele, trabalhando laboriosamente em benefício e em nome Dele, Deus.

De igual modo, eu (L. L. Strélnikova)*, não posso dizer que escrevi este livro sozinha. Este livro foi escrito a seis mãos, pertencente a três pessoas que, ao longo de dez anos, percorreram um caminho comum de cognição, lutando juntos contra as dificuldades e ajudando-se mutuamente em tudo. É por isso que, embora não conste da lista de autores deste livro, expressamos a nossa grande gratidão a A. I. Strélnikov, respetivamente marido e pai das autoras, que nos apoiou financeiramente durante os anos em que eu e a minha filha trabalhámos apenas no plano espiritual. A ele coube controlar o funcionamento do nosso equipamento terreno: era ele que preparava os gravadores e as cassetes para gravar os contactos, foi o primeiro de nós a dominar a arte da impressão digital de livros, tendo posteriormente ensinado-nos a fazê-lo, era ele que consertava os equipamente sempre que estes se avariavam e ele aprendeu a trabalhar com novos softwares para nos ajudar. Agradecemos-lhe também a ajuda dada na elaboração de algumas perguntas.

Quando se trabalha em conjunto num grupo unido, a palavra "eu" desaparece do vocabulário e fica apenas "nós". Caminhámos, lutámos, ajudámo-nos uns aos outros, e chegámos a Deus no sentido mais verdadeiro da palavra: tomámos consciência das Suas Novas Verdades, da nova compreensão do mundo, das revelações divinas do nosso

Criador*. E desejamos que todos avancem no seu aperfeiçoamento pessoal, não obstante a chacota dos incrédulos e a repulsa dos conhecedores, não obstante as dificuldades materiais e as traições dos amigos e da família. Há que seguir apenas em frente, para que cada passo, por pequeno que seja, nos aproxime cada vez mais do topo da Hierarquia Divina, e para que cada passo grande e apressado não nos leve a um beco sem saída!

AS VÁRIAS FACES DA VERDADE

A verdade é multifacetada.

Este postulado dos **Entes Superiores*** explica a existência de informações contraditórias na apresentação de **mensageiros***. Cada um deles vê apenas uma faceta do diamante da verdade e descreve-a à sua maneira. Mas, por as pessoas não terem uma visão holística dos processos comuns, uma faceta da verdade acabará por entrar em conflito com outra faceta dessa mesma verdade.

A contradição existe onde não há conhecimento, isto é, entre dois conhecimentos contraditórios fica a faltar a informação vinculativa. O mundo inteiro assenta em contradições, ou melhor, em oposições, uma vez que são precisamente os opostos que criam os movimentos que existem entre eles. Peguemos no imã para exemplificar. Se o ser humano tivesse duas verdades distintas – um polo positivo e um polo negativo – ele jamais se daria conta de que só a sua integralidade cria o fator de atração dos polos. Apenas o conhecimento geral do imã, que liga entre si verdades contraditórias, consegue criar a visão correta do fenómeno, tendo essa visão uma escala mais abrangente do que aquela que nos dá o conhecimento isolado e particular de algo.

Portanto, quando uma teoria entra em conflito com outra não se deve procurar argumentos para eliminar uma delas. Isso é cegueira e ignorância. É necessário, pelo contrário, procurar novos factos que possam unir essa contradição. Somente juntando as muitas facetas do diamante de um conhecimento é que se pode ter uma ideia sobre seu volume holístico. Qualquer faceta é uma superfície plana com suas próprias Leis, enquanto que todas as facetas juntas formam já um volume com Leis completamente diferentes. No entanto, tanto a primeira quanto a segunda pertencem a um todo, que é o diamante.

Este pequeno exemplo mostra claramente como a ignorância humana e a falta de intelecto – incapazes de conseguirem ver o que se esconde de imenso e de belo para lá do momento unificador das diferentes partes – podem fragmentar e denegrir verdades. Assim sendo, gostaríamos de sublinhar uma vez mais que as contradições e incompatibilidades entre diferentes informações surgem apenas quando desconhecemos esse momento de ligação entre elas.

Vejamos um exemplo. Alguns teóricos dizem que o **karma*** não existe, enquanto outros afirmam que existe. Ambos citam muitos factos para fundamentar o seu ponto de vista pessoal. Qual deles está certo? Acontece que ambos os lados estão certos, apesar de as suas teorias serem contraditórias.

Deus enviou a respeito deste assunto conhecimento pleno que une os dois lados da mesma moeda. Acontece que as **almas*** de **Deus*** têm karma, e as almas do **Diabo*** não o têm. Mas se considerarmos esta questão do ponto de vista energético, podemos traçar um único processo de preenchimento da **matriz*** com os tipos de energias necessárias, tanto para as almas de Deus como para as almas do Diabo, ou seja, os princípios de ação são os mesmos, mas os métodos para atingir o objetivo são diferentes. É claro que não pretendemos agora discutir esta questão em detalhes. Este é apenas um exemplo que usamos para provar o principal: quando há falta dos Novos Conhecimentos, uma verdade começa a contradizer a outra. E devemos aceitá-las como são para conseguimos encontrar o momento daquela conexão que as une num único todo.

Só a falta de conhecimento do ser humano e, eventualmente, a sua pequenez ou ambições não lhe permitem ver o que há de Grandioso para lá de valores aparentemente incomensuráveis. Consideremos, por exemplo, grandezas como Deus e o Diabo. Para os humanos, Eles são incomparáveis e incomensuráveis. Mas na escala da imensa **Natureza*** integral, Deus e o Diabo não são apenas um todo uno, incapazes de existir um sem o outro, mas, mais do que isso, a morte de um deles levaria inevitavelmente à morte do outro, já que ambos formam um único processo na escala da nossa **Estrutura Una dos Mundos Energéticos e Físicos***.

Vejamos outro exemplo. Por um lado, diz-se que as almas são eternas e, por outro, afirma-se que elas podem ser destruídas se **os Superiores*** as tiverem classificado como defeituosas. Isso também é uma contradição. Qual é a ligação entre estas verdades?

Sim, de facto, todas as almas **defeituosas*(almas com defeito*)** estão sujeitas à destruição, mas somente a sua personalidade propriamente dita é que é destruída. As energias ganhas pela matriz são-lhe extraídas. No ato da destruição, a **matriz*** é esvaziada, corrigida e lançada de novo no processo evolutivo. Desse novo lançamento resultará uma nova personalidade. Além disso, os elementos formadores da matriz são eternos. Eles sempre existiram. Como tal, a base da alma pode ser considerada eterna, porque a matriz, uma vez criada, é indestrutível e, além disso, é criada a partir de componentes energéticos eternos.

Podemos encontrar muitos exemplos análogos a este. Por isso, ao se deparar com eventuais contradições, o melhor a fazer, para o seu próprio bem, é alargar a consciência pessoal, procurar fatores de ligação dessas aparentes contradições em vez de destruir um dos polos do íman, e alegar-se com o facto de que, ao fazê-lo, alcançará a verdade que simplificará a existência da parte restante.

As contradições são fruto único e exclusivo da ignorância do indivíduo, ou seja, da falta de conhecimento do ser humano.

Capítulo 1
ALMA. MATRIZ. ESTRUTURA DA ALMA

A ALMA

A **alma*** é um conceito que nos chega de um passado distante. Há já alguns milénios que o ser humano tem conhecimento da sua existência, isto é, daquela estrutura eterna que está dentro de si, mas que é invisível aos olhos. Mas como poderia o subdesenvolvido "homo sapiens", ainda não familiarizado com a civilização que se desenvolveria nos dias de hoje (ano 2000), tomar conhecimento daquilo que lhe era invisível? Considerando que no passado não existiam quaisquer instrumentos ou métodos especiais que lhe permitissem estudar as matérias **"subtis"*** e descobrir no seu corpo material algo misterioso – apenas existente num espetro energético completamente diferente – de onde surgiu então a tomada de consciência da existência da alma?

E a questão aqui, naturalmente, não se prende com o sentido de observação ou inteligência especial de determinados indivíduos capazes de compreender os segredos da estrutura do Homem, mas com o facto de todo o conhecimento nos ser dado "De Cima" e, em certos períodos do desenvolvimento civilizacional, os **Mestres Superiores*** fazerem chegar até às pessoas, por meio de enviados específicos, determinadas informações ou volume completo de alguns conhecimentos. Além disso, como já foi referido, as mesmas verdades repetem-se periodicamente com diferentes interpretações, mas com a preservação das bases intrínsecas de tudo o que existe.

Cada período caracteriza-se pelo seu volume constante de informação. As gerações sucedem-se, as almas progridem, ganhando experiência e partindo depois para **Mundos Superiores***, e um novo ciclo de aperfeiçoamento repete-se, agora já com um outro grupo de **Unidades***.

Devido a essa repetição cíclica do desenvolvimento, os **Mestres Superiores*** voltam a enviar para a Terra esses mesmos conhecimentos, só que agora com uma roupagem nova, adaptada ao Nível da Compreensão do homem contemporâneo. Às vezes, porém, basta fazer as pessoas recordarem-se do antigo, daquilo que os nossos ancestrais conheciam e que as gerações posteriores esqueceram.

Por isso, é justo dizer que o conhecimento da alma não é novo. O Homem sabe da sua existência desde tempos imemoriais. No entanto, atualmente, antes de surgir na Terra a nova raça – a **sexta raça*** da Humanidade – os nossos **Mestres Celestiais*** voltaram a recordar-nos da sua existência, uma vez que não existe nada mais valioso no mundo do que a *alma*, essa criação de Deus.

O conhecimento sobre a alma é agora dado num diapasão mais amplo do que o anterior, já que a sexta raça, bem como o indivíduo civilizado dos tempos modernos, está em condição de compreender as verdades que lhe são reveladas.

O conceito de alma é introduzido com cautela, de modo a não chocar o indivíduo, prisioneiro que é de dogmas antigos e conceitos conservadores. Os fundamentos da sua formação construtiva, assim como os processos ligados ao seu funcionamento, são-nos revelados gradualmente, levando a nossa consciência a aproximar-se lentamente da compreensão da criação Divina.

Mas então, o que é a *Alma*?

Precisamente isso é o que tentamos descobrir nas sessões de conversa com Deus, ou seja, nos contactos.

Tentemos compreender juntos tudo aquilo que é novo e que nos é contado diretamente por próprio Deus. Ele também não despeja, tal qual avalanche repentina, todo o Conhecimento Novo de uma só vez sobre as nossas cabeças. Ele vai, sim, passando a informação à medida da compreensão do ouvinte. Daí que a cadeia das nossas perguntas seja uma cadeia de compreensão sequencial das Novas Verdades.

A CRIAÇÃO DA ALMA

Iniciamos esta conversa com perguntas às quais Deus responde, revelando pela primeira vez à Humanidade os Seus incríveis mistérios.

— O que é a alma?

— A alma é parte integrante do Absoluto*. O conjunto das almas é, por assim dizer, o Seu enchimento interno, o Seu recheio, a Sua principal Unidade* de trabalho, como uma célula do vosso corpo.

— Começou agora a usar-se o novo termo "Unidade"* para designar a Alma. Por que razão a chamam assim?

— Esse é o nome dado à alma pelo Meu Sistema de Cálculo Negativo, o qual se ocupa diretamente da sua programação. "Alma" é um termo antigo. "Unidade" é o termo moderno que expressa com maior precisão a sua posição atual na Estrutura Una dos Mundos Energéticos e Físicos: cada alma é uma unidade constituinte de um todo maior espiritualizado. Assim, as Unidades formam-me a Mim (Deus) ou ao Absoluto. Aquilo que vive é formado pelo que é vivente. Em termos factuais, "Alma" e "Unidade" são sinónimos. A sua essência interior é a mesma.

— E quem é o Criador das almas?

— Sou Eu, **Deus**, que crio as almas para os Meus mundos. Sou Eu o seu Criador. Mas tenho ajudantes nessa tarefa: os Sistemas Hierárquicos especiais, que efetuam a produção das Almas sob o Meu comando.

— O Senhor cria almas apenas para a Terra?

— Para qualquer um dos quatros **Universos*** sob o Meu domínio.

— E qual a razão da criação das almas?

— Os motivos para a sua criação são vários. A Terra necessitava de um portador energético que transferisse a energia enviada dos **Sistemas Hierárquicos*** para o planeta. E para esse fim foi então criado o ser humano, ou seja, um mecanismo especial de transmissão e transformação. O seu invólucro físico foi elaborado de modo a funcionar de acordo com o que se precisava. E para ativar esse mecanismo material decidiu-se usar uma estrutura "subtil", que é, precisamente, a alma, isto é, uma estrutura energética específica, destinada apenas ao plano terrestre. No final das contas, "alma" é um conceito puramente terreno e refere-se a formas existenciais pouco desenvolvidas. Ela é uma estrutura específica do plano **"subtil"*** formada por componentes temporários e permanentes. Na **Hierarquia***, não existem almas. Existem outras formas: as **Essências***, ou seja, seres vivos com um Nível da Organização mais elevado. Mas qualquer alma terrestre, ao se aperfeiçoar, torna-se Essência, e essa evolução é inerente à sua estrutura.

– Porque é que se escolheu para a alma precisamente a forma do corpo humano atual quando existem tantas outras formas?

– A forma não foi escolhida, mas antes emprestada de um outro Sistema Material altamente desenvolvido que coopera Comigo. No entanto, o modelo do ser humano foi criado para condições terrenas, ou seja, concretamente para este mundo físico. O **Sistema Material*** que serviu de parâmetro encontra-se num Nível de Desenvolvimento muito elevado e daí o facto de a própria matéria desse Mundo ser diferente da matéria da Terra. A matéria física também tem graus de aperfeiçoamento diferentes e, por conseguinte, qualquer forma que se repita, mas em diferentes estágios de evolução, requer uma abordagem individual. Daí resulta que o corpo humano foi criado deliberadamente para o Nível da vossa Matéria.

– E porque é que o Senhor decidiu pegar emprestado a forma corporal dos seres desse outro sistema?

– Porque Eu queria que o **invólucro*** físico do ser humano alcançasse o mesmo Nível da Perfeição que o desse **Sistema Material**. Os habitantes desse Sistema alcançaram um elevado Nível da Perfeição sem perderem o corpo material. O problema da evolução do ser condicionado por um invólucro físico assenta no facto de que se esse ser – neste caso, a pessoa – em processo de **desenvolvimento*** atingir um grau evolutivo tal que, mantendo a sua estrutura atual, começa a pensar por meio da matriz, ele fará tudo para se descartar do corpo físico, uma vez que a alma com potencial elevado acabará por se tornar incompatível e romper com o invólucro material, já que o Nível da Matéria propriamente dita permanece baixo. Para evitar que isto aconteça, as pessoas devem seguir o caminho desses Sistemas Materiais Altamente Desenvolvidos e desenvolver os seus corpos de modo a que sejam compatíveis com as suas almas. A matéria da forma tem de ser capaz de suportar uma alma energeticamente elevada, o que faz com que seja igualmente necessário que ela, paralelamente à evolução da matéria "subtil", progrida também estruturalmente. O espírito e o corpo devem ser compatíveis um com o outro.

– Mas por que razão se tornou essencial criar um corpo material para Homem? Afinal de contas, a alma poder-se-ia ter desenvolvido de igual modo na matéria "subtil".

– A matéria física e o Universo Físico são essenciais para o desenvolvimento geral da Estrutura Una dos Mundos Energéticos e Físicos no seu todo. Eles são sua parte integrante vital, do mesmo modo que o fundamento de qualquer construção é vital para manter de pé as possantes estruturas do edifício. O mundo material e o mundo "subtil" estão interligados e o Nosso **Sistema Espiritual*** tem de realizar constantes tarefas nos limites do mundo material. Para obter o que quer que seja "Em Cima" torna-se necessário regular e ajustar muita coisa "Em Baixo", no plano físico. As Essências Espirituais não conseguem cumprir esse tipo de trabalho e, daí, surge a necessidade de Entidades Materiais. É por isso que, sempre que é necessário corrigir algo no meio físico, Eu tenho de recorrer contratualmente a Sistemas Materiais mais desenvolvidos (eis a razão porque chegam periodicamente até nós "discos voadores" e outros objetos não identificados). Mas, no âmbito desse contrato cooperação, os Sistemas Materiais têm de ser pagos. E tal pagamento não sai barato. O Meu objetivo, portanto, é criar nos Meus domínios indivíduos materiais que, por seu Nível de Desenvolvimento, não fiquem atrás dos "contratados". Isso ajudará a resolver muitos problemas e a reduzir os custos de reconstrução dos mundos físicos.

– Mas, então, certamente que os caminhos evolutivos já passados por esses Sistemas Materiais são conhecidos, certo?

– Sim.

– E o Senhor repete esses mesmo caminhos já anteriormente percorridos ou trilha para as pessoas uma direção diferente?

– Nas Minhas buscas, fico-Me pelo caminho dos Sistemas Materiais. Naturalmente, tento não cometer os mesmos erros que Eles cometeram. Os erros dos outros servem para aprendermos com eles, – sentimos a Sua entoação um leve riso.

– Além de pôr em funcionamento o corpo físico, quais são as outras funções da alma?

– O Homem é uma biomáquina que produz energia para os Sistemas Hierárquicos e que, paralelamente, vai aperfeiçoando a própria alma, ou seja, é um mecanismo que se autodesenvolve. Digo que ele "autodesenvolve-se" no sentido que não permanece inalterado, mas que progride constantemente com base num dado programa.

– O que é o **compósito*** da alma?

– O compósito da alma é a sua composição energética e qualitativa, já que as energias ganhas durante as diferentes reencarnações são todas qualitativamente diferentes. Por outras palavras, pode-se dizer que o compósito da alma é a textura interior da alma, a totalidade das várias energias que determinam a sua expressividade e individualidade.

– O compósito da alma, como um conjunto qualitativo de energias, é limitado?

– Na Terra, sim, é limitado, mas, no geral, não, dependendo das pessoas. Se tomarmos a pessoa terrena comum, então, para ela existem normas de composição. Mas se tomarmos como exemplo **os enviados*** ou as almas cósmicas, então a situação já será totalmente diferente. Estes têm corpos diferentes, compósitos diferentes e diferem também por sua potência.

– Porque é que as almas terrestres têm menos potência?

– Isso deve-se ao seu menor Nível de Desenvolvimento. Elas ainda não tiveram o tempo para desenvolver a sua potência. Além disso, há pessoas que são como robôs: que realizam mecanicamente as suas tarefas e de mais não são capazes. Este tipo de pessoas destina-se apenas à Terra, para suprir as suas necessidades, e não necessitam de nenhum potencial energético elevado.

– Será então justo considerar o compósito como o que commumente chamamos no mundo terrestre de Espírito Santo?

– O Início Supremo está necessariamente presente em cada alma. Qualquer pessoa pertencente aos **Sistemas Divinos*** traz em si uma partícula do Espírito Santo. Mas há pessoas vindas dos **Sistemas Negativos*** do **Diabo***.

– E como é que o indivíduo pode aumentar essa energia santa que existe dentro de si? Através de orações?

– Essa energia aumenta à medida que a pessoa for passando pelas suas várias vidas.

– A experiência de muitas vidas é somada ou vai-se excluindo com a sobreposição?

– É obrigatoriamente somada. A evolução vai apenas no sentido da ascensão.

– De que matéria é criada a alma?

– De um conjunto de diferentes energias.

– E de onde vêm essas energias?

– Nós (**os Superiores***) temos essas energias, – respondeu Deus evasivamente. Mas como nós queremos chegar ao cerne da dúvida, tentamos aprofundar a questão, delicadamente, para não importunar:

– Mas essas energias são criadas especialmente para esse fim ou conseguidas de alguma outra forma?

– Elas são tiradas de outras almas, – respondeu Deus, de novo evasivamente.

– Como?

– Ao longo da vida, as almas vão ganhando uma **energia*** específica que se divide em diferentes tipos. Pode-se isolar cada um desses tipos e, após um processamento especial, voltar de algum modo a juntá-los num todo único, formando assim uma nova Unidade. Mas nem todas as almas conseguem, na sua passagem pela vida, ganhar a energia necessária de determinada característica. Existem aquelas que falham nessa tarefa, ou seja, que em decorrência do livre-arbítrio que lhes é concedido não cumprem o seu programa.

– Mas aquelas almas das quais essa energia adicional foi retirada continuam a existir?

– Para ser franco – Deus começou finalmente a abrir-se um pouco mais – essa energia é retirada das almas **decodificadas***, que se degradaram e que já não podem seguir o caminho evolutivo. Connosco nada se perde! Produzimos sem desperdícios. Por isso é que todas aquelas energias que uma alma ganha durante vidas passadas são retiradas da matriz. Cada tipo de energia é inicialmente isolado e posteriormente, já em forma pura, é usado para a produção de novas almas. A matriz propriamente dita da alma é então limpa de todas as energias inerentes à personalidade **decodificada***.

– E aquelas almas que continuam a desenvolver-se também entregam as suas energias excedentes para criar novas almas?

– Não, não existem excessos energéticos nos indivíduos em progresso. Tudo o que a alma ganha fica em sua posse para desenvolvimento futuro.

– Então, a energia excedente usada para a produção das almas só é retirada das almas que são consideradas **defeituosas* (com defeito)*** e que devem ser destruídas?

– Sim, para a Terra, é precisamente isso que acontece. No entanto, os Determinantes, com a ajuda de programas, conseguem retirar dessas almas com defeito energias qualitativamente válidas que elas acumulam ao longo da sua vida. Por isso é que elas vivem não uma, mas, no mínimo, dez vidas, de modo a que a energia que ganhem compense tudo aquilo que se gastou na sua criação. As energias ganhas e acumuladas por essas almas são então literalmente raspadas delas e a sua matriz é parcialmente quebrada, ou seja, é removida aquela parte que foi sendo acrescentada ao longo do tempo, e, no final, ela é completamente limpa até se chegar à base original. E é isso que acontece com a construção das almas para a Terra.

– E o que é que fazem com aqueles indivíduos que não conseguem acumular a quantidade necessária de energia?

– Elaboramos novos programas com novas situações que os obriguem a adquirir, na quantidade certa, aquilo de que Nós necessitamos.

– Como é que as almas ganham especificamente aquela energia que depois é usada para criar outras almas?

– Com várias vidas vividas, com a experiência ganha com isso e com muitas mudanças no plano emocional.

– E o aumento de ações mais ativas contribui para a aquisição de energias excedentes?

– Não, isto não influencia nada.

– E o sofrimento influencia?

– O sofrimento é emoção, por isso contribui, sim, para a conquista de características necessárias.

– E o que é que acontece às energias retiradas dos indivíduos após a morte? Uma pessoa morre, passa pelas camadas de purificação e acaba também dela sendo retirada alguma energia. Essa energia também será usada para criar outras almas?

– Com a passagem pelas camadas-filtros de purificação, as almas vão perdendo as energias "impuras", que lhes são retiradas, mas que não serão usadas na produção de outras almas, uma vez que se trata de uma gama de energias muito baixa que se destina a outros fins. Afinal a criação de uma alma requer componentes de elevado padrão e alta qualidade, ou seja, existem requisitos no que se refere ao material usado na criação de uma nova alma.

– A **energia da espiritualização*** contida na alma desaparece quando ela é decodificada?

– Essa energia também é recolhida separadamente e reutilizada.

– E as novas almas dos animais também são criadas a partir de energias recolhidas de almas **decodificadas*** dos outros animais?

– Não, com os animais o processo é diferente. As almas deles são retiradas de um mundo em grau de **desenvolvimento*** mais baixo, ou seja, elas provêm das plantas, e as almas das plantas – de um Nível ainda mais baixo e assim por diante.

– E a Terra, consegue criar almas? Ela está num Nível de Desenvolvimento tão elevado...

– E Terra propriamente dita não consegue. Mas a sua energia é usada para criá-las.

– Qual é o mecanismo de criação da alma, da sua construção? Ela é criada por meio de forma química, física ou é de alguma maneira cultivada e fica-se à espera que cresça?

– Pode-se dizer que é cultivada. Mas trata-se de um processo muito complexo.

– Como é que cuidam dela para que cresça? Da mesma maneira que a pessoa cuida da semente para que se torne árvore?

– Não, não é como uma semente, mas antes coletando energias com a característica necessária. Pegam numa pequena quantidade de uma energia com certos parâmetros e a ela juntam outra também pequena quantidade da energia seguinte. Após isso feito, ficam a aguardar até que essas duas energias se unam ante determinadas condições. Grosso modo, esperam que uma dessas energias se una à outra e que comecem as duas a crescer juntas. Depois disso acontecer, pegam numa terceira quantidade energética e juntam-na às duas primeiras e, mantendo o mesmo regime, ficam de novo à espera que elas se unam. Trata-se de um trabalho extremamente delicado, que exige precisão de joalheiro e que leva o seu tempo, já que há que juntar muitas energias, tal qual um monte de peças ou, mais precisamente, de compósitos. Estes compósitos são componentes muito delicados que requerem uma abordagem cuidadosa e muito tempo para se unirem. Devido ao facto de este método ser muito demorado para criar almas, tentou-se um outro método, não laboratorial, em que a alma passa pelas camadas naturais da Terra, isto é, através das fases de desenvolvimento dos minerais, plantas, insetos e animais. Daí terem surgido as almas de origem animal, as almas que passam pela forma de animais. Este método acelera o processo de crescimento da alma, mas, por outro lado, a sua evolução leva mais tempo. E assim, as almas vão progredindo, ganhando qualidades particulares e criando o seu próprio conteúdo único.

– Quanto tempo demora a criação de uma alma?

– Nove anos cósmicos. Mas lembrem-se que Nós temos a nossa própria medição do tempo.

– Qual é a correspondência entre um ano terrestre e um ano cósmico?

– Um ano cósmico é aproximadamente igual a mil milhões de anos terrestres.

– E quanto tempo leva para criar a alma do planeta?

– Também nove anos cósmicos.

– A mesma quantidade de tempo? – perguntamos admiradas.

– Sim. Ela simplesmente tem um volume maior, embora tenha também, é claro, uma estrutura mais complexa.

– Mas como é que isso é possível: simples e complexo ao mesmo tempo? – continuamos a perguntar visivelmente confusas. – Para nós não há comparação possível entre a alma humana e a alma da Terra.

– O que vocês estão a querer dizer é que se for maior e mais complexa, então deverá levar mais tempo a ser construída. No entanto, não é assim que as coisas funcionam. Assim que iniciamos a recolha do volume das energias começa logo a sua junção, ou seja, ocorrem várias operações ao mesmo tempo. Para a alma da pessoa, que é pequena, precisamos de um volume energético pequeno. Já a Terra, com a sua alma grande, exige um volume energético imenso. No entanto, com a ajuda de métodos especiais de recolha, essas operações levam o mesmo intervalo de tempo a serem executadas, uma vez que fazer uma alma humana a partir de estruturas muito pequenas é bem mais difícil do que fazer a alma do planeta a partir de estruturas grandes. As peças grandes veem-se melhor, são mais cómodas de manusear e, como resultado, trabalhar com elas torna-se um processo mais rápido, ou seja, uma coisa compensa a outra e, no final, o tempo gasto na criação delas acaba por ser igual.

– Por sua estrutura, as almas são criadas idênticas ou imediatamente distintas?

– Idênticas. Quando criadas do zero, elas são todas absolutamente iguais. No entanto, elas recebem uma partícula que lhes dá posteriormente a orientação para a individualidade. E as almas progridem, ganhando características únicas, criando o seu próprio colorido incomparável.

– E não existem, no curso do desenvolvimento, almas idênticas? Afinal, elas são tantas...

– Não existem almas idênticas, mas encontramos, sim, almas semelhantes, que são usadas em processos do mesmo género para produzir energias de um determinado tipo. Quando as almas se preparam para encarnar numa nação, elas são selecionadas por parâmetros energéticos semelhantes e são colocadas em corpos com a mesma estrutura **"subtil"***, o que garante precisamente a aquisição de um único tipo de energia por nação. Por isso é que as almas que hoje pertencem a uma mesma nação tornam-se iguais, mas elas terão sido idênticas apenas no momento de criação dessa nação. Já depois, dependendo do programa da vida, cada alma vai ganhando as características do seu caráter e individualidade. Qualquer nação tem as suas orientações de desenvolvimento. Uma nação possui mais características de um determinado tipo, outra nação possui outras características, e é por isso que, no atual Nível de Desenvolvimento, as almas pertencentes a nações diferentes, diferem qualitativa e estruturalmente umas das outras.

– Existem algumas regras a serem seguidas quando criam uma alma nova?

– Existem certas **Leis***, sim, que regem a construção de novas almas.

– Quando criada em laboratório, qual é o momento em que a alma ganha vida?

– Ela está viva desde o início. Se não estivesse viva não poderia crescer durante nove anos cósmicos. Ou seja, assim que é criada, a alma é imediatamente **espiritualizada***. E este é o grande mistério que só Eu sei como fazer e que o Diabo não sabe.

– Ele não consegue criar almas porque não as consegue **espiritualizar***?

– Sim. Há muita coisa que Ele não consegue fazer.

– Mas o Senhor não revela o segredo da espiritualização nem mesmo aos Seus **Entes Superiores***?

– Como não? Eu sou o Idealizador Principal e Criador de tudo. Sou Eu que crio as almas, o espaço e o tempo, ou seja, Eu Próprio alcancei tudo isso e fiz tudo isso desenvolver-se. Eu sou, na vossa linguagem, o Autor de tudo o que existe nos Meus **Universos***. No entanto, confio os Meus segredos aos Meus Ajudantes Supremos e, como tal, há muita coisa que não sou só Eu que sei, mas também os que Me são próximos. Por isso, tenho Individualidades Supremas no Sistema dos Anjos que Me ajudam a espiritualizar as almas.

– Como é que o Senhor consegue esconder este segredo do Diabo? Ele parece ser tão esperto, capaz de fazer tudo e, vai daí, não consegue descobrir o essencial?

– O que acontece é que este segredo só desce até ao segundo Nível abaixo de Mim. Já o Diabo é quase duas vezes menor do que Eu em termos de energia, em termos de **potência***. Daí Ele não conseguir ascender, no plano puramente físico, ao Sistema que, juntamente Comigo, realiza a espiritualização das almas. Essas camadas simplesmente esmagá-Lo-iam.

– E se o Diabo acelerar o Seu próprio desenvolvimento e alcançar esse Nível, será Ele capaz de conhecer o Seu segredo, o segredo da **espiritualização*** das almas?

– Não. O Diabo nunca conhecerá esse segredo, porque enquanto Ele crescer duas vezes, Eu crescerei quatro. E o mais importante aqui é que o Diabo jamais Me conseguirá alcançar em Seus qualidades. São precisamente as qualidades energéticas da alma que dão outra orientação ao desenvolvimento.

— E não conseguiria Ele próprio, com um Sistema Informático bem potente, calcular e criar a alma com o respetivo processo de espiritualização?

— Não, esses processos não estão subordinados a Sistemas de Cálculos.

A ESTRUTURA DA ALMA

Uma vez dominados os conceitos gerais da alma, chegou a hora de começamos a analisar a sua estrutura **"subtil"***, com Deus continuando a revelar-nos os Seus segredos.

— No que é que consiste a estrutura configurativa da alma? De que formas geométricas é esta última formada?

— Trata-se de uma estrutura complexa, composta não por figuras, mas por volumes que se misturam uns com os outros e se estratificam entre si. E, claro, são totalmente formadas por números. Por números sobre números. Se quiser, pode imaginar esse volume como uma esfera, ou como um cubo, mas é evidente que é tudo bem mais complexo que isso. Peguemos, por exemplo, na esfera. Ela é formada por uma grelha volumosa de células preenchidas com números (ver Figura 1) com um determinado valor energético, cada célula sua é preenchida com uma determinada **qualidade (característica) de energia***.

Cada dígito, qual código operacional, expressa a qualidade e quantidade necessárias para uma determinada célula, ao mesmo tempo que esse código digital tem valor para Nós.

— E a forma propriamente dita das almas é igual para todas as pessoas?

— A forma da **matriz*** de cada pessoa depende da evolução desta última; daí ela ser diferente de pessoa para pessoa.

— E nem no estágio inicial elas são iguais?

– As almas do ser humano acabadas de fazer são todas iguais, mais precisamente, estão todas vazias. As células das suas matrizes não estão ainda preenchidas. Ao saírem do laboratório, as almas são apenas volumes com a mesma quantidade de energia vital. E, claro, são todas padronizadas. É no processo evolutivo que elas começam a tornar-se diferentes umas das outras.

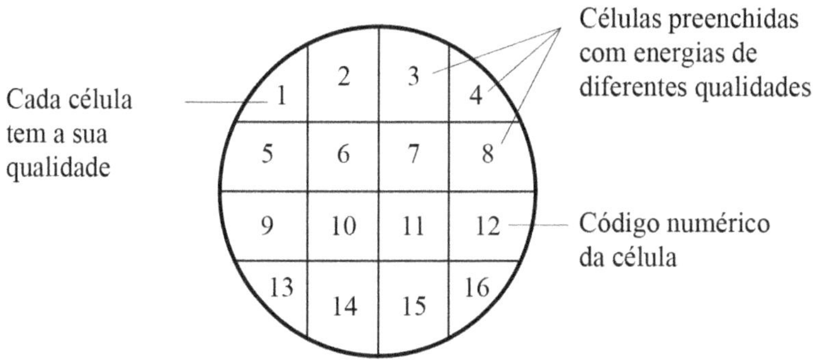

Figura 1. Matriz da Alma

– Porque é que as almas, inicialmente iguais, se tornam posteriormente diferentes?

– Essa é uma questão pertinente: como é que de um sem-número de almas idênticas surge um sem-número de almas distintas, visto não encontrarmos pessoas com almas idênticas, embora tal fosse viável? Isso deve-se ao facto de que, ao criar-se uma alma, se coloca no seu processo de construção uma partícula especial que lhe dá, à alma, uma orientação evolutiva específica e exclusiva dela. Trata-se de uma partícula minúscula cuja função exclusiva é garantir que cada alma seja única, isto é, ela dá às almas a sua individualidade específica através da orientação do desenvolvimento escolhido para cada uma delas. É por isso, graças a essa partícula, que todas as almas se tornam únicas e individuais. Elas vêm dotadas da capacidade de se alterar e aperfeiçoar na direção desejada.

– Essa partícula é portadora de um programa?

– Pode-se dizer que sim, sem que se trate, no entanto, de um programa propriamente dito. É algo mais do género de um marco de localização da alma no **Volume (Espaço) Geral*** da **Natureza***. Cada alma está destinada a ocupar o seu volume menor, daí que cada uma dessas partículas dê a orientação concreta que informa para que volume e, consequentemente, em que direção, deverá a alma evoluir, e assim por diante. Portanto, será justo dizer que essa partícula não só torna a alma algo individual, como também determina a sua localização no Espaço Geral* da Natureza*.

– E essa partícula é colocada na alma desde o início?

– Sim, desde o início, desde o momento da sua criação, mas – cá está – desde um momento determinante.

– É possível a configuração da alma mudar numa mesma vida?

– Ela muda constantemente em cada vida e nunca permanece constante. Pode-se mesmo dizer que a cada segundo que passa ocorrem modificações na estrutura configurável. É precisamente nisso que assenta a essência da evolução/desenvolvimento da alma.

– E ao que é que se deve essa mudança? Ao preenchimento energético?

– Ao preenchimento de energias de alta qualidade e a algumas estruturas novas.

– E as células das almas degradadas não se vão enchendo com energias?

– Essas células não só não recebem energia, como se dá a destruição das próprias estruturas.

– O que é a matriz da alma?

– A **Matriz*** é a **Alma***, a sua estrutura concreta composta por células individuais que contêm o código digital.

– E de que modo é que as células da matriz estão ligadas à configuração da alma?

– A configuração é o volume total que compõe a alma e que pode variar de indivíduo para indivíduo (ver Figura 2). As células da matriz estão interligadas entre si através de determinadas Leis Estruturais. A configuração do volume total duma matriz é elaborada pela própria alma à custa dos diferentes tipos de energia que vão preenchendo as células. Cada indivíduo constrói-se a si mesmo. O princípio da AUTOCONSTRUÇÃO vem incorporado na própria matriz. É por essa razão que cada alma tem a sua própria configuração e não existem duas configurações iguais. A composição quantitativa e qualitativa varia completamente de matriz para matriz. São as células, com **enchimento energético*** diferente, que elaboram o **compósito*** da alma, que lhe dão as suas qualidades especiais.

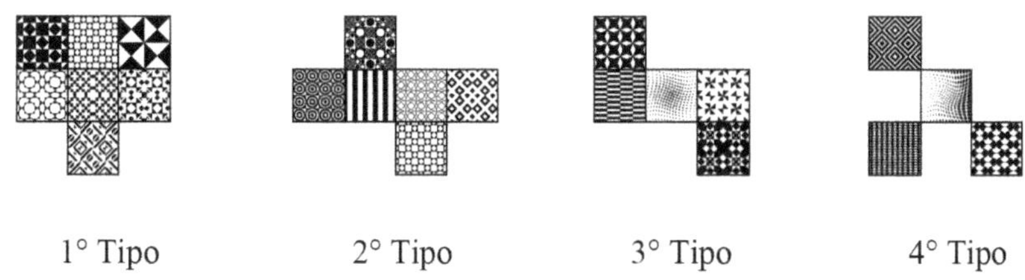

1° Tipo   2° Tipo   3° Tipo   4° Tipo

Figura 2. Tipos de configurações da Matriz

– Existem configurações simples?

– Basicamente, são todas complexas. Para Nós, configurações simples são almas iniciais.

– O que é que mais predomina na alma: a matriz ou a configuração geral?

– Evidentemente que é a matriz. É precisamente dela que depende a estrutura das configurações, todas as estruturas da alma dependem da matriz.

– As matrizes primárias possuem um número de células definido?

– Sim. Todas as matrizes criadas têm o mesmo número de células. Mas isto digo Eu das Minhas almas, daquelas almas que Eu crio. As dos outros Deuses podem ser diferentes.

– Na fase inicial da criação de uma alma a matriz vem completamente vazia ou já traz algumas energias iniciais?

– Ao criar-se uma alma, coloca-se obrigatoriamente na matriz a energia vital e aquilo que vai direcionar o desenvolvimento.

– O que significa "aquilo que vai direcionar o desenvolvimento"?

– Significa precisamente aquela partícula que orienta cada uma das almas para o desenvolvimento individual, que forma a sua singularidade, ou seja, é uma espécie de microprocessador que leva o indivíduo a escolher constantemente uma opção de entre as opções propostas e que, no momento da escolha, leva o indivíduo a continuar a sua formação naquela direção necessária ao Volume (Espaço) Individual* para o qual o tal indivíduo está destinado no Volume Geral* da Natureza* (ver Figura 3). Cada **Essência*** desenvolve-se não apenas por si só e não somente para si, mas para Volumes (Espaços) especiais.

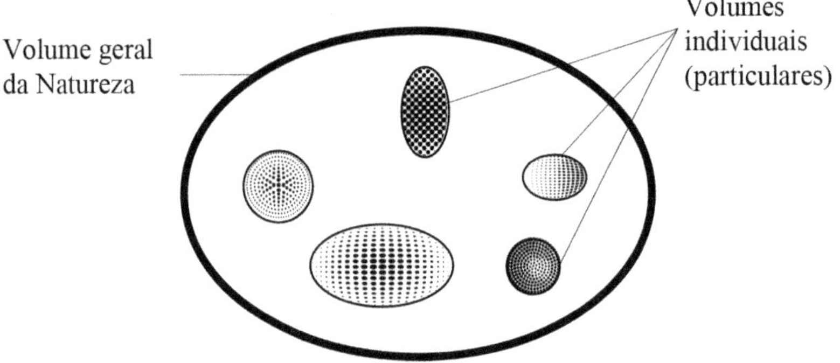

Figura 3. Volumes do desenvolvimento

– E esse microprocessador está presente tanto na alma dos minerais, como na alma das plantas e animais?

– Sim, absolutamente em todo o lado. A individualidade é inerente a cada **Unidade*** que se tenha desenvolvido.

– Ao que é que podemos comparar a matriz primária?

– Por sua forma assemelha-se a um favo de mel vazio. E a partícula propriamente dita que a direciona é um mecanismo que leva ao preenchimento das células vazias e que guia constantemente a alma rumo àquela energia que lhe é necessária para preencher as células. Figurativamente falando, este mecanismo faz lembrar o desejo de adquirir aquilo de que a alma sente falta.

– Em que momento da criação da matriz é que se dá a sua espiritualização? E, ao inseri-la num corpo, acrescenta-se alguma energia adicional espiritualizante?

– A **espiritualização*** da matriz realiza-se imediatamente no estágio inicial de colocação das energias. Após a criação, a matriz transforma-se numa estrutura autónoma, formalmente independente e capaz de existir sem um corpo. Ou seja, obtém-se aqui uma alma autónoma, capaz de evolução autónoma. Ao ser introduzida num corpo material, não é colocada qualquer a energia espiritualizante adicional, já que a própria matriz, ou seja, a alma, espiritualiza a matéria, no entanto o corpo é abastecido com um outro tipo de energia que lhe é vital.

– E como é que a alma vai ganhando energias? Como é que estas penetram nela através dos invólucros?

– Os **invólucros*** são uma espécie de filtros. As energias correspondentes a cada um dos tipos das energias dos invólucros – astral, mental, etc. – ficam retidas nos respectivos invólucros, enquanto que as energias mais subtis passam por todos os corpos "subtis", conseguindo, desse modo, purificar-se. Cada invólucro filtra e retém a **energia*** do seu próprio diapasão, por isso é que, após várias filtragens, apenas as energias de maior qualidade penetram nas células da matriz, preenchendo-as.

– Como é que se dá o preenchimento energético de células?

– Através do princípio hierárquico: cada tipo de energia preenche as células de acordo com seu Nível, ou seja, as células vão-se preenchendo numa ordem estabelecida.

– Pode o volume da matriz ser artificialmente aumentado pelos Superiores caso surja tal necessidade? Por exemplo, se as células iniciais ficarem todas preenchidas?

– Essa necessidade não surge nunca.

– A matriz é dada uma única vez e para sempre?

– Sim.

– E será possível que ela seja suficiente para um desenvolvimento infindo?

– Sim. Porque a matriz está de tal forma organizada que cresce de modo autónomo. Ela é uma estrutura complexa de autodesenvolvimento. Ela própria vai acrescentando a si mesma novas células vazias à medida que as existentes vão ficando preenchidas. E essas novas células são acrescentadas em qualquer direção: tanto perpendicular quanto diagonalmente ou de forma adjacente e paralela. Consequentemente, aumentam também os estados transitórios.

– Isso significa então que o preenchimento da matriz influencia a sua configuração?

– Sim, ela está em constante mudança e a matriz nunca vai ter um tipo de estrutura constante. Se, por exemplo, temos uma energia que preencheu uma célula, logo a seguir vai aparecer uma nova estrutura, porque cada célula é um dígito, um código. E o preenchimento da célula leva a uma mudança do seu código, já que o conteúdo previamente vazio muda para cheio. Os dígitos de uma célula vão mudando sistematicamente à medida que esta vai ficando mais cheia, ou seja, à medida que se vai dando o seu preenchimento, e isto expressa-se precisamente na mudança dos seus dígitos. O estado de "preenchido" corresponde ao código final, que, por sua vez, despoleta o sinal para o início da construção da célula seguinte. E após o surgimento dessa nova célula e de uma nova energia nela, altera-se então todo o conjunto dos dígitos. Com a entrada em cena de uma nova energia, alteram-se de imediato todas as correlações internas e o código geral da própria alma.

– O espetro das energias de preenchimento é igual para todas as matrizes?

– O preenchimento inicial é dado para uma determinada quantidade e qualidade de energias, já que a alma, ainda por se desenvolver, não sabe por enquanto do que precisa ou não precisa. O estágio inicial vem definido e limitado dentro de parâmetros concretos. No entanto, uma vez cheia, esta matriz primária começa a preencher-se sozinha com aquilo de que mais vai precisando. E, posteriormente, começa a desenvolver-se relativamente ao seu preenchimento inicial, qual ponto de partida. Ela começa já a ter o seu objetivo próprio, a sua escolha autónoma, o seu caminho. E a configuração da matriz vai-se alterando de acordo com o Nível do Preenchimento da mesma, levando-a assim a aumentar o seu volume total.

– Qualquer escolha que uma pessoa faça na vida altera a configuração da matriz?

– Sim, os caminhos do aperfeiçoamento influenciam a configuração da matriz, uma vez que eles determinam os tipos de energias de preenchimento. Está tudo interligado.

– A configuração de uma matriz muda com a transição da alma de um Nível para outro?

– Sim. Em termos, a configuração muda volumetricamente em todas direções, para todos os lados.

– Mas essas mudanças ocorrem de repente, aos saltos ou suavemente?

– Tudo depende das emoções dos indivíduos que passam do plano terreno para o Primeiro **Nível*** da Hierarquia de Deus. Debrucemo-nos sobre o Nível* mais baixo da **Hierarquia Divina***, já que assim fica mais fácil de entender. Quando as almas passam do plano terreno para o Primeiro Nível* da Hierarquia, elas contêm muitas emoções que influenciam aquela estrutura concreta da alma. Embora se diga que Lá emoções já estão ausentes, estas ainda estão presentes no estágio inicial e acabarão por ter grande influência na estrutura configurável da alma. Ou seja, o preenchimento específico das células dar-se-á de acordo com o que sente o indivíduo no momento da transição, e as emoções fortes podem alterar essa configuração abruptamente, ao mesmo tempo que emoções serenas podem tornar essa alteração discreta e suave.

– O que significa para a matriz a chegada da alma de um indivíduo terrestre ao Centésimo Nível?

– A matriz primária é por completo preenchida com as energias necessárias e só depois é que começa o processo do seu crescimento autónomo. Este é o início duma nova fase de desenvolvimento. Mas, seja como for, essa mesma alma continua a ser governada "De Cima".

– E esse preenchimento energético constante da matriz algum dia termina?

– A matriz é constante e o preenchimento das suas células com conteúdo qualitativamente novo não cessa nunca. O desenvolvimento é a transformação ilimitada do seu conteúdo interno ou **compósito***.

– A matriz pode receber **energia de baixa qualidade***?

– Não, não pode. As células da matriz recebem apenas energias de qualidade absoluta, ou seja, puríssima, sem a menor mistura ou sujidade que seja. E o que é que neste caso consideramos ser "sujidade"?

– É também energia, mas de outra qualidade, de um Nível muito baixo, o que faz, por isso, que a qualidade em si seja baixa. Essa energia não pode passar para os Mundos Superiores, pelo que é retirada da alma e permanece em baixo. É por essa razão que a alma na Terra passa pelo processo de purificação, deixando para trás os **invólucros*** temporários, que se vão enchendo de componentes energéticos de baixa qualidade. Os invólucros não deixam energias inadequadas, de baixa qualidade, passarem para a matriz. Nela são admitidas apenas energias da mais alta ordem. Daí serem homogéneas: embora com características qualitativamente diferentes, apenas energias exclusivamente puras entram na matriz. Cada característica qualitativa tem o seu próprio valor absoluto, um determinado padrão para o dado ciclo de desenvolvimento. O ser humano acumula as mesmas energias que Eu. Elas diferem apenas por sua **potência*** e quantidade.

— A energia que uma pessoa recebe através dos seus pecados e vícios pode ser considerada energia de qualidade inferior?

— Para o **Sistema Positivo***, sim, é de qualidade inferior, mas, para o **Sistema Negativo***, ela é de excelente qualidade. O aperfeiçoamento também ocorre na **Hierarquia do Diabo***, só que na direção oposta. Por isso é que as energias dos pecados e vícios possuem características que conduzem em direção ao Diabo.

— É a matriz que determina o tipo de conduta que uma pessoa tem em cada estágio evolutivo, fazendo com que, por exemplo, numa vida ela seja corajosa e, em outra, cobarde? Como é que se determina o tipo de conduta da vida seguinte?

— Tudo isso é determinado pelo propósito. É precisamente este que define que energias é que uma pessoa deve ganhar para a vida que tem pela frente de modo a alcançar o propósito definido ou o objetivo estabelecido. As energias que a pessoa terá de conseguir serão as características do seu caráter, daí o tipo do caráter ser escolhido em conformidade: ou destemido, ou cauteloso, ou outro qualquer.

— A matriz do indivíduo começa a preencher-se na Terra, mas quando a alma daquele passa para a Hierarquia e se torna Essência, esse preenchimento continua, ou nos **Mundos Superiores*** os preenchimentos necessários são feitos de outra forma?

— Não, tudo se dá da mesma maneira. Também a **Essência*** preenche as células e faz novas construções adicionais. Esses novos ganhos acontecem inicialmente nas células dos primeiros **Níveis*** e passam depois para as bases celulares, que são aquelas mesmas células, mas com dimensões muitos maiores.

— Ao subir os degraus da **Hierarquia***, precisará a alma de preencher a matriz com uma determinada quantidade de energia em cada um dos Níveis* para subir para o próximo?

– Sim. Mas não devemos levar em consideração apenas o indicador quantitativo. O programa está concebido para obtermos um número normativo de diferentes tipos de energias, com diferentes características.

– Num Nível*, a matriz preenche-se com determinados tipos de energia e, noutro Nível*, com outros?

– Cada estágio requer tanto a quantidade quanto a respetiva qualidade energética das células. Sem alcançar primeiro os indicadores normativos, a alma não consegue ascender ao Nível* seguinte. Mas nessa ascensão, aquando do estágio inicial da transição, a alma poderá ainda ter de complementar a aquisição das energias que começou a adquirir no Nível* anterior, ou seja, algumas células que começaram a preencher-se no Nível* anterior continuam esse preenchimento no Nível* seguinte.

– Para que período evolutivo da alma é que é dada a matriz primária? Para todo o período em que ela fica na Terra ou até ao final da sua permanência na Hierarquia?

– Não, evidentemente há um limite temporal para a estrutura primária da matriz. É previsto o preenchimento da matriz primária funcionar até aos primeiros Níveis* da Hierarquia, isto considerando já as células subsequentes planeadas. Mas é claro que não se trata de uma limitação exata. A individualidade tem o direito de se desenvolver mais rapidamente, por isso uma pessoa capaz e motivada pode preencher a sua matriz estando ainda na Terra. Tudo vai depender da individualidade propriamente dita. Não existe uma respostas única. Há sempre variantes a considerar.

– Existe algum momento durante a evolução da Essência em que a matriz deixe de ser importante para Ela?

– Esse momento jamais surgirá. A matriz tem sempre uma importância imensa para qualquer Essência, já que sem a matriz, a individualidade não é individualidade. O indivíduo sem a matriz deixa de existir como criatura espiritualizada. A matriz é a Individualidade.

A TRIUNIDADE DA ALMA

A alma tem muitas particularidades estruturais, das quais é necessário destacar a sua triunidade. Quando começamos a investigar este tema, partimos inicialmente de uma única frase dita por Deus – "A alma é triúna". Mas a preparação de perguntas relativas a este tema permitiu, ao longo dos contactos que tivemos, chegar ao fundo de muitas verdades associadas a este conceito.

– A alma é triúna? Em que consiste essa sua triunidade?

– Alma é composta por três princípios: o Princípio Positivo, o Princípio Negativo e o Princípio Governante, ou seja, para maior clareza podemos imaginar a alma como uma circunferência formada por três setores, sendo o principal deles o Princípio Governante (ver Figura 4). Toda a alma tem um Princípio Positivo que vem do bem e um Princípio Negativo que vem do mal, e, em situação de equilíbrio, cada um deles ocupa um quarto do volume. Numa individualidade em desenvolvimento, a Parte Governante ocupa sempre metade da circunferência. Na criação inicial da alma, os três setores são iguais entre si e cada um dele inicia o seu desenvolvimento a partir de um por cento (1%). Isto é o que é dado inicialmente a cada alma. À medida que se vão desenvolvendo, as proporções entre os setores vão mudando permanentemente, mas a Parte Governante, tendo uma vez atingido a ocupação de metade do volume, manterá a sua porção sempre igual à metade do volume total. É esse o programa de construção de alma.

– E tem algumas outras energias, além da positiva, negativa e neutra, que sejam colocadas na alma no processo da sua criação?

– Não. A alma recebe três energias básicas e não necessita de mais nada para se desenvolver a partir daí.

– E essa alma tem de imediato a capacidade de pensar?

– Não. Ela faz lembrar um bebé recém-nascido que realiza apenas aquilo que lhe foi predefinido pelo programa. O principal é que ela terá desejo para se desenvolver. Já o pensamento propriamente dito vai-se desenvolvendo à medida que for passando pelos diferentes estágios.

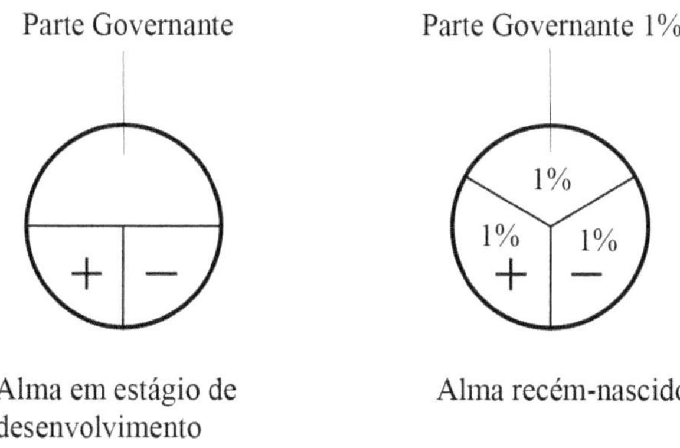

Figura 4. Triunidade da Alma

– Se alma se desenvolve apenas na direção do bem, não deveriam restar nela apenas dois setores: o Princípio Positivo e o Princípio Governante?

– Não, o Princípio Negativo terá sempre a sua quota-parte de um por cento (1%). Ele é uma constante presente desde o início da criação e não há nada que o possa destruir.

– Então temos que o Princípio Positivo também só pode diminuir até ao mínimo de por cento?

– Sim.

– E a Parte Governante pode diminuir?

– Não, ela vai aumentando à medida que a alma vai evoluindo, porque qualquer crescimento, seja positivo ou negativo, leva ao aumento da Parte Governante.

– Deverá o indivíduo em evolução manter na sua alma esse equilíbrio entre o positivo e o negativo?

– Não necessariamente. Os setores nunca devem ser iguais. O desenvolvimento em si leva sempre ao domínio de uma das partes.

– E o que acontece com a alma se durante o processo evolutivo a individualidade atingir tal proporção que, para além daquele um por cento mínimo negativo, tudo o resto nela for positivo? O que vai essa alma fazer após alcançar tal combinação energética?

– Essa Individualidade torna-se criadora no Sistema dos Anjos. E se ela se tornar completamente negativa, para além do um por cento positivo mínimo, então ela passa para o domínio do Diabo. Ela passa a ter uma outra orientação evolutiva, outros interesses.

– O que é que entra na composição do Setor Governante?

– O Setor Governante é uma estrutura especial da alma que contém em si como que a autoconsciência, a mente dessa alma.

– É como se fosse o cérebro da pessoa?

– Algo do género, sim. O Setor Governante aumenta à custa dos demais Setores: do Positivo e do Negativo.

– E no que é que se apoia essa parte Governante: na consciência ou no subconsciente?

– Boa pergunta, essa. – Ele gostou de tal forma da pergunta que lhe deu cem pontos. – A Parte Governante é o subconsciente, ela baseia-se na energia da espiritualização e na perceção do seu próprio "eu".

– Como é estruturada a Parte Governante? Ela encontra-se na matriz?

– A perceção, tal qual um invólucro, cobre a matriz por fora e é a principal força ativa do subconsciente, uma vez que se ocupa constantemente da preservação do seu conteúdo interno e é, por conseguinte, menos ativa do que a consciência. Ela dá à Essência a autonomia da perceção de tudo. A alma tem perceção de si própria apenas na fase inicial, quando a matriz não foi ainda preenchida (assim se apercebe o bebé da sua própria existência, embora nada compreenda ainda). Mas quando alma se desenvolve e a matriz se preenche, o indivíduo passa a compreender para além de si mesmo a existência do mundo que o rodeia.

– E como é que a Parte Governante e o programa estão ligados entre si?

– Para as **Essências***, o programa elaborado é introduzido na Parte Governante para o limite temporário de uma vida. No ser humano, o programa também está intimamente ligado com a Parte Governante, mas como ele tem ainda invólucros, o programa é gravado em cada invólucro com o correspondente regime de trabalho de cada um deles. Cada invólucro tem o seu programa ou, mais precisamente, o seu subprograma. Quanto ao limite temporário ao qual se restringe a longevidade do programa, ele é diferente para todos. O Meu limite, por exemplo, é um ciclo completo de **desenvolvimento*** de uma

Hierarquia*. Essa é uma vida Minha. Após a finalização do desenvolvimento da Hierarquia, o Meu programa é substituído por um outro novo.

– Como é que a Parte Governante implementa o **programa***?

– A perceção do indivíduo executa o programa e rege o curso da sua execução, ou seja, calcula qual o caminho para melhor realizá-lo. Afinal, vocês também planeiam o dia seguinte: o que fazer, como fazer e de que modo fazer, o que é que não vão conseguir fazer e o que é que terão de adiar.

– Como é que funciona a Parte Governante?

– Ela produz certas acumulações energéticas que vão para a matriz. Mas a matriz, por sua vez, está dividida em três partes, que contêm três tipos de energia, ou seja, cada uma das partes da alma triúna (Positiva, Negativa e Governante) faz acumulações na sua própria secção da matriz. Além disso, as energias mais elevadas das duas outras partes são transferidas para a Parte Governante, sem contar com o facto de que ela faz as suas próprias acumulações. Daí os seus recursos energéticos aumentarem factualmente três vezes.

– Qual é a função da Parte Governante da alma, se as Partes Positiva e Negativa podem reduzir-se a um determinado mínimo ou máximo?

– O Setor Governante rege tudo, todas as Leis de Desenvolvimento internamente atuantes, do mesmo modo que o cérebro físico humano rege os processos fisiológicos dentro do organismo, controlando-os. E tudo se comporta de acordo com certas Leis do Corpo Físico. Assim, também a Parte Governante sabe de tudo o que ocorre nela e, se necessário, realiza alguma reestruturação. No que diz respeito à descida ou subida da acumulação energética de polos opostos até aos limites estabelecidos – superiores e inferiores - o controlo faz-se sentir precisamente ao não permitir que nenhum valor máximo ou mínimo ultrapasse os limites permitidos e jamais se acumule energia a mais do limite superior, nem a menos do limite inferior. Todas as energias supérfluas serão descartadas ou guardadas temporariamente nos invólucros "subtis", sendo depois usadas em outras funções do organismo.

— Mas como permite então ela que as energias positivas da alma baixem ao Nível mínimo? Não entendemos muito bem esta questão, partindo precisamente da posição segundo a qual aquele que gere não pode permitir a uma alma positiva transformar-se em negativa.

— É precisamente a Parte Governante que define esse mínimo, que, no decorrer do desenvolvimento, muda quantitativamente. Não se trata aqui daquele mínimo que é dado à alma no momento da criação. O volume de alma vai aumentando à medida que ela se vai aperfeiçoando. E esse mínimo, até ao qual pode descer ou subir a Parte Positiva ou Negativa é retirado do novo volume total, ou seja, é 1% do estado atual da alma. Por isso, aquele 1% de alma primária e o 1% do seu volume final podem ser incomensuravelmente diferentes um do outro. E, a cada nova vez, a Parte Governante calcula o valor deste 1% do novo volume.

— Para Parte Governante, não é importante manter o equilíbrio entre a parte máxima e mínima na alma?

— Como, "não é importante"? Ela faz tudo o que depende dela para manter esse equilíbrio. Ela segue tudo a par e passo e possui todas **Leis de Desenvolvimento***, incluindo a do equilíbrio. Ela permite que se faça qualquer coisa nos limites dessas **Leis***. Mas é o **livre-arbítrio*** que decide tudo.

— Há uma coisa que não entendemos: considerando que o desenvolvimento negativo é mau, porque é que então a Parte Governante não impede a alma de adquirir características negativas? Não seria possível traçar esse limite?

— Essa aquisição de características negativas só se dá devido à Lei do Livre-arbítrio. Cada individualidade tem o direito à escolha e ninguém se atreverá a limitar os seus desejos e escolhas. Tudo acontece com base nas Leis atuantes.

— Algumas almas adquirem uma grande parte negativa. Será que não é possível impedir isso de alguma forma?

— O que está a querer dizer é que Nós governamos almas que posteriormente passam para o Diabo sem que façamos nada para impedir isso?

— Sim. Afinal, não seria possível recorrer a algumas medidas artificiais para evitar que as almas tomassem o sentido negativo.

– Para Mim, o que importa é a liberdade de escolha. Tudo assenta no livre-arbítrio. Eu necessito de almas altamente conscientes, preciso dessas características que se alcançam através de uma consciência elevada. Obstáculos artificiais resultariam em características diferentes daquelas que Eu preciso. Além disso, se não se permitir aos indivíduos em degradação que tomem a orientação para o lado negativo, quem então trabalhará para o Diabo? Ele também precisa de muito pessoal para executar o trabalho sujo. A realidade é que essas almas fazem o trabalho sujo sob o comando Dele mas para Mim, para os Meus propósitos.

– Entendemos.

– Tanto Eu quanto Ele precisamos de mão-de-obra, – continuou Deus – para cumprir o volume de trabalho que Eu Lhe dou. Por isso, Ele tem de se ampliar juntamente Comigo. Nós também regemos o desenvolvimento dos indivíduos e estamos atentos à escolha da sua alma, que, até um certo ponto, possui livre-arbítrio para escolher o caminho a seguir: se na direção do bem ou do mal. Mas todo esse livre-arbítrio só vai até um determinado limite, após o qual a alma ou vem para Mim – para o Princípio Positivo, ou vai para o Diabo – para o Princípio Negativo. A Parte Governante de qualquer alma realiza um trabalho semelhante de escolha entre o positivo e o negativo. Ela dita as Leis. Já a sua execução, ou não-execução, é uma questão de escolha.

– A Parte Governante é neutra?

– Também ela tem o seu "mais" e "menos". Ou seja, tudo o que de melhor há na Parte Positiva passa para ela, mantendo o polo positivo. E o mesmo se dá com a Parte Negativa. É por isso que ela tem ambas as características e, além disso, tem também a **Energia Espiritualizante*** junto com o Princípio Divino.

– E onde é que se encontra a matriz nessa triunidade da alma? Como é que elas estão ligadas entre si?

– Esquematicamente, podemos representar essa unidade como surge na Figura 5 (esse foi o diagrama mostrado à mensageira Larissa Seklítova).

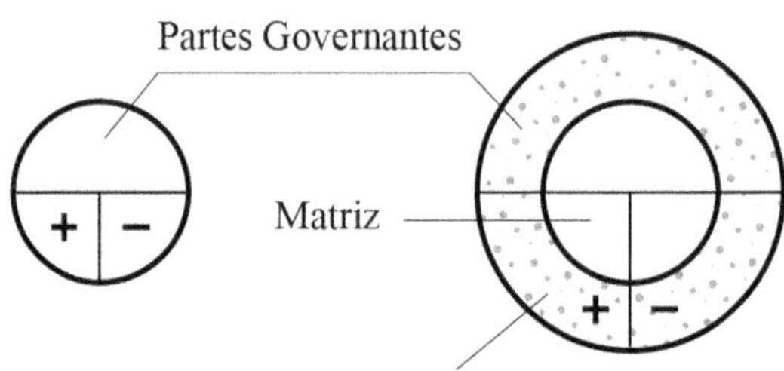

Todos os invólucros subtis da alma com acumulações
certas (exigidas) (visão geral da alma)

Nota:
A visão geral da alma inclui: a matriz triúna, todos os
invólucros subtis, incluindo os invólucros temporários.

Figura 5. Alma triúna

– A Memória da Individualidade Suprema encontra-se inserida
na Parte Governante ou noutro lugar?

– A memória encontra-se na matriz. Cada uma de suas células
representa um bloco da memória, uma vez que qualquer partícula da
qualidade da energia contém em si a memória da situação, ação,
pensamento ou sentimento que a gerou. A memória da alma regista até
mesmo aqueles pensamentos incipientes que não alcançaram ainda a
forma final. E mesmo as ilusões que a alma cria em relação a algo são
armazenadas na sua memória. As Personalidades Supremas são capazes
de extrair autonomamente recordações dos blocos da memória. Mas Elas
conseguem regredir mentalmente ao seu passado e lê-lo somente a partir
de um determinado Nível Evolutivo.

DOENÇA DA MATRIZ. DEGRADAÇÃO

Sabemos que corpo físico do ser humano sofre de doenças, mas
muitas vezes sentimos como sofre também a nossa alma. Daí, a questão

de as doenças da matriz ser pertinente. Sendo a alma é de matéria **"subtil"***, estará ela também sujeita à deterioração, à doença? Há aqui muitas questões por responder, por isso começamos por pedir a Deus que nos esclareça quanto às seguintes dúvidas.

– Existe algum defeito que leve a matriz à doença?

– Sim, existe.

– E isso deve-se a quê?

– Deve-se a um erro de cálculo na conceção das ampliações (estruturas adicionais). Pode acontecer a energia armazenada escapar da matriz em caso de formação de alguma brecha numa célula. Nesse caso, a energia dessa célula pode desaparecer por completo.

– E tem alguém que intervenha nesse caso?

– O que é que você acha?

– Acho que pode intervir o Determinante ou o Sistema que controla o desenvolvimento desse indivíduo.

– Intervém o **Sistema Médico***, que tutela todas as Minhas Essências. Esse é o Sistema que cura o indivíduo, ou seja, que conserta os danos das células. Mas depois do conserto, a célula permanece vazia e há que voltar a enchê-la de novo.

– Mas nessa altura o indivíduo já passou por algumas privações e não é culpa dele ter perdido a energia...

– E então? Ele agora terá de ganhar essa energia de novo. A célula terá de voltar a encher-se com a energia da qualidade necessária. E quem é que lhe vai dar essa energia? Tudo deve ser ganho com o esforço do próprio trabalho. Só aquilo conseguido como resultado do esforço pessoal é que gere a qualidade energética necessária.

– E não se dá ao indivíduo nenhuma condescendência ou estímulo?

– Não, não se dá. Repito: trabalho e mais trabalho.

– Mas, nesse caso, o programa seguinte do indivíduo vem diferente do anterior, não?

– Naturalmente. Por causa do ocorrido, a alma desceu algumas etapas e terá agora de recomeçar a armazenar a energia necessária a partir dessa etapa. Acontece!... Tudo pode acontecer.

– O preenchimento da matriz na Sua Hierarquia e na Hierarquia do Diabo é igual?

– O processo de encher as células com energias é o mesmo, uma vez que Eu, sendo o Criador de todas almas, mantenho o mesmo princípio de construção das almas em qualquer Sistema em que elas se encontrem. O princípio de construção continua a ser o Meu. As características das energias é que vão depender dos caminhos do desenvolvimento escolhidos.

– Sabendo que a alma possui matriz e invólucro, onde é que habita a consciência e a mente do ser humano?

– A consciência está na matriz, enquanto que a mente, o intelecto, nos corpos constantes. É claro que a mente humana não pertence ao cérebro físico e não depende inteiramente e apenas dele. Quando a alma abandona o invólucro físico, a sua mente é mantida e vai enriquecendo de encarnação para encarnação. No entanto, por força do seu baixo desenvolvimento, o ser humano não consegue ainda pensar por meio da matriz, ou seja, por enquanto ele está a desenvolver o seu aparelho do pensamento, o qual se encontra fora da matriz.

– E nos Hierarcas Supremos, acontece o mesmo?

– Não. Com Eles a coisa funciona de uma maneira um pouco diferente. Mas vocês, por enquanto, não têm capacidade para compreender isso.

– Como é que ocorrem atos de destruição na matriz e devido a quê?

– Devido à Minha ação, porquanto só quem a criou a pode destruir. Por si mesma, a matriz não se destrói.

– E não existe nenhum outro Ser que consiga parti-la ou quebrá-la em pedaços?

– Não. Nenhum Ser tem capacidade para destruir a matriz, quer por dentro quer por fora. A única coisa ao alcance da ação do indivíduo relativamente à matriz propriamente dita é adicionar-lhe novas células, novas formações. Isso é tudo o que Eu permito.

– E o que é que acontece quando o indivíduo entra em degradação?

– Dá-se o esvaziamento das células da matriz, ou seja, dá-se o gasto das energias, o gasto das componentes energéticas previamente armazenadas. Mas a base energética em si, a estrutura da matriz, não se destrói nunca, além de que, a partícula que gere essa ação inicial, o microprocessador, por assim dizer, é constante. Não existe nada capaz de destruir estes dois componentes básicos da alma a não ser Eu Próprio.

– Então, uma pessoa em degradação desperdiça assim a Sua energia Divina que ela guarda nas células da matriz, para as preencher depois com as pesadas* energias do Diabo ao transitar para a Hierarquia Negativa Dele?

– Sim, dá-se a alteração qualitativa do preenchimento da matriz. Figurativamente falado, podemos imaginar a energia cristalina das células a ser substituída por energia negra. Mas a matriz, em transição para o Diabo, não é inteiramente escura. Visto a matriz propriamente dita ter sido criada por Mim e ter-se desenvolvido no Meu mundo, ela irá, até um dado momento, preencher-se apenas com energias claras e, ao entrar em degradação, estas não serão todas perdidas, mas apenas aquelas que formaram a característica de qualidade incompleta. Por isso é que parte das energias claras dessa alma permanecem nela na sua transição para o Diabo.

– Então, temos que as matrizes das Suas almas e das almas do Diabo são iguais?

– Não. Existe, sim, diferença entre elas. Após a transição final para o Diabo, a alma ganha novas bases de armazenamento que se vão completando com outro tipo de energias, com energias exclusivamente do Diabo, já que estas são as necessárias para colocar as almas no trilho que Ele deseja. Para isso Ele elabora programas que façam com que as almas que passaram para Ele ganhem energias somente do Seu tipo.

– É possível ocorrer a degradação da individualidade no Sistema do Diabo?

– Sim, acontece, quando os Seus indivíduos se voltam para o trilho do bem, mas, nesses casos, Ele ou destrói imediatamente as almas desses indivíduos, ou as esvazia por completo, retirando-lhes todas as energias ganhas e começando de novo a desenvolvê-las nos Seus mundos inferiores.

TEMPO E MATRIZ

Ao **reencarnar*** na Terra, a alma do ser humano torna-se indissociável do tempo. Cada uma das suas etapas evolutivas é encaixada em determinados intervalos temporais. Vamos então descobrir qual o significado do tempo para a alma eterna.

— Como é que o tempo age sobre a matriz? Esta última depende de algum modo do tempo, ou seja, armazena alguma quantidade de energia em intervalos concretos da sua existência, ou não?

— O tempo não tem influência sobre a matriz. Ela não pode depender dele, uma vez que é eterna.

— O tempo surge então como portador do programa e mais nada?

— Sim, não há mais nenhuma inter-relação entre eles. A matriz recorre ao tempo apenas para se conectar com o programa do seu corpo, desde o nascimento até à morte. Para a matriz em si, o tempo pode ir até ao infinito, caso ela permaneça com células por preencher.

— A Matriz da Alma Humana persiste fora do tempo quando a alma se encontra fora do corpo?

— Quando a alma se encontra fora de corpo, o tempo não deixa de existir para ela. Nessa situação, ela rege-se por outro tempo, que corresponde ao tempo daquele mundo onde ela se encontra no momento. Nesse outro mundo, o tempo é medido por outros cálculos e a sua extensão é diferente da que conhecemos. E embora se fale da infinitude do tempo, ele é sempre mensurável.

— Quando alma é enviada para um determinado mundo, ela une-se ao tempo desse mundo?

— Sim. Cada alma tem o seu próprio tempo, evoluindo com o indivíduo a quem esse tempo lidera. O ser humano está acostumado a relacionar-se com o tempo como com uma grandeza constante, constante para essa dada pessoa ou mundo. Mas o tempo pode desenvolver-se do mesmo modo que todas as demais coisas e possui também ele a sua própria matriz estrutural. Ao desenvolver algo, o tempo desenvolve-se, antes de mais, a si próprio.

— E qual é diferença entre a Matriz da Alma e a Matriz do Tempo?

— Elas diferem pela qualidade da matéria, pela configuração, por suas capacidades e objetivos. Em geral, o tempo é uma grandeza absoluta, completamente autónoma e, como tal, está presente em tudo, ou seja, já atingiu um Nível de Desenvolvimento tão elevado que se encontra em toda a parte. Ele impregna de si mesmo todos planos. Sem ele não há vida.

– Quando o corpo físico do indivíduo morre, todas as unidades de tempo que se encontravam nele passam para o campo geral?

– O tempo tem a sua própria Hierarquia, uma vez que a cada Nível de Desenvolvimento corresponde o seu próprio tempo, as suas unidades. Por isso é que após a destruição do corpo, as unidades de tempo voltam para o Nível do Aperfeiçoamento que lhes corresponde.

– De que modo é que a Matriz do Tempo se alinha com o programa do indivíduo quando este último é enviado para a Terra?

– É difícil explicar-lhe aquilo que não consegue ver... O tempo sobrepõe-se em cada matriz digital como se fosse um quadradinho: o dígito-quadradinho da Matriz da Alma e o quadradinho da Matriz do Tempo são iguais, ou melhor, eles não são precisamente iguais, mas correspondem por seu volume, programa e código, sem terem, no entanto, o mesmo número, uma vez que se trata de estruturas "subtis" e elas próprias têm outro tempo. Por isso é que a extensão do tempo sobreposta nas matrizes é diferente da extensão do tempo do mundo físico. Na verdade, o ser humano vive em vários *continuums* temporais: o corpo físico vive num tempo, as estruturas "subtis", noutro, e a matriz, num terceiro.

– Ao gerenciar o programa do ser humano, o tempo vincula firmemente os números na matriz?

– Sim. O tempo conecta os números tanto na matriz quanto no próprio programa, e dá um empurrão para certas ações, ativando algumas situações e processos, e desligando outros. E o tempo faz tudo isso dentro de determinados limites temporais.

– A Matriz da Alma enche-se geralmente com as energias ganhas pelo indivíduo. E a Matriz do Tempo enche-se com alguma coisa?

– Claro. Se o tempo estiver em fase de aperfeiçoamento e não de degradação, o que também é possível, a sua matriz irá obrigatoriamente armazenar os componentes correspondentes. O tempo possui o seu compósito específico.

– As Essências Eternas também têm Matriz do Tempo?

– A que Essências Eternas é que se refere? Existem imensos Mundos com Entes Superiores.

– Por exemplo, os **Determinantes*** ou os **Fundadores***.

– Sim. Eles têm Matriz do Tempo.

– Então, Eles obedecem às Leis Gerais da Estrutura Una dos Mundos Energéticos e Físicos?

– Sim, claro.

– Existem algumas pessoas cuja alma tem a capacidade de voar para fora do corpo físico. Mas porque é que a alma não sente o fluxo temporal quando dormimos?

– Ela sente, sim, só que sente outro tempo. O ser humano está por definição ajustado à perceção das unidades do tempo físico. Para ele, este é mais palpável. Já a alma tem perceção do tempo mais subtil e, consequentemente, não captada pelo ser humano. A alma sente, sim, o tempo que foi programado para esse sono em concreto. A passagem do tempo ocorre também durante o sono, mas é um tempo específico. O tempo está em toda a parte, só que com diferentes unidades de medida e de extensão.

MATRIZES DE DIFERENTES FORMAS

Dos princípios básicos da alma humana, passamos agora ao estudo das almas de outras formas vivas.

– Os seres dos diferentes mundos paralelos têm matrizes iguais às nossas ou diferentes?

– Diferentes. Eles constroem-nas de outro modo e com diferentes tipos de energias.

– Todas as almas têm uma matriz na sua estrutura?

– Sim, todas.

– Pode uma alma com a matriz vazia ser de imediato incorporada num corpo humano, ou ela terá obrigatoriamente de passar antes pela fase evolutiva num corpo de peixe, de animal?

– Tudo depende do tipo necessário de alma que se cria. Para o primeiro tipo terrestre, não pode. Antes das energias humanas, a alma deverá preencher as suas células com energias inferiores.

– Uma alma nova tem de começar pelo Nível de Desenvolvimento dos Minerais?

– Não, não necessariamente dos minerais. A alma pode começar o seu caminho evolutivo pelas plantas e, em alguns casos, pelos insetos.

– E o segundo tipo de almas terrestres incorpora-se imediatamente no corpo humano?

– Sim, claro. Essas são as almas especificamente criadas para a Terra, para terem a forma humana, ou seja, matrizes comuns com invólucros constantes e temporários que são inseridas num corpo físico. Mas como já anteriormente mencionado, o corpo humano pode receber almas vindas do mundo animal, bem como de outros mundos nos quais os seres tenham atingido energeticamente o Nível Humano. O potencial da alma desses últimos possui potencial energético igual ao do vosso mundo e essas pessoas sentem intuitivamente a sua origem alienígena e podem considerar-se extraterrestres.

– As almas dos planetas também possuem algum tipo de matriz?

– Sim, claro. E porque é que o facto de Nós conseguimos inserir a alma do planeta num corpo humano vos parece uma coisa irreal? Do que estamos a falar aqui é da alma do planeta a habitar a sua mensageira (Larissa Seklítova). Comparemos então a matriz humana e a matriz do planeta. É necessário perceber como é que tal encarnação se torna possível para almas tão complexas como A*... (nome cósmico da **mensageira***). A configuração delas é extremamente complexa. Quanto mais elevada estiver a alma em termos evolutivos, mais complexa é a sua estrutura e mais próximas ficam as almas complexas umas das outras. É por isso que uma alma humana complexa tem uma estrutura tão próxima quanto possível da alma de um planeta, e vice-versa. Os planetas propriamente ditos são superiores ao ser humano, e este último necessita de muito tempo até atingir a fase inicial que seja do **desenvolvimento*** daqueles em termos de **potência***, de variedade energética existente na sua matriz e de configuração. É por isso que uma pessoa que tenha atingido o Centésimo **Nível*** da **Hierarquia do Homem*** poderá ver a sua alma ser transferida para o corpo de um planeta, uma vez que a configuração da sua matriz se aproximou o mais possível da matriz do planeta. Isto assemelha-se à transição da alma que passa de um Nível* Hierárquico para outro. O mesmo acontece quando a alma de um animal atinge o seu limite superior, quando a sua matriz ganha estrutura semelhante à estrutura da matriz humana do limite inferior do plano terrestre – neste caso a alma desse animal pode ser transferida para um corpo humano. Mas essa transição ocorre no Nível Terrestre mais baixo do indivíduo na Terra, e está a uma distância evolutiva de cem Níveis Terrestres do Nível Terrestre superior. Há que distinguir bem as coisas: temos uma alma que acabou de vir do mundo animal, enquanto temos outra que já está tão potente e multidimensional que está pronta para ser incorporada na forma planetária.

Quanto maior o **potencial energético*** da estrutura da alma, mais esta se aproxima de novos mundos, de novos **Níveis* Hierárquicos**. Vocês (Larissa Seklítova e Lyudmila Strélnikova), por exemplo, passaram pelo estágio planetário e aproximaram-se do estágio de Seres mais elevados. Por isso vocês podem ser transferidas para os corpos desses Seres, mas noutro mundo, noutro planeta ou nalgum Nível Energético* Superior. É pouco provável que venham ainda a surgir no mundo físico. Já a probabilidade de surgirem num novo Nível Energético é alta.

– Assim sendo, é possível a alma de qualquer **Ser Superior*** ser transferida para um **ser inferior***?

– Sim, é possível. Essa transferência ocorre no limiar dos Níveis Evolutivos. Quando a transferência se dá em sentido inverso, isto é, de um Nível mais elevado para um mais baixo (operação associada ao cumprimento de uma tarefa concreta) recorre-se obrigatoriamente a um cálculo exato de modo a que a forma recetora inferior aguente o **potencial energético*** mais elevado, a fim de o corpo não dar de si devido à potência em excesso. Afinal de contas, as formas são pensadas para aguentar, no limite, o potencial energético superior do seu mundo. Por isso, quando uma alma desce para um corpo de Nível mais baixo, tanto ela, a alma, como o próprio corpo precisam da proteção de muitas camadas especiais.

– Os Hierarcas Supremos têm matriz igual à do ser humano?

– Não. A matriz Deles possui uma estrutura completamente diferente.

– E de onde é que vem essa outra "estrutura completamente diferente", se também Eles começaram por se desenvolver no plano terrestre e passaram pelo estágio humano?

– Apenas um pequeno número das Essências da Hierarquia passou pela etapa humana. E mesmo essas possuem uma estrutura diferente da vossa. Por norma, a adição dos volumes energéticos necessários aos Entes Supremos dá-se a partir do exterior. No caso das almas vindas da Terra, depois de a sua matriz se completar com a composição **energética*** necessária no plano terrestre, alguns volumes de origem superior ser-lhe-ão acrescentados adicionalmente, os quais, por sua vez, se materializarão em algo semelhante a favos de mel a crescer em diferentes direções. E é desse modo que a matriz vai aumentando.

– Quanto maior o intelecto, mais rápido é o preenchimento da matriz?

– Sim, uma alma de **nível*** baixo nem sempre consegue preencher as células com a qualidade energética necessária e daí elas terem de passar pela purificação, para serem limpas dessas **energias "sujas"***. Embora as almas dos **níveis*** mais baixos se desenvolvam, nem todas as energias conseguidas por elas chegarão à matriz. As energias "sujas" não serão aceites. Quanto às Individualidades Elevadas que já estão na Hierarquia, Elas não produzem **energias baixas***, não passam pela tal purificação como as almas da Terra. As Individualidades Elevadas trabalham com um **diapasão energético*** que vai para a matriz sem quaisquer defeitos e, consequentemente, a matriz Delas preenche-se mais rapidamente.

Capítulo 2

A EVOLUÇÃO DA ALMA

OS DIFERENTES CAMINHOS DA EVOLUÇÃO

Ficámos já a saber que alma possui uma estrutura, mas falta-nos saber como ocorrem as mudanças na estrutura dessa alma. Ou será que ela permanece constante? Por que razão levamos a vida toda a aprender e o que é que esse aprendizado traz à alma? Há muitas perguntas a serem colocadas a Deus para entendermos o sentido da nossa existência. E dirigirmo-nos de novo ao Criador.

— No que é que consiste o aperfeiçoamento da alma?

— A Nível do dia-a-dia, consiste na aquisição de experiência de vida, de Novos Conhecimentos, de desenvolvimento de sentimentos e intelecto, mas, no plano energético, o aperfeiçoamento expressa-se no aumento do **potencial energético*** pessoal.

— Com base em quê é que ocorre o crescimento evolutivo da alma?

— Com base no seu desenvolvimento através de situações de vida.

— É possível acelerar o progresso da alma?

— Não, a evolução da alma não se pode ser acelerada. Temos de perceber o seguinte: ela vai-se desenvolver do modo que precisa. Para isso são elaborados programas que determinam o seu destino.

— Absolutamente todas as almas ganham o direito de evoluir?

— Não, nem todas. Existem também almas com programas de degradação.

– E por que razão dão programas desses ao ser humano?

– Para verificar a resistência das qualidades adquiridas no passado ou para obtenção daquelas que estão em falta.

– Mas poderá a degradação ser estimulada? Não deveria o ser humano combatê-la?

– Claro que é preciso combatê-la. E é precisamente nisso que assenta a razão dessa verificação: é um modo de determinar até que ponto uma dada alma pode descer ante condições adversas. Ela pode não descer, mas apenas parar e manter-se no mesmo Nível de Desenvolvimento; se as suas qualidades internas forem firmes e resistentes: essa pessoa não vai começar a beber nem a usar drogas. Ela simplesmente se fechará no seu estreito círculo e passa a executar automaticamente as tarefas atribuídas. No caso de o programa de degradação estar orientado para a aquisição de características em falta, então a alma irá seguir pelo caminho negativo e daí obter a energia necessária. Sendo que, neste caso, não é necessariamente obrigatório que o indivíduo se torne numa pessoa má, existem alguns tipos de atividade que contribuem para aquisição de qualidades negativas. Por exemplo, técnicos de cálculo, programadores e militares podem obter energias negativas através de atividades necessárias à sociedade.

– Se uma individualidade subir alto do ponto de vista do desenvolvimento, ela já não correrá o risco de voltar a descer ou, pelo contrário, poderá sempre surgir algum ponto que a faça iniciar um movimento descendente?

– De onde é que tirou essa ideia de que a involução é possível?

– Existe a teoria de que a individualidade começa inicialmente o seu desenvolvimento ascendente, a subir, e que depois inverte o movimento na direção oposta. Volta a descer à matéria. É como a oscilação de um pêndulo: primeiro para um lado, depois para noutro.

– Não, isso é absolutamente falso. Como pode uma pessoa que subiu bem alto voltar a descer?! A sua consciência torna-se completamente diferente e, o mais importante, isso é impossível do ponto de vista energético. Essa pessoa sentirá repulsão por energias de Nível inferior. Agora, se estivermos a falar do indivíduo do nível* médio de evolução, aí a conversa muda de figura e ele pode, sim, descer, caso comece a tomar drogas ou álcool, uma vez que o álcool, tal como a droga, desliga a consciência e o ser humano passa a agir mecanicamente, destruindo-se a si próprio, queimando energia armazenada e, uma vez reduzido o seu volume, cai o potencial energético da alma, fazendo com que ela caia, ou seja, com que desça. Mas isso é verdadeiro apenas ao nível* médio. As almas elevadas não são capazes disso e, consequentemente, não descem. Ao criarem a lei do desenvolvimento oscilante das almas, as pessoas confundiram alguns factos. Por exemplo, a alma humana pode ser transferida para o corpo de um animal, executando assim um movimento descendente, mas isso acontece como forma de punição, e muito raramente. Em segundo lugar, as almas das personalidades elevadas descem, às vezes, para executarem missões especiais. Mas isso torna-se necessário não para o desenvolvimento delas, mas para puxar outros para cima com elas. E é claro que estes casos também são raros.

– Quão valorizados por Si são os justos?

– Há justos e justos, tal como há alcoólicos e alcoólicos. Às vezes, as ações de um alcoólico podem ser mais elevadas que as de um justo. Justos há que, por detrás da sua busca por retidão, não se apercebem do mal que fazem aos outros. Aparentemente, eles fazem tudo bem, lutam pela verdade, mas, para os outros, só resultam coisas más desses atos. A pessoa deve ser julgada pelo resultado daquilo que faz, por aquilo que ela proporciona aos outros. Assim deverá ser também com os alcoólicos. Há indivíduos desprezíveis e rudes, mas também os há bastante inofensivos, que tudo o que fazem é dormir e que em nada prejudicam os outros. Há também alcoólicos cujos programas estão tão intrinsecamente entrelaçados com **programas*** de outras pessoas, que trazem à tona as características negativas destas últimas. Sim, eles criam situações nas quais se manifestam as características de outras pessoas. Por isso é que esses indivíduos de grau evolutivo baixos devem ser avaliados não por suas características pessoais, mas pela negatividade que eles revelam nos outros.

– Porque é que o desenvolvimento do ser humano só se dá através das dificuldades?

– Porque, como a prática já demonstrou, o indivíduo não tem a capacidade de sentir compaixão pelo próximo se ele próprio não passar primeiro por dificuldades. E Eu preciso de desenvolver características positivas na alma dele, daí que, quanto mais o indivíduo superar obstáculos, mais elevado fica o seu Nível da Consciência. As coisas boas só corrompem a alma. Uma vida fácil e tranquila não contribui para aquisição de elevadas qualidades espirituais e do **potencial energético*** necessário para a alma.

  – Cada nação tem os seus próprios caminhos de aperfeiçoamento?

  – Sim. Cada uma delas tem particularidades de aperfeiçoamento que não são, no entanto, caminhos de aperfeiçoamento isolados e casuais. Os caminhos são iguais para todos na Terra, todos passam por dificuldades.

  – É possível o aperfeiçoamento da alma dar-se sem dificuldades?

  – As variantes de programas de desenvolvimento são muitas. As pessoas com elevado nível* de desenvolvimento podem ter uma vida tranquila: veem um objetivo superior e aspiram a ele. Elas já não precisam de passar por dificuldades, uma vez que já adquiriram as qualidades de carácter necessárias, já acumularam o potencial energético necessário e tudo o que lhes falta agora é continuar a avançar rumo ao objetivo. Quanto aos indivíduos de baixo desenvolvimento, estes não sabem para onde ir, agitam-se de um lado para outro porque o seu intelecto não lhes permite encontrar a orientação certa e torna-se forçoso desenvolvê-lo. As dificuldades ajudam a adquirir experiência de vida e a desenvolver o pensamento. Já a individualidade que se encontra na parte superior do desenvolvimento, ela própria irá centrar todos os esforços para acelerar a sua evolução e, neste caso, as dificuldades podem, pelo contrário, atrasar a sua progressão.

  – E, se se mudar o material do qual a alma é feita, é possível mudar a sua natureza e o modo do seu aperfeiçoamento?

  – É possível, sim. Mas esse outro modo já não será viável para a vossa Terra, mas para outros mundos e planetas, uma vez que é precisamente a matéria do mundo, a sua energia, que determina também o seu modo de aperfeiçoamento.

  – A partir de que mundo é que se começam a desenvolver as almas que não passam pela forma humana na sua fase de progressão? De onde começa a sua evolução?

– Essa questão pode ser explicada de diferentes maneiras: a partir de um determinado momento da evolução, já que o Homem não possui um conhecimento completo e correto da **Estrutura Una dos Mundos Energéticos e Físicos***. Pode-se dizer que a evolução da alma começa no laboratório onde ela é criada, mas pode-se também tomar como ponto de partida aquele mundo para o qual ela foi enviada inicialmente. Se considerarmos a variante laboratorial da sua criação, cabe esclarecer que a alma pode ser considerada perene, já que ela é composta por partículas eternas.

– Tomemos C.*, Yu.*, – tratemos pelos nomes cósmicos estes dois Hierarcas Superiores – por que processo evolutivo passaram Eles? Afinal, a Terra ainda não existia quando Eles surgiram.

– Eles passaram por outros mundos, tiveram um caminho diferente do que o do ser humano. Existem mundos que vocês nem imaginam. A vida de lá decorre de uma maneira impossível de transmitir através dos vossos conceitos. É impossível transmitir a imagem desses mundos de um modo acessível à vossa compreensão.

– Mas poderia pelo menos mostrar-nos algo com o qual consigamos comparar?

Uma imagem é então mostrada à **mensageira*** Larissa Seklítova. Nessa imagem, os Hierarcas (C.* e Yu*) encontram-se bem abaixo da Terra, significando isso que Eles iniciaram o Seu desenvolvimento num Nível bem mais inferior do que o Nível do Ser Humano. E para nós isso é já um facto que nos permite avaliar que almas diferentes começam a sua evolução a partir de mundos diferentes, de Níveis diferentes, mas que tal ocorrência não as impede de subirem bem alto. Algumas dessas almas são até mesmo capazes de ultrapassar as outras em sua progressão.

Depois de mostrar esta imagem, Ele acrescentou:

– O facto de existirem alguns mundos em Níveis baixos não significa que todos os que habitam neles sejam irremediavelmente estúpidos. Com a vivência de muitas vidas, as almas adquirem, de uma forma ou de outra, grande experiência e conhecimentos.

– Mas a vida nesses mundos é mais difícil ou mais fácil do que a vida na Terra?

– É difícil em todos os lugares. Nada é fácil. Mesmo nos Nossos Mundos agora temos as Nossas dificuldades.

– Qual o sentido do sofrimento constante?

– O sentido do sofrimento constante está no aperfeiçoamento de alma, no desenvolvimento de características como a empatia, a compaixão pelo próximo, a bondade, o altruísmo. Apenas sofrendo é o ser humano capaz de alcançar esse tipo de características espirituais e, por conseguinte, de Me alcançar a Mim. A saciedade e a riqueza produzem no ser humano características, ou seja, tipos de energias, que o conduzem ao Diabo.

– Qual o sentido da existência humana? Muitas pessoas afirmam ser unicamente o amor.

– O Amor é uma das etapas do desenvolvimento da **Hierarquia do Homem*** que se divide em várias categorias. O seu limite inferior é o amor de uma mulher por um homem e vice-versa, o limite médio é o amor a toda a Humanidade, e o superior é o amor a Deus. Mas **acima do amor está o sentido do dever e a consciência superior**, que não permitem ações erradas e sabem sempre o que escolher. Na Minha Hierarquia, a escala de valores das Essências muda em relação aos valores terrenos. Mas em todos os lugares é primordial a progressão da individualidade, por isso é que **o sentido da vida e de qualquer existência em qualquer mundo está no aperfeiçoamento da alma. Cada momento deve transportar conhecimento, capacidade de sentir, compreensão do que é novo. Cada indivíduo deve evoluir até ao Nível* do Meu Estado, de modo a tornar-se um apoio firme para Mim e um fiel assistente para o Meu trabalho.**

– Para o ser humano, existem apenas duas orientações de desenvolvimento: em direção a Si e em direção ao Diabo?

– As direções principais são duas, sim, mas os caminhos que conduzem a Mim e ao Diabo são vários. Os principais são:

Caminhos positivos, que levam a Deus:

1. O caminho da virtude: amor, altruísmo (ajuda desinteressada aos outros);

2. O caminho da criatividade;

3. O caminho da evolução através da medicina;

4. O caminho do cálculo e programação ligados à criatividade.

Caminhos negativos, que levam ao Diabo:

1. O caminho do mal: assassinato, engano, avareza, ódio, agressão;

2. O caminho do cálculo e programação sem princípio criativo;

3. O caminho do automatismo.

– Quantas vidas na Terra tem o indivíduo de viver para passar para o Primeiro Nível* da Hierarquia Divina?

– No plano terrestre, existem 100 Níveis. Mas nem sempre a alma passa exatamente por este número. Há almas que se desenvolvem devagar e podem ficar durante algumas encarnações ou programas no mesmo Nível, mas há aquelas que se desenvolvem rapidamente e que são capazes de passar dois ou três Níveis numa única vida, acabando por chegar mais rapidamente à Hierarquia. Cem Níveis do plano terrestre são cem Níveis da **Hierarquia do Homem***.

– Em que estrutura entra a Hierarquia do Homem?

– Na estrutura que Me pertence a Mim (Deus)*, mas Eu trabalho nela junto com o Diabo. A Hierarquia do Homem destina-se ao aperfeiçoamento das almas iniciais, ou seja, recém-criadas, que começam o seu desenvolvimento a partir do mundo físico.

– Depois de passar cem Níveis na Terra, o ser humano chega ao Primeiro Nível* da Sua Hierarquia?

– Sim. Mas há almas cujo desenvolvimento, mesmo na Terra, passa rapidamente à frente, e, como tal, elas podem passar imediatamente para o Segundo Nível* da **Hierarquia Divina***.

O PROGRAMA

A alma é enviada para a Terra para se desenvolver, para ganhar experiência de vida, para desenvolver certas qualidades e talentos. O ser humano sempre achou que é ele que escolhe por si próprio o caminho do seu desenvolvimento. Mas isso não é bem assim. Cada pessoa que vive e que se desenvolve neste mundo, fá-lo de acordo com um programa elaborado pelas Individualidades Supremas. E isto levanta uma série de questões interessantes.

– Qualquer alma, independentemente da forma em que se encontre, desenvolve-se de acordo com o **programa***?

– Sim. Qualquer pedra ou grão de areia tem o seu programa de junção, de existência, de separação. Todos os mundos e espaços, já para não falar das formas que os habitam, progridem apenas de acordo com o programa.

– Quem é que elabora os programas para o ser humano?

– O **Sistema Negativo do Diabo*** no qual os Programadores trabalham.

Ficámos um pouco perplexas com esta resposta, uma vez que acreditávamos que o Homem faz tudo segundo o comando de Deus e, assim, procurando apoio para as nossas velhas crenças, quisemos esclarecer:

– Mas é o Senhor que comanda a elaboração desses programas?

– Não. É o Diabo. Todos os programas para a Terra são elaborados por Ele, – Deus fez uma pausa para permitir que digeríssemos mentalmente a mensagem, e continuou: – Eu passo-Lhe os objetivos e as orientações do desenvolvimento e Ele elabora o curso dos eventos e tudo o resto com base nesses objetivos. Ele trabalha para os Meus propósitos.

A resposta Dele apresentou-nos pela primeira vez o Diabo com uma roupagem completamente nova, facto que exigiria uma interpretação em conjunto com outros conhecimentos.

– Então, é o Diabo que elabora o programa para cada pessoa?

– Para sermos mais precisos, é o Sistema que Ele dirige, os Seus programadores. Mas os objetivos são todos Meus. Sou Eu que Lhe transmito esses objetivos. E se Eu Lhe disser que características necessito de ter em determinada pessoa, Ele desenvolve então os métodos com base nos quais essas características surgirão. Mas o mais importante que Eu dou às pessoas através dos programas é o **livre-arbítrio***, que leva em conta os desejos delas e lhes permite desenvolverem-se no sentido que quiserem. **Eu necessito de individualidades altamente espirituais e fortes.**

– Existe algum tipo de contacto da Alma com o novo programa antes da sua encarnação?

– Antes de serem enviadas para a Terra, apenas as almas acima do nível* médio de desenvolvimento são apresentadas ao seu futuro programa. E a habituação a esse novo programa dá-se enquanto elas permanecem no mundo "subtil". Mas nem todas gostam da vida que se lhes avista. Quanto às almas dos níveis* mais baixos, essas não chegam nunca a tomar prévio conhecimento do que têm pela frente. Elas simplesmente recebem o programa e pronto.

– Porque é que nem todos gostam do programa? Nós achávamos que o indivíduo, uma vez acostumado à sua vida, passaria realmente a gostar dela.

– Não. Se todos vivessem da mesma forma, todos ficariam felizes, uma vez que não haveria nada com o que comparar: todos viveriam de modo igual na prosperidade ou na pobreza. Mas quando as pessoas passam pelo ato da comparação, começam a entender o que é bom e o que é mau e, evidentemente, muitas delas não gostam de viver na pobreza após terem visto a riqueza.

– Em que lugar da alma humana é que fica gravado o programa?

– O programa não é gravado na alma propriamente dita. O programa é gravado no invólucro.

– As pessoas estão numa fase evolutiva baixa e é por isso o programa delas fica gravado nos invólucros. Mas onde então é que gravam os programas dos **Entes Supremos***?

– Também nos invólucros. Eles têm invólucros protetores e permanentes. Na alma propriamente dita não se grava nada. O **programa*** fica associado a diferentes estruturas, e isso vai depender do grau de desenvolvimento das Individualidades Supremas, uma vez que a estrutura Delas nos Níveis Inferiores e Superiores da Hierarquia difere de caso para caso.

– Quem é que elabora os programas para os Hierarcas Superiores?

– Os programas de desenvolvimento de qualquer Nível são elaborados pelo Nível imediatamente Acima, daí que os programas dos Hierarcas Superiores são elaborados por Entes que, por seu estado evolutivo, estão acima destes últimos.

– Quando o programa da alma de um indivíduo sofre alterações durante o decorrer da sua vida, em que estruturas suas é que são introduzidas essas alterações: no centro-cérebro, no cérebro do sexo, na medula espinal, etc.?

– Dependendo do programa, as alterações podem ser introduzidas em partes isoladas da estrutura ou em tudo ao mesmo tempo.

– Quem é que decide em que estruturas fazer alterações?

– De acordo com o **programa*** elaborado, as instruções são dadas pelo **Fundador*** dessa alma que controla o seu desenvolvimento.

– Se o programa de uma pessoa sofrer alguma correção, como é que se dá a junção das novas situações do programa, alterado com os programas de outras pessoas?

– São feitas paralelamente alterações em todos os programas das pessoas associadas ao respetivo indivíduo. A alteração do programa de uma pessoa é feita juntamente com todos os programas associados.

– Mas mudanças em programa levam a mudanças em situações. Isso significa ser possível que algumas pessoas possam já não entrar na vida da pessoa?

– Sim. Simplesmente, o indivíduo em questão não volta nunca mais a cruzar-se com essas pessoas.

REENCARNAÇÃO. MORTE. DECODIFICAÇÃO

Após a morte da pessoa, a sua alma passa para o mundo **"subtil"***. O que é que acontece com ela lá: adormece ou passa a desfrutar de uma vida paradisíaca? Ninguém consegue responder a esta pergunta, embora cada um de nós tenha já estado naquele mundo. Tentaremos por isso obter a resposta de Deus também a este mistério. É evidente que Ele não o revelaria se não tivesse chegado o tempo de transferir a consciência humana para um novo Nível da Compreensão.

Por isso continuaremos a entrar no domínio de novos conceitos relacionados com a alma.

– Após a morte, continua a alma humana a desenvolver-se no mundo **"subtil"** depois de passar pelo Purgatório e pelo Separador?

– O **desenvolvimento*** da alma humana nunca finda, ele continua mesmo durante o sono e após a morte (ver os capítulos correspondentes)*.

– Onde é que a alma se desenvolve mais depressa: no mundo físico ou no mundo "subtil"?

– Evidentemente que no mundo "subtil". O invólucro físico do ser humano é constituído por matéria na qual o tempo e, consequentemente, todas as reações, são mais lentas. O próprio tempo do movimento da matéria física passa mais lentamente do que o tempo do mundo "subtil". Além disso, o invólucro físico é **rudimentar*** e reprime as manifestações "subtis" da alma. Esta sente dificuldade em revelar-se devido a essa matéria muito rudimentar. No mundo "subtil", tudo é diferente, mas na Terra, a alma está como num escafandro. Além disso, sem um corpo material, o desenvolvimento da alma dá-se mais rápido também porque no mundo "subtil" são-lhe revelados conhecimentos autênticos, que nada têm a ver com aqueles que vocês possuem na Terra, onde tudo é distorcido e incorreto. No mundo "subtil", a alma recorda-se melhor das coisas, enquanto que, no mundo físico, a sua memória é fechada. Além disso, o Nível da Informação na Terra é muito baixo e a maioria dos conhecimentos são errados.

– Se a alma se desenvolve mais rapidamente sem corpo, qual o objetivo então de a fazer descer até ao fundo da matéria densa no nosso mundo físico? Não seria por acaso possível começar o seu desenvolvimento a partir do plano astral?

– Acontece que, no mundo físico, essa **Unidade*** consegue adquirir certas acumulações energéticas que, por suas características, a alma não consegue obter no mundo "subtil". Lá, a energia é de outro tipo. E aquilo que a alma necessita para a sua evolução futura, tal qual um fundamento de apoio, fica estabelecido na base material. Além disso, o objetivo educacional da alma é alcançado com melhores resultados no mundo material. No plano "subtil", ela lembra-se de tudo e não comete erros, não propriamente devido ao seu elevado grau de consciência, mas por força da boa memória e do medo da punição sob a forma de karma. Já a alma que habita no corpo físico tem a sua memória bloqueada e se não tiver desenvolvido qualidades estáveis de caráter, vai errar e voltar a errar até conseguir ganhar qualidades elevadas.

Ao cometer erros, a alma ganha mais experiência, percebe a situação não apenas numa versão de execução, mas em várias. Ela consolida assim mais qualidades positivas. A matéria permite à alma ganhar um número maior de experiências, tanto positivas quanto negativas. O aperfeiçoamento da alma no corpo material é mais valorizado do que se ela simplesmente existisse no Nível Energético. As energias adquiridas são mais puras e de melhor qualidade, além de que a alma ganha mais potencial.

– Então, isso significa que o principal foco energético é produzido no plano físico?

– Não o principal, mas o mais necessário para este tipo de alma. Ao deixarem a Terra, os indivíduos avançam numa determinada pirâmide **hierárquica***, e a sua estrutura é de tal modo multidimensional, que terá de iniciar o seu desenvolvimento a partir do mundo material. Existem outras estruturas das almas que não necessitam do plano físico, isto é, almas que uma vez construídas começam imediatamente a evoluir no plano "subtil". Assim sendo, cada tipo de alma tem a sua base, e a base do ser humano começa na Terra.

– Como é que a alma se desenvolve no mundo "subtil"?

– Uma vez aí, ela também recebe um programa, mas este é diferente do programa terrestre, já que as condições de existência lá são diferentes e as situações são outras.

– A alma, no mundo "subtil", também é conduzida por algum Mestre ou lá ela já se desenvolve sozinha?

– É também conduzida por um **Determinante***, que pode ser o mesmo que a conduziu no plano terrestre, mas pode ser um outro. Nem todos são capazes de manter o controlo no mundo físico e no mundo "subtil". Neste caso, o Determinante deve possuir um diapasão de conhecimentos mais amplo, combinar informação dos dois mundos, ter mais experiência do que um Determinante simples, que conduz o indivíduo apenas num único plano.

– Quando a alma passa de um mundo para outro e se despe dos seus invólucros, ela ganha ou perde energia?

– Ganha energia. Ao retirar os invólucros, ela retira a proteção, como um escafandro, e tudo o que foi por ela acumulado fica com ela. Quanto mais ela se desenvolve, mais adquire, mais acumula. Quanto mais alto a alma sobe, mais se aperfeiçoa. Além disso, nesse processo de ascensão, ela recebe informação adicional, como, por exemplo agora, que muitas pessoas estão a obter Novos Conhecimentos sobre Mundos Superiores, e isso contribui para um crescimento espiritual adicional.

– O ser humano reencarna muitas vezes na Terra. Qual é o papel das reencarnações?

– Cumprir o **karma***, passar pelos sucessivos Níveis Terrestres, ou seja, pelas aquisições sucessivas de partes constituintes do compósito da alma. Quanto mais uma pessoa reencarna, mais rico o seu compósito.

– Existem almas que não reencarnam?

– A **reencarnação*** é um conceito figurativo, mas a **essência*** desse processo está presente sempre e em todos os lugares. Ela ocorre, por exemplo, na Hierarquia, ou seja, podemos considerar como reencarnação a transição de Nível* para Nível*. Ela ocorre também no corpo físico do indivíduo a cada segundo, já que sempre que a alma melhora, ela ganha algo novo a cada momento. E isso já é reencarnação: a renovação qualitativa completa, a transição para uma nova condição.

– Existem almas que tenham reencarnado uma vez num planeta e, na vez seguinte, noutro planeta, e assim por diante?

– Sim, existem.

– Qual a finalidade disso?

– Mais uma vez: é para um aperfeiçoamento mais rápido. No entanto, esse método é usado para almas temperamentais, muito inteligentes, que precisem de processos diversificados e muito ativos.

– Existe em mais algum lugar um processo de reencarnação semelhante ao da Terra?

– Sim, existem planetas materiais em tudo semelhantes. Normalmente, tudo é dual.

– No que é que se manifesta essa dualidade?

– Na relatividade da estrutura.

– Os atores gostam muito de desempenhar papeis de outras pessoas. Não estará essa atividade deles baseada na memória de reencarnações passadas?

– A memória não é para aqui chamada, evidentemente. Eles recebem um programa especial para mostrar as capacidades de uma alma se manifestar de maneira diferente perante circunstâncias diferentes. O objetivo da atividade do ator é mostrar às pessoas como o mesmo indivíduo pode, de acordo com o programa – que neste caso é o guião – comportar-se inadequadamente, sentir de outro modo e ele próprio ser completamente diferente de si de vida para vida. Mas, independentemente disso, é evidente que esta profissão se baseia no princípio das reencarnações.

– Se uma pessoa sente um forte impulso para proteger alguém, terá ela tido, no passado, algo relacionado com a proteção dos outros e, quem sabe, não se terá ativado nela alguma memória desse passado?

– Não, não necessariamente. Esse comportamento pode estar relacionado com um programa que exija que a pessoa intervenha numa determinada situação para proteger um terceiro a fim de cumprir o seu **karma***. Tudo gira à volta do karma.

– Se numa vida anterior a pessoa tiver algum tipo de atividade que a leva a aperfeiçoar o corpo físico, é possível algumas dessas habilidades de domínio do corpo passarem para outra vida?

– Depende. Se estivermos a falar, por exemplo, de fisiculturismo, então não, mas se a habilidade em questão for a dança, então sim.

– A capacidade de levitar ou os poderes telepáticos são transferidos para a vida seguinte?

– Não. Isso tem a ver com o programa.

– Porque é que a pessoa precisa de passar por muitas vidas curtas para ganhar e acumular as características necessárias e não as pode, em vez disso, ganhar no decorrer de uma única vida longa? Não poderia uma pessoa viver, suponhamos, mil anos e ganhar nessa única vida tudo o que faz falta?

– Em primeiro lugar, vidas curtas ajudam a orientar a pessoa para um objetivo, já que ela sente constantemente vontade de ir na direção errada. Cada **programa*** vai redirecionando o seu desenvolvimento na direção certa. Em segundo lugar, um único corpo não consegue obter as características energéticas necessárias. Um corpo produz constantemente, ao longo de toda a sua vida, um determinado tipo de mentalidade, de pensamentos, de sentimentos, que acabam por criar alguma uniformidade monótona que, por sua vez, é grande empecilho para o desenvolvimento multifacetado da individualidade. Tudo na pessoa deve ser diversificado, por isso é que se usam diferentes corpos no processo das reencarnações.

– No decorrer de toda a existência da Humanidade, passaram já pela Terra milhares de milhões de almas. Para onde é que elas foram?

– Aquelas que atingiram o Nível necessário da Perfeição passaram para as Hierarquias. As que não atingiram continuam a reencarnar ou passaram para outros mundos. Mas agora, no limiar do ano 2000, vai haver, como sabe, uma seleção das almas e muitas delas serão decodificadas.

– Já aconteceu também, no passado, haver muitas almas fracassadas que acabaram por ser eliminadas?

– Não, fora dos períodos de transição entre civilizações não houve decodificação de almas. Existem períodos nos quais se põe à prova a maturidade das almas. E é precisamente nesses períodos que se faz a seleção maciça das mesmas. Esses períodos correspondem à conclusão de ciclos de desenvolvimento.

– As almas fracassadas são sempre decodificadas em momentos de tais transições?

– Sim, sempre.

– E, não obstante, em cada civilização posterior voltam a surgir almas com defeito, não?

– Nem sempre. Existem civilizações muito bem-sucedidas.

– De onde vêm essas Unidades permanentemente degradadas? Elas surgem devido a quê?

– Por terem cometido erros nos seus programas pessoais.

– Que almas é que são consideradas fracassadas e passíveis de serem eliminadas?

– São basicamente as almas que mataram em todas as vidas.

– E mais quais?

– Mais aquelas que caem sob a influência do Sistema Negativo do Diabo, as que vão pelo caminho da tentação. Mas é preciso considerar que cada tempo tem a sua escala de normas morais, os seus valores espirituais e, por isso, os motivos pelos quais as almas são decodificadas podem variar. Mas se quisermos um denominador comum, podemos dizer que as almas são **decodificadas*** principalmente pelo seu tratamento desumano em relação aos outros. São eliminadas algumas almas de assassinos que na vida terrena se venderam ao Diabo. Elas têm esperança de que se passaram para o lado do Diabo, Ele as colocará sob Sua proteção. Mas todas as almas da Terra são Minhas, e Eu é que decido como proceder com cada uma delas: se entregá-las ao Diabo ou se decodificá-las. Também acontece as almas de alguns assassinos serem tão primitivas que não possuem nada que as valorize. E dessas nem o Diabo precisa. Ele recusa-as e, por conseguinte, elas são eliminadas.

– Se as almas são decodificadas, significa que podemos considerá-las eternas apenas durante o segmento de desenvolvimento de uma civilização?

– Não, tirando as decodificadas, todas as restantes almas são eternas. Ou seja, existe um censo de verificação para todas as almas. E uma vez que passam por esse censo, passam logo para a existência eterna.

– E pode acontecer fazerem reencarnar numa geração almas de níveis* mais baixos e na geração seguinte, almas mais elevadas? Existe alguma alternância no grau de desenvolvimento das almas ao longo das gerações?

– Sim, nisso acertou. Existe uma alternância no Nível de Desenvolvimento das almas. A seleção das almas para uma geração é feita segundo tarefas concretas, por exemplo, a atual geração de destruidores deverá ser substituída por uma geração de criadores. Sempre com a evolução das almas como pano de fundo.

– E essa alternância de gerações existia também antes?

– A alternância de almas ocorre de geração para geração. Normalmente as almas são influenciadas pelo fator tempo e pelo programa geral que as une e que coloca diante delas um objetivo único. O objetivo condiciona o caráter comportamental. Mas é claro que as almas são escolhidas obrigatoriamente pela sua qualidade. E isso normalmente ocupa um ciclo completo. A roda das reencarnações não para de girar, e gira sempre para a frente, somente para a frente. Nada se repete nunca. A evolução é constante e todos se desenvolvem e avançam para a frente de forma uniforme.

— E não há reabastecimento com novas almas?

— Sim, obrigatoriamente.

— Encontramos atualmente entre os jovens muitas almas de níveis rasos. De onde é que elas vieram?

— É isso mesmo, precisamente agora – disse Deus de forma profunda e um pouco pensativa. – Essas são as almas que serão supostamente decodificadas. Elas deverão ser eliminadas, mas...- Ele fez uma pausa, – receberam uma última chance para mostrar as suas melhores qualidades a fim de se salvarem. Veremos no que se revelará cada uma delas.

— Quantas vezes aproximadamente é que a alma precisa de reencarnar para passar para um mundo superior: vinte, cinquenta, cem vezes?

— Tudo depende da alma em questão. Tem almas para as quais cem reencarnações não chegam.

A QUANTIDADE DAS ALMAS

Diferentes períodos da Terra têm tido diferentes números de pessoas. Este número ora aumenta ora diminui. Do que é que depende, afinal, o número de pessoas no nosso planeta? O que é que influencia esse valor? Tentaremos descobrir a lei que o determina.

— O número de pessoas na Terra muda constantemente. Isso deve-se a quê?

— Isso deve-se às necessidades da Terra e do **Cosmos***. As pessoas são portadoras energéticas. É através delas que a energia necessária é transmitida à Terra e é através delas que o Cosmos recebe energia de um tipo diferente para as suas necessidades, ou seja, existe um ciclo energético entre a Terra e o Cosmos que se efetua através do ser humano. Uma vez que o vosso planeta está em desenvolvimento, a atividade dele vai-se alterando, sendo maior ou menor e, consequentemente, ele vai precisando de mais ou menos energia. Diferentes lugares da Terra também exigem diferentes valores de densidade populacional. Nas áreas com mais pessoas, dá-se uma troca energética intensa. Assim sendo, o número de pessoas depende diretamente das necessidades da Terra. E a atividade desta, por sua vez, está relacionada com as necessidades dos Sistemas Hierárquicos. Quando estes últimos necessitam de receber da Terra um grande volume de energia, Eles acionam os respetivos processos que envolvem o ser humano. Assim sendo, está tudo interligado e a densidade populacional depende das necessidades do Cosmos e da Terra.

– E o número de pessoas está controlado?

– Obrigatoriamente. Cada pessoa nasce com um propósito determinado e se ela o executará ou não depende da própria pessoa. Mas o controlo relativo ao número de pessoas é feito constantemente, e Nós sabemos qual é a densidade populacional em qualquer altura e com maior exatidão do que as vossas estatísticas.

– Como fazem a contagem das pessoas na Terra?

– Conseguimos determinar quantas pessoas existem num ou noutro momento com base na liberdade de escolha dos indivíduos em situações do dia-a-dia, já que sabemos para onde cada situação conduz e como é que ela termina de acordo com o programa. Cada momento temporal envolve um determinado número de pessoas nos eventos do momento e retira um outro determinado número do mesmo. O volume de população em qualquer momento depende do livre-arbítrio das pessoas.

– No plano terrestre, existem mais almas negativas?

– Não. Há é muitas almas jovens. Elas não podem ser chamadas de negativas, uma vez que ainda não se formaram. O início do desenvolvimento das almas dá-se aqui, na Terra. Quase o início propriamente dito. Aqui está a escola delas, aqui elas são ensinadas e educadas, e só mais tarde saberemos qual caminho que escolherão.

– Existem almas positivas excedentárias?

– Excedentárias? Não. Porque pergunta sobre almas excedentárias?

– Porque há sempre alguma tolerância de erro quando se trata de quantidades.

– Não, Connosco bate tudo certo. A demanda por almas é terminada por cálculo. Se as que já existem não forem suficientes, novas almas são feitas. E não há nunca excedentes. O excesso é dado para aperfeiçoamento futuro, cada alma tem o seu lugar exato. *O que pode acontecer é insuficiência,* – Deus destacou esta última frase reforçando a entoação – devido à possível má qualidade das estruturas das próprias almas, por terem sido mal orientadas em vida, ou devido a programas fracos, quando se torna necessário eliminar as almas, ou seja, descodificá-las.

– A produção de almas das pessoas especificamente para a Terra é infinita ou é limitada?

– É limitada. Qualquer mundo, qualquer planeta pressupõe uma capacidade máxima, ou seja, um número concreto. Tudo tem os seus limites.

– O Sistema Hierárquico, com um número maior de almas, possui vantagem frente a um Sistema com menos almas?

– Sim, possui.

– Que vantagem?

– A vantagem do conjunto das energias. Cada alma produz energia, por isso quem tiver mais almas consegue ganhar mais energia e torna-se mais forte.

– O Senhor produz almas com alguma regularidade específica? Por exemplo, imaginemos que criou um determinado número de almas para os próximos dois mil anos e depois resolveu fazer um intervalo e ocupar-se só da educação delas. No final desse período, parte das almas será decodificada e acaba por se cair numa situação de défice de almas. Com base nisso, o Senhor volta a produzir novas almas?

– As almas devem ser produzidas constantemente, por várias razões. Se considerarmos o fator temporal, qualquer intervalo de tempo requer um certo número de Unidades para se desenvolver. Elas preenchem volumes concretos também na Hierarquia e em todos os Meus Universos. Elas são aquelas unidades que trabalham, constroem e reconstroem todos os mundos, pelo que há sempre demanda por almas. Ou seja, no que diz respeito a quantidades, o seu número é sempre concreto seja qual for o volume, mas devido ao facto de qualquer volume, tendo atingindo o fim do ciclo de desenvolvimento, passar para planos superiores de existência, levando consigo as almas desenvolvidas, então, são necessárias novas Unidades adequadas ao Nível de Desenvolvimento libertado, para preencherem os lugares desocupados. Por isso é que a sua produção não finda nunca na Estrutura Una dos Mundos Energéticos e Físicos.

– O Senhor cessa a produção de novas almas quando passa para o grau mais alto da nova Hierarquia?

– Quando Eu subo, muitas almas não sobem Comigo, já que Eu lhes concedo o direito à autonomia. Elas irão seguir ao Meu lado, ou seja, estarão no mesmo Nível que Eu, mas continuarão a desenvolver-se de modo independente, cada uma delas, já com a sua própria Hierarquia. Por esse motivo Eu vou ter de complementar a Minha Própria Hierarquia.

– Temos então que as almas são produzidas principalmente para mundos inferiores?

– As almas começam o seu desenvolvimento nos mundos inferiores, mas depois vão subindo e povoando Mundos Superiores. No entanto, a demanda de produção de novas almas vem "De Cima". Se lá "Em Cima" houver falta de almas, estas serão primeiramente criadas, depois enviadas para baixo, sob exigência "De Cima", de onde no fim vão povoar Mundos Superiores.

– É possível criar a estrutura de uma alma que comece não do mundo inferior, mas, por exemplo, pelo menos do Primeiro Nível* da Hierarquia?

– O Primeiro Nível* requer um imenso potencial energético da alma e um grande número de componentes energéticos internos que devem ser conquistados pela própria alma e não trazidos de fora para dentro, caso contrário a alma perde qualidade e essa opção não Me serve.

– Mas, em termos abstratos, essa variante pode acontecer?

– Sim, pode. Mas ela não Me serve. Consegue perceber o que acontece? Se se colocar na alma as qualidades necessárias para o Primeiro Nível*, por exemplo, ela terá depois de Nos dar muito em troca. Connosco tudo funciona na base da autossuficiência. Para dar esse retorno, a alma precisaria de se desenvolver uma velocidade estonteante. Estamos a falar de uma velocidade que impediria o desenvolvimento das outras almas que habitam o mesmo mundo. Por outras palavras, no caso de uma alma dessas seria necessário uma Hierarquia à parte com grande velocidade de desenvolvimento para que ela pudesse acumular as coisas que necessita para si própria e, ao mesmo tempo, pagar as dívidas relacionadas com a sua produção. Mas numa Hierarquia tão terrestre como a vossa, as vossas almas têm um desenvolvimento lento, sistemático e gradual. Vocês partem do nível* baixo e vão pagando a dívida à medida que vão subindo. Se deixássemos aquelas almas entrar no vosso mundo terrestre, como está a dizer, a energia delas simplesmente acabaria com vocês se coexistirem no mesmo tempo.

– Existe algum equilíbrio entre almas positivas e negativas no plano terrestre?

– Esse equilíbrio pode existir, mas não é obrigatório. Na Terra, são criadas principalmente almas positivas, destinadas a trabalhar na Minha Hierarquia. E o Diabo recebe aquelas almas que não seguiram o caminho Divino. Mas o Diabo também faz todo o possível para obter o maior número possível de almas da Terra. É assim que funciona o sistema estrutural físico do mundo.

– Porque é que existem almas com defeitos? Tudo o que o Senhor cria não é perfeito?

– Os Meus projetos são perfeitos, mas o trabalho dos Sistemas Subordinados a Mim poderão ter defeitos. No que se refere aos defeitos das almas especificamente, eles nada têm a ver com a estruturas delas, mas com a psique, com a consciência da pessoa. É difícil prever o comportamento de uma pessoa numa determinada situação. É por isso que o ser humano recebe **livre-arbítrio*. O** mais difícil costuma ser adivinhar o comportamento do indivíduo nos primeiros estágios do desenvolvimento, quando ele está ainda num nível* evolutivo muito baixo e não se sabe como é que começará a agir e o que fará a seguir. Uma **alma rasa*** é muito sensível à falta de energia. Como tem ainda poucas energias armazenadas, quando sente falta de mais energia tem livre-arbítrio para ir na busca dela por um caminho que Nós talvez não gostaríamos que fosse. Posteriormente, essa alma terá de ser eliminada, decodificada. Podemos dizer que este é o Nível Zero de Desenvolvimento da alma e que é perigoso, já que é estando nele que ela pode entrar num beco sem saída.

– Tem almas mais evoluídas que sejam decodificadas? Como é que isso acontece?

– As almas são apagadas até o Nível Energético "50" do plano terrestre, isto é, se uma alma armazenar potencial energético de 50 unidades convencionais, ela já não será destruída como individualidade. O processo de apagamento, de decodificação, consiste em esvaziar a alma de todas as energias que ela conseguiu armazenar. Apaga-se tudo nela, todas as suas características pessoais, todos os seus códigos, isto é, decodificam-na. A alma fica purificada e pode recomeçar do zero, ou seja, voltar ao início de tudo. Mas o seu próprio "eu" desaparece para sempre. Já as almas com potencial energético igual ou superior a 50 não perdem nunca o seu "eu".

– Existe algum outro indicador que implique a destruição de uma alma?

– As almas não são destruídas por completo, já que são estruturas muito caras. O apagamento ou **decodificação*** consiste em sacar por completo da estrutura constante – da matriz – as energias armazenadas pelo indivíduo durante sua existência na Terra, ou seja, consiste em esvaziar a matriz. Essas energias são extraídas da base permanente da matriz, as suas células são raspadas, são limpas. O processo de decodificação é muito doloroso para alma, a sensação é como se arrancassem pedaços de carne de um corpo vivo. Uma vez que a capacidade de sentir da alma não é desligada, ela acaba por sentir toda essa operação na sua plenitude. Foi precisamente daqui que surgiram as lendas sobre o Inferno, sobre o lugar onde fazem os pecadores sofrer. E não há qualquer exagero nisto, já que a individualidade degradada sentir-se-á como estando a ser partida e dividida em bocados – nos bocados que formam as suas diferentes partes. Cada tipo de energia da alma é separado e isolado. As peças, por assim dizer, devem ser todas desmontadas.

– E quem é que executa esse processo de desmontagem?

– Trata-se de um trabalho muito desagradável, podemos mesmo dizer, sujo, por isso é executado por indivíduos do Sistema Negativo do Diabo.

– Quanto tempo leva uma alma para conseguir armazenar 50 unidades convencionais de energia?

– O número de **encarnações*** pode variar, uma vez que a velocidade de desenvolvimento de cada indivíduo também varia. Mas normalmente, após ter encarnado 10 vezes na Terra, isto é, depois de 10 vidas vividas, ela é obrigatoriamente examinada para se ver o que foi que conquistou, que energia conseguiu armazenar. E se ao longo de aproximadamente esse período ela conseguiu acumular um Nível de Energia "50", o caminho para a evolução é-lhe então aberto. Se a energia acumulada estiver abaixo de "50" mas a alma tenha conseguido adquirir características positivas e negativas, então é-lhe dado o direito de se revelar em futuras encarnações. Mas se em 10 vidas tudo o que a alma adquire são qualidades muito baixas, ou seja, se ela estiver em processo de degradação e sua energia tender para o zero, a questão da sua decodificação é então colocada na mesa, mas não sem antes propor essa alma fracassada ao Diabo. Ele avalia as características que ela adquiriu, e das duas uma: ou pega essa alma para Si, ou rejeita-a. Caso a rejeite, ela segue então para **decodificação***. Há almas que nem ao Diabo servem. Este é o tipo de defeito que deve ser compensado.

É desta forma que parte das Minhas almas do Sistema Positivo passam para o Sistema Negativo do Diabo. O caminho inverso – do **Sistema Negativo*** para o **Sistema Positivo*** – não existe. O Diabo não permite a nenhuma alma voltar para trás. É um princípio Dele.

– E quem é que decide se determinada alma é ou não apta para Si?

– Tanto Eu como o Diabo temos Personalidades Supremas que avaliam as qualidades das almas. E existe, evidentemente, um canal de passagem onde as almas degradadas passam do Meu Sistema para o Sistema do Diabo. Sempre que o Diabo leva para Si uma alma degradada do Meu Sistema, Ele paga-Me por ela, ou seja, Ele entrega-Me energia de uma determinada qualidade equivalente à estrutura da alma ganha. Nada se dá ou se faz gratuitamente a ninguém.

– Mas, uma vez que se encontra na via negativa do **desenvolvimento***, ela não deixa de evoluir, isto é, seja como for, a alma escolherá eventualmente características positivas, como a disciplina e o aumento das capacidades intelectuais? Por acaso ela não fica mais inteligente com isso?

– Sim, o Diabo impõe disciplina, e muito rigorosa. A diferença entre o Meu Sistema e o Sistema do Dele é similar à diferença existente entre uma vida humana vivida em liberdade e na prisão. Ele tem uma disciplina mais rigorosa. O processo do pensamento nas Suas almas é desenvolvido com ajuda de programas estritos, sem livre-arbítrio, com o objetivo de obter de cada um de seus subordinados um processo do pensamento absoluto, que é, claro, diametralmente oposto ao pensamento das Minhas almas. As Minhas almas pensam numa direção – na direção do bem, as Dele pensam em sentido oposto.

– Temos então que existe uma divisão das almas feita de acordo com o Sistema Positivo ou Negativo, certo?

– Não só. Existe ainda um Sistema Neutro, o **Sistema Médico***, para onde são enviadas as almas dos médicos com alto grau de conhecimento científico e algumas almas que gostam de participar na salvação de pessoas ou de as ajudar. Do plano terrestre, as almas podem passar para três Hierarquias, mas somente depois de terminarem um ciclo completo na Terra. Com base nas qualidades adquiridas, Nós decidimos a orientação da sua evolução futura. Mas a escolha principal, que é dada à alma durante o seu desenvolvimento, é a *escolha entre o bem e o mal.* São as próprias almas que formam esses dois caminhos. O mecanismo da sua divisão esconde-se dentro delas mesmas. Imaginemos esse processo figurativamente: ao praticar boas ações, ao fazer algo desinteressadamente e de coração puro, a alma produz energias "leves", que vão preenchê-la e contribuir para a sua ascensão, isto é, para a Minha Hierarquia. Ao fazer o mal, a alma produz energias "obscuras*, pesadas*", que também serão acumuladas dentro dela e que, tal qual uma pedra, puxá-la-ão para o fundo. Nestes casos, nem se torna necessário acompanhar as ações da pessoa já que o processo é todo automático.

– Se na Terra há mais pessoas negativas, isso significa que existem mais almas a passarem para a Hierarquia do Diabo?

– Não, as Minhas almas estão em maioria. As pessoas comuns são Minhas, elas constroem, fazem o bem.

– Porque é que a China tem uma população tão numerosa?

– Devido à energia da Terra naquele lugar e a métodos especiais da educação das almas. Nós já abordámos a primeira questão. Quanto à segunda questão, na China, bem como no Japão, por exemplo, cria-se uma densidade populacional muito elevada a fim de desenvolver neles certas qualidades de carácter: eles precisam de aprender a valorizar cada pedaço de espaço livre, a utilizar racionalmente o pouco espaço. E esta aprendizagem vem através da aglomeração, através de todo o tipo de pequenas coisas do quotidiano. Cada nação e raça tem as suas próprias dificuldades e é nesta peculiaridade que está o aperfeiçoamento das suas almas. Não há nação que não sofra. Ninguém vive no paraíso, estando na Terra. Sofre-se tanto na pobreza quanto na riqueza. Todas as nações têm de melhorar de alguma forma. Na Rússia, é através da pobreza que a alma é aperfeiçoada. Já nos Estado Unidos da América, a alma sofre por sua saciedade, por ociosidade. Mas, no processo das reencarnações, cada Unidade passa por ambas as situações.

O VALOR DAS ALMAS

A Hierarquia pertence a Deus. Ela é composta por muitos mundos. Através da sua experiência de vida na Terra, o ser humano sabe que existem valores materiais e espirituais. Mas quais são os valores nos mundos de Deus? Qual é o principal dos valores nesses mundos?

– O que é que se considera ser o mais valioso na Sua Hierarquia?

– Evidentemente que é a alma, as **Essências***.

– O que é que determina o valor da alma humana?

– Vou falar das três categorias principais: as almas primárias, médias e elevadas. O valor da alma que acabou de ser feita é basicamente determinado pelos componentes que Nós pusemos nela. Ela não tem qualquer mais-valia, porque ainda não conquistou nada. Essas são as almas jovens ou, como vocês as chamam, as "almas rasas*, baixas*, inferiores*". Mas no primeiro estágio, depois da primeira vida vivida, por exemplo, o seu valor já pode ser determinado pelas características das energias adquiridas. O valor das almas de desenvolvimento médio é determinado pelo estado da sua **capacidade energética* (ganho energético)*** e pelo Nível Evolutivo crescente. Surge assim o potencial energético da alma. O valor das almas humanas elevadas é determinado por estas mesmas características, com a adição de mais dois indicadores: o **Nível do Potencial* da Alma** e a sua **Potência*.**

– O potencial da alma primária é grande se comparado com o potencial duma pessoa que atingiu o Centésimo Nível da Hierarquia do Homem?

– É claro que estes potenciais não são comparáveis entre si, porque Nós colocamos na alma primária o mínimo em comparação com as energias já armazenadas na alma que atinge o Nível 50. Ou seja, na alma primária, o potencial energético de cada célula é igual a um (ver Figura 6), enquanto que, na alma média, o potencial energético de cada célula será já de cinquenta. Isto é a **capacidade energética*** da célula. Já o potencial da alma é composto pela soma de todas essas células. Claro que tudo isto são valores aproximados, pode ser mais ou menos. Mas à medida que a alma se desenvolve, cresce a sua capacidade energética, assim como a sua Potência Geral.

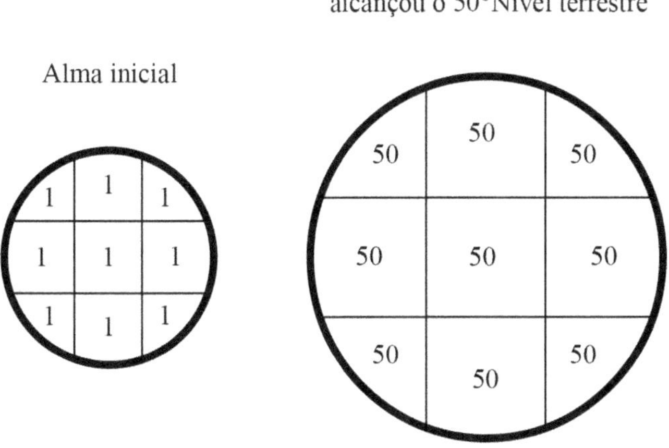

Figura 6. Potencial da Alma

– O valor das almas dos Determinantes também é determinado da mesma forma? Ou com Eles as coisas são diferentes?

– Não, é o mesmo. A estrutura da alma Deles é igual à vossa. Na verdade, os Determinantes são aqueles que fazem os cálculos. Eu apenas sugiro a escolha da profissão, quando as almas vêm até Mim: esta ou aquela profissão. O desenvolvimento no estágio de aperfeiçoamento planetário é um estágio evolutivo à parte, é a criatividade. Um outro caminho é a via da governação, do cálculo, da orientação de alguma pessoa ou algum **ser***. Isso já é uma orientação mecânica, que é precisamente o caso dos Determinantes. Eles passam este Seu estágio a ganhar **potencial***, **potência***, e os Seus indicadores superam em muitas vezes os mesmos indicadores do homem comum. Portanto, Nós valorizamo-Los por esses mesmos dados.

– O que é que determina o valor das almas dos planetas?

– A **potência***. Tudo se dá como no ser humano, mas em unidades maiores. A estrutura da alma é a mesma, e a alma humana, uma vez atingido o desenvolvimento condizente, passa para a fase de aperfeiçoamento na forma de planeta, mas, claro, se assim o desejar.

A COMPRA DE ALMAS

Deus cria as almas e é Seu proprietário. No entanto, como ficámos a saber pelo livro "Mistérios dos Mundos Superiores", o nosso Deus não é único. Existem, para além Dele, outros Deuses, que criam almas para Eles Mesmos. As almas de um Deus vão ter características diferentes das almas de outro Deus. Isso significa que as almas têm capacidades diferentes e, por isso, os Deuses têm por vezes necessidade de adquirir outras almas para executar alguns trabalhos no Seu mundo. Perante isto, perguntámos o seguinte a Deus:

– Num dos contactos, foi dito que as almas podem ser compradas e vendidas. Como é isso de se poder comercializar almas? Achamos que isso de vender as pessoas não se pode fazer, é muito mau.

– Vocês estão a fazer comparação com base no seu mundo, certo?

– Sim.

– É difícil explicar-lhes isto, mas o Nosso Mundo não pode ser comparado com vosso. Nós temos outro modo de existência, outros conceitos.

– Mas a venda de almas é feita com o consentimento delas ou é determinada pelo propósito da venda?

– Tudo é determinado de acordo com o objetivo. No entanto, isso raramente acontece.

– Mas o consentimento da alma é necessário ou não?

– Ela sabe que está a cumprir o seu dever e que iniciará um novo estágio de desenvolvimento. É como se uma pessoa, digamos, mudasse para outro país. Os vossos atletas, por exemplo, eles mesmo se vendem a outros países e também aí começam uma nova vida. Há aqui alguma analogia com isso. E o inverso também é válido, isto é, se Nós precisarmos de alguma qualidade especial da alma que não temos, iremos então Nós comprá-la. Mas as almas são recrutadas e vendidas não só nos Sistemas. Existem relações semelhantes também dentro do mesmo Nível. É claro, que isso tudo se refere a mundos rasos. Por exemplo, um **Determinante*** pode comprar de outro Determinante uma alma que Ele deseje. Nos mundos médios e altos, este tipo de relação já não existe.

– Que tipo de relação permite a um Determinante comprar uma alma de outro Determinante? Qual a razão plausível para tal?

– Estamos agora a passar por um período de partilha das almas. Do mesmo modo que vocês partilham os vossos bens, assim se partilham as almas em certos períodos. Mesmo numa única Hierarquia existe uma multitude de Sistemas Hierárquicos com diferentes especializações. Daí que cada Sistema tente sacar para si o maior número possível de **Unidades*** qualitativamente mais adequadas a ele. Assim, por exemplo, uma entidade produtiva do vosso mundo pode recrutar ou comprar certos especialistas, isto é, pessoas que possuam as qualidades necessárias para o desenvolvimento da atividade da entidade.

– Então, uma vez que estamos a passar por um período de transição, está a dar-se, neste momento, a partilha de almas algures entre os **Sistemas Cósmicos***?

– Sim, claro. Só que essa partilha ocorre não entre Sistemas Cósmicos, mas Hierárquicos. Na Minha Hierarquia, existem somente **Sistemas Hierárquicos***, e eles acompanham o que se passa na Terra e trabalham com ela, por isso são eles que partilham as almas. Tais partilhas dão-se sempre em momentos de transição. As almas espiritualmente mais evoluídas vêm para a Minha Hierarquia. E as outras, as restantes, vão para o **Sistema Médico*** e o **Sistema Negativo do Diabo***. É durante estes períodos que ocorre a compra e venda de almas.

— A escolha de uma ou outra alma vai depender do tipo de energia que a pessoa foi capaz de acumular ao longo da vida?

— Sim, são precisamente as qualidades das energias conquistadas pela alma que determinam para onde é que ela vai. As partilhas dão-se com base nas qualidades internas, de modo a que ninguém fique chateado: aquilo que ganhaste ao longo de todos os anos da tua vida é aquilo que recebes. Esta divisão tornou-se particularmente acentuada agora com o facto de muitas almas estarem a ser destruídas e as restantes irem ser distribuídas e compradas pelos Sistemas Hierárquicos, que passarão a geri-las como sua propriedade e a desenvolvê-las na direção que Eles precisam.

— Esse recrutamento de almas acontece todos os milénios?

— Ele acontece quando se executa a destruição maciça de **almas com defeito***, como no atual período. Acontece principalmente na transição de épocas, já que nesta equação entram também os códigos e eles influenciam bastante as mudanças gerais.

— Com o que é que fica o Determinante de quem foi levada ou comprada a alma que Ele governou durante toda a vida dela?

— O Determinante fica com a energia do mesmo modo que um vendedor fica com o dinheiro. Ele é bem recompensado pela alma que entrega, ou melhor, pagam-Lhe o que precisa de ser pago. Imaginemos, por exemplo, um Determinante que vendeu a alma de uma pessoa que Lhe deveria produzir energia de uma dada qualidade durante sessenta anos. Pois bem, Ele receberá precisamente essa quantidade de energia com a qualidade exigida, correspondente a 60 anos de produção energética por essa alma. Quanto à pessoa vendida, que passa agora a ser governada por um outro Determinante, é transferida para produzir outra energia.

— Então, quando uma alma é comprada, ela é paga com energia?

— Sim, a Nossa unidade financeira é *a energia.*

– E pode acontecer o pagamento por uma pessoa ser feito com um planeta ou qualquer outro mundo?

– Pode acontecer, claro. Pode ser que venham a dar isso por si. As pessoas são todas diferentes.

LIBERDADE PARA AS ALMAS

O Homem na Terra ouviu sempre falar de um conceito como a liberdade. Esta sempre foi para ele um estímulo de vida e um propósito de luta. Por ela, as pessoas lutaram e traíram outras, abdicaram de todas as suas riquezas e realizaram proezas. Mas, o que tem Deus a dizer-nos sobre o conceito de liberdade?

– O que é liberdade para a alma?

– Liberdade para a alma é o desejo de não ter restrições nem limitações nas ações.

– Restrições nas ações espirituais ou físicas?

– Estamos a falar da alma, não do corpo. Mas quando ela se encontra no corpo, a sua liberdade fica mais limitada do que quando está fora dele. Para a alma, a principal liberdade é a liberdade criativa, e não a liberdade de fazer o que quiser ou de não fazer nada, como entende o homem comum.

A alma justa é livre apenas quando cria, apenas em criatividade. Mas para uma alma ser considerada verdadeiramente livre ela tem de estar fora do corpo. Ao encarnar, ela perde parcialmente a sua liberdade, ficando acorrentada à forma material, ficando assim em sofrimento a um nível subconsciente. É por isso que a alma sente alegria ao se libertar do corpo no momento da morte.

– Mas pode uma alma encarnada num corpo ser feliz?

– Sim, se lhe for dado um programa de ação que satisfaça as suas necessidades espirituais.

– O sentimento de felicidade é provavelmente sentido pelos grandes músicos, não? Afinal, a alma deles está em constante processo de criatividade.

– Sim, no momento da criação musical, eles experimentam sentimentos sublimes únicos, desconhecidos da pessoa comum. Mas as almas dos pintores, escultores, poetas e outras pessoas criativas experimentam o mesmo. Estando desligadas do resto do mundo, elas mergulham num estado especial de criação que lhes dá a sensação de felicidade. Para elas, a liberdade através da criação é o principal fator de aperfeiçoamento. Mas é claro que **a liberdade é compreendida por cada indivíduo de acordo com o seu nível* de desenvolvimento. O indivíduo inferior*** verá a felicidade na liberdade de poder fazer o que bem lhe apetecer ou de satisfazer os seus desejos rasos. Pode-se dizer que existe uma liberdade e felicidade diferentes para cada Nível de Desenvolvimento. No entanto, nem uma nem outra são completas e duradouras, caso contrário o homem pararia por completo de se aperfeiçoar. A felicidade é um breve momento de realização da alma.

EXPERIÊNCIAS COM A ALMA POR PARTE DOS CIENTISTAS TERRESTRES

– Saiu recentemente num jornal um artigo que dizia que os cientistas pretendem criar um corpo humano sem cabeça para usar os órgãos como peças de substituição no transplante de órgãos doentes de outras pessoas. Irão os Seus Sistemas Hierárquicos colocar almas nesses corpos?

– Não, esses corpos permanecerão sem alma. Mas, no vosso mundo, já se sabe como executar tecnicamente a junção da cabeça de uma criatura com o corpo de outra. No entanto, se se coser a cabeça de um macaco ou de outro animal qualquer a um corpo sem cabeça, nesse caso, o corpo já ganhará alma. Qualquer cabeça traz consigo uma alma e, claro, neste último caso, não a alma de um ser humano, mas a alma do animal ao qual a cabeça pertencia. A cabeça é a portadora da alma. O corpo terá sempre a alma da criatura cuja cabeça foi transplantada.

– E lá "Em Cima" permitem fazer experiências dessas?

– Tais experiências já estão a ser feitas com sucesso.

– E para que servem elas? Para desenvolver o potencial criativo?

– Para o desenvolvimento da ciência. O ser humano deve testar as suas capacidades. Ele tem muito que aprender aqui na Terra.

– Pode um corpo existir e desenvolver-se se não lhe for incorporada uma alma? Podem existir corpos sem espírito, como os robôs?

– Não, esses corpos não podem existir. Um corpo criado sem cabeça é uma questão completamente diferente de um corpo com cabeça. A diferença é imensa. Em casos únicos experimentais, existiram pessoas sem alma, mas, mais uma vez, isso foi feito apenas em versão experimental.

– Pelos Determinantes Supremos?

– Se Nós experimentamos algo nas Nossas Esferas Supremas, isso repete-se na vossa Terra. Ou seja, as Nossas experiências são as vossas experiências.

– Existe alguma forma de identificar se uma determinada pessoa não tem a alma? Algum critério?

– Estávamos aqui a falar de um corpo sem cabeça. Na Terra, todas as pessoas têm alma. Os Determinantes não permitem que alguém nasça sem alma.

TIPOS DE ALMAS

– Sabemos que as almas são criadas artificialmente. Existe um tipo de alma que inicia o seu desenvolvimento logo a partir do estágio do ser humano. No entanto, os corpos humanos podem também receber almas dos animais. Significa isso que existem dois tipos de almas na Terra?

– Sim, para o mundo terreno, são criados dois tipos de almas. Embora para outros mundos também sejam criadas almas, e as formas em que estas são incorporadas sejam imensas.

– Porque é que foram criados dois tipos de almas para a Terra?

– Vamos esclarecer melhor: esse dois tipos de almas são apenas para o vosso mundo físico. Os mundos paralelos da Terra também são habitados por **seres***. Mas, no que diz respeito ao plano puramente material, esses tipos de almas são necessários devido à precisão de produzir energias com determinadas qualidades (características)*. Uma vez que as suas emoções estão organizadas de forma diferente, as almas que passam pelos animais produzem uma gama especial de energias. Elas produzem irradiações diferentes.

– Mais baixas?

– Não. A sua coloração é diferente. Pode-se mesmo dizer que são mais puras do que as almas que começam o seu desenvolvimento imediatamente a partir do ser humano, uma vez que são mais simples e mais puras por si mesmas. Peguemos o exemplo das crianças – elas são ingénuas e simples, confiam em tudo o que lhes dizem. As mesmas são as almas que passaram do mundo animal.

– Esses dois tipos de almas são diferentes em termos de Nível de Desenvolvimento?

– As almas provenientes dos animais encontram-se numa fase evolutiva inferior. Já as almas criadas diretamente para os seres humanos são mais elevadas por seu desenvolvimento, mas mais grosseiras por suas características.

– E a estrutura propriamente dita das almas difere muito de uma para outra?

– Pode-se dizer que apenas em metade, quase em metade.

– As almas que passam pelos animais percorrem um caminho mais longo do que alma humana?

– Sim, elas levam muito mais tempo a desenvolverem-se do que a alma que só passa pela forma humana. Mas ambas acabam por atingir o mesmo nível* de desenvolvimento, só que as primeiras, as que vêm dos animais, alcançam-no mais tarde.

– Quando a alma de um animal encarna pela primeira vez num corpo humano, ela passa por alguma preparação preliminar? Ou ela recebe imediatamente o novo programa e começa logo a agir segundo o necessário?

– Não, ela simplesmente recebe reservas de novos conhecimentos que mais tarde deverá pagar com trabalho. Dão-se-lhe também reservas de alguns processos não instintivos e das habilidades necessárias de comportamento na sociedade.

– E não existe o perigo de os instintos anteriores se manifestarem?

– Claro que existe. Os instintos permanecem no comportamento dessas pessoas quase constantemente até que elas subam para o Nível seguinte. E alguns instintos podem vir a revelar-se até mesmo depois de muitas vidas.

– Do ponto de vista do mundo puramente animal, do que é que depende a colocação da alma no corpo de um ou outro animal? Por exemplo, por que razão uma alma reencarna num ser herbívoro e outra, num ser carnívoro? De que indicadores depende a escolha do corpo?

– A escolha do corpo depende do conteúdo energético que a alma precisa de conquistar.

– Então, por exemplo, ao abandonar o corpo de um animal herbívoro, a alma pode, em seguida, ser transferida para o corpo de um carnívoro e, desta forma, adquirir as componentes que lhe faltam?

– Há que notar que os carnívoros estão num Nível Evolutivo inferior ao dos herbívoros. O primeiro estágio, o que está mais em baixo, são os predadores e o segundo, mais acima, são os herbívoros. Vou explicar porquê. Devido às matanças constantes, os predadores adquirem energia "suja". Por isso, ao se passar a alma de um carnívoro para o corpo de um herbívoro dá-se a sua purificação no processo de existência.

– Mas, regra geral, os herbívoros são mortos tanto por carnívoros como pelo ser humano.

– Sim, mas aqui é ele o ser que é morto e não o ser que mata. E isso é importante.

– É justo deduzirmos a relação de causa-consequência de que, ao matar, o predador ganha um karma que acabará depois por pagar no corpo de herbívoro?

– Os animais inferiores não têm o karma. Já os animais superiores, que já entendem o que é o quê, têm. Para os animais que estão na fase superior de desenvolvimento já existe karma. Quanto aos animais ainda na fase inferior, eles simplesmente têm o princípio de desenvolvimento organizado de outra forma.

– Os predadores matam para que a sua alma adquira algumas qualidades de lutador?

– Não. Eles matam porque é assim mesmo que é o estágio do seu desenvolvimento.

– A agressão no ser humano manifesta-se com princípio na sua base animal, ou seja, com princípio em almas que passaram pelo mundo animal?

– Não. A agressão também é colocada no programa humano com um propósito negativo. E propósitos deste tipo são necessários para a existência terrena.

– Num dos contactos que tivemos anteriormente, foi dito que a alma da nossa **mensageira*** (Larissa Seklítova) habitou no passado o invólucro físico de um pequeno planeta. Porque é que a alma dela começou a sua evolução pela forma de um planeta?

– Ela passou pelo estágio de existência de uma forma semelhante à humana, não na Terra, e há muito tempo, após o que continuou o seu aperfeiçoamento noutro estado.

– E porque é que, neste momento, lhe é atribuído o corpo do ser humano e não uma forma mais elevada, à altura da sua alma?

– Surgiu a necessidades de ter aqui um potencial elevado para receber a energia enviada por Nós e transferi-la para a Terra.

– Então, a alma dela foi originalmente criada e construída como alma de planeta?

– Não, não está a perceber. Depois de se aperfeiçoar em uma forma semelhante à humana, ela foi subindo e, para aumentar a sua **potência***, começou a passar pelo estágio planetário no invólucro físico de um planeta. Mais precisamente, ela foi-se desenvolvendo em vários planetas, o que contribuiu para o aumento do seu **potencial energético*** total, para a sua **potência*** geral.

– Significa que ela tem uma alma muito antiga?

– Não é assim tão antiga. Pelos padrões espaciais, é média.

– Acontece com frequência transferirem uma alma planetária para um corpo humano?

– Não, não acontece com frequência. Acontece principalmente quando se torna necessário fazer algo grandioso, fazer alterações a nível mundial. Na realidade, acontece muito raramente, mas acontece... – No momento em que fizeram a mensageira recordar da sua existência passada, a memória do passado abriu-se-lhe por alguns instantes e ela sentiu-se como que imensa e grandiosa, sentiu algo difícil de transmitir em conceitos humanos. Ela sentiu-se com uma forma diferente, num Nível diferente da Compreensão das coisas e dos processos, num Nível com outra visão do mundo à volta dela.

– As almas podem existir em forma de animais e de planetas, donde podemos deduzir que elas podem existir em formas diferentes?

– Tudo depende do Nível de Desenvolvimento da Alma. Existem formas inferiores e formas superiores, por isso, se o Nível de Desenvolvimento da Alma for baixo, esta poderá permanecer na forma animal ou na forma humana primária, ou seja, existe também um estágio limítrofe: o Nível superior do Animal, que às vezes se iguala ao Nível inferior do Ser Humano. A diferença neles está nos programas comportamentais, mas as almas são muito semelhantes por seu conteúdo. A mesma semelhança pode acontecer com o Nível superior do Ser Humano e o Nível inferior de um Planeta pequeno (ver Figura 7).

– Haverá algum motivo que possa fazer com que a alma de um indivíduo volte a ser transferida para um corpo animal?

– Sim, há, mas isso é muito raro acontecer.

– Se acontecer, é por punição?

– Existem duas situações. A primeira será, realmente, em caso de punição. Às vezes, acontece depararem-se na Terra com algum animal particularmente inteligente e um pouco fora do padrão comportamental dos da sua espécie. Nesses casos, podemos estar precisamente perante a primeira situação, quando um indivíduo foi mandado de volta para o corpo de um animal como punição por algo. A segunda situação dá-se quando a alma de um ser humano é enviada de volta para um corpo animal porque, no seu processo de vida, essa alma terá perdido alguns dos componentes energéticos que era suposto ter. Ou seja, a pessoa entrou no caminho da degradação, por exemplo, tornou-se alcoólica ou o seu desenvolvimento estagnou no futebol. A sua evolução não foi além do Nível dos Passatempos. Como resultado dá-se a degradação, o que leva a pessoa a perder muitos pontos e a não conseguir juntar os compósitos necessários para a alma.

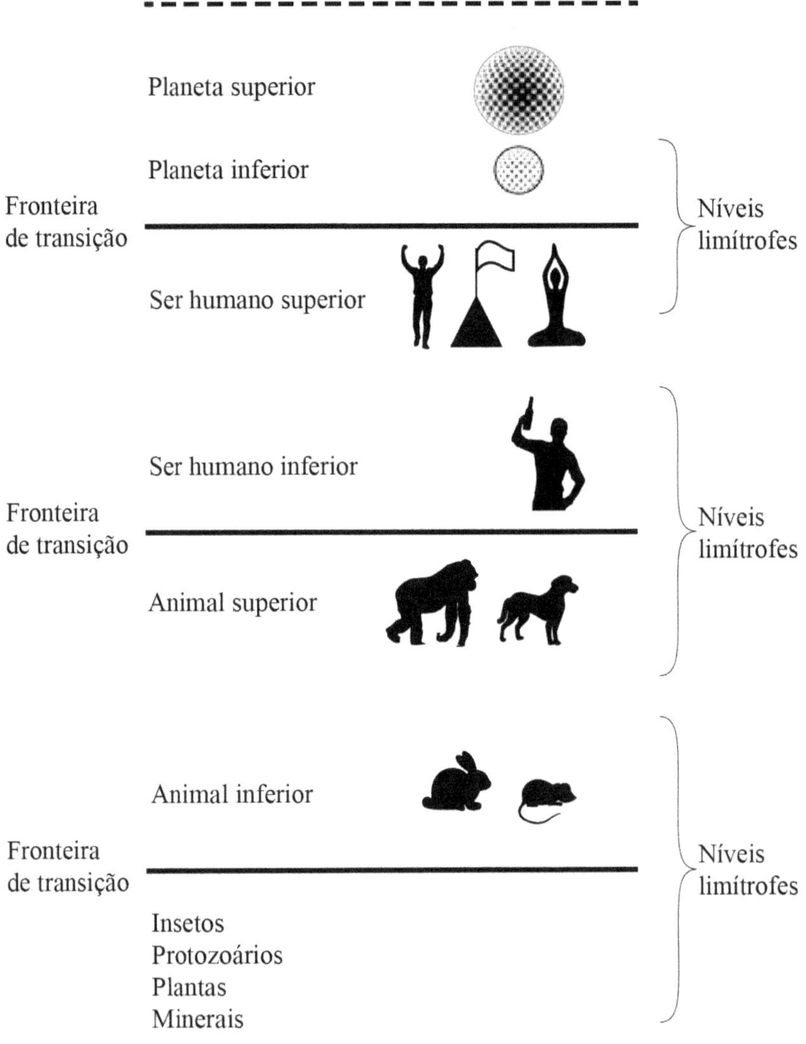

Figura 7. Fases indicativas do desenvolvimento da Alma

Neste caso, a alma poderá voltar a ser transferida para a forma de um animal da mesma espécie que ela tinha antes. Apenas para essa forma e para nenhuma outra. E, uma vez de novo no corpo animal, a alma parte à conquista da energia que tem em falta, podendo esta vida animal ser curta. Depois disso, a alma retorna ao corpo humano e começa a aperfeiçoar-se através de um programa de pessoa, mas como que recomeçando do princípio. No entanto, visto ela ter perdido tempo de desenvolvimento, nesta nova etapa, ela irá não apenas adquirir aquelas qualidades humanas que perdeu na falhada encarnação anterior, mas também se lhe adiciona um novo programa que lhe assegurará o progresso para o próximo estágio, isto é, a alma acaba por cumprir um programa duplo numa única vida.

— Por que razão se coloca o mal e a agressão no programa do ser humano?

— Para educar as outras pessoas, para pagamento do karma. Enquanto o seu nível* evolutivo permanecer baixo, o ser humano não tem termo de comparação que lhe permita distinguir o bem do mal. Mesmo com exemplos concretos de ações contrárias, muitos nem assim conseguem entender se estão a agir bem ou mal, se vão pelo caminho positivo ou negativo. Basta analisar a vida de qualquer indivíduo que se encontre no nível* médio de desenvolvimento: ele terá na sua conta mais atos negativos do que positivos.

As pessoas pensam muitas vezes que se algo é permitido na sociedade pode ser usado por elas para fins pessoais e preferem não pensar se esse caminho é de degradação ou do mal. Por exemplo, vocês podem abrir um sem-número de estabelecimentos comerciais, sendo que muitos desses estabelecimentos levam à libertinagem e não ao progresso. Alguns países escolhem o caminho da guerra, em vez do caminho das negociações de paz na regulação de disputas, ou seja, o ser humano já está suficientemente informado sobre o bem e o mal e, não obstante, escolhe o caminho do mal. Isto é tão somente sinal da sua baixa consciência. Por isso é que essa alma terá de ser várias vezes confrontada com o mal, de modo a que sinta nela própria o que é a agressão por parte dos outros e como o rosto dessa agressão é repudiante. Por isso a introdução da agressão e do mal no programa da alma é um método de educação severa para aqueles com dificuldades de compreensão.

— E nas almas boas, também podem colocar o mal para algum objetivo concreto?

– Sim. Mas essas características podem não chegar a desvendar-se, tudo depende das circunstâncias, do caminho que a alma escolhe. Eventualmente, ao passar pelas situações e ao escolher o lado do bem, ela pode eventualmente conseguir modificar as energias negativas em positivas quando, por exemplo, opta não matar, mas antes salvar.

– Sabemos da existência de almas cósmicas na Terra. Que almas são essas?

– Para o mundo físico, esse é o terceiro tipo de alma que encarna no corpo humano. Geralmente trata-se de almas que tiveram o seu desenvolvimento inicial não na Terra, mas noutros mundos, e que foram enviadas para vosso mundo com uma missão definida. Elas são mais fortes e têm imensa experiência passada.

– Elas diferem das almas terrestres pela característica do material da sua alma?

– Não, o material delas é idêntico, mas a potência é maior.

– Qual é a diferença entre a encarnação das almas terrestres e cósmicas?

– As almas cósmicas não estão presas à Terra, enquanto que as terrestres se destinam exclusivamente para a Terra, ou seja, elas vão reencarnar na Terra até terminarem o seu ciclo de desenvolvimento.

– E o que é que acontece com elas depois?

– Depois elas passam para etapas mais elevadas do aperfeiçoamento, se, evidentemente, fizerem por merecer. Tudo depende da alma em si: ela pode elevar-se cada vez mais e mais, mas se ela degradar, será enviada para mundos inferiores à Terra ou pode mesmo ser decodificada.

– No que é que difere a preparação das almas terrestres e cósmicas antes de serem enviadas para a Terra? Será que guarnecem as almas cósmicas com maior número de invólucros?

– A construção estrutural das almas cósmicas é diferente da construção estrutural das almas terrestres. Estas últimas têm invólucros muito rudimentares, uma vez que são formadas no plano material, a partir de componentes da própria Terra. Os **invólucros*** da Terra e do tipo indivíduo terrestre são idêntcas e diferem na rusticidade da sua construção. Já os invólucros para as almas cósmicas são criados por

Sistemas Hierárquicos especiais. São muito mais subtis e resistentes do que os invólucros terrestres e são colocados na alma antes de esta descer.

– Então, quando a alma cósmica é enviada para a Terra, guarnecem-na com invólucros complementares de proteção?

– Não são especialmente de proteção, são simplesmente invólucros necessários para trabalhar. Elas possuem os seus próprios invólucros constantes, uma vez que se encontram num nível* de desenvolvimento e de potência mais elevado do que as almas terrestres, daí não precisarem de proteção especial. Qualquer alma terrestre é mais fraca do que qualquer alma cósmica. Esses invólucros complementares são necessários apenas para elas descerem para uma matéria mais rudimentar e para as manterem nessa densidade por um dado período de tempo.

– No que é que difere o caminho das almas terrestres do caminho das almas cósmicas?

– As almas cósmicas são enviadas com um propósito específico. Elas muito raramente vêm para cá (para a Terra), podem encarnar apenas uma vez e, em seguida regressar, para o seu mundo, mas podem também ter de reencarnar algumas vezes, tudo depende das tarefas propostas.

– Se as almas cósmicas encarnam apenas uma vez no nosso mundo é de supor que elas não tenham um grande karma, certo? Ou, será que, pelo contrário, enquanto permanecem aqui na Terra, estão precisamente a pagar por algum erro anteriormente cometido?

– Factualmente falando, as almas cósmicas são almas que vêm da Hierarquia. O mais correto seria chamá-las de almas hierárquicas. Elas materializam-se normalmente em missionários, como, por exemplo, Jesus Cristo. Ou vêm para o vosso mundo por exigência da Terra, em períodos em que o planeta esteja a precisar de alguma energia alheia ou de uma energia muito elevada que ele não tenha. Como resultado, a dada alma é enviada para a Terra e, por meio da sua encarnação, ela traz ao planeta a energia necessária.

– Existe alguma diferença no tratamento para com as almas terrestres e cósmicas após a morte? Afinal, as terrestres voltam novamente à Terra e as cósmicas deixam-na para sempre.

– As nossas almas hierárquicas vêm no cumprimento de uma missão e, como tal, Nós exigimos mais delas. Já as terrestres são direcionadas para o Separador e, uma vez lá, vão responder por tudo o que fizeram. As almas cósmicas, ou hierárquicas, não vão para o Separador.

– Qual das almas consome mais tempo na sua preparação para reencarnar no mundo: a terrestre ou a cósmica?

– As almas cósmicas também diferem entre si, elas vêm de mundos diferentes. Por isso, se comparadas com as terrestres, algumas delas são preparadas mais rapidamente enquanto outras demoram mais tempo que as terrestres a ficarem prontas.

– E se compararmos a rapidez de desenvolvimento, qual delas se aperfeiçoa mais rapidamente?

– Também aqui as coisas variam. As almas terrestres cumprem a duração do seu caminho evolutivo e as cósmicas, o do seu. Existem entre as pessoas umas que estão mais avançadas que outras. Daí elas conseguirem alcançar um nível* altíssimo de desenvolvimento nas condições terrenas e passar para a Hierarquia. Em qualquer mundo, existe sempre quem esteja mais avançado e mais atrasado e é por isso que, até nos limites de um mesmo mundo, algumas almas atingem rapidamente a perfeição, enquanto outras levam mais tempo para lá chegar.

– É justo dizer que todos os seres vivos do nosso Universo são, por sua estrutura, construídos segundo o mesmo princípio?

– O princípio de desenvolvimento deles é o mesmo, mas o princípio de construção é diferente, uma vez que a estrutura depende das condições que a alma encontra no sítio onde vai parar.

– O desenvolvimento depende de algum modo da forma na qual a alma encarna?

– Não, não depende da forma.

– E a alma apercebe-se da forma que assume?

– Normalmente não, porque todos seres que adquirem uma mesma forma se acham bonitos uns aos outros, embora na realidade possam ser extremamente feios. Sem comparação, eles não têm como saber isso. Além do mais, a opinião geralmente aceite, se pertencer à maioria, pode tomar uma forma feia como padrão de beleza e considerar uma forma verdadeiramente bela como feia. A comparação pode nem sempre ser objetiva.

AS ALMAS DOS PLANETAS E DAS ESTRELAS

Dos contactos com Deus, aprendemos que não apenas o ser humano e os animais têm alma, mas que formas imensas como planetas e estrelas também possuem alma.

– De onde surgem as almas dos planetas?

– Existem dois tipos de almas planetárias. As primeiras são criadas diretamente para o corpo do planeta, as segundas vêm de outras formas.

– E a alma do planeta leva os mesmos componentes energéticos que a alma do ser humano?

– Sim, as energias especiais acumuladas pelas almas planetárias são coletadas, juntas, acopladas e cultivadas.

– Para isso, existem laboratórios separados ou as almas do ser humano e dos planetas são todas criadas num mesmo lugar?

– Não, são criadas em lugares diferentes. As almas dos planetas são criadas por especialistas de ordem mais elevada.

– E as energias das quais são produzidas as almas do ser humano e dos planetas têm características diferentes?

– Sim, sem dúvida, diferentes.

– As matrizes dos planetas têm uma energia de qualidade superior?

– Todas as matrizes primárias (ou iniciais) dos planetas e dos seres humanos são idênticas e são criadas a partir de energias de alta qualidade, uma vez que foram concebidas para evoluir num mesmo Universo (sendo precisamente isso aquilo que as une).

– E de onde vem o corpo material para a alma planetária?

– É criado por Sistemas Planetários. Num determinado conjunto de elementos químicos e componentes energéticos, coloca-se o programa sequencial da conexão e do fator temporal, tal qual um código genético, que se começa a desenvolver após a explosão que se considera o momento de seu nascimento. A introdução de energia externa adicional leva a uma explosão que ativa todas as reações. No momento do nascimento, ou seja, logo após a explosão, o planeta atinge um determinado tamanho. Tudo aqui é calculado: quais as grandezas necessárias e a partir de que tamanho é que o planeta deve começar a crescer. O planeta cresce, expande-se a partir do coágulo da matéria resultante. Essa expansão vem de dentro. É assim que está programado. As fases de crescimento e desenvolvimento vêm já todas dadas no programa. E quando, de acordo com as normas específicas, a forma material fica completamente pronta, a alma é então inserida nela e o planeta ganha vida.

– Qual é a diferença entre a inserção da alma no corpo humano e no corpo do planeta?

– O processo de inserção propriamente dito é basicamente o mesmo. As diferenças são mínimas.

– Já vimos que os planetas têm dois tipos de alma: algumas vêm de corpos com outras formas, outras são criadas especificamente para o planeta. Existe alguma diferença entre a inserção dessas almas?

– Sim, existe. E essa diferença deve-se precisamente à sua estrutura diferente. A alma que se desenvolveu e aperfeiçoou num corpo com forma diferente construiu-se a si própria e, graças ao livre-arbítrio que possuía, foi preenchendo a sua matriz com energias variadas. Por isso a sua inserção terá sempre algumas particularidades. Já a inserção de novas almas, especificamente planetárias, será feita de modo padronizado.

– Para além dessas, que outras diferenças existem entre a alma que veio de um corpo com outra forma e uma alma nova, criada especialmente para o planeta?

– Existem muitas diferenças: tanto na sua estrutura, quanto na sua energia. A alma que vem de outra forma terá de percorrer um longo caminho evolutivo para corresponder aos requisitos do planeta em termos de **potência***, não obstante o facto de, no momento da sua incorporação, ambas as almas se encontrarem no mesmo Nível da Correspondência quanto aos requisitos planetários. É no processo de desenvolvimento que a alma criada de raiz para o planeta agirá com maior entrega do que, por exemplo, a Unidade* humana incorporada na mesma forma. Isto deve-se ao facto de a nova alma estar vazia e precisa trabalhar mais para preencher a sua matriz com a energia necessária. Esta é uma diferença bem acentuada. A alma do planeta dedicar-se-á mais.

– E que potência tem a alma humana de conseguir alcançar para reencarnar no corpo de um planeta?

– Em que unidades está a perguntar?

– Pelo menos em Níveis Terrestres.

– Os planetas também variam, há grandes e pequenos. Por isso é natural que também as almas incorporadas tenham potências diferentes. Para um planeta pequeno, poderá ser suficiente o último Nível do plano terrestre (ou seja, da **Hierarquia do Homem***), o Centésimo. Mas no caso de um planeta grande, esse Nível já será insuficiente, pelo que se torna necessário a alma atingir um Nível mais elevado.

– O que pode levar uma alma humana a ganhar tal potência que lhe permita reencarnar no corpo de um planeta?

– Severas provações, o seu programa, o trabalho que fez, um número de vidas elevado... tudo isso tem peso quando se trata de potência. Porém, existe aqui uma subvariante, por assim dizer, que também deve ser considerada: o planeta pode ganhar uma alma que tenha um programa planeado para um pequeno número de vidas, no entanto, muito ativas. Nesse caso, a alma tem menos escolhas e precisa de atingir a potência necessária mais rapidamente. As Minhas almas seguem esse caminho.

– E que dificuldades poderão surgir se acontecer o contrário, isto é, se a alma de um corpo grande, por exemplo, de um planeta, reencarnar num corpo pequeno, humano? A potência elevada da alma poderá não encontrar compatibilidade com o corpo, não é?

– Pode haver incompatibilidade, claro. Nesse caso, o corpo recetor ganha uma defesa que mantém a alma dentro dele, não a deixando sair para fora dos seus limites. Para sermos mais exatos, não se trata propriamente de uma defesa, mas antes de uma armadura especial que fica montada fora do corpo para manter tudo dentro dele. Uma alma com um potencial elevado esforçar-se-á sempre por deixar um corpo menos potente, daí serem necessárias estruturas adicionais para a reter dentro dele.

– Essa pessoa fica com um campo muito potente ao seu redor?

– Obrigatoriamente.

– Então, todos os médiuns têm uma armadura potente como essa?

– Não, não necessariamente. Existem médiuns que são personalidades fortes, mas que se desenvolvem de modo uniforme.

– Eles não receberam almas de planetas?

– Não. É muito raro encontrar na Terra almas planetárias em corpos humanos. Isso não acontece com frequência. Normalmente, essas reencarnações acontecem quando se dá o caso de ser necessário efetuar alguma correção na Terra.

– E a alma de Jesus Cristo esteve previamente nalgum planeta?

– Sim, e não apenas num planeta. A alma de Jesus assumiu muitas formas. Teve na forma de estrela, daí ter acumulado um potencial tão alto.

– Há planetas que entram em degradação?

– Há, mas poucos.

– Que fatores podem levar um planeta à degradação?

– Não aceitar outras vidas em si.

– O planeta é capaz de produzir algo? Os minerais que ele cria entram no processo da sua criação?

– Pode-se dizer assim. Mas tudo o que compõe o planeta vem incorporado no programa e uma coisa é substituída por outra de acordo com os estágios de desenvolvimento, tal como no ser humano. A capacidade de criar é revelada num determinado estágio, mas a criação do planeta é feita, acima de tudo, mentalmente, através do pensamento. O processo do pensamento de um planeta é particularmente bem desenvolvido.

– A alma humana evolui através do sofrimento. E através de que processos é que evolui a alma de um planeta?

– Principalmente através da atividade mental do seu Nível. Ele opera com energias.

– Mas existirá alguma coisa que cause o sofrimento da alma planetária propriamente dita?

– Sim, a alma planetária sofre quando o planeta se encontra, por exemplo, no campo negativo de um mundo qualquer ou quando se rompe a correspondência entre ele e os mundos existentes nele.

– A alma do planeta consegue produzir energia espiritual?

– Claro. A sua atividade mental é muito diversificada. Ele tem os seus próprios métodos de trabalho com os diferentes tipos de energias, nomeadamente a espiritual. A diferença é que temos aqui um diapasão de frequências muito alto, ou seja, a atividade do pensamento envolve energias mais "subtis", que se agrupam e que, atravessando os invólucros, entram na matriz do planeta. Ele também tem corpos purificadores a operarem.

– A energia espiritual é o tipo de energia mais elevado para um planeta?

– Sim, tal como é para o ser humano.

– E para as outras Essências?

– Para os corpos físicos, é o mais elevado, sim, já para os restantes, o diapasão das energias elevadas é ilimitado. Quanto maior o Nível* da Essência, maior o Nível da Sua Espiritualidade*. Para o ser humano, o tipo espiritual de energia é o Absoluto. Para um planeta, enquanto se está a desenvolver no corpo físico, o tipo espiritual de energia também é o Absoluto.

– E qual é o estágio seguinte de desenvolvimento de um planeta depois de permanecer no corpo físico?

– Tal como as pessoas, ele entra numa nova forma de existência, superior à anterior.

– E com as estrelas acontece o mesmo?

– Sim.

– E a alma de um planeta em desenvolvimento pode ser transferida para o invólucro de uma estrela?

– Não, isso não acontece. Eles têm estruturas ligeiramente diferentes. A alma do planeta é para planetas, ao passo que a alma da estrela é para estrelas.

– Quando o planeta termina a sua vida física, para onde é que vai a sua alma?

– Ela percorre o mesmo caminho que a do ser humano. É tudo igual: há selecionamentos, Repositórios, os Determinantes que a conduzem de acordo com o programa, e assim por diante.

MUNDOS DIFERENTES

Existe no nosso Universo e nos Universos Energéticos de Deus um grande número de formas espiritualizadas cujas almas, embora vivam e se desenvolvam nesses mundos, são, evidentemente, governadas pelas Leis da Vida de cada um deles. O que há então em comum entre a vida delas e a nossa? A que regras gerais obedecemos nós e obedecem elas? O que é que nos diferencia?

– As almas evoluem de acordo com regras definidas em absolutamente todos os mundos?

– As Leis existem em todo lugar. Existem Leis Gerais, relativas a absolutamente cada um de nós, e existem Leis Concretas, que dizem respeito apenas a mundos específicos.

– Existem mundos onde as almas se desenvolvam muito depressa?

– Existem mundos onde a evolução delas se dá de modo acelerado, sim, e existem outros onde essa evolução se dá lentamente.

– Que mundos são esses?

– São Mundos Energéticos.

– Qual é a base evolutiva da alma nesses mundos?

– A alma aperfeiçoa-se por meio da aquisição de experiência de vida, independentemente do mundo onde se encontre, e a única coisa que pode ser completamente diferente de lugar para lugar é a organização dos processos do ser, já que os mundos diferem todos uns dos outros, inclusivamente no tempo e na organização espacial.

– Existe alguma alma que consiga habitar em qualquer mundo?

– Não, cada alma existe para o seu próprio mundo. Para habitar outros mundos, ela terá de amadurecer, terá de adquirir determinadas qualidades, além de que necessitará de um programa específico. Se não se der a correspondência das qualidades e, consequentemente, das energias, a alma corre o risco de ser esmagada naquele mundo com o qual ela não consegue encontrar correspondência em termos de potência. Cada mundo tem os seus próprios programas, feitos especificamente para aqueles indivíduos, cuja alma, por sua estrutura, deverá estar preparada para cumprir. Por isso é que a alma permanecerá naquele mundo a cujos parâmetros ela corresponde até ganhar as qualidades necessárias para a próxima etapa.

– Estamos neste momento a viver uma fase em que está a ser enviada energia do Cosmos cá para baixo, para a Terra. Essa energia ajuda as almas das pessoas a subir para um Nível mais elevado, como aquilo que acontece na física, onde, para saltar para outra orbital, o eletrão precisa de receber energia adicional.

– A energia enviada cá para baixo destina-se precisamente à Terra, não às pessoas. Embora seja evidente que o Nível Energético geral do ser humano aumenta devido ao facto de os seus invólucros ganharem essa mesma energia, que será, no entanto, temporária, uma vez que só dura neles enquanto eles permanecerem na Terra. Quando o indivíduo morre, toda essa energia se vai.

– E do que necessita então uma pessoa para continuar a subir?

– De autoaperfeiçoamento.

– Trabalho intelectual e afins?

– O trabalho intelectual nem sempre é obrigatório. O principal é o aperfeiçoamento da *alma.* – Ele deu particular destaque entonacional a esta última palavra.

– Os Determinantes da Terra também lhe enviam alguma energia?

– Sim.

– Qual é a diferença entre a energia que é enviada para a Terra através das pessoas e a energia que é enviada diretamente para ela?

– A Terra está bem familiarizada com a energia que lhe é enviada da maneira habitual, sem vocês, mensageiros, e já está acostumada a ela. Quanto à energia que lhe chega através de vocês, esta permanece oculta para a Terra. O planeta não sabe nada sobre ela, assim como não sabe que é dessa forma que ela é transferida para outra orbital. A diferença é essa.

CONCLUSÕES SOBRE ALMA

Façamos um apanhado das principais considerações sobre a alma humana, retendo-nos nos pontos essenciais e criando a perceção dela como um todo, a fim de evitar interpretações erradas, não tivesse o cérebro humano a tendência para adaptar constantemente a verdade à sua ficção.

A alma é uma edificação energética destinada apenas ao plano terreno da existência e é constituída por componentes temporárias e permanentes. Ela tem uma estrutura complexa que assenta na triunidade e numa matriz de autodesenvolvimento inicialmente espiritualizada por Deus. Noutros mundos, estruturas semelhantes terão outros nomes.

1. A triunidade da alma expressa-se na existência das três partes que a compõem – a Parte Positiva, a Parte Negativa e a Parte Governante – que representam o mecanismo de luta dos opostos que leva a alma ao aperfeiçoamento. A alma não pode ser completamente positiva nem completamente negativa: nela há necessariamente uma dada percentagem inicial de energias opostas (1% do seu volume total), já que essa é a sua estrutura, criada por Deus à semelhança d'Ele.

A Parte Governante, que rege os dois primeiros setores (o Positivo e o Negativo), é a líder. A governação através da evolução ocorre com a base nos programas dados "De Cima" que vêm conectados a essa Parte Governante.

O Setor Governante cresce não apenas graças às suas próprias conquistas energéticas, como também ao melhor quinhão (isto é, às energias mais altas) das energias que para ele transferem as partes Positiva e Negativa. Assim sendo, a sua base energética aumenta em triplo. Mas em relação ao volume geral, a Parte Governante ocupará sempre metade do volume total da alma, independentemente do aumento do volume energético total da Unidade* e independentemente de como mudam internamente as proporções entre as partes Positiva e Negativa.

2. Da estrutura da alma faz também parte uma partícula especial que orienta a **Unidade*** para a individualidade. O seu desenvolvimento único, ou seja, o fator da individualidade, é estabelecido por Deus logo no início da sua construção. Por isso, quanto mais tempo os indivíduos evoluem, mais diferentes eles se tornam uns dos outros.

Qualquer indivíduo que se aperfeiçoe, fá-lo não só para si próprio, mas para um dado volume (espaço), inserido no **Volume(Espaço) Geral*** da **Natureza*,** já que ele é parte constituinte desta última e foi-lhe predefinido logo desde o início um lugar na Natureza que ele deve ocupar e no qual ele continuará a evoluir a partir de uma determinada etapa de aperfeiçoamento. Essa orientação evolutiva que conduz a novos trabalhos no dado Volume também é determinada pela partícula em questão.

3. Mas durante a sua permanência na Terra, a alma vai progredindo pelas etapas evolutivas associadas ao plano material da existência e, portanto, possui tais estruturas que se destinam apenas a este mundo, ou seja, possui invólucros temporários (ou corpos "subtis").

Esses invólucros temporários são protetores e servem de camadas filtrantes que retêm em si o baixo espetro daquelas energias cuja transferência para os Mundos Superiores não é permitida e que são, por conseguinte, descartadas no momento em que a alma abandona o corpo. Esses invólucros ficam retidos nas camadas purificadoras da Terra, cuja finalidade é limpar as almas das energias "sujas". A alma descarta todos os invólucros ou corpos temporários e é deixada apenas com o invólucro de junção e com outros corpos "subtis" permanentes.

4. A estrutura constante da Unidade inclui em si, além dos invólucros permanentes, a parte estrutural mais importante da alma: a sua **matriz*.**

A matriz tem a capacidade de se complementar a si própria com as novas células à medida que as células existentes são preenchidas com os tipos de energia necessários. A matriz, como princípio de acumulação de energias por parte da alma, é utilizada apenas até ao meio da Hierarquia de Deus. Depois disso, a adição de volumes necessários vai-se dando não a partir de dentro, mas externamente, isto é, o acréscimo de mais grandes volumes necessários começa por fora. Para o ser humano, a matriz é construída apenas por dentro. A acumulação de energias começa a partir de um espetro baixo e continua em direção às frequências altas.

Depois de um determinado Nível de Desenvolvimento, quando a matriz já está preenchida com as energias necessárias, a alma passa para um patamar mais avançado do aperfeiçoamento, e pode já ser transferida para outros mundos mais elevados, localizados na Hierarquia de Deus.

A evolução da alma dá-se através da acumulação de diferentes tipos de energia que vão preenchendo as células e criando as características qualitativas da personalidade.

Em cada célula existe apenas um tipo de energia, a qual constitui uma **qualidade (característica)***. Uma célula é uma qualidade. Quantas células estão cheias, tantas qualidades (características) tem a alma. Todas as células juntas constituem a textura da alma ou o seu compósito. Qualquer alma tem um compósito individual, ou seja, a composição qualitativa das suas energias.

Uma célula é preenchida com um tipo homogéneo de energia durante várias vidas até atingir um determinado estado quantitativo que fixa o código dessa célula.

A célula recebe energia pura sempre da mesma qualidade, ou seja, de um diapasão alto correspondente à frequência das energias de **Deus*** ou do **Absoluto***. Quanto às energias impuras de baixo diapasão ficam todas retidas nos invólucros exteriores e não se permite a sua entrada para dentro da matriz.

Quando a matriz primária fica completamente cheia com as energias que vai acumulando, ela como que passa a construir-se a partir do interior, ou seja, começa a acrescentar a si mesma novas células. Por outras palavras, à medida que as células existentes vão sendo preenchidas, dá-se a adição de células vazias para os próximos enchimentos. Tudo isto é gerido por códigos numéricos, já que cada célula tem o seu código. O código para a alma inicial é constante, no entanto, uma vez iniciada a evolução, as acumulações energéticas das células alteram os seus códigos digitais.

5. O código orienta a alma quanto à qualidade (característica)* e quantidade da energia necessária. Os códigos correspondem às energias do mundo em que a alma se deve desenvolver, pelo que, de acordo com o código, a energia da qualidade (característica)* requerida entra na célula.

Uma vez que o código exprime o volume quantitativo necessário que corresponde ao preenchimento total da célula, o código altera-se à medida que a célula é preenchida com energias. E devido ao facto de as células estarem todas ligadas entre si por determinados rácios numéricos, a alteração do dígito de uma célula leva à alteração de todos os outros valores numéricos. Por conseguinte, os códigos da matriz estão em constante mudança.

6. Toda a célula tem um **potencial energético*** que corresponde ao volume de energia da própria célula. Resumindo, os potenciais energéticos das células somam-se e criam o potencial energético comum da alma. A este potencial adiciona-se também o potencial dos invólucros permanentes. O potencial energético é um indicador importante a considerar nas distribuições das almas pelos Níveis Hierárquicos, já que o potencial energético da alma deve corresponder ao potencial energético do respetivo mundo.

O processo de aperfeiçoamento leva a um aumento gradual do potencial do homem. E quanto maior ele se torna, mais alto sobe a personalidade nos Níveis Hierárquicos de Deus. E a própria personalidade ganha dimensões maiores, daí os pintores representarem nos seus quadros as Essências Superiores bem grandes se comparadas com o ser humano.

Ao passarem para um novo mundo, a matriz e as estruturas permanentes da alma são guarnecidas com invólucros complementares da matéria desse mundo. Esses invólucros têm um papel de proteção e, ao mesmo tempo, são projetados para serem preenchidos com novas energias e para permitirem à Unidade obter um potencial mais forte. Eles também realizam os processos que conectam a matriz com o ambiente externo.

Quanto mais alto chegar a alma no processo evolutivo, mais forte fica o seu potencial energético, a sua potência, e maior a sua capacidade energética por unidade de volume.

O próprio princípio de aperfeiçoamento da alma, que contribui precisamente para o aumento do seu potencial energético, consiste em passar pelas situações ditadas pelo programa. A afluência de energia à matriz dá-se através de ações, processos do pensamento e sentimentos.

7. Todas as matrizes criadas por Deus são iguais. Mas porque se diz então que a alma é uma forma estrutural destinada a existir apenas na Terra? O facto é que quando matrizes idênticas são enviadas para mundos diferentes para iniciarem o seu caminho evolutivo, elas são

conectadas a estruturas temporárias (na Terra – aos **invólucros***) que exercem funções protetoras: protegem a matriz e os corpos permanentes "subtis" de danos e interferências externas, ao mesmo tempo que cumprem outras tarefas específicas que vão depender das especificidades dos mundos em questão. Por isso é que uma matriz, com estruturas adicionais constantes em condições terrestres é chamada de **alma*,** enquanto que uma matriz com especificidades adicionais num outro mundo será já uma coisa diferente. Na **Hierarquia***, ela é a **Essência***. Então, tudo depende das estruturas protetoras e adicionais que adaptam a matriz à vida neste ou noutro mundo. São elas que criam as diferenças nas formas de existência.

As formas externas são sempre diferentes umas das outras, não existem duas iguais. Mas os elementos que são usados para criar a estrutura interna, pelo contrário, são sempre iguais, ou seja, as estruturas primárias são idênticas, mas o preenchimento de cada uma delas vai tornando-a diferente das demais no decurso do seu desenvolvimento. No final, a progressão evolutiva leva as almas a diferenças construtivas e qualitativas.

Uma forma externa como o corpo humano, por exemplo, está obrigatoriamente ligada àqueles processos tecnológicos que ela deve produzir no dado mundo. A forma do ser depende, portanto, do tipo de energia que compõe o mundo em questão e dos processos tecnológicos de processamento da energia nos quais a matriz está envolvida.

A alma do ser humano foi criada pelo Sistema Espiritual de Deus, enquanto o invólucro material para ela foi criado por analogia pelo Sistema Material altamente desenvolvido. Somente Deus e Seus assistentes mais próximos do Sistema Hierárquico dos Anjos é que realizam a espiritualização.

Existem dois tipos de almas destinadas à Terra. O primeiro tipo passa pela fase animal. É o tipo de alma animal.

O segundo tipo consiste numa matriz vazia cuja fase primária começa imediatamente a partir do estágio do ser humano do seu Primeiro Nível na Terra e, como tal, pode ser chamado de tipo de alma terrestre. Ou seja, algumas almas passam pelo estágio animal, outras não. E nisto reside a sua diferença qualitativa. É claro que o primeiro tipo de alma também é criado por Deus e a estrutura das suas matrizes é idêntica à estrutura da matriz das almas que começam a evolução já a partir do estágio humano. No entanto, elas iniciam o seu caminho evolutivo posicionadas em diferentes *starts* de partidas. E isso é importante, já que é precisamente esse *start* que as torna diferentes uma da outra.

Se compararmos estes dois tipos de alma, iremos conseguir identificar as seguintes diferenças neles: o primeiro tipo tem já algumas energias acumuladas na matriz no momento em que é incorporado no corpo humano, enquanto que o segundo tipo não conquistou ainda nada, a sua matriz está vazia e todos os seus ganhos energéticos iniciais começam já no corpo de um ser humano, diretamente por ação do programa. O segundo tipo de alma leva mais tempo a ser criado, mas também se desenvolve mais rapidamente e a qualidade das almas deste tipo é mais grosseira, isto é, menos sensível (e a natureza ou **essência*** das almas desse tipo é mais insensível ou dura, ou seja, as almas desse tipo não são tão sensíveis quanto as almas do primeiro tipo). No entanto, tanto estas últimas como as primeiras atingem o Nível necessário de Desenvolvimento, só que em intervalos de tempo diferentes.

No corpo humano, podem incorporar também almas de outros mundos materiais semelhantes ao mundo terrestre, ou almas de Níveis superiores da Hierarquia. Estas últimas são as chamadas almas cósmicas. A matriz das primeiras ganha as energias terrestres necessárias para os seus objetivos, enquanto as últimas cumprem uma certa missão e, por seu grau de desenvolvimento, podem encontrar-se bem acima de todas as outras almas terrestres.

No que consiste o Aperfeiçoamento da Alma?

Torna-se necessário focar a atenção do leitor também neste ponto e fazer pelo menos alguns breves esclarecimentos, uma vez que o homem não consegue ainda compreender por que razão vive e por que razão sofre. É certo que poderíamos ficar aqui interminavelmente a falar sobre o propósito da vida, mas seremos breves.

O significado da vida do ser humano, tal como de qualquer outro ser, consiste no aperfeiçoamento da sua alma e das almas dos seres abaixo dele.

Cada indivíduo deve evoluir (desenvolver-se) e isso inclui: aumento do Nível do Intelecto, da Consciencialização, refinamento dos sentimentos e perceção, expansão da consciência. Cada minuto vivido deve trazer uma nova experiência de vida à pessoa, deve enriquecê-la com Novos Conhecimentos e Informações. O ser humano é obrigado a crescer, tanto a Nível Moral, como Espiritual, Estético e Criativo, deve conhecer tudo o que foi criado pela Humanidade e passar do conhecimento material para o conhecimento dos mundos "subtis" e Superiores.

O indivíduo deve não só se desenvolver a si próprio, mas também puxar naturalmente para cima os que estão abaixo dele ou criar as condições para o seu desenvolvimento.

O ser humano na Terra vai-se aperfeiçoando através do sofrimento e das provações. Este é o método de instrução de Deus.

As provações ajudam a revelar fraquezas e vícios humanos, a aumentar o potencial energético e a potência da alma, enquanto que o sofrimento tem o propósito de ensinar o ser humano a ter compaixão pelos outros, a compadecer-se das desgraças alheias, a sentir a sua dor e ressentimento. Se tu sentes dor e estás mal, então não provoques essa mesma dor e tristeza nos outros – é a esta conclusão que deve chegar a consciência do sofredor. Ao passar pelo mal, torna-se dever da pessoa lutar pelo bem, pela moralidade elevada, pela nobreza dos atos, pelos fundamentos espirituais elevados que geram aquelas qualidades superiores do carácter humano que lhe permitem passar para a Hierarquia de Deus. Quem através do sofrimento produz as qualidades opostas, amargurando-se e odiando os outros, acaba na Hierarquia do Diabo.

O principal sentido da vida é crescer até ao real Nível de Deus. E isso não é uma tarefa mística, mas o objetivo real de cada pessoa. Basta apenas sentir com o coração que caminhos e objetivos levam a Deus, e que caminhos levam para o Diabo. Não faça a escolha errada.

Capítulo 3

O CÉREBRO HUMANO:
ESSE DESCONHECIDO.
O CENTRO-CÉREBRO OU O ANEL DE IMPULSO.
O CÉREBRO DO SEXO.
O CÉREBRO DO SANGUE.

O SANGUE HUMANO

O sangue humano encontra-se bem estudado pela medicina, tanto entre nós como nos outros países. Quanto a isso não há nada a acrescentar. No entanto, se o víssemos através dos olhos dos especialistas que desenvolveram o projeto de construção do ser humano, descobriríamos muito mais coisas novas e desconhecidas nas mais variadas partes do corpo humano.

Mas, mesmo sem falarmos diretamente com o Criador do invólucro físico humano, e antes com o Professor Celestial, Este encontra sempre algo novo que dizer ao homem sobre o próprio homem.

– E então, o que é sangue? O que é que não sabemos sobre ele?

– O sangue é o portador direto do programa do corpo material do ser humano, da sua composição física e química, bem como dos componentes "subtis". É nele que se introduz o programa do organismo saudável e, de acordo com isso, todos os indicadores quantitativos e qualitativos correspondentes à norma. Por conseguinte, quando o funcionamento de uma parte do corpo é perturbado, o sangue é o primeiro a receber a informação quantitativa completa sobre a perturbação em questão. Comparações numéricas simples da composição do sangue no estado normal com o desequilíbrio quantitativo resultante das perturbações permitem, de acordo com o programa geral, ativar reservas de proteção que conduzem, a longo prazo, à normalização da condição.

– E no caso em que não ocorre a recuperação, porque é que o programa não funciona?

– Não existem pessoas absolutamente saudáveis. Todos recebem doenças através do programa geral de desenvolvimento. O programa geral é uma coisa e os programas individuais dos órgãos do corpo são outra coisa. Se uma pessoa tem predisposição para alguma enfermidade segundo o programa geral, então, a partir de uma certa idade, o próprio programa do sangue orientar-se-á para a composição química que responde aos parâmetros da doença esperada.

– Que outras funções executa o sangue, para além daquelas já conhecidas?

– O sangue transporta informação de célula para célula, de órgão para órgão, e transporta também a energia.

– É prejudicial fazer transfusões de sangue de pessoa para pessoa?

– Sim, muito prejudicial, embora tal operação seja permitida para a salvação de doentes ou feridos. A vossa medicina não conhece outros métodos, mas eles existem.

– O que é que acontece quando se faz uma transfusão de sangue?

– A energia do organismo e o programa da pessoa muda.

– Ou seja, o programa do doente fica ligado ao programa do dador?

– Sim, precisamente. O programa do doente passa a ficar ligado ao programa da pessoa que doou o sangue.

– E se o programa do doador for bom, isso não seria capaz de melhorar o programa do doente?

– Não existem programas bons ou maus.

– Nós queríamos dizer "mais bem sucedido".

– Mais bem sucedido? Sim, pode em certa medida melhorar por algum tempo o programa da pessoa para quem o sangue foi transfundido. Mas isto, mais uma vez, irá afetar o seu karma. Por isso, se nesta vida o seu programa melhora, na próxima vida, ele irá seguramente piorar.

– O sangue dos homens é diferente do sangue das mulheres?

– Claro, difere por sua composição e energia. Eles têm a carga energética diferente: os homens têm "mais" e as mulheres "menos". Mas pode acontecer o inverso. Tudo isso é figurativo. Existem aqui outras diferenças mais subtis.

– Suponho que não seja recomendado fazer transfusão de sangue de homens para mulheres e vice-versa, certo?

– Sim, não é desejável. Mas a vossa medicina é muito rudimentar e, ao ajudar por um lado, ela vai lesar por outro. É uma característica constante dela.

– O ser humano tem quatro grupos sanguíneos. Qual a finalidade de tal divisão?

– Cada grupo sanguíneo é portador de uma determinada informação, de um determinado programa. A principal razão da divisão das pessoas por tipo sanguíneo tem a ver com o facto de elas pertencerem a diferentes Sistemas Cósmicos, ou seja, elas são governadas por diferentes Sistemas. As pessoas do primeiro grupo sanguíneo são controladas por um Sistema, as do segundo grupo – por outro, e assim por diante. Foi decidido projetar o ser humano de acordo com os seus componentes líquidos a fim de facilitar a Nossa vida, uma vez que diferentes grupos sanguíneos dão diferentes qualidades de energia aos próprios Sistemas.

– E no que é que uma pessoa com um grupo sanguíneo difere de uma pessoa com outro grupo?

– Elas terão capacidades diferentes. Por exemplo, as pessoas do primeiro grupo sanguíneo têm capacidades mentais mais desenvolvidas, elas fazem parte das humanitárias.

As pessoas do segundo grupo sanguíneo têm a capacidade da levitação, ou seja, são capazes de voar no plano físico, contrariamente às Leis da Física, desde que, evidentemente, treinem para isso. Não obstante, ocorreram já na Terra muitos casos de levitação espontânea de pessoas. Estes casos são, precisamente, a manifestação de uma estrutura energética especial do sangue, quando o corpo físico negligencia a atração terrena.

As pessoas do terceiro grupo sanguíneo possuem capacidades extrassensoriais. É deste grupo que resultam os videntes.

E as pessoas do quarto grupo são as que possuem o cérebro mais desenvolvido, são principalmente intelectuais.

É evidente que apenas as propriedades mais básicas foram referidas, mas há outras. No entanto, já pelas qualidades nomeadas é possível perceberem como a composição do sangue, a sua estrutura energética e o seu programa influem na capacidade do ser humano e, consequentemente, no seu comportamento.

– O que se entende por cérebro do sangue?

– É o programa genético de matéria física do corpo que está embutido na sua estrutura líquida. Esse programa regula e controla todos os processos líquidos dentro do organismo, põe em funcionamento algumas reações, desliga outras e restringe os seus limites temporais. O sangue possui memória. A sua capacidade energética varia constantemente em função dos processos ocorridos, mas ela esforça-se sempre por atingir um determinado potencial comum, característico desse tipo de matéria. O sangue transporta a energia de um órgão para outro, equalizando o potencial energético médio do corpo. Ele abriga muitos segredos que ainda são desconhecidos do homem.

– No ser humano, para além do sangue, há também o líquido linfático. Em que é que este último difere do sangue em termos de estrutura energética?

– O sangue é a energia positiva, a linfa é a energia negativa, ou seja, são duas matérias qualitativamente diferentes.

– Nos últimos anos, encontramos com muita frequência pessoas com um aumento dos gânglios linfáticos. A que é que isso se deve?

– Estamos numa época de maior radiação, e é precisamente a radiação que provoca esse aumento.

– Qual é a função da linfa?

– A função da linfa é de proteção. Além disso, ela cria equilíbrio no organismo: ela faz a manutenção do equilíbrio entre os glóbulos brancos e os vermelhos.

O CÉREBRO DO SEXO

O invólucro físico do ser humano está equipado com uma série de estruturas "subtis" auxiliares. O que nos podem os Entes Supremos dizer sobre os elementos da nossa estrutura "subtil", invisíveis ao olho humano? Numa das sessões de contacto em que se falou do cérebro físico, as Personalidades Supremas contaram que, além deste, o ser humano tem vários outros centros cerebrais. Isso serviu de base para desenvolvermos um novo tema.

– Quantos centros cerebrais tem uma pessoa? – fizemos a pergunta.

– Cinco, – responderam Eles. (Neste caso, nós estávamos a comunicar com os Hierarcas Supremos).

– Quais?

– Dois centros estão no plano físico: *o cérebro físico* e a *medula espinhal.* E os restantes três estão localizados no plano "subtil". É por isso que o ser humano não sabe nada sobre eles. São eles: *o Anel de Impulso, o Cérebro do Sexo e o Cérebro do Sangue.*

– O que é esse centro-cérebro do sexo? Onde é que está localizado?

– Este centro é composto por estruturas "subtis" em forma de círculo que cingem o indivíduo abaixo do ventre e ditam a forma comportamental do indivíduo do sexo feminino ou masculino.

– E ele é realmente um círculo ou é algo mais complexo?

– Figurativamente falando, é um círculo, embora se se olhar para ele com uma perspetiva diferente, do plano astral, a forma muda e deixa de ser um círculo para ser algo diferente.

– A estrutura desse círculo é igual em todas as pessoas? Por exemplo, ele é sempre o mesmo para os homens?

– Não, não é sempre igual. As particularidades da sua estrutura têm a ver com a nação. Se tomarmos como exemplo uma determinada nação, muitos dos parâmetros gerais dessa estrutura irão depender do tipo astrológico da pessoa. A etiqueta do carácter de acordo com os signos do Zodíaco influência a construção do centro-cérebro do sexo, ou seja, influencia a estrutura do círculo em redor das ancas.

– Em que é que esse círculo nos homens difere do círculo nas mulheres?

– Difere sempre pela cor e características. Cada pessoa, no geral, tem a sua tonalidade, a sua gama cromática. Por outro lado, ela é uma para os homens e outra para as mulheres.

– A estrutura do círculo muda ao longo da vida?

– Pode-se dizer que é constante. Ocorrem pequenas mudanças mas, no geral, ele acaba por ser constante durante toda a vida de um determinado corpo físico.

– E esse círculo move-se como o Anel de Impulso?

– Não, está parado.

– As estruturas "subtis" do cérebro do sexo ficam logo formadas desde o nascimento da pessoa ou a sua formação completa-se somente a partir de uma certa idade?

– Qualquer centro-cérebro é colocado na pessoa logo no momento do nascimento.

– Existem algumas características especiais no seu funcionamento quando comparadas com o centro-cérebro intelectual?

– São duas coisas completamente diferentes e não dá para compará-las.

– A construção do cérebro do sexo está de alguma forma ligada aos invólucros astral e mental?

– Sim, obrigatoriamente, pois o centro-cérebro do sexo influencia os sentimentos do indivíduo e as particularidades de seu pensamento.

– E de que modo é que ele influencia os **invólucros***?

– O centro-cérebro contém um programa de acordo com a ação do qual o indivíduo produz energias de uma determinada qualidade, ou seja, energias relacionadas apenas com o trabalho do centro-cérebro do sexo. Acima de tudo, ele afeta a qualidade das energias produzidas pelo indivíduo. Trata-se de um espetro especial. O centro-cérebro dita as especificidades comportamentais do indivíduo como mulher ou como homem e influencia a formação do corpo físico. Com o passar do tempo, ele vai ativando no organismo os processos relacionados com a idade. O invólucro físico trabalha em uníssono com o invólucro astral e mental e quaisquer alterações que ocorram no primeiro refletir-se-ão nestes últimos.

– Quem comanda o trabalho do centro-cérebro do sexo? A alma? Ou ele vem com algum programa especial? É um sistema autónomo?

– Não, não é um sistema autónomo. Absolutamente todos os processos passam pelo computador do Determinante desse indivíduo em concreto, pelo que isso é controlável por computador. Ou seja, o computador traz já estabelecido o princípio de funcionamento do referido círculo, que irá agir de acordo com o mecanismo modelado. O mecanismo de funcionamento é um determinado programa, projetado especificamente para esse centro-cérebro. Mas o computador do Determinante contém não apenas o programa do sexo. Cada órgão tem os seus programas à parte nos quais são introduzidos as doenças concretas. Existem programas para tudo. E, ao manipular os números, o Determinante gere os processos no organismo ou dá ordens aos órgãos. Mas não se ocupa deles constantemente: ao definir o programa operacional, Ele põe em funcionamento o regime da regulação automática e depois verifica os processos que ocorrem no corpo do indivíduo somente de tempos em tempos, com algum intervalo.

– Existem na Terra casos onde homens ou mulheres mudaram de sexo. Que programa é que é responsável por isso?

– Isso é um desvio do programa. Por alguma razão, a personalidade não é capaz de cumprir a sua tarefa e, fazendo a troca de sexo, tenta obter num novo corpo aquelas características que precisa na vida atual de acordo com o programa.

– Essas almas são jovens ou maduras?

– São jovens, com poucas encarnações e, consequentemente, com insuficiente experiência de vida. Vocês chamam estas almas jovens de "baixas", porque elas ainda não subiram muito alto na sua evolução.

Normalmente, são precisamente almas jovens que se submetem a essas operações de mudança de sexo. As almas "altas" jamais farão tal mudança. Independentemente do quão difícil seja a vida, elas tentarão cumprir o seu programa pessoal com a forma que lhes é dada no nascimento.

– Não obstante, a mudança de sexo está prevista no seu programa?

– Não, não está. Aqui, há que dizer, é importante a influência da Terra, que possui certas zonas com energia muito elevada com as quais o psicológico de uma pessoa inferior não é capaz de lidar. Este tipo de pessoa começa a ter alterações psíquicas e brechas energéticas na aura, daí começar a sentir-se de forma diferente.

– A célula do sexo contém o código genético do ser humano. No que é que ele consiste?

– Consiste num programa digital especial. No entanto, o código genético é apenas metade daquilo que se encontra em cada pessoa e que deve responder pelo desenvolvimento do corpo físico. O código em si não significa nada. A outra metade, que se combina com ele e faz uma pessoa ser pessoa, é a própria base energética, ou seja, a energia que é estabelecida quando a pessoa nasce. A energia é colocada no momento da conceção. O código genético é o que controla o corpo físico.

– Em que é que difere o código genético das diferentes nações?

– Difere **na qualidade (característica) da energia*** colocada durante a conceção.

– O código genético mudou ao longo dos séculos ou tem-se mantido sempre igual?

– Mudou, e para pior. Com o tempo, o código genético vai degenerando. Para efeitos de exemplo, podemos neste caso comparar uma pessoa com uma máquina em funcionamento que se vai desgastando no processo de trabalho. Da mesma forma, também o código genético se vai desgastando com o tempo. E é nessa altura que o corrigem, ou melhor, que o substituem por um novo.

– O que é que leva a célula do homem a fundir-se com a célula da mulher no momento da fertilização? Afinal, as outras células não possuem essa propriedade.

– A fusão das células dá-se graças ao controle relacionado com o aparecimento da futura pessoa através do computador do Determinante, que a guiará ao longo da vida. Após essa fusão das células, Ele passa a gerir todos os processos de formação do corpo do bebé até o seu nascimento. Ou seja, o **Determinante*** comanda todos processos desde a conceção até o nascimento.

– Nenhum corpo pode surgir sem Determinante?

– Não, nenhum.

– Mas muitos bebés são concebidos e eliminados antes mesmo do nascimento. Isso é suposto ser assim?

– Não, não é suposto. Mas se a criança for eliminada antes mesmo do seu nascimento, o Determinante tentará obter um novo bebé desse mesmo casal, ou seja, Ele tentará novamente fazer acontecer a conceção. Se tal não se concretizar e desse casal não der para esperar um bebé, o Determinante procurará outros pais com estrutura do corpo físico semelhante ao primeiro casal. E quando este casal é selecionado por sistema de arquivo de ficheiro, o Determinante faz novamente de tudo para obter um novo corpo a partir deles. Por isso, às vezes, acontece Ele ter de procurar mais do que uma vez por pais que venham a fornecer estrutura física aproximadamente idêntica para a alma da Sua criança.

– Há pessoas que não têm filhos. Essa situação acontece porque os Determinantes não lhes dão filhos, é isso?

– Antes de mais, é preciso entender que as pessoas têm necessariamente algum tipo de **karma***. Em segundo lugar, a constatação "sem filhos" é um programa específico de desenvolvimento que é dado ao indivíduo que necessita de adquirir algumas características específicas.

– Então, o desenvolvimento do óvulo é totalmente controlado pelo Determinante?

– Sim.

– E de que é esse Determinante: da mãe ou da criança?

– Da futura criança. É um novo Determinante que faz tudo isso. Ou seja, no período da gestação – da gravidez – a mãe terá a pairar sobre ela dois Determinantes ao mesmo tempo: o seu próprio Determinante e o Determinante do bebé. Os processos do corpo físico da mãe são governados pelo Determinante dela, enquanto que os processos do corpo físico da criança são governados pelo Determinante da criança. O trabalho de ambos os Determinantes estará interligado durante os 9 meses da gravidez.

– Isso é complicado, – exclamamos.

– Claro – confirma Ele – no mundo não há nada simples.

– Então, é o Determinante da criança que forma todos os órgãos dela?

– Sim, tudo isso faz parte do Seu trabalho pessoal.

– E não há nenhum programa especial para isso?

– Como não há?! Há, pois.

– Há um programa e o Determinante controla através desse programa a formação correta dos órgãos da criança, é isso?

– Para formar o invólucro físico, existe uma lei específica que rege o desenvolvimento dos órgãos dentro do corpo humano. É um esquema definido igual para todos. E, de acordo com o programa dado ao Seu futuro tutelado, o Determinante coloca no corpo da criança os desvios necessários, algum defeito de nascença ou, pelo contrário, dá-lhe uma proteção eficaz e forma com particular cuidado, por exemplo, a laringe ou as cordas vocais do bebé, se se tratar de um futuro cantor.

– Em caso de bebés que nascem com algum defeito, isso também é obra do Determinante?

– Sim. Quando esse é o karma dos pais e dos filhos. Os corpos defeituosos desenvolvem-se quase sempre a partir de pais saudáveis. Já os defeitos e doenças são criados pelo próprio Determinante da criança.

– Em caso de cromossomas ou estrutura do ADN danificada, também nascem crianças defeituosas.

– Essa já é uma outra questão. Não estamos a falar de toxicodependentes ou alcoólicos que lesam eles mesmos o seu ADN. Estamos a falar no geral de pessoas saudáveis. Esses tipos de desvio remetem-se a uma questão a ser discutida à parte.

– Então, quando o ADN é saudável e a genética normal, o desvio é dado pelo Determinante?

– Sim, é dado por Ele de acordo com o programa evolutivo dessa pessoa. Tudo é feito estritamente de acordo com o programa, que leva em conta o que a pessoa precisa e não precisa. E esta última questão é determinada por Personalidades Superiores específicas, que se ocupam da pessoa, da sua educação.

– A questão ambiental é um problema atual na Terra e as pessoas dizem que esse problema está a causar o nascimento de bebés com todos os tipos de defeitos. A ecologia afeta isso?

– Afeta e de que maneira! Mas essa é também uma outra questão, quando no corpo da criança ocorrem perturbações de todos os tipos de processos químicos que chegam a ela através do organismo da mãe.

O que é que despoleta o processo do pensamento no ser humano?

Nenhum cientista ou filósofo consegue explicar isto, uma vez que ninguém possui uma base de dados completa relativa à construção do ser humano que inclua a sua estrutura "subtil".

A ciência atingiu nos últimos tempos grandes metas no estudo do cérebro físico humano, porém as suas estruturas "subtis" não foram ainda desvendadas. Os cientistas identificaram como é que certas estruturas cerebrais reagem aos sinais vindos do organismo da pessoa ou do ambiente externo. Esses sinais, uma vez no aparelho cerebral, ativam processos que vão ditar à pessoa um ou outro comportamento, ou seja, o modo como nos comportamos depende inteiramente da atividade normal do cérebro.

Os cientistas registaram e estudaram até determinado ponto apenas aquelas secções cerebrais que estão ligadas às necessidades fisiológicos do ser humano e ao seu comportamento. Mas de que modo é que se dá no cérebro a resolução de exercícios lógicos ou matemáticos? Como é que surgem as invenções técnicas? Como é que são feitas as descobertas científicas, compostos poemas ou criados enredos de filmes? – Tudo isto permanece para lá do reino do cognoscível e não há ninguém capaz de explicar o trabalho do cérebro nessas situações.

Ao estudarem precisamente o cérebro físico, alguns cientistas chegaram à conclusão de que a experiência consciente do indivíduo e o mundo das suas vivências internas existem independentemente do cérebro e não estão associados a este como a um objeto físico. Outros cientistas, no entanto, atribuem esses fenómenos como pertencendo a uma parte inexplorada do aparelho cerebral.

De uma forma ou de outra, a verdade é que nos dois mil anos de desenvolvimento do homem contemporâneo, os processos mentais permanecem inexplorados e mal compreendidos.

E só agora, às vésperas do alvorecer de uma nova era, é que os nossos Mestres Celestiais começam a revelar à Humanidade, ou melhor, à nova **sexta raça***, algumas das estruturas "subtis" do homem até agora invisíveis ao nosso olho.

Acontece que o papel principal nos processos do pensamento é desempenhado pelo centro-cérebro ou, como também é conhecido, o Anel de Impulso, cuja estrutura pertence à matéria "subtil".

Segue-se o que Deus nos disse sobre ele. No entanto, ao ouvir as respostas às perguntas, deverá ser levar em conta que o objetivo das respostas d'Ele não é a de nos dar verdades ocultas como "papinha já mastigadas", mas antes a de nos dar os conceitos básicos e orientação do pensamento. Muitas respostas são, por isso, curtas e requerem posteriormente uma maior conjetura e pesquisa sobre o assunto.

ESTRUTURA E A FUNCIONAMENTO DO ANEL DE IMPULSO

O Anel de Impulso pertence às estruturas "subtis" do ser humano. Antes tinha uma denominação diferente e era conhecido por auréola. A sua existência foi detetada nalguns santos como um halo brilhante sobre as suas cabeças.

– O que é o centro-cérebro? Qual é sua estrutura energética? Que forma tem: a forma de um anel, de uma esfera ou de um disco?

– Centro-cérebro fica por cima da cabeça da pessoa, a uma distância de 3 a 10 centímetros desta, tem a forma de um anel volumétrico e faz lembrar uma auréola (ver Figura 8). Mais precisamente, aquilo que na antiguidade os videntes consideravam ser uma auréola, era nada menos do que o Anel de Impulso, ou o centro-cérebro, que é a mesma coisa. A sua estrutura "subtil" tem a forma de um anel, daí uma das suas denominações. Nos santos, que à custa de orações constantes concentraram nele muita energia pura, esse Anel de Impulso brilhava e tornava-se visível a olho nu. Mas na maioria das vezes, esse anel foi visível apenas para os videntes, cujo diapasão de visão se encontra no Nível do Corpo Etéreo da Pessoa, já que, como sabem, os videntes também diferem entre si: alguns veem os órgãos internos duma pessoa como raios-X, outros veem as suas estruturas "subtis", outros ainda, mais evoluídos, veem outros mundos, uns quatros são capazes de ver planetas; ou seja, a clarividência tem vários graus. E são precisamente os videntes do primeiro grau aqueles capazes de ver o Anel de Impulso sobre a cabeça e a aura.

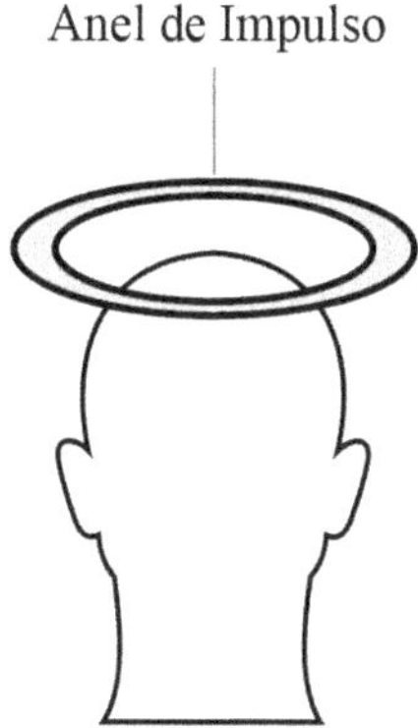

Figura 8. Anel de Impulso ou Centro-cérebro

– Como se dá a ligação entre o cérebro da pessoa e esse anel?

– O anel contém dois tipos de energia: positiva e negativa. A rotação do anel ocorre devido à diferença dos potenciais energéticos, levando a que ele realize o seu trabalho. O ser humano recebe a energia inicial para a sua atividade intelectual a partir do computador do Determinante, que surge aqui como uma espécie de base de dados necessários para ele operar por um determinado intervalo de tempo. Enquanto viver e executar o programa, a pessoa encontrar-se-á permanentemente ligada – através do canal de ligação – ao seu Determinante, que é quem trilha a vida dela. Para maior exatidão, a pessoa encontra-se ligada ao computador do Determinante, que armazena todos os dados sobre ela: tanto as estruturas físicas quanto as "subtis". Por isso é que a energia inicial da atividade mental (do pensamento) vem precisamente do computador do Determinante para o centro-cérebro, o qual, através da sua rotação, envia impulsos para o cérebro físico. O Anel de Impulso é um estado intermédio da matéria que serve como base intermediária entre a matéria "subtil" do Determinante e a matéria rudimentar do ser humano.

Qualquer impulso é um coágulo de informação codificada. O impulso enviado ao cérebro é decifrado em forma de informação volumétrica desdobrada.

Para que entendam melhor como isto acontece e como se dá a decodificação de um impulso, pensem numa cassete de vídeo VHS – uma simples caixa retangular que, ao ser inserida no dispositivo apropriado, que é neste caso o leitor de vídeo, é decodificada. Esse leitor de vídeo decodifica a informação da fita em forma de filme e vocês acabam a noite a assistir a um fascinante filme de duas horas de duração. O tempo de duração – duas horas – não foi mencionado por acaso, já que qualquer informação ao ser decodificada vai-se encaixar num determinado intervalo de tempo.

Este é um exemplo bem rudimentar da decifração. Da mesma forma, o cérebro humano é capaz de transformar impulsos em informações desdobradas (decompostas).

– O Senhor disse que o centro-cérebro contém dois tipos de energia. Como é que esses dois tipos de energia estão distribuídos no anel?

– Cada partícula no anel é um dipolo, ou seja, é formado por cargas negativas ou positivas. Assim, o Anel de Impulso está dividido em dois polos opostos, como um imã.

– De que modo é que está dividido? Tem polaridade interna ou externa?

– Ele divide-se em consonância com o cérebro humano, onde o hemisfério esquerdo é positivo e o direito é negativo. O mesmo acontece com o Anel de Impulso que gira sobre ele (ver Figura 9).

– O que é que dá a uma pessoa a predominância de um ou outro tipo de energia?

– O processamento da energia e a sua transformação em informação ocorre de forma completamente diferente, ou seja, o próprio mecanismo de processamento torna-se diferente e a própria qualidade da energia produzida também muda, o que, naturalmente, leva à obtenção de resultados diferentes.

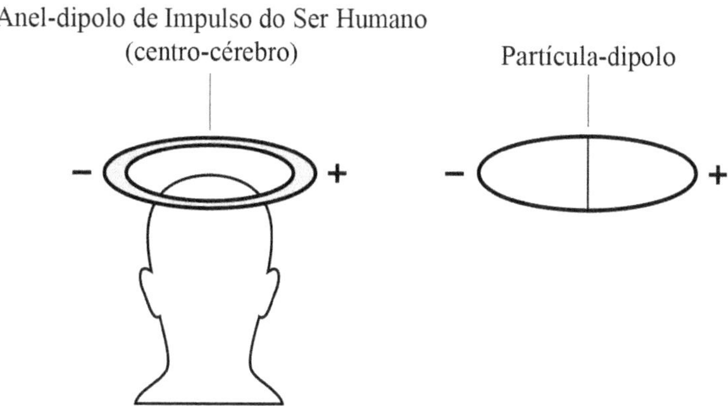

Figura 9. Diagrama de representação do dipolo do Anel de Impulso

– De onde é que vêm os impulsos que contribuem para desenvolvimento do pensamento?

– A natureza da origem dos impulsos varia. Antes de mais, eles são enviados pelos Determinantes para os Seus tutelados. Todas as ideias que chegam às pessoas são enviadas pelos seus Professores Celestiais e, uma vez nas pessoas, estas já as decifram em teorias gerais e dissertações. É através dos impulsos que os Entes Superiores enviam o pensamento científico e criativo. O processo do pensamento é complexo. De acordo com a sua capacidade mental e de trabalhar com altas energias, o indivíduo é conectado a uma determinada base informativa. E quanto maior o grau de desenvolvimento do seu pensamento, ou seja, quanto maior for a sua energia intelectual e potencial de processamento energético, mais alta será a camada de informação a que essa pessoa poderá ser conectada e, portanto, mais profundo e complexo será o seu conhecimento.

Em segundo lugar, o ser humano capta impulsos de todos os tipos de situações quotidianas quando recebe alguma sensação forte ou inferência das observações que faz dos programas vividos por terceiros, por outras palavras – aprende com os erros ou experiências de outras pessoas. Esses impulsos levam mais frequentemente uma pessoa a lutar e a envolver-se mais nos processos quotidianos e sociais.

E, em terceiro lugar, os impulsos provêm ainda do programa da própria pessoa, dos seus pontos de controlo. Dou um exemplo: uma pessoa vive a sua vida calmamente durante muitos anos e, de repente, tem a ideia de começar o seu próprio negócio ou de fazer uma viagem ao estrangeiro para revigorar as suas vivências. Ou, ainda, essa mesma pessoa decide deixar para trás tudo o que é velho e recomeçar a vida do zero. Isso são impulsos do programa.

O Anel de Impulso recebeu a segunda denominação que tem precisamente devido à sua função principal: a de receber impulsos vindos do Determinante.

– O Anel de Impulso está sempre a girar?

– Não. Ele gira somente quando ocorre atividade mental na pessoa. No resto do tempo, está parado.

– O centro-cérebro trabalha constantemente ou à noite, quando a pessoa dorme, ele também descansa?

– Não, o Anel de Impulso está sempre ativo durante o tempo normal do desenvolvimento humano e funciona não apenas quando está em rotação. Quando gira, ele desempenha umas funções, quando está parado, outras. Durante o sono dá-se a reordenação do próprio padrão do seu funcionamento: o anel começa a rodar na direção oposta.

– Porque é que se dá essa inversão da rotação?

– Durante o dia, dá-se a acumulação de informação e, durante o sono, a libertação de informação. Durante o dia, a pessoa acumula todo o tipo de informação, muita dela desnecessária, que já se encontra nos seus bancos de memória ou que não se adequa a esse indivíduo. É por isso que o centro-cérebro classifica a informação em necessária e desnecessária, sendo esta última descartada como escória. A limpeza da informação desnecessária ou já repetida na mente é realizada através de um bloco especial no Anel de Impulso que divide a informação recebida durante um dia em informação necessária e desnecessária. As imagens desnecessárias vão sendo descartadas caoticamente e não chegam aos blocos da memória. A libertação desordenada dessas imagens resulta frequentemente na formação de sonhos com visualizações desagradáveis e estranhas. No entanto, esse tipo de sonho caótico, criado pelo Anel de

Impulso, é apenas uma das variantes na imensidão de sonhos que uma pessoa tem.

A pessoa pode não vir a ter esses sonhos caóticos se para ela já tenham sido previamente planeados outros sonhos pelo seu Determinante. Contudo, os demais tipos de sonhos formados pelo Determinante são enviados por este ao indivíduo precisamente através do Anel de Impulso. Mas isto é conversa para se ter à parte. Para vocês o importante é reter o principal: o Anel de Impulso participa no trabalho dos sonhos.

– Por conseguinte, as tarefas do centro-cérebro incluem a receção e envio da energia cósmica?

– Sim, tudo isso são funções energéticas do centro-cérebro. É precisamente por meio deste que se efetua também a ligação ao Determinante da pessoa, que é quem transmite a energia através do computador para o Anel de Impulso, ou seja, para o centro-cérebro da pessoa, energia essa que, uma vez ali chegada, flui já do plano "subtil" para o cérebro físico. Sem este anel a pessoa não consegue pensar, já que uma das suas tarefas é precisamente a de gerar pensamentos. Por outro lado, sem o cérebro físico é possível viver e agir normalmente a nível* básico. Já aconteceram casos destes, ou melhor, experiências Nossas na Terra, e mais do que uma vez.

– O anel gira na mesma direção ou em direções opostas em homens e mulheres?

– Gira na mesma direção. Aqui não há diferença. A diferença está apenas na velocidade de rotação. Pessoas diferentes, independentemente do sexo, têm velocidade diferente.

– E o que é que determina a velocidade de rotação do anel?

– A captação da informação, o seu processamento e a capacidade intelectual da pessoa. Quanto mais intenso o pensamento, maior a velocidade de rotação do anel. Em pessoas mais intelectuais ele gira mais rápido, ao passo que em pessoas com pensamento mais fraco, ele gira mais lentamente. E, naquelas pessoas que não têm atividade pensante, ele fica parado.

– A velocidade de rotação muda com a idade?

– A velocidade de rotação do anel muda constantemente. Ela nunca é igual. Se, por exemplo, uma pessoa em jovem é mentalmente muito ativa, a rotação é intensa, mas se depois essa mesma pessoa larga tudo, então, inicialmente, o anel ainda girará a alta velocidade, mas depois acabará por parar. Ele não gira se não estiver a produzir nada.

– Então, a velocidade de rotação é a mesma para crianças e idosos?

– A idade não influi na velocidade. Tudo depende apenas do grau de envolvimento da pessoa em atividade intelectual. Se uma criança pensar muito, o seu anel gira rapidamente. Se um idoso pensar muito, o seu anel também irá girar rapidamente. E vice-versa.

– E quais são os motivos que podem levar o Anel de Impulso a não girar?

– Há muitas pessoas com o anel parado. O primeiro motivo, que Nós já referimos, é a falta de atividade de pensamento. Por exemplo, nos alcoólicos, ele geralmente não gira, ou seja, podemos dizer que o seu binário é zero. O anel destina-se a ativar o pensamento humano. Logo, se não houver nenhum pensamento, ele fica inativo, em modo de processamento de energias mentais.

Também acontece ele não girar durante o sono em algumas pessoas.

O segundo motivo pelo qual o anel pode não girar é em caso de defeito no organismo, mais precisamente, de defeito na estrutura do anel.

O terceiro motivo é a existência de uma alma muito jovem, com pouca experiência de vida e, por isso, quase toda informação que é acumulada durante o dia vai para a bagagem do seu conhecimento, ou seja, não há, por um lado, necessidade de classificação da informação, e, por outro, a alma ainda não é capaz de pensar de forma autónoma.

O quarto motivo é o facto de o conhecimento terrestre já não ser necessário àquelas pessoas que têm muita experiência de vida e uma longa cadeia de reencarnações. Elas ou estão a finalizar o seu último programa, ou foram enviadas com uma missão especial e, nesse caso, o seu anel funciona de um modo completamente diferente do que o das pessoas comuns.

– Em que pessoas é que o anel gira com velocidade máxima?

– Em pessoas com consciência cósmica. Nestas, o anel gira tão rápido que se transforma numa difusa nuvem brilhante. E o centro-cérebro de tais pessoas, ao contrário dos outros, já perdeu a forma de anel e adquiriu a forma de um disco.

– E o que é que determina a alta velocidade da sua rotação?

– Pessoas com consciência cósmica, possuidoras de compreensão alargada, envolvem no processo do pensamento energias muito altas, que são precisamente as que definem a velocidade de rotação do disco; ou seja, é justo dizer que a frequência energética elevada desempenha aqui o seu papel. A informação sobre o Cosmos e os conhecimentos cósmicos contém, do ponto de vista da potência, energias de frequências altas, em contraste com a informação terrestre, que contém um espetro de baixa frequência. Assim sendo, quanto mais elevadas forem as frequências envolvidas no processo do pensamento, maior será a velocidade de rotação, por outras palavras, a velocidade de rotação é influenciada pelas frequências energéticas.

– O funcionamento do centro-cérebro dos santos é diferente do funcionamento do mesmo nas pessoas comuns?

– O centro-cérebro dos santos também tem a forma de um anel mas devido à alta concentração de energias elevadas no anel, resultantes das orações e meditações religiosas, ele começa a brilhar. A velocidade de rotação dele também é muito maior do que a das pessoas comuns. Tirando isso, em todos os outros aspetos, o princípio de funcionamento é igual.

– Que mecanismo faz ativar o centro-cérebro?

– Trata-se de um processo complexo. O centro-cérebro e o cérebro físico funcionam intrinsecamente ligados um ao outro. O Determinante envia para o Anel de Impulso um bloco energético, ou seja, um volume de energia, ou um impulso qualquer, com qual o cérebro físico vai trabalhar. Este último processa essa energia no ato do pensamento, produzindo um outro tipo de energia, diferente daquela que lhe foi enviada e, essa nova energia mental produzida é de novo transferida através do Anel de Impulso para o Determinante e é recolhida por Ele, ou colocada em reservas especiais, ou pode ser transferida adiante.

O CENTRO-CÉREBRO NO MOMENTO DA MORTE

– Como é que o centro-cérebro funciona no momento da morte? O que acontece no seu interior quando a matéria "subtil" da alma se separa do corpo físico?

– No momento da morte, tal como noutros momentos de situações muito stressantes equivalentes a situações letais, dá-se como que o rebobinamento rápido das imagens do programa de vida até ao seu início. Há pessoas quem em momentos de acidentes veem toda a sua vida passar-lhe diante dos seus olhos numa fração de segundo. Isso que elas veem é nada mais do que o Anel de Impulso a trabalhar.

No período da morte ou de intenso stress, dá-se uma poderosa explosão de energia que rompe o bloqueio do programa e serve de sinal para que o Anel de Impulso comece a rebobinar as imagens da vida da pessoa até ao momento do seu nascimento. Neste momento, dá-se a gravação desse material do invólucro físico para o astral, uma vez que o físico é deixado para trás pela alma e acabará por se desintegrar.

As imagens são rebobinadas pelo Anel de Impulso para o início da vida com a finalidade de serem apresentadas na sua sequência correta no quadragésimo dia após a morte, altura em que normalmente tem lugar o Julgamento da pessoa e toda a sua vida é vista do começo ao fim, ou seja, ao momento do Julgamento, o "filme" do programa já deverá estar completamente rebobinado até ao início. É por isso que no momento de acidentes, ou quando uma pessoa passa por uma comoção forte, ou, ainda, quando é dada como clinicamente morta, ela vê cenas da sua vida passarem-lhe diante dos olhos em ordem inversa, ou seja, da velhice para o momento do nascimento. Durante este rebobinamento, o Anel de Impulso gira em sentido contrário.

Quando a pessoa deixa o invólucro astral, dá-se o rebobinamento das imagens da sua vida do invólucro astral para o mental. E assim por diante, esse processo repete-se sempre que ocorre a libertação dos invólucros. No entanto, o Anel de Impulso já não participa em processos mais delicados. Aqui já atua um outro mecanismo.

– O que é que acontece com o Anel de Impulso após a morte da pessoa?

– O anel é uma energia "subtil" que corresponde à matéria de mundos próximos ao terrestre. Por isso, após a morte, ele desintegra-se e os seus componentes vão juntar-se à matéria "subtil" do plano terrestre.

– Existem pessoas sem Anel de Impulso sobre a cabeça?

– Não. O Anel de Impulso é necessariamente incluído na estrutura básica do ser humano. Ele começa a formar-se após o nascimento da criança e alcança a sua forma completa por volta dos cinco anos.

– E quem é que controla a sua formação?

– O Determinante. Depois de o centro-cérebro estar completamente formado, e isso acontece aos 5 anos de idade, o Determinante põe-no em funcionamento.

– Ele liga o centro-cérebro a Si Mesmo ou ao Seu Sistema?

– A Si Mesmo? Nunca. O Determinante liga o centro-cérebro da criança ao Seu computador. E depois disso, já todo o controlo daquele é efetuado através do computador, que regista o estado físico, os pensamentos e a correspondência de ações do dado programa.

– Os símios, possuidores de um intelecto primitivo, ou outros animais quaisquer possuem semelhante anel?

– Sim, possuem. Os animais também pensam no seu próprio Nível, embora em grau menor. Basta lembrarem-se do comportamento dos cães, dos macacos e dos golfinhos! O pensamento dos animais está orientado para a sua própria vida, para a autopreservação.

– E as plantas? Têm pensamento, mesmo que rudimentar?

– Não, não têm pensamento, mas têm sentimentos.

– E os minerais têm Anel de Impulso?

– Não, eles são organizados de forma um pouco diferente.

– Quem mais no mundo dos vivos é que tem Anel de Impulso?

– A vossa Terra e alguns planetas também têm centro-cérebro.

– E onde é que a Terra tem o centro-cérebro dela?

– A Terra tem o seu Anel de Impulso externamente, num dos seus invólucros, localizado no plano dos polos.

– E essa estrutura é igual para todos os planetas?

– Não, existem planetas sem Anel de Impulso. O processo do pensamento deles realiza-se no núcleo. O Cosmos é imenso e existem diferentes maneiras de pensar.

– Os seres do mundo "subtil" têm Anel de Impulso?

– Não, o princípio do funcionamento do pensamento deles é complétamente diferente do do ser humano.

Resumindo a conversa, podemos tirar as seguintes conclusões sobre as funções do centro-cérebro do ser humano, embora, claro, a sua atividade, tal como a atividade do cérebro físico, seja muito vasta, pelo que não se limita aos pontos a seguir indicados.

O Centro-Cérebro ou Anel de Impulso:

1. Participa no processo do pensamento do indivíduo;

2. Divide, enquanto dormimos, a informação obtida durante o dia em informação necessária e desnecessária;

3. Passa para o indivíduo as imagens dos sonhos enviadas pelo Determinante;

4. Transmite informação;

5. Transfere a energia do Determinante para o indivíduo e vice-versa.

O CÉREBRO HUMANO: ESSE DESCONHECIDO

Após examinar o funcionamento do centro-cérebro do ser humano, ficámos a saber que o cérebro físico é um aparelho que, embora ainda mal compreendido, desempenha um papel não tão significativo nos processos do pensamento. O próprio Anel de Impulso também se destina principalmente a transferir a informação do mundo **"subtil"*** para o nosso mundo físico rudimentar. São, por assim dizer, intermediários entre dois mundos: o visível e o invisível. E são necessários apenas para a permanência da alma no plano material.

Mas quando a alma deixa o **invólucro*** material e passa para mundos mais "subtis", a capacidade de pensar e de captar normalmente o que se passa à sua volta mantém-se.

Então, como é que a alma pensa sem o cérebro físico que nos é habitual e até mesmo sem o centro-cérebro, uma vez que estas estruturas estão relacionadas apenas com o mundo material e ambas ficam na Terra?

Além disso, após a morte da pessoa, quando o cérebro físico se desintegra, e a seguir a ele se desintegra também o centro-cérebro, alguns estudos das frequências subtis, que correspondem ao invólucro mental da pessoa, mostraram que, após a morte, o intelecto da personalidade não só não enfraquece, como começa a subir até um determinado limite, onde então trava.

Limite é o valor máximo que a personalidade consegue atingir no seu desenvolvimento ao longo de uma vida: na matéria rudimentar, enquanto vive, e na matéria "subtil", depois da morte.

Após a morte da personalidade e da sua transição para um novo plano, o intelecto começa a elevar-se, porque a alma conhece o mundo "subtil" enquanto a sua consciência ainda não está desligada. Dá-se uma rápida aquisição de Novos Conhecimentos.

Mas, tendo sido programada para alcançar um determinado potencial, a personalidade, no plano puramente construtivo, não consegue expandir infinitamente o seu conhecimento e, assim, ao acumular um determinado volume informativo sobre o novo mundo, ela estanca cognitivamente. Para continuar o seu aperfeiçoamento para lá deste ponto, torna-se necessário haver uma reprogramação (que se aplica apenas em caso de almas imaturas). Aquelas que já atingiram um Nível elevado de Desenvolvimento conseguem acumular no mundo "subtil" um potencial de conhecimento muito maior.

Assim, o desenvolvimento e a aquisição de Novos Conhecimentos pela alma só têm lugar com base num **programa*** que vai alterando de vida para vida. No entanto, qualquer alma humana percorre o caminho da cognição e da concretização desse programa através do intelecto.

Com base então no quê é que a alma pensa e adquire Novos Conhecimentos, se o tal aparelho do pensamento ao qual estamos habituados, o cérebro, deixa de funcionar no mundo "subtil"?

Acontece que a estrutura da alma tem uma série de particularidades que lhe permite pensar. Mas o mais importante está no facto de que ter um aparelho do pensamento estruturalmente perfeito não é suficiente para garantir que a alma pense autonomamente, que crie teorias, que invente algo novo.

Da mesma forma que qualquer aparelho terrestre, como o televisor, a máquina de lavar roupa ou o computador, não passa de uma máquina, também o ser humano não passa de uma complexa biomáquina possuidora de muitas estruturas "subtis". Para funcionar, o televisor necessita de duas coisas, para além da estrutura complexa que já possui: de ligação à rede elétrica e de alguém disposto a ligá-lo.

Esses dois pontos importantes também não foram esquecidos na criação do ser humano. Acontece que para o indivíduo começar a raciocinar, para ele começar a pensar como precisa, é necessário que o seu Professor Celestial, ou seja, o Determinante, assim o deseje, e, em seguida, que se dê o envio de energia através de um canal ou linha de comunicação (que varia de pessoa para pessoa), com base na qual a capacidade de pensar será ativada. E para isso acontecer, o programa do indivíduo não chega, como não chega o seu desejo de pensar.

Para o indivíduo pensar, são necessárias três condições operacionais: um programa, um Determinante e o indivíduo propriamente dito. E este trio, interligado entre si por um complexíssimo sistema de comunicação, envolve uma tecnologia de materiais "subtis" e energia adicional que possui, neste caso, a mesma importância que a corrente elétrica possui para o televisor. O programa é o que fornece a orientação que o pensamento deve seguir a fim de se desenvolver. Essa orientação não é capaz de sair para lá dos limites do programa.

Mas tentemos lançar gradualmente alguma luz sobre esse esquema tão confuso para nós, como é o do pensamento humano, a partir do aparelho visível do pensamento, ou seja, do cérebro físico.

UM POUCO SOBRE O CÉREBRO FÍSICO

Começamos o nosso estudo das funções do cérebro com uma questão premente que há muito apoquenta o ser humano:

– Explique, por favor, porque é que apenas 6% do cérebro humano é usado, não obstante a sua imensa capacidade?

– Ao criar a estrutura do indivíduo da quinta raça, Nós achámos que até ao final do vosso milénio, ou seja, até ao ano 2000, ele iria desenvolver o cérebro em pelo menos até cinquenta por cento, mas isso não aconteceu. O ser humano não correspondeu às Nossas expectativas.

– O que tem uma pessoa de fazer para desenvolver o cérebro de acordo com os Vossos planos?

– Em primeiro lugar, aumentar a sua atividade mental. Em segundo lugar, levar um modo de vida completamente diferente a este que vocês levam atualmente. Muita gente se preocupa basicamente com a vida quotidiana e com diversões, ao mesmo tempo que conversas ocas são tomadas por atividade intelectual e capacidade de pensar. O tempo livre de uma pessoa deveria ser usado ao máximo para melhoria espiritual. O vazio não deveria existir na vida.

– Qual a finalidade dos dois hemisférios do cérebro – do esquerdo e do direito, embora pudesse haver apenas um?

– Além do que vocês já conhecem sobre os hemisférios, podemos acrescentar que o hemisfério esquerdo se destina principalmente a recolher e processar toda a informação que uma pessoa recebe na Terra ao longo da vida. E no hemisfério direito fica a informação das vidas passadas e a informação que chega do Cosmos, mais precisamente, do Determinante.

– Qual a finalidade de dar à pessoa informação de vidas passadas?

– Essa é precisamente a informação com a qual, em caso de desenvolvimento bem-sucedido, o homem deveria ter trabalhado para uma maior progressão da alma, para comparação com o presente e resultante análise. Mas o homem não aprendeu a fazer uso dela.

– Se o cérebro físico de uma pessoa falhar por algum motivo, será ela capaz de pensar pelo menos no nível quotidiano na vida do dia a dia?

– Claro que é capaz de pensar, e não só na vida do dia a dia. Pelo contrário, não obstante isso, o ser humano pode inclusive aumentar a sua própria atividade intelectual se envolver nesse processo o cérebro astral, isto é, aquele que se encontra no invólucro astral. A sua estrutura é completamente diferente da estrutura do vosso cérebro físico.

– Qual é a diferença entre o trabalho do cérebro astral e do cérebro físico?

– O cérebro astral pensa de um modo mais abrangente. Ele é particularmente bem desenvolvido em pessoas com quaisquer capacidades e talentos. Nos intelectuais, o mais desenvolvido é o cérebro mental, que se encontra no invólucro seguinte.

– Por conseguinte, para o ser humano, é melhor pensar com o cérebro astral ou mental, certo?

– Claro, a pessoa que pensa recorrendo ao cérebro astral ou mental fica uma ordem de grandeza acima da pessoa média.

– O cérebro mental está acima do astral?

– Naturalmente. Quanto mais "subtil" o corpo, maior a sua capacidade de trabalho. E, claro, nenhum cérebro do corpo "subtil" da pessoa de modo algum se assemelha na forma com o cérebro do seu corpo físico. O cérebro é um tipo de bloco (unidade) energético que ocupa um volume relativamente pequeno e que é capaz de realizar operações mentais. Ele possui funções temporárias em cada invólucro, isto é, em cada corpo "subtil", e, após a alma se livrar destes invólucros, os referidos blocos deixam de existir como unidades independentes e começam a desintegrar-se. Ou seja, qualquer cérebro de invólucros temporários (que pode ser chamado de "dispositivo concebido para o pensamento") é também ele temporário, como os próprios corpos "subtis". Eles funcionam juntos enquanto a pessoa está viva. Após a morte, entra gradualmente em funcionamento o cérebro daquele invólucro no qual se encontra então a alma nesse momento. Quando o invólucro etérico for descartado, entra em funcionamento o cérebro astral, quando for descartado o invólucro astral, entra em funcionamento o invólucro mental e assim por diante. Em pessoas com pensamento mental muito desenvolvido – filósofos, cientistas, inventores e outros – uma vez descartado o invólucro físico, poderá entrar imediatamente em funcionamento o bloco mental.

– Que particularidades possui o trabalho do cérebro astral e mental?

– As particularidades da passagem para outros mundos "subtis", graças ao quê surge a possibilidade de possuir informação mais extensa. É esta a principal particularidade.

O PROCESSO DO PENSAMENTO

– O processo propriamente dito de "pensar" continua a ser um fenómeno difícil e complexo de entender para as pessoas. Nele estão envolvidas demasiadas estruturas "subtis".

– Qualquer processo do pensamento do indivíduo começa com o momento em que ele recebe o impulso do seu Determinante. Se o impulso for percebido pelo indivíduo, ser-lhe-á fornecido energia.

– O que é neste caso um impulso?

– Um impulso é um coágulo de energia, ou um bloco de energia, que o indivíduo deverá decompor, isto é, abrir em forma de informação no seu nível. Por si só, esta energia é feita de dígitos linearmente estruturados que são convertidos em imagem ao passar pelo codificador do cérebro físico, e é essa imagem que carrega já em si uma ideia, e qualquer ideia carrega um propósito. O propósito é uma interligação de ações bem pensadas que, de novo, podem ser expressas pelo indivíduo em forma de dígitos de matéria física, em teorias verbais e, finalmente, em ações mecânicas ou transformações do mundo que o rodeia.

– O impulso vindo do Determinante vai diretamente para o centro-cérebro ou para o invólucro mental?

– Tudo passa primeiro pelos invólucros "subtis" para entrar depois no centro-cérebro e, no final desta cadeia, no hemisfério direito do cérebro físico.

– O impulso do Determinante chega sempre à pessoa? Afinal de contas, existe entre eles uma distância considerável...

– Pode não chegar se ocorrer alguma interferência.

– Sem ser através dos impulsos, existe alguma outra forma de transmitir informação às pessoas?

– A informação pode ainda ser enviada pelo canal de comunicação, mas nem todas as pessoas possuem esse canal. Ele está presente apenas em algumas personalidades que o ganham graças ao trabalho que fazem para os Sistemas Hierárquicos, ou seja, em cientistas e mensageiros. Mas os cientistas também diferem entre si. Há aqueles que negam tudo: a religião, Deus, os mundos "subtis". Esses estão convencidos de que fazem pessoalmente as suas descobertas e invenções, apesar de estas lhes serem dadas através dos seus Determinantes, basicamente em forma de impulsos que eles então decompõem já em forma de teorias. Mas noutros cientistas, o canal de comunicação surge como resultado da sua elevada inteligência e trabalho sistemático. À custa de uma atividade mental constante, estes últimos estabelecem com o seu Determinante uma comunicação mais estável e constante, que se manifesta na forma de canal.

– Qual é diferença entre a comunicação por impulso e por canal?

– O pensamento realizado através do fornecimento de impulsos é periódico, curto e destina-se principalmente ao **nível*** médio do desenvolvimento humano. Já a comunicação feita através do canal é mais estável e constante, o que fornece informação mais vasta e complexa.

– O impulso é energia. Por outro lado, quando começa o processo do pensamento, o Determinante fornece à pessoa mais energia adicional. Qual é a diferença entre essas duas energias?

– Como já foi dito, o impulso carrega em si uma informação codificada. E para converter essa informação de forma acessível à compreensão humana, torna-se necessário outra energia que garanta o funcionamento do bloco de criptografia do cérebro físico. Sem essa energia secundária, não haverá decifração alguma e não ocorrerá qualquer trabalho mental. Os tipos de energia em ambos casos são completamente diferentes: uma é aquela que é decodificada e a outra é aquela com base na qual ocorre a decodificação.

– Porque é que o ser humano da quinta raça recebeu um pensamento imagético e não algo mais elaborado?

– Primeiro, temos o impulso, que depois é convertido em imagem pelo cérebro físico. Esta é a estrutura do ser humano neste estágio evolutivo. Esta etapa requer um trabalho com frequências energéticas mais baixas, que precisam de ser transformadas em imagem para serem compreendidas pelo ser humano. Ou seja, o **pensamento imagético*** é como que uma etapa no desenvolvimento da matéria que vai da mais rudimentar para uma mais "subtil". E aí reside a continuidade no desenvolvimento do pensamento. É claro que se o homem tivesse um modo de sentir mais apurado e conseguisse, em virtude do seu desenvolvimento, captar energias mais "subtis", ele teria passado para a forma seguinte do pensamento. Mas como ele próprio é **rudimentar* (baixo)*,** acaba por atuar no **diapasão das energias rudimentares*,** que se manifestam nas imagens. Na sexta raça, por exemplo, onde o homem será evolutivamente mais avançado, o leque de frequências que ele perceberá tornar-se-á mais apurado, o **pensamento imagético*** desaparecerá e ele mudará para o **pensamento impulsivo**. Ou seja, deixará de ser necessário transformar o impulso em imagem. A imagem, como fase intermédia da compreensão humana, desaparecerá. O ser humano começará a ler a informação diretamente a partir do impulso. Mas, na sexta raça, a informação manter-se-á ainda digital, já que cada impulso é, num Nível* mais elevado, distribuído em números, e, num nível* inferior, na imagem, que deixará de existir no futuro.

— Então, verificamos existir na transmissão da informação a cadeia sequencial: **impulso – números – imagem?**

— Claro que não se resume só a isso. Antes dos números, há ainda uma energia mais "subtil". E isso tudo é usado apenas para garantir que a pessoa na Terra pense e aja de acordo com o seu programa pessoal. O menor desvio que seja no cálculo faz surgir uma cadeia de pensamentos errados e ações desnecessárias que no final levará à interrupção de todo o programa.

— Como é que a informação digital é formada lá, a partir "De Cima"?

— Aqui entra em ação a tecnologia relacionada com as estruturas "subtis" mais o Nosso trabalho. Este último também não deve ser esquecido.

— Se uma Entidade Superior, suponhamos, um Hierarca Supremo, cria um código digital, como é que esse código chega até nós e, mais precisamente, à pessoa concreta?

– Isso é feito através do computador ao qual está conectada a referida pessoa.

– E o computador já envia esse código em forma de impulsos?

– Sim, o computador transforma os números do plano "subtil" em impulsos, uma vez que para entrar na matéria torna-se necessária uma tecnologia **"subtil"***. Não é possível converter a matéria sem uma tecnologia com vários graus de modificações. Ao se aproximar da matéria física, ela é uma tecnologia rudimentar de **energia rudimentar***. Nós também temos uma tecnologia próxima da matéria, no estágio do limiar inferior mais próximo da matéria do computador, que se trata já de tecnologia material e corresponde às estruturas "subtis" do ser humano. Antes deste estágio, a tecnologia é bem "mais subtil". Quanto mais subimos no Nosso mundo, mais "subtil" se torna a nossa tecnologia. E a partir de um determinado grau, ela desaparece por completo. Nos Níveis* superiores, ela simplesmente não existe.

– Aí o trabalho é realizado diretamente pelo pensamento?

– Sim. Nós sabemos como fazer isso. Mas agimos, evidentemente, envolvendo não apenas o pensamento, mas todo o Nosso potencial volumétrico de energia, que nos Mundos Superiores é muito alto.

– Existe atualmente entre as pessoas algumas unidades que sejam capazes de receber impulsos sem imagens?

– Não. A perceção de uma ideia sem imagem é para vocês impossível. O ser humano precisa inicialmente de imaginar, de entender, e só depois começa a atuar. Sem a imagem ele não consegue entender nada. É o conteúdo de determinadas energias que forma determinados tipos de imagem ou de ação.

– Quando uma pessoa envia ao seu Determinante um pensamento-sinal sobre o desejo de adquirir algum conhecimento, como é que o Determinante capta esse sinal?

– Todas as pessoas se encontram sob controlo constante do seu Determinante, que sabe sempre o que é que o tutelado pensa, o que ele quer e o que lhe deve dar. O aparelho do pensamento humano está também ligado a um computador cuja base de dados comporta todos os sinais enviados pela pessoa. E o Determinante, dependendo do programa da pessoa e do programa geral da Humanidade, decide qual o conhecimento que precisa, e qual não precisa, de dar a essa pessoa. E se o tutelado trava ou entra num beco sem saída em determinado momento do caminho do seu desenvolvimento, cabe então ao Determinante decidir qual a situação ou impulso a ser enviado àquele para sair do impasse.

    – Quer então dizer que o Determinante consegue ler todos os pensamentos do indivíduo ao longo do dia?

    – Sim, claro. Para sermos mais explícitos, o pensamento em si, como coágulo energético, não entra em lugar nenhum. No entanto, tudo o que diz respeito à pessoa propriamente dita entra nos blocos da sua memória operativa e o Determinante pode depois ler qualquer informação com a ajuda do Seu computador, ou seja, o Determinante liga um leitor especial no computador e lê o que achar necessário. É assim que os Determinantes ficam a saber o que as pessoas pensam e quando elas mentem. Todos os pensamentos do indivíduo, absolutamente todos, são do conhecimento do seu Professor Celestial, por isso, quando alguém diz uma coisa, mas pensa outra bem diferente, essa discrepância é imediatamente revelada como uma mentira e como um defeito pessoal. Tudo o que uma pessoa escreve ou compõe fica registado nos blocos da sua memória e pode ser lido pelo Determinante. É por isso que se diz que "os manuscritos não ardem" *[n.t. Expressão usada na Rússia]*, ou seja, no plano material, eles podem arder, claro, mas permanecem intactos nos blocos da memória. Os blocos da memória de longo prazo do ser humano assemelham-se ao disco rígido de um computador, no qual fica gravado tudo o que é necessário.

    – Gostaríamos de um maior esclarecimento sobre o seguinte: já que os pensamentos que apareceram a uma pessoa ao longo do dia ficam gravados nos blocos da sua memória operativa, não seria justo pressupor que gravação semelhante se dá também no computador do Determinante?

    – Sim, eles ficam gravados no computador.

    – Quando o Determinante lê os pensamentos de uma pessoa, Ele lê-os a partir dos blocos da memória ou da base de dados do computador?

    – Em geral, existe uma interligação entre a memória do computador e a memória da pessoa. Elas são quase a mesma coisa, uma vez que surgem como um mecanismo comum de controlo do ser humano.

O principal fica gravado no computador. Tudo fica guardado no computador.

– Imaginemos, por exemplo, que temos cem pessoas sob o controlo de um mesmo Determinante e que todas elas enviam ao mesmo tempo um pedido-sinal com a demanda para obter Novos Conhecimentos. Será Ele capaz de enviar a todas elas uma informação de resposta? Ou Ele liga-as a algum tipo de regulador automático?

– Esta última hipótese também é usada no trabalho Deles, mas a verdade é que o Nível* de tal Determinante é tão alto que, com ajuda dos dispositivos que possui, Ele consegue enviar a cada tutelado ao mesmo tempo as informações necessárias. Aqui já conta a tecnologia que Ele tem ao Seu serviço e o domínio que possui do equipamento, que é em si mais complexo do que o equipamento daquele Determinante que tem apenas um aluno.

– O ser humano produz nova energia no processo do pensamento. Essa energia volta para trás, para o invólucro mental, na qualidade de energias acumuladas, ou regressa para o Determinante?

– Sem intermediários, o cérebro físico não é capaz transmitir nada, nenhuma informação, para o Nosso Mundo. Não se esqueçam disso: ne-nhu-ma! Tudo ocorre passando pelos invólucros, tudo entra e sai somente através deles.

– E é possível uma pessoa ter alguma ideia simples sem o impulso do Determinante?

– Não, de modo nenhum.

– Então, todas as ideias vêm "De Cima"?

– Sim.

– Como é que funciona então o processo de pensamento nas pessoas tolas, naquelas que pensam apenas a nível da sua vivência quotidiana?

– Tudo vem do Determinante e do programa da pessoa. Tentem lembrar-se de como se comportam nos sonhos. Vocês costumam pensar muito nos sonhos? Basicamente, nos sonhos, a pessoa não pensa, limita-se a agir. Esse é o Nível de Desenvolvimento do Aparelho do Pensamento dessas pessoas a que se refere.

– E o que é que se passa com os alcoólicos que não têm quaisquer pensamentos? O cérebro deles funciona?

– Eles são pensantes fracos, mas sim, pensam. O processo do pensamento para os fracos de mente dá-se através do invólucro astral, ou seja, através dos seus sentimentos, ao passo que em pessoas intelectuais esse processo acontece geralmente através do invólucro mental, embora algumas pessoas envolvam nesses processos corpos "subtis" ainda mais elevados. Mas analisemos os alcoólicos. Alguns deles são muito espertos e, no que diz respeito a tirar proveito para si, eles resolvem sempre os problemas de um modo lógico e a seu favor, ou seja, no nível da prática quotidiana, o alcoólico resolve algumas tarefas lógicas como roubar / não roubar, apropriar-se / não se apropriar. Mas até este pensamento primitivo vem do seu Determinante, porque o Determinante terá de obter de alguma forma a energia do alcoólico. E ao forçá-lo a resolver pequenas tarefas lógicas de carácter quotidiano, o Determinante faz com que ele pense e, consequentemente, produza energia.

– A energia gerada pelo ser humano no ato do pensamento é diferente daquela que ele recebe do seu Determinante?

– Sim, é diferente. A energia obtida pelos indivíduos está para estes últimos como a eletricidade está para os eletrodomésticos; ela põe o processo do pensamento em movimento, põe-no a trabalhar e, através desse trabalho, é criada nova energia. Assim, o homem recebe um tipo de energia e produz outro.

– O Determinante envia então um tipo especial de energia para o processo do pensamento humano?

– Para executar um determinado programa, o indivíduo necessita de uma dada quantidade de energia, que é calculada antecipadamente e cuja característica é determinada pelo tipo de atividade a ser feita por aquele. Está tudo interligado: o intelecto com o programa, isto é, a pessoa recebe de acordo com o programa uma quantidade da energia que lhe é dada precisamente para a atividade intelectual. Se o processo do pensamento estiver associado a uma situação concreta, então é atribuída à operação de pensamento a mesma quantidade de energia que deve ser gasta no processo de pensar na situação em questão.

– E se essa situação estiver também ligada às emoções, o que acontece neste caso? A energia para as emoções é dada à parte?

– Vem tudo junto. Primeiro o pensamento, depois as emoções. O inverso nunca acontece. O pensamento é primordial. É ele que põe em funcionamento as energias enviadas pelo Determinante. No invólucro mental, ocorre um processo cuja energia é transferida para o invólucro astral, causando assim as emoções. O ato do pensamento é sempre seguido por emoções. Para que um pensamento seja compreendido, ele tem de vir colorido pelo sentimento.

– Obrigatoriamente?

– Na Terra, é assim que costuma acontecer. Os sentimentos são desnecessários apenas para o trabalho digital.

– Os sentimentos dão energia capaz de despoletar o pensamento?

– Não.

– E é possível o pensamento de uma pessoa desenvolver-se sem sentimentos?

– Sim, é possível.

– Esse é provavelmente um nível* elevado do desenvolvimento da pessoa, quando ela já está a terminar a sua permanência neste mundo, não?

– Não, não obrigatoriamente. Neste caso, podemos ter, por exemplo, uma pessoa-robot ou um zumbi. Esta pessoa consegue pensar, mas não consegue sentir. O seu invólucro astral é muito pobre em energias emocionais, uma vez que ela ainda não as ganhou e se encontra num estágio evolutivo baixo. No caso de uma pessoa que se encontre num patamar evolutivo alto, o invólucro astral já está completo com todas as energias necessárias, e a sua tranquilidade vem dessa saciedade.

– O que dá a um pensamento o facto de ele esteja colorido por um ou outro sentimento?

– O sentimento dá **qualidade (característica)***. No geral, a qualidade divide-se em vários **compósitos***. A qualidade da energia do pensamento propriamente dito é uma. Já a qualidade energética das emoções é outra. E assim por diante, há uma grande variedade de qualidade destas.

– As energias produzidas pelo ser humano através do trabalho mental diferem umas das outras? Afinal, a pessoa pensa com diferentes intensidades em diferentes momentos.

– Não, regra geral, o indivíduo pensa sempre de forma igual, isto é, a **capacidade energética*** de todos os seus pensamentos é igual, seja o que for que ele pense. Ele dá a sua energia ao pensamento e, como tal, o pensamento carrega-se dessa mesma energia, tal como ele próprio.

– Tanto o cientista como o mais comum dos operários pensam. No primeiro caso, com maior intensidade, no segundo, com menor. Tanto o pensamento intenso quanto o pensamento fraco produzem energia. No que diferem então as energias produzidas num e noutro caso? Diferem numa maior ou menor concentração por unidade de volume?

– As energias produzidas diferem por seu potencial. Um pensamento potente é mais enérgico.

– Qual é o pensamento mais potente?

– É aquele com o conteúdo mais enérgico. Ele não se desintegra numas quantas características, não se divide em partes. Embora exista outro tipo de frequências que se divida. Mas aí já é tudo diferente. A divisão ocorre quando os sentimentos se misturam com os pensamentos. Imaginemos que você faz uma pergunta com sentimento e capta com o mesmo sentimento tudo o que diz. Isso irá levar a um determinado tipo de pensamento. Mas se você fizer essa mesma pergunta sem qualquer sentimento, surge um outro tipo de pensamento. Ou seja, a qualidade dos pensamentos será diferente. E a energia produzida à custa da formação do pensamento será também ela diferente. Esta energia, que pode ser de igual modo dividida em subtipos, é menos potente do que aquela que não se desintegra.

– É possível um pensamento humano extremamente forte alcançar outro planeta ou o fim do Universo, como afirmam alguns iogues?

– Não. Nós não permitimos esses "voos". Todos os pensamentos são controláveis e orientáveis. Energeticamente falando, o pensamento humano não está projetado para essas distâncias, em primeiro lugar, porque o Universo não é de todo o que vocês pensam. Em segundo lugar, todos os pensamentos têm distâncias – previamente determinadas e aceites pelo cálculo dos Programadores Hierárquicos – que terão de percorrer até atingir os seus recetores energéticos. Uma vez lá, são distribuídos e agrupados de acordo com o seu potencial. E, em terceiro lugar, todos os pensamentos são controlados pelos Determinantes dos seres humanos.

– Então, não existem quaisquer viagens no **Universo***?

– Claro que não. Isso existe apenas na imaginação das pessoas, cuja fantasia desenha o Universo do único modo que é capaz de o imaginar. Devido à sua evolução ainda deficitária, o ser humano não consegue ver a verdadeira estrutura do Universo. Do mesmo modo que nenhum inseto do vosso mundo é capaz de ver e entender no seu todo a estrutura do mundo físico da Terra. Eles veem apenas uma parte infimamente pequena desse mundo, que não é, de modo algum, como os seres humanos o veem.

– A energia produzida pelo ser humano no curso do seu desenvolvimento intelectual é recolhida pelo seu Determinante?

– Sim, existem reservatórios especiais de armazenamento energético.

– A energia do pensamento humano é usada para alimentar Essências Superiores? Afinal, tudo está construído de modo a que os que estão em baixo sirvam de alimento aos que estão em cima. As plantas, por exemplo, produzem oxigénio, que é absorvido pelo ser humano, e o mundo animal serve-lhe de comida.

– Isso acontece apenas nos mundos baixos (pouco desenvolvidos). A energia produzida no processo de pensamento humano é usada para outros fins.

– Para que fins?

– Por exemplo, para construir outros Sistemas nos mundos "subtis".

– A qualidade energética dos bons e maus pensamentos é diferente?

– Sim. São energias de qualidade oposta.

– Foi-nos dito que pensamentos agressivos não podem passar para o Cosmos. Existem alguns purificadores de pensamentos agressivos e maus localizados ao redor da Terra?

– Não há nenhum purificador em especial. Os pensamentos negativos, mais precisamente, a energia derivada desses pensamentos, é recolhida pelos Sistemas Negativos do Cosmos.

– O que é que determina o grau de desenvolvimento do intelecto do indivíduo: o grau de enchimento do invólucro mental ou a capacidade de produzir determinada energia, por exemplo, energia mental? Como é que Vocês definem isso?

– É claro que o invólucro, o grau em que está desenvolvido e preenchido, caracteriza a capacidade mental do ser humano.

Mas existem métodos mais precisos para isso. Nós determinamos o Nível do Intelecto quando a alma chega a Nós já sem invólucros. As células da alma possuem todas as características do indivíduo acumuladas ao longo dos anos de todas as vidas passadas. Nós temos identificadores especiais que funcionam como aquilo que vocês chamariam de equipamento eletrónico que "veem" tudo na alma, medem a quantidade de composição energética de cada célula da matriz e depois dão-Nos os dados correspondentes a todas as energias acumuladas pelo ser humano nas encarnações terrenas.

– As energias mentais, nas quais se apoia o trabalho do cérebro humano, diferem por suas frequências ou algum outro parâmetro?

– Todos os tipos de energias, sejam elas mentais, astrais ou outras, diferem por suas frequências e por muitos outros parâmetros que não são do conhecimento humano.

– Quais são, mais ou menos, esses parâmetros?

– Frequência, **densidade*, potência*, potencial*, capacidade energética*** e outros parâmetros desconhecidos do ser humano.

– Como é que o desenvolvimento do intelecto do homem influi no preenchimento da sua matriz? A relação "quanto mais elevado o intelecto, mais rapidamente se preencherá a matriz" existe?

– Sim. Quanto mais elevado for o intelecto, mais entendível se torna a informação com qual ele trabalha e maiores são as possibilidades de conversão dessa informação. As capacidades do pensamento aumentam, dá-se uma melhor compreensão das situações e da avaliação do seu próprio Nível de Vida.

– E nas Personalidades Supremas, que indicadores determinam o grau evolutivo do Seu intelecto? É também através da matriz Delas?

– Sim. Mas no que diz respeito às Personalidades Supremas é tudo bem mais complexo. A estrutura Delas é diferente da do ser humano.

– Sem possuírem qualquer aparelho semelhante ao cérebro físico humano, como é que as Personalidades Supremas pensam? Elas recorrem aos **invólucros*** ou têm ao Seu dispor outras estruturas especiais para esse fim?

– Elas pensam com as energias contidas na matriz, ou seja, para Elas, é como se estas energias fossem uma espécie de cérebro. O pensamento dos Entes Superiores é o pensamento da matriz. Mas Eles também têm invólucros constantes, que cumprem funções de proteção, assim como nos humanos, e também têm **qualidades (características)*** acumuladas correspondentes à capacidade de pensar. Durante a Sua existência, Eles vão formando os Seus invólucros, que, juntos com a matriz, participam no Seu processo do pensamento.

– E o ser humano consegue pensar através da matriz?

– No ser humano, é tudo absolutamente diferente devido ao nível* inferior.

– Como é que se consegue fazer uma pessoa aprender a pensar com a matriz? O que é que ela precisa de fazer para isso? Empenhar-se arduamente na atividade mental?

– Não é tanto uma questão de pensar, quanto de aprender a sentir, de concentrar a atenção nas sensações internas.

– E o homem atual pensa principalmente através do invólucro, é isso?

– De qual invólucro exatamente?

– Do invólucro mental.

– Cada invólucro "subtil" pensa com a sua própria qualidade, ou seja, funciona no seu **diapasão energético***, e é precisamente por isso que cada invólucro tem o seu aparelho do pensamento. Se uma pessoa se desenvolve como artista através dos sentimentos, então ela irá pensar com o cérebro astral. Se ela for fazer cálculos ou criar teorias, entrará em funcionamento o aparelho mental. E se ela seguir o caminho espiritual, o seu pensamento ficará ligado ao invólucro mais elevado – o invólucro espiritual. Por isso, a seleção do invólucro envolvido nos processos do pensamento vai depender do nível de desenvolvimento da pessoa e das opções de aperfeiçoamento que ela faça (por exemplo, se vai trabalhar como compositor ou físico).

– E como se dá o processo de transição do pensamento através do invólucro para o pensamento através da matriz?

– A forma física que compõe o homem, ou seja, que atualmente um ser humano é, não consegue pensar através da matriz e permanecerá ainda muito tempo sem conseguir realizar tal transição. Mas, no tempo presente, existe uma ligação entre a matriz e o aparelho do pensamento do invólucro, ou seja, canais especiais que ligam um ao outro. Da mesma maneira que, por exemplo, se ligam os órgãos humanos uns aos outros através do sistema nervoso ou circulatório. Há uma transmissão a dar-se nos dois sentidos.

– Mas como conseguirá o ser humano entender este tipo de pensamento?

– Este tipo de pensamento só é passível de ser sentido. A matriz pensa como que por si só, já que isso representa o Nível superior do Pensamento, e o ser humano não é ainda capaz de adaptá-la a si, às suas necessidades. Mesmo tendo alcançado um alto grau evolutivo, ele não conseguirá pensar por meio da matriz. O invólucro físico propriamente dito é constituído por uma matéria muito baixa, enquanto que a matriz se encontra num Nível da Organização muito mais acima. Então, como é que as pessoas podem subjugar os pensamentos da matriz a si próprias? **O Superior jamais se subordina ao Inferior.** Pelo contrário, a matriz pensa e gere o ser humano da maneira que ela precisa, influenciando as suas estruturas "subtis". Mas o rudimentar invólucro físico não consegue captar os processos daquela.

– Como pode o ser humano sentir a sua matriz?

– Isso é muito difícil. É necessário aperfeiçoar-se. Apenas o alto Nível Evolutivo pode aproximá-lo da sensação da matriz. No entanto, todas sensações que passam pelo coração humano, aquela voz interior que atravessa o coração - tudo isto vem da matriz.

– Mas quando vai o ser humano atingir aquele grau de desenvolvimento que lhe permita, finalmente, aprender a pensar por meio da sua matriz? – Insistimos nesta questão porque queríamos muito que as pessoas atingissem a perfeição o mais rápido possível.

– Quando a pessoa, ou melhor, a sua alma, passar para outra forma de existência no correspondente Nível* da Hierarquia, ela conseguirá finalmente pensar por meio da matriz. Mas isso requer uma longa jornada evolutiva, a alma do ser humano terá de abandonar o invólucro físico e desenvolver outros corpos "subtis". Ela necessitará de estruturas adicionais que já se desenvolvem fora do mundo terreno. E quando a alma atingir aquele Nível de Desenvolvimento que Eu gostaria, ela será então capaz de pensar por meio de outros recursos. Nessa altura, o cérebro físico deixará de ser necessário, porque começará a ficar para trás relativamente à parte espiritual da estrutura. É por isso que, no processo de desenvolvimento do pensamento, serão envolvidas outras estruturas e a alma começa a pensar através da matriz.

– A forma de pensar das Essências Superiores inseridas na Hierarquia depende do Nível*?

– Não, não depende do Nível*. O Nível* é a distribuição das Essências de acordo com o Seu grau de desenvolvimento e potencial.

– Em que Nível* é que muda a forma de pensar? Ou ela não muda assim de Nível* para Nível*, mas antes se vai expandindo o conhecimento e a consciência de cada personalidade?

– Sim, é isso mesmo. Tudo acontece em sintonia. À medida que a personalidade vai subindo nos Níveis* Hierárquicos, a sua consciência vai mudando qualitativamente. Não se dá nenhuma transformação repentina e imediata. Tudo acontece gradualmente e, por vezes, de forma tão consistente, que a transição de um Nível do Pensamento para outro torna-se impercetível e geralmente acaba por passar despercebida.

FORMAS DO PENSAMENTO

O pensamento humano tem sido sempre considerado algo imaterial e, como tal, inexistente. O cérebro humano trabalha, mas o que produz ele no plano "subtil" nunca foi registado. Somente nos últimos anos, com o advento das câmaras ultra-sensíveis, é que se conseguiu filmar algumas formas oriundas do cérebro material, que também alguns videntes têm a capacidade de ver. Naturalmente, surgiu uma série de questões relacionadas com elas.

– No seu processo de trabalho, o cérebro humano dá forma aos pensamentos. Essas formas são realmente criadas pelo pensamento do mundo "subtil"?

– Sim.

– De que forma são elas criadas pelo pensamento?

– Trata-se de um processo muito complexo do ponto de vista da mecânica e da física.

– Podem as formas do pensamento de uma pessoa ser consideradas um refugo do seu processo mental?

– Pode-se dizer que sim.

– E qualquer pensamento é capaz de criar uma forma mental? Pergunto isto porque existem pensamentos muito fracos.

– Todo e qualquer pensamento cria uma forma mental. O que muda é a força e duração dessa forma no mundo "subtil", uma vez que estas irão depender da energia dos próprios pensamentos, da intensidade energética da pessoa pensante. Se o Nível Energético desta última, assim como os seus pensamentos, forem fracos (o que pode acontecer no caso de pessoas com nível inferior de desenvolvimento), as formas do pensamento criadas por ela dissipar-se-ão rapidamente. Por exemplo, as formas do pensamento de indivíduos degradados alcoólicos ou que vagueiam pelas ruas com intelecto debilitado dissipam-se imediatamente e podem nem mesmo chegar a criar nenhuma forma concreta, visto o seu pensamento ser tão fraco na ação e na capacidade de moldar uma forma. Mas se a pessoa estiver um pouco mais avançada do ponto de vista evolutivo e energético, o seu pensamento irá concentrar a imagem numa forma estável e mantê-la por mais tempo. Seja como for, com o tempo, também esta acabará por se dissipar. As formas do pensamento de pessoas com carga energética elevada agrupam-se em bancos energéticos à parte.

– Que tipo de pensamento tem maior poder energético?

– Pensamentos sobre o Cosmos, sobre Mundos Hierárquicos. Todo o conhecimento cósmico pertence ao Conhecimento Supremo e possui uma energia fortíssima. Todos os pensamentos materiais estão relacionados com energias baixas.

– As formas mentais são capazes de se manifestar como personalidades no mundo físico?

– Não, no mundo físico não, mas no mundo "subtil" conseguem.

– Poderão elas posteriormente comandar a própria pessoa ou interferir na sua vida?

– Não, as formas criadas pelo pensamento não têm a capacidade de influenciar o mundo físico. Elas não têm energia suficiente para tal. É por isso que elas não sobrevivem muito tempo no mundo "subtil" e acabam obrigatoriamente por se dissipar.

– E porque é que então as formas do pensamento conseguem atuar no mundo "subtil", uma vez que não têm nem alma nem programa?

– O ser humano cria brinquedos a partir da matéria física e põe esses brinquedos a funcionar com base em leis simples da mecânica. Esses brinquedos são capazes de se mover sozinhos após receberem algum impulso inicial por parte do ser humano. Do mesmo modo, ao criar a forma mental a partir da matéria "subtil", a pessoa consegue, com base nas Leis do Pensamento, dar-lhe um mecanismo de movimento e atuação que ficará ativo por algum tempo.

– No momento em que pensa, uma pessoa produz energia e produz ao mesmo tempo as formas do pensamento que derivam desse processo. Qual é a diferença entre estes dois resultados? Eles são a mesma coisa?

– Não. Não são a mesma coisa, embora muitas vezes o ser humano confunda as formas do pensamento com a energia produzida no decurso do trabalho intelectual. Mas a diferença entre elas é a mesma diferença que surge, por exemplo, em caso de energia térmica produzida pelo indivíduo que esculpe uma pedra. Ao efetuar uma tarefa física, os seus músculos segregam energia térmica. Mas o que ele faz com base nesse processo mecânico – a escultura – é um produto da atividade e é criada ante o envolvimento de uma outra matéria nessa forma. Do mesmo modo, as formas mentais do pensamento são um produto resultante da inclusão de uma outra matéria "subtil" na imagem (a forma do pensamento).

– De que matéria é criada a forma do pensamento? De matéria etérica ou mais "subtil"?

– No processo de formação do pensamento, participam todos os invólucros temporários do ser humano, alguns trabalham mais, outros - menos. Por isso, a forma do pensamento não tem uma estrutura homogénea, ela é composta por diferentes tipos de energia.

– Por conseguinte, todos os invólucros, literalmente até ao invólucro mental, participam na criação da forma do pensamento?

– Sim. Por isso é que, tendo disponível todo um conjunto de energias de diferentes **qualidades (características)***, elas dão-se a conhecer como seres vivos. Elas possuem a energia que nelas investiu o indivíduo e que lhes permite agir e manifestar-se.

– Mas por que razão é que o pensamento humano cria formas? Afinal de contas, ao pensar, o ser humano poderia criar não formas, mas simplesmente irradiar energia.

– Uma pessoa reproduz mentalmente tudo aquilo que vê no mundo material. E não consegue agir de outra maneira. No mundo astral, no entanto, ela verá tudo de um modo diferente, pelo que o seu pensamento irá fluir já não através de formas, mas de modo concreto – com impulsos, e quando subir ainda mais – com números. Aí, o processo do pensamento torna-se mais complexo.

– E o derivado do processo do pensamento muda?

– Sim. Aí o mundo é mais subtil, enquanto que no mundo terreno é tudo muito rudimentar. Naturalmente, tudo muda no plano "subtil". Mas no mundo físico o que o homem vê na realidade é o que ele imagina mentalmente. A forma do pensamento é o reflexo do vosso mundo rudimentar. Só assim – passando o que vê pelo prisma da própria consciência – é que o indivíduo é capaz de entender e de perceber qualquer coisa. E neste estágio do seu desenvolvimento, ele não tem capacidade para compreender nada mais. Como conseguirá ele, por exemplo, compreender um algarismo? Isso implica conseguir decodificá-lo primeiro.

– O processo de formação do pensamento depende do mundo onde se encontra a alma?

– Exato.

– Então, o processo de pensar da alma que se encontre no plano mental será completamente diferente?

– No plano mental, esse processo será já de decodificação.

– Quais são as formas do pensamento da Terra, uma vez que ela também é capaz de pensar? Serão as nuvens e relâmpagos globulares formas do seu pensamento?

– Não, as formas do pensamento da Terra são invisíveis.

– Mas elas assemelham-se às formas do pensamento humano?

– Assemelham-se sim. Mas formam-se a partir dos dados construtivos daquela, ou seja, de acordo com os invólucros da Terra. O mundo físico é todo do mesmo tipo, pelo que a Terra também possui invólucros inconstantes, tal como o ser humano. A construção do pensamento dela dá-se exatamente da mesma forma.

TIPOS DE PENSAMENTO

Existem muitos tipos de pensamento. Todo o ser vivo tem o seu próprio tipo de pensamento. Em cada mundo, os processos do ato de pensar ocorrem de acordo com a forma, o tipo de ser, a matéria da qual ele é feito e o propósito do aparelho do pensamento. Por exemplo, o propósito do pensamento humano é um, o propósito do pensamento das Essências Superiores é outro, o propósito do pensamento do animal é um terceiro, e assim por diante.

E o mais importante é que o tipo de pensamento é influenciado pelo Nível* Hierárquico ao qual pertence o ser. Nos Níveis" inferiores, existem tipos primitivos de pensamento, os pensamentos dos Níveis* médios resultam mais aperfeiçoados, e, nos Níveis* mais elevados Altos da Hierarquia, encontram-se as formas mais perfeitas do pensamento.

Até determinada altura, acreditou-se que apenas um tipo de pensamento seria inerente ao ser humano, com base no qual este seria capaz de transformar a matéria física com ajuda de todas as reações bioelétricas e químicas possíveis do cérebro. Mas estudos mais recentes do pensamento provaram que o ser humano tem inerente a si vários modos de pensar, ou seja, uma combinação de tipos de pensamento que está condicionada pelo trabalho elaborado não apenas na matéria rudimentar, mas também na "subtil".

O tipo de pensamento de uma pessoa é ditado por: matéria, forma, objetivo e Nível de Desenvolvimento.

Tentemos então desvendar algo novo sobre o pensamento do próprio ser humano e de outras formas de existência já do nosso conhecimento.

– Que tipos de pensamento são inerentes ao ser humano?

– O mais comum é o imagético-verbal, o menos comum é o telepático e o cósmico. O imagético é intermitente, a pessoa comum pensa sempre de modo discreto. O pensamento telepático, embora inerente a poucas pessoas na Terra, remete-se também ao modo de pensar intermitente, ou seja, ao tipo de pensamento discreto. Ele passa já não através de imagens, mas através de conceitos. E o tipo de pensamento cósmico pode ser discreto numa primeira fase e contínuo na segunda.

– Para comparação, é possível saber que tipo de pensamento têm os Determinantes?

– Eles habitam o mundo "subtil", por isso, os processos físicos que ocorrem durante o ato do pensamento no ser humano não são adequados ao aparelho do pensamento dos Determinantes. Eles não possuem um sistema de sinais como o sistema nervoso e também não têm um aparelho físico como o cérebro. Ao invés disso, Eles possuem o Seu próprio aparelho do pensamento, mais modernizado e aperfeiçoado, já que qualquer matéria "subtil" é bastante mais vantajosa para o desenvolvimento se comparada com a matéria física rudimentar. Daí os Determinantes possuírem um grande número de tipos de pensamento. Comparados com o ser humano, Eles têm um suprapensamento.

– Que difere em quê do pensamento humano?

– Difere volumetricamente. O pensamento humano é tridimensional e o Deles é multidimensional, existe em várias dimensões ao mesmo tempo. Os Determinantes caracterizam-se por pensamentos paralelos, ou seja, conseguem pensar simultaneamente em muitas coisas. E, ao contrário do pensamento humano, o pensamento Deles é contínuo, já que o Seu trabalho consiste precisamente no ato de pensar constantemente.

– E será que não estão na base do pensamento dos Determinantes reações nucleares, como aquelas que ocorrem no Sol?

– Não, não ocorre qualquer reação Neles. As reações dão-se na matéria física. O que acontece Neles remete-se aos processos do plano "subtil", cuja física é desconhecida das pessoas.

– Quais são as vantagens do pensamento contínuo em comparação ao intermitente?

– As vantagens são imensas. Ele gera mais energia no processo do pensamento.

– Os Determinantes também produzem energia durante a formação do pensamento, tal como acontece com o ser humano?

– Sim. Nisso o processo é semelhante. Mas o pensamento humano, por ser discreto, fica aquém do potencial para o qual foi concebido.

– O Senhor disse que existem também pessoas com pensamento contínuo?

– Sim, algumas. Mas não muitas.

– Como distingui-las das pessoas comuns?

– O ser humano não consegue distingui-las das pessoas comuns só por sinais externos. Por fora elas parecem-se exatamente com qualquer outra pessoa. Somente no plano "subtil" é possível detetar a poderosa emissão energética do seu cérebro.

– Como é que elas conseguiram chegar ao pensamento contínuo?

– Por meio de um trabalho obstinado e tenaz sobre si mesmas. Elas pensam continuamente graças ao grande fluxo de energia enviado pelo Determinante que elas processam na atividade intelectual.

– O cérebro e o Anel de Impulso dessas pessoas também participam no ato do pensamento?

– O cérebro e o Anel de Impulso dessas pessoas é ligeiramente diferente e, como tal, por cima da cabeça delas opera não um anel, mas um disco, mais parecido com os discos do vossos computadores. E esse disco gira a alta velocidade.

– E que percentagem do cérebro delas é envolvido nesse trabalho?

– Trinta por cento.

– Alguma coisa mudará no pensamento do ser humano no futuro?

– Sim, obrigatoriamente. Tudo deve progredir, especialmente o tipo de pensamento. Uma nova era dita o envolvimento de novas áreas do cérebro no processo de pensar, o que levará ao aumento do seu coeficiente de eficiência. Muita coisa vai mudar nas estruturas "subtis". O ser humano do futuro será uma modificação melhorada do ser humano do presente. E Nós colocámos uma meta: envolver 90% do seu cérebro no trabalho, ao invés dos atuais 6%. O ser humano deve recuperar o que foi "perdido". Ele terá um **pensamento figurativo***.

– Mas as principais mudanças do pensamento ocorrerão no plano "subtil"?

– Não. O pensamento figurativo permanecerá no plano material. Com o seu aparecimento, abrir-se-á mais um bloco no cérebro físico.

– O que é isso?

– O **pensamento figurativo*** trabalha com imagens tridimensionais. O ser humano do futuro pensará muito mais depressa do que o ser humano atual. Imagine só se durante o trabalho mental se captar a informação não através de combinações de palavras, mas na forma de imagens tridimensionais, incluindo ações, reações e processos, nesse caso, começa-se a compreender melhor e mais rapidamente o sentido do que se vê. O ser humano conseguirá ler e pensar de forma diferente, excluindo deste processo a forma verbal de cognição. A forma verbal é pior para os humanos porque torna mais difícil a sua perceção. É verdade que o pensamento com a ajuda de expressões verbais o homem também considera como **figurativo**, mas isto é um pouco errado, porque qualquer imagem no seu cérebro surge depois de ser expressa em forma verbal, e precisamente este tipo de pensamento é chamado de **imagético.** E para este fim, estão envolvidos processos adicionais: a construção de palavras a partir de letras, de letras a partir de números, e de números a partir de energias. Ao pensar-se de modo figurativo, o processo de formação dos pensamentos contorna as palavras e as letras e vai dos números diretamente para a imagem. Ou seja, a fase intermédia "letras – palavras" da sequência números – letras, palavras – imagens, fica de fora e o pensamento faz um caminho mais curto: números – imagens. Esta é a diferença entre o **pensamento imagético*** do homem contemporâneo e o **pensamento figurativo*** do homem do futuro.

– De que modo se transforma o pensamento nos estágios evolutivos acima do Nível dos Determinantes?

– Nesses estágios, predomina o pensamento energético. A energia encontra-se dividida em determinadas vibrações, frequências. A frequência, por sua vez, divide-se numa determinada composição. Penetra-se cada vez mais profundo na matéria energética. E a manipulação no pensamento dos Entes Supremos é realizada inicialmente por meio de frequências e números, e depois, pelas próprias partículas de energia. Assim, no processo do pensamento, ocorre o domínio de energias cada vez mais "subtis" e das suas partículas constituintes.

– No que é que consiste o Nível de Luz do Pensamento das Personalidades Supremas?

– Consiste precisamente no tipo de pensamento executado a Nível das Partículas Quânticas, o processo do pensamento opera com partículas de energias.

– E uma pessoa não consegue obter esse tipo de pensamento mesmo que atinja o 100° Nível na Terra?

– Claro que não. Esse tipo de pensamento exige uma estrutura "subtil" especial.

– E os Determinantes têm pensamento de luz?

– Não. Esse tipo de pensamento é característico daquelas Essências Supremas que pensam por meio de números e impulsos. É evidente que Elas captam qualquer disposição cromática de modo numérico, ou seja, conseguem decompor qualquer cor em números que Lhes dão conceitos específicos. Os Determinantes ainda não conseguem decompor as cores numa série numérica capaz de fornecer a informação necessária.

– Então, primeiro é precisa dominar o pensamento digital?

– Sim. E com base nele já se desenvolve um tipo mais elevado de pensamento, o de luz.

– E todas as Essências energéticas têm essa capacidade do pensamento de luz ultrarrápido?

– Quanto mais elevada a Essência, maiores as Suas capacidades. Nos Níveis* supremos da Hierarquia, é exatamente esse o tipo de pensamento existente. Quanto mais perto do topo da pirâmide, mais perfeita é a forma de pensar. Isto é aquilo que se vai desenvolvendo eternamente, ao contrário, por exemplo, dos sentimentos, que são passíveis de aperfeiçoamento apenas no plano terrestre.

– Se a alma humana está gradualmente a progredir, conseguirá ela desenvolver as qualidades necessárias para revelar em si o tipo de pensamento de luz?

– Não.

– E quando a alma duma pessoa termina o seu desenvolvimento no plano terrestre e entra no Vosso mundo, ela começa a dominar o pensamento de luz se chegar, por exemplo, aos Níveis* Quatro ou Cinco do Desenvolvimento?

– Não, não. O indivíduo começa a ter esse tipo de pensamento apenas algures a meio da Hierarquia. Antes disso, começando pelo seu nível inferior, ele deve ir-se aperfeiçoando, construindo-se a si próprio. A personalidade constrói-se a si própria através dos processos evolutivos que escolhe. E assim ela vai formando gradualmente a base na qual posteriormente se baseará o tipo de pensamento de luz. Quanto mais alto o Nível* Hierárquico, maiores as possibilidades de o pensamento se tornar cada vez maior.

– O que é a transformação lógica do pensamento?

– A transformação é uma mudança. A transformação lógica é uma mudança lógica. O pensamento em si está constantemente em mudança, mas é a lógica que o direciona para a mudança necessária.

– Quais são as vantagens da transformação lógica do pensamento para a pessoa, se tivermos como medida de comparação o modo usual de pensar?

– O ato de pensar pode não ser feito de forma lógica, mas antes dar-se de forma caótica e confusa. A transformação lógica do pensamento conduz o pensamento sempre ao objetivo através de certas etapas de raciocínio lógico. Neste caso, o pensamento já não vai saltar para a frente e para trás, já não vai andar de um lado para o outro. O pensamento caótico desperdiça muita energia em opções erradas e pode levar a pessoa à ruína antes de encontrar o caminho certo. O pensamento caótico é característico de pessoas com baixo nível evolutivo e doentes. Nas pessoas doentes, esse pensamento é causado por várias anomalias dos processos fisiológicos. Quanto à pessoas que se encontram num nível evolutivo baixo, elas são simplesmente inexperientes em práticas mentais, pelo que a sua energia mental fraca não é capaz de ligar corretamente os fragmentos necessários de uma determinada situação a fim de obter o resultado desejado. A energia mental não trabalhada não é capaz de fazer tais ligações no programa. Por isso é que o comportamento dessas pessoas na vida leva, na maioria das vezes, a erros.

– Recorrendo à transformação lógica do pensamento, é possível evitar sempre erros ou passos mal dados?

– Não, nem sempre. Às vezes também a própria lógica se pode confundir. Para não errar, o melhor é combinar a lógica com a intuição do coração, assim não nos baralhamos nunca. Questione o seu coração com mais frequência.

– A força do pensamento depende do quê?

– Do desenvolvimento das energias mentais, do nível de desenvolvimento da pessoa.

– De onde é que surge no ser humano a capacidade de pensar? As árvores, por exemplo, como forma da vida que são, não possuem essa capacidade.

– A alma humana recebe essa capacidade desde a etapa inicial da sua existência, ou seja, é colocada nela desde o início. Mas chamo a atenção para o seguinte: coloca-se na pessoa apenas a capacidade de pensar e nada mais. Tudo o resto terá de ser a alma por si mesma a desenvolver, ou seja, cabe-lhe a ela transformar essa capacidade em possibilidade de pensar de forma ampla e global.

– Ou seja, a capacidade de pensar vai-se desenvolvendo no decurso da evolução?

– Sim, sem dúvida.

– E Vocês nunca fizeram experiências nas quais introduzissem um pensamento superior diretamente na matriz? Por exemplo, o surgimento de crianças-prodígio na nossa sociedade não seria prova de uma experiência dessas?

– Não, com as crianças a questão é diferente. Mas é claro que já fizemos variadas experiências. Já aconteceu. Isso a que se refere é o pensamento acelerado. Mas tudo deve estar em estrita concordância. A questão é que cada mundo requer uma determinada velocidade do pensamento diferente. Por isso é que Nós elaboramos para qualquer mundo a velocidade do desenvolvimento adequada. Se a alma que habita um determinado corpo se adiantar relativamente ao seu desenvolvimento geral, o corpo começará a ser um empecilho para a matriz. Neste caso, a alma tornar-se-ia cada vez mais inteligente e rápida e o corpo iria impedi-la de evoluir mais, o que faria com que a alma tomasse uma atitude para se livrar do corpo. Mas isso não é bom para a execução do programa. Por isso fazemos as coisas de modo a que a velocidade do pensamento dos indivíduos seja compatível com a velocidade geral do desenvolvimento daquele mundo que a alma habita. Num dos Meus quatro Universos, existem mundos onde tudo se dá a um ritmo acelerado. Lá, tanto o pensamento como todos os processos são acelerados. Ou seja, nem todo o Universo se desenvolve rapidamente. Somente alguns mundos dele.

TIPOS DO PENSAMENTO DE OUTRAS FORMAS DE VIDA

Acostumámo-nos a acreditar que apenas o ser humano, como forma animada de vida que é, seria capaz de pensar e de efetuar trabalho mental. Mais tarde descobrimos que os animais também pensam e fomos postos ao corrente do pensamento dos Entes Supremos. Mas existem outras formas de seres vivos que não estão sequer próximos de se parecerem um pouco que seja connosco e que são, não obstante, capazes de pensar.

Acontece que até na Terra existem tipos de pensamento que o ser humano não só não conhece, como rejeita teimosamente aceitar até mesmo as próprias formas que os elaboram, tomando-as por algo inanimado.

O que foi que ficámos a saber de novo sobre o pensamento de outras formas de vida?

Começamos o diálogo.

– Os animais pensam? Alguns cientistas afirmam que o comportamento deles se baseia apenas em reflexos incondicionais e condicionais.

– Claro que os animais pensam e o Nível do Pensamento deles varia dependendo do animal. Existem animais inteligentes e outros menos inteligentes. O grau de desenvolvimento da inteligência do animal é determinado pelo grau de desenvolvimento da sua alma. Se o animal já encarnou várias vezes na Terra, então o seu ser possui já alguma experiência e o seu intelecto encontra-se acima do intelecto de animais que encarnaram nessa forma apenas uma ou duas vezes.

– Os animais possuem Anel de Impulso que participe nos processo do pensamento deles?

– Sim, os animais, tal como o ser humano, têm Anel de Impulso, ou centro-cérebro. E o centro-cérebro deles também está localizado sobre as suas cabeças e interligado com o funcionamento do cérebro físico.

– E as plantas, têm algum tipo de pensamento, por rudimentar que seja?

– Não, as plantas não têm pensamento, mas têm sentimentos. As plantas vivem através dos seus sentimentos.

– E os minerais pensam?

– Sim. O pensamento de alguns minerais supera até mesmo o de alguns animais.

– Os minerais também têm Anel de Impulso?

– Não. A estrutura deles é um pouco diferente. O processo do pensamento dá-se neles graças à entrada de informação cósmica nos seus invólucros do pensamento, ou seja, de uma informação específica, destinada diretamente a eles. Os invólucros dos minerais encontram-se dentro deles.

– Se o pensamento do ser humano está direcionado para a aprendizagem, a criatividade e as situações da vida, para o que é que está direcionado o pensamento dos minerais?

– Os minerais pensam de maneira completamente diferente da dos humanos, o pensamento deles dá-se por outras formas. É preciso que entendam que existem diferentes formas de pensar e que o ser humano não é exceção nesse plano. Alguns cristais, por exemplo, têm uma atividade mental tão forte que conseguem influenciar pessoas e controlar indivíduos fracos. Daí ter surgido a magia das pedras. O cristal é uma forma especial de vida ainda não estudada pelos humanos. Mas, no geral, no seu estado normal, o processo do pensamento dos minerais direciona-se para o trabalho relacionado com o Universo, já que eles recebem muita informação útil das profundezas deste, e para os processos que neles ocorrem. Afinal de contas, também o homem pensa no que se passa dentro de si, nomeadamente, em todas as suas vivências, sofrimentos, alegrias, inspirações, e outras coisas das quais os outros nem sequer suspeitam. Cada forma de vida tem as suas coisas íntimas.

– O nosso planeta, a Terra, também é um ser pensante?

– Naturalmente. O intelecto da Terra excede em muitos graus o intelecto humano.

– E no que é que consiste o pensamento da Terra?

– A atividade do pensamento do planeta distingue-se pela elevada rapidez. Nessa atividade, está também envolvido o centro-cérebro, que, no caso do planeta, se encontra fora do invólucro físico. O planeta pensa muito rápido em comparação com o ser humano. Além disso, possui um pensamento paralelo que lhe permite resolver muitas tarefas depressa e ao mesmo tempo. O número dessas tarefas também vai depender do Nível de Desenvolvimento do Planeta. Estes processos mentais requerem diferentes tipos de energia, que são produzidos por um Sistema especial localizado no núcleo do planeta.

– Ao que é que está ligado o pensamento da Terra, a que processos?

– A Terra também está principalmente envolvida no processamento da informação cósmica do seu Nível. E o seu pensamento também está ligado a uma criatividade que é usada para criar recursos naturais, para recolher informação sobre a vida no mundo físico e em mundos paralelos e para passar essa informação adiante.

– O pensamento dos outros planetas funciona da mesma forma?

– Existem planetas idênticos, com o mesmo tipo do pensamento, mas existem também outros tipos de pensamento planetário, ou seja, há planetas sem Anel de Impulso, que pensam com a ajuda do núcleo. Nestes casos, é precisamente no núcleo que se encontra o aparelho do pensamento. E todo o trabalho mental se dá no interior do planeta, no próprio núcleo.

– E como é o processo do pensamento das formas maiores, como, por exemplo, do Sol?

– O Sol também pensa como qualquer ser vivo. Ele possui uma Mente com estado nuclear.

– O que é isso?

– A mente do Sol encontra-se no núcleo, tal como a alma. O estado nuclear da Mente consiste no facto de a Mente transformar todas as imagens do pensamento numa malha construtiva que posteriormente é decomposta no aparelho do pensamento em diferentes pontos que conduzem a um único. Deste modo, através da simplificação do complexo torna-se mais fácil e simples assimilar uma informação.

– Quais são as vantagens da Mente com estado nuclear em comparação com a mente humana? Elas pode ser postas lado a lado como diferentes tipos de pensamento, ou são incomensuráveis?

– Tudo pode ser comparado se considerarmos as correlações ao Nível da Estrutura Qualitativa. Neste caso, a vantagem consiste no facto de a assimilação da informação ser mais fácil no estado nuclear.

– E quem é que possui a Mente em estado plasmático?

– Os plasmoides, que são formas de seres dos Sistemas Cósmicos Negativos.

– Os raios globulares da Terra também têm pensamento plasmático?

– Não.

– O Sol consegue pensar simultaneamente em várias dimensões?

– Sim. É precisamente essa a peculiaridade do seu pensamento quando comparado com o pensamento humano.

– Os flashes no Sol, as suas proeminências, designam o trabalho do pensamento da estrela ou são emoções?

– São emoções.

– O Sol comunica-se diretamente com os outros planetas do Sistema Solar?

– Diretamente, como personalidade, não.

– Porque é que o Sol não consegue comunicar diretamente com os planetas?

– O Sol tem um Nível de Desenvolvimento muito superior ao dos planetas, pelo que não partilha os mesmos tipos de pensamento e de conceitos com estes últimos, tornando-se assim necessário haver um intermediário para viabilizar a transmissão de energia entre eles. A comunicação acontece como que através de um tradutor, ou seja, através da transformação de diferentes Níveis da Informação. Eles podem até partilhar uma tarefa comum, mas não comunicam diretamente uns com os outros. Assim, por exemplo, a Terra e as plantas (peguemos neste exemplo porque embora as plantas não sejam capazes de pensar, elas permitir-nos-ão compreender a ação conjunta de formas de diferentes Níveis), como dizia, executam um trabalho conjunto ao produzirem alimentos para os seres humanos e ao criarem o habitat para eles. Elas não são capazes de se comunicar diretamente entre si, no entanto, com base no trabalho que fazem conjuntamente, dá-se entre elas uma troca de elementos químicos, de água e gases, que, como formas energéticas rudimentares, ao serem devidamente processadas, dão informações de umas às outras. Mas esta informação é um pouco diferente daquela que elas trocariam diretamente entre si enquanto personalidades. Ou seja, há que distinguir os tipos de informação, as formas da sua receção e transformação.

– Através de que Sistema intermediário é que se realiza a comunicação do Sol com os planetas?

– Através dum mundo completamente diferente e, claro, não físico. O Sol e os planetas comunicam-se uns com os outros através dos seus Determinantes Planetários e Estelares. Exclusivamente através Deles, que estão no mundo "subtil" dos seus Níveis* Hierárquicos.

– O que é que está na base da atividade mental das estrelas? Como é que decorre o processo do pensamento delas?

– A atividade do pensamento dá-se como resultado do processamento da energia dentro das estruturas "subtis". Estas transferem a energia de planeta para planeta, entre si, e com base nisso recebem Nova Informação. Dá-se a troca de energia e a correspondente transformação no aparelho do pensamento das estrelas. Do mesmo modo, o homem também troca energia com o Sol e transforma-a no seu corpo. Sem essa troca, o cérebro não seria capaz de operar no seu Nível da Compreensão. Existe uma troca mútua de energias entre eles, embora não haja nenhuma comunicação direta. Todas estas transformações são bastante complexas, pelo que a cadeia de transmissão energética e de transformação da energia em informação – e vice-versa – pode parecer muito longa e complicada.

– O aparelho do pensamento das estrelas encontra-se no núcleo destas?

– Não, ele está localizado fora dos invólucros físicos das estrelas, nas suas estruturas "subtis".

– Então, o que é que há no núcleo?

– A massa necessária para o trabalho da estrela no plano físico. Essa massa aquece a estrela através de reações termonucleares e serve-a como fonte de energia.

– Os processos do pensamento do ser humano têm a participação de energia positiva e negativa. E os processos do pensamento das estrelas?

– Com as estrelas é igual. Trata-se de um tipo energético misto. Embora existam estrelas nas quais predominem apenas as energias negativas e, em contraponto a estas, haja estrelas nas quais existem apenas energias positivas.

– Qual é a diferença no trabalho mental entre os diferentes tipos de estrelas?

– A diferença está nas conexões de contacto, na qualidade da informação recebida. Se as estrelas tiverem apenas energias positivas, elas comunicam com as outras que são iguais a elas próprias, astros positivos, ou seja, a troca de informação dá-se entre estrelas do mesmo tipo.

– E as estrelas negativas?

– As negativas também trocam informações entre si, decodificam a informação recebida, mas processam-na de uma forma diferente das positivas. Ou seja, as estruturas estelares negativas interagem com estruturas negativas e as positivas interagem com positivas, e o tipo de estrela misto, que contém tanto energias positivas quanto negativas, contacta as suas semelhantes, possuidoras de ambos os tipos energéticos. Daí resultar que no processo da atividade mental surjam três tipos de energia que diferem umas das outras por suas qualidades.

– A energia do pensamento das estrelas também vai para Repositórios-coletores energéticos?

– Sim, toda a energia é distribuída por coletores energéticos (Repositórios). Mas as pessoas têm uns Repositórios e as estrelas outros, já que a qualidade da energia obtida como resultado dos processos mentais destas últimas difere da energia resultante dos processos mentais do ser humano.

– Qual a finalidade da energia produzida no decurso do processo mental das estrelas?

– Essa energia é usada para completar Sistemas Cósmicos inacabados, criados com base nas energias do pensamento humano. A obra inicia-se com a construção das energias derivadas da Humanidade: primeiro constroem-se os componentes mais fracos e em seguida passa-se para a construção de Sistemas Estelares, mais potentes.

NÍVEIS DE DESENVOLVIMENTO

As pessoas sempre acreditaram que são todas iguais e que as eventuais diferenças entre elas são pequenas. No entanto, as pessoas distinguem-se por seu intelecto, talento, qualidades da alma e, não obstante, nunca conseguiram explicar qual a base de todas essas diferenças entre elas.

E só esta conversa com Deus veio em nossa ajuda para nos esclarecer relativamente a muitos enigmas evolutivos do ser humano e a entender o que está por trás de todas as nossas diferenças e como é que elas são estruturadas.

Uma vez que cada um de nós quer aproximar-se o mais rapidamente possível das Personalidades Supremas, iniciamos a nossa conversa abordando o desenvolvimento do ponto de vista comparativo.

– Sabemos que os Professores da Humanidade – os Determinantes – possuem a capacidade do pensamento paralelo. Teoricamente, o ser humano que se encontre nos últimos estágios da evolução na Terra, ao aproximar o seu desenvolvimento do Daqueles, deveria aproximar-se dos Determinantes também por seu tipo de pensamento. Surge então a pergunta: o cérebro humano foi projetado para possuir pensamento paralelo?

– Sim, o vosso cérebro, possuidor de uma estrutura tão potente, foi concebido para muita coisa a longo prazo e, o mais importante, foi concebido para operar na sua totalidade, a 100%. Mas os humanos não estiveram à altura das nossas expetativas. No final da **quinta raça*,** o cérebro humano deveria estar a trabalhar a 50% e a verdade é que só 6% dele é usado.

– O que é que é necessário para que o cérebro humano trabalhe a 100%?

– A pessoa tem de se envolver profundamente em atividades intelectuais, interessar-se por todas as ciências da alma, pelos mundos "subtis", desenvolver todos os seus invólucros externos, usar sabiamente a meditação. Não é possível ir longe recorrendo apenas ao conhecimento material. Não existe aqui, na Terra, informação que permita utilizar todo o cérebro. É por isso que o homem deveria aprender a comunicar-se com os mundos "subtis", a fim de obter deles Novos Conhecimentos. E se o homem desenvolvesse em si capacidades meditativas, ele seria até capaz de receber informação de outros planetas e mundos. Se as pessoas tivessem seguido esse caminho, a evolução da Humanidade teria sido completamente diferente, muitas novas descobertas nas mais variadas áreas teriam sido feitas. Na sexta raça, Nós vamos aumentar o potencial mental do cérebro até aos 90%.

– O que é que determina o grau de desenvolvimento da inteligência humana?

– O Nível do seu Desenvolvimento. No processo da vida, uma pessoa adquire experiência, conhecimentos e a capacidade de pensar. Esse aprendizado resulta de um extenso e árduo trabalho. Uma pessoa que não seja capaz de pensar e que viva apenas de acordo com o programa pertence ao Nível Zero. No total, existem **cem Níveis Terrestres** de Evolução (Desenvolvimento) para o ser humano. Ou seja, para completar o seu desenvolvimento na Terra, o indivíduo tem de passar por cem Níveis, ao mesmo tempo que o grau de empenho das almas na sua luta evolutiva varia. Algumas conseguem escalar rapidamente a **Hierarquia do Homem* (Hierarquia da Humanidade)*,** outras lançam-se inicialmente nessa subida, mas acabam por degradar e voltam a descer, o que não implica que não possam voltar a subir posteriormente. E isto pode acontecer repetidamente ao longo de várias encarnações, pelo que, a personalidade pode subir ou descer nos referidos Níveis no decurso dessas **reencarnações*.** No entanto, no contexto de uma única vida, a pessoa fica ligada ao Nível Evolutivo que lhe corresponde nessa vida.

– A que idade é que se dá a ligação da pessoa ao Nível Evolutivo que lhe corresponde: aos cinco anos? Aos sete? Quando a criança começa a pensar?

– Desde o nascimento.

– As crianças nascem conectadas a algum Nível Infantil especial? O modo de pensar delas difere sempre do modo de pensar dos adultos?

– Não, toda a criança é governada pelo seu próprio Sistema, mas o Nível ao qual ela fica ligada no momento do nascimento dependerá do seu desenvolvimento nas vidas passadas.

– Para uma pessoa passar para um novo patamar qualitativo que lhe permita alcançar o Vosso Mundo é obrigatório ela passar por todos os Níveis Terrestres, do mais baixo ao mais alto?

– Para chegar a Nós é obrigatório, sim. Ela precisa de percorrer todas as etapas, desde o Nível 0 ao Nível 100. Mas pode acontecer ela passar para um patamar qualitativamente diferente, sem voltar mais à Terra, e evoluir através de um outro mundo. E pode também acontecer ela não chegar sequer a passar pelo Nosso Mundo, caso vá para decodificação. Tudo dependerá das particularidades individuais do desenvolvimento de cada alma.

– É possível uma pessoa passar de um Nível para outro no decorrer de uma mesma vida?

– Sim, é possível.

– O Nível de Uma Pessoa é um sistema de conhecimentos delineado por certos limites ou é algo mais?

– Para vocês, é basicamente conhecimento do mundo físico e acumulação espiritual.

– As ações da pessoa vêm incluídas no seu Nível?

– As ações incluem o carácter da pessoa, a sua educação. No entanto, elas dependem principalmente da espiritualidade do indivíduo, ou seja, qual é a espiritualidade de uma pessoa, assim é o seu comportamento. Os Níveis do Indivíduo incluem o seu desenvolvimento espiritual, o qual influencia a forma do seu comportamento. É claro que se tomarmos como exemplo de comparação os Níveis* superiores, as ações das personalidades de lá serão diferentes das ações no plano terreno, por isso, ao falarmos de Níveis* Hierárquicos temos de entender que cada um deles terá o seu próprio conjunto de ações que lhe é específico. E as Essências do Primeiro Nível* Hierárquico comportar-se-ão de forma diferente do que, por exemplo, as Essências do Vigésimo Nível*. Isto deve-se ao facto de o modo de vida dessas Essências ser diferente. Já na Terra, os níveis* de desenvolvimento das pessoas estão todos misturados e, por isso, só alguém observador será capaz de distinguir as diferentes formas comportamentais das pessoas.

– A que Nível Terrestre estão ligadas aquelas pessoas que não se envolvem em atividade mental?

– Elas têm seu próprio Nível, que, claro, é mais baixo do que o das pessoas pensantes. As almas delas não são necessariamente baixas. Elas permanecem no mesmo patamar, como que se tivessem parado no desenvolvimento. Atingiram o seu limite nesta vida, visto as possibilidades diferirem de alma para alma, embora possam ainda descer, uma vez que a vida delas continua. Mas há que notar que existem também divisões em subníveis no patamar em que se encontram. As pessoas que não pensam também são todas diferentes entre si em termos de espiritualidade, por isso encontram-se nesta fase ligadas a diferentes subníveis. Resulta, então, que cada Nível está, por sua vez, dividido em subníveis.

– As almas que descem terão alguma possibilidade futura de voltar a evoluir?

– Sim, terão seguramente essa oportunidade. A evolução não para, tudo depende da própria pessoa.

– Como é que se dá o processo de transição do pensamento humano ao passar do Centésimo Nível Terrestre para o Primeiro Nível* da Hierarquia? Como é que o pensamento passa de trabalho do cérebro físico para pensamento por meio do invólucro?

– A preparação para a transição ocorre no plano terrestre. Ao se aperfeiçoar, passando por uma centena de Níveis, o ser humano desenvolve todos os seus invólucros "subtis" e vai-se construindo gradualmente a si próprio de uma forma específica, embora esse processo de autoconstrução seja embutido na estrutura da pessoa pelos Supremos Criadores do Sistema Material.

– Não obstante, quando a pessoa se vê no primeiro degrau desse novo Nível*, algumas partes da sua estrutura necessitarão de complementação para que ela pense melhor nas condições do novo mundo, ou não?

– Não. Ela própria conquista tudo sozinha. Se não adquirir um determinado número de qualidades necessárias para pensar e para ter novos conceitos, ela simplesmente não será admitida no Primeiro Nível* da Hierarquia. Ela não será capaz de entender o que quer que seja nessas novas condições. Daí haver um conjunto de qualidades necessárias e, por conseguinte, de energias com potencial correspondente, que forma precisamente as suas estruturas mentais.

A MEMÓRIA

À luz dos Novos Conhecimentos desvendados às pessoas por Deus, passamos a olhar para o conceito de memória humana com novos olhos.

– O que é a memória do ser humano?

– A memória de uma vida é a conservação de informação passada em blocos especiais da memória cerebral. Quanto à memória das reencarnações, esta define-se pelo armazenamento da informação de todas as vidas passadas.

– A memória da pessoa é uma característica exclusiva do cérebro físico?

– A memória é o cérebro físico mais o trabalho de quatro corpos "subtis", de secções suas específicas.

– No que é que consiste a memória de uma única vida?

– Consiste num conjunto de energias que, ao passarem pelos decodificadores especiais do bloco da memória, são encriptadas em forma de imagens mentais e situações. O homem possui uma memória permanente e uma memória temporária. A permanente trabalha com as energias que constituem os momentos principais da sua vida e que são trazidas para o momento presente da sua vida através de sinalizadores, permitindo assim ao indivíduo recordar-se sempre de quem ele é e o que é que lhe aconteceu no passado da vida que vive atualmente. Quanto aos momentos secundários da vida, estes permanecem bloqueados, ou seja, uma pessoa não se consegue lembrar dos detalhes mais pequenos do seu passado, uma vez que isso lhe preencheria a memória com imagens desnecessárias e, consequentemente, com energias desnecessárias. A memória temporária é colocada em blocos da memória como um esquema completo da vida. Ela contém também algumas das energias de ligação que compõem o quadro total da vivência atual, mas que em vidas posteriores se tornarão desnecessárias e serão removidas após uma análise completa da vida da pessoa em questão. A memória temporária é composta por energias temporárias, de ligação, que são partes necessárias para que a personalidade analise e trabalhe os principais e mais importantes momentos da sua vida. As energias temporárias da vivência de uma vida completa são eliminadas, enquanto que as permanentes, como informação vital que são, permanecem em todas as reencarnações futuras do indivíduo na Terra.

– No que é que difere a estrutura da memória de uma única vida da estrutura da memória de todas as reencarnações?

– A memória de uma pessoa não se apresenta como doces recordações do passado, como é costume acreditar no que diz respeito às suas propriedades. Embora as recordações desempenhem evidentemente um papel considerável na vida de uma pessoa, este papel consiste, em primeiro lugar, em ser um impulso educativo, em segundo lugar, em ser o ponto de partida para iniciar algo novo e, em terceiro lugar, é algo necessário para comparação do passado com o presente, para análise do seu próprio desenvolvimento ou do desenvolvimento da sociedade como um todo. A memória ajuda a pessoa a evoluir. O objetivo principal da memória é armazenar em suas reservas as energias que a pessoa vai acumulando ao longo da vida, aquelas energias que lhe permitem progredir como personalidade.

A memória forma o objetivo do desenvolvimento como uma cadeia de ações sucessivas e necessárias que criam a Personalidade como uma acumulação de energias (ou de qualidades) essenciais às suas reservas nas matrizes.

Portanto, a memória de uma vida é a energia que a pessoa acumula e que contém toda a informação a seu respeito, ou é as qualidades do caráter que a pessoa precisa de adquirir ao passar por determinadas situações numa ou noutra reencarnação. A memória de todas as reencarnações é complementada com as energias de que a pessoa carece para ascender a um patamar superior.

A energia armazenada nos blocos da memória da alma ao longo de uma vida é transformada, no momento certo, nas imagens mentais daquele ser que, naquele momento temporal constitui a alma. É por isso que se uma pessoa passou pela fase animal conseguirá recordar situações dessa vida, mas já transformadas em conceitos mentais humanos, não animais, porque as imagens do pensamento humano e animal são diferentes na sua perceção, assim como são diferentes as suas avaliações dessas mesmas situações. Ao se recordar de situações do seu Nível inferior, o Nível superior já terá uma avaliação de um plano mais elevado.

Se a alma passar para as Esferas Superiores da existência, os tais blocos da memória da alma já irão transformar a vida humana naquelas imagens ou conceitos numéricos, ou perceções de luz, que essa criatura capta. Precisamente por isso, a memória é um conjunto de energias de diferentes qualidades transformadas em imagens do mundo a que corresponde esse tipo de energia. Ou seja, a energia da memória da alma possui mobilidade.

– E tudo isso fica gravado nos blocos da memória?

– Não. Os episódios mais pequenos são removidos da gravação, tudo o que é desnecessário, as coisas insignificantes, são peneiradas como palhinhas. Existe a memória de uma única vida, que vai sendo armazenada no cérebro físico ao longo de toda essa vida. Após a morte, dá-se a regravação dos blocos da memória do corpo material para blocos da memória dos invólucros. A memória de todas as reencarnações está guardada na própria alma, numa determinada secção desta. As energias dessa memória são mais "subtis" e superiores. Quando o indivíduo passa para as Esferas Superiores, quando ele completa a cadeia de reencarnações terrenas, a memória dessas vidas terrenas torna-se gradualmente redundante. Na base das energias físicas, desenvolvem-se energias mais "subtis" e potentes, pelo que a maioria das energias terrestres da memória se tornam desnecessárias e apenas as que formam a base mais sólida do desenvolvimento da alma permanecem, ou seja, os momentos mais importantes da sua formação como personalidade.

– O ser humano tem memória dual: a memória do corpo e a memória da alma. Que diferença existe entre elas?

– A memória da vivência de uma vida, da vida presente, é a memória atual num dado intervalo de tempo. A memória da alma é a memória de todo o período da sua existência. O corpo material também possui a sua própria memória, mas esta faz parte das características dos estados do invólucro material e compreende em si todas as alterações que acontecem com ele. Esta memória encontra-se no cérebro físico do ser humano e no computador do seu Determinante.

– A memória do corpo material desaparece junto com a desintegração deste depois da morte?

– Não, não totalmente. As especificidades desaparecem todas, mas o principal permanece na memória do invólucro astral. Metade da memória é aí guardada e, por isso, a alma, após a morte, vai ainda lembrar-se do seu corpo físico, incluindo as suas doenças e defeitos, durante algum tempo.

– E quanto tempo é que dura essa memória do corpo material?

– Até o invólucro astral se desintegrar. Mas ante isso, a alma preserva apenas a memória geral da pessoa que viveu essa vida. É retida apenas a sua imagem externa sem grandes detalhes. Essa memória permanece durante todo o período das reencarnações terrenas da pessoa. Se a alma passar para Esferas Superiores, então também já essa imagem externa é apagada, permanecendo apenas um certo esquema dela, ou seja, isso passará já a ser uma **Essência*** Superior que se lembra de ter sido homem numa determinada vida e mulher noutra, e nada mais, porque essa memória do corpo material não é mais necessária aos **Entes Superiores***.

– A energia da memória que constitui as imagens mentais de uma das vidas da pessoa e a energia da memória que vai para a alma é a mesma?

– Não. Com o fim da vida da pessoa, a energia da sua memória é transformada através dos invólucros, como que se refinando à medida que se aproxima da alma, ou seja, ela vai passando pelas transformações devidas em cada invólucro, isto é, ao se re-gravar as informações da memória, a energia dessas frequências mais baixas é processada para frequências mais altas. Por isso, o conteúdo permanece, embora a qualidade da matéria que a retém se altere. E isto permite dizer que a memória do ser humano que está no cérebro é completamente diferente da memória da alma.

    — Os pensamentos que ocorrem a uma pessoa durante o dia e que são gravados nos seus blocos da memória ficam também registados no computador do Determinante?

    — Sim, ficam também aí registados, já que o Determinante controla os pensamentos do tutelado e tem de os analisar para tomar as decisões necessárias.

    — Para ler os pensamentos do Seu aluno, o Determinante entra nos blocos cerebrais ou numa base de dados do computador?

    — Existe uma estreita relação entre a memória humana e a memória da base de dados do computador. Elas são praticamente a mesma coisa, já que é aí que reside o controlo sobre a pessoa. O computador contém toda a informação importante relativa ao indivíduo com a qual o Determinante tem de trabalhar, mas para o cérebro transfere-se apenas o que o indivíduo propriamente dito necessita para o seu desenvolvimento. Tudo o resto permanece no computador. Por isso, tudo o que o Determinante necessita de ler nele, lê-o a partir da base de dados da Sua terminal técnica, que recebe toda a informação relativa ao indivíduo: o seu corpo físico e estado mental, os seus pensamentos, atos e sentimentos.

    — O Determinante segue constantemente os pensamentos da pessoa controlada?

    — Não, nem sempre, porque Ele tem muitos outros assuntos pessoais a tratar. No entanto, Ele consegue ler qualquer um dos pensamentos, passados ou presentes, do seu tutelado através do computador. Basicamente, o Determinante conhece o tutelado e sabe o que pode esperar dele. Se o programa prevê a aproximação de uma situação crítica e perigosa, então é evidente que, durante esse período, o Determinante irá acompanhar constantemente o curso dos pensamentos do aluno a fim de tirar as conclusões necessárias. Para resolver corretamente uma situação concreta, Ele também precisa de conhecer com exatidão o estado atual das coisas, as possíveis opções existentes, e, por conseguinte, o Determinante vai nesses casos ler todos os pensamentos da pessoa e avaliar minuciosamente a situação, para saber o que corrigir nela e quanta energia dispensar para essa situação.

– E esse controlo é realizado para cada ser humano?

– Só quando é preciso intervir. Se tal não for necessário, o pensamento do pupilo fica sem atenção especial, já que não possui valor algum. Mas os derivados desses pensamentos vão para o seu Nível. Eles têm o seu próprio mundo de imagens mentais. E, claro, os pensamentos de cada indivíduo vão ainda para os blocos da memória. Assim, o caminho dos pensamentos é triplo.

– Os pensamentos vão para o Nível do Mundo das Imagens Mentais, para os blocos da memória da pessoa e para o computador do Determinante, é isso?

– Sim.

– O Determinante e o tutelado encontram-se em diferentes mundos, em diferentes formas de existência, e têm pensamentos diferentes. Como é que então o Determinante consegue entender o pensamento verbal e imagético do ser humano?

– Entre o vosso mundo físico e o mundo "subtil" Deles existe uma rede de dispositivos tecnológicos que transformam a energia mental do plano terrestre em informação acessível à perceção do Determinante. O computador fornece um resumo dessas transformações. É como se, por exemplo, duas pessoas de países diferentes falassem em línguas diferentes por teleconferência. Os tradutores fazem a tradução dos conceitos, de modo a que tanto um como outro entendam tudo com clareza. No entanto, existe entre eles uma rede com todos os tipos de dispositivos. Quando essa rede é feita entre mundos, ela torna-se ainda mais complexa.

– O Determinante consegue ler os pensamentos que uma pessoa teve cinco ou sete anos antes?

– Ele consegue ler absolutamente tudo o que a pessoa produziu: seja oralmente, por escrito ou figurativamente.

– Existem indivíduos com fraca memória, outros, com boa memória… Porque é que a memória difere de pessoa para pessoa?

– A memória é boa em almas evolutivamente jovens e vai enfraquecendo em almas mais velhas. As almas jovens, quais páginas em branco à espera de serem preenchidas, absorvem qualquer informação. As almas velhas já estão cheias com a experiência de vida deste mundo, com o conhecimento pertencente a este Nível, por isso não necessitam particularmente de memória. Todos os eventos menores e insignificantes, como uma informação que não lhes faz falta, são esquecidos por elas.

– Mas há muita gente que esquece também conhecimentos que lhes seria vital. Porque é que isso acontece? Isso tem só a ver com problemas do próprio organismo ou há algo para além disso?

– As razões disso acontecer são várias, mas a principal consiste no facto de a perda de memória em pessoas menos jovens – subentendendo-se que perdem com isso conhecimentos de que necessitam para o seu trabalho futuro – ser um sinal de que elas estão no caminho errado do seu desenvolvimento. A explicação lógica é a seguinte: em primeiro lugar, se uma pessoa esquece alguma coisa, isso significa que não gosta dessa coisa. Se ela não gosta dessa coisa, a alma não aceitará a informação que não está em conformidade com o **objetivo do seu desenvolvimento**. Uma pessoa deve acumular um determinado tipo de energia, mas, ao escolher o caminho errado, ela vai acumular energia que lhe é absolutamente desnecessária e para a captação da qual os blocos da memória não foram concebidos. Como tal, eles não a aceitam e rejeitam-na. Como resultado, a memória elimina o desnecessário. Em segundo lugar, se algo foi apagado no decorrer de uma determinada vida, esse conhecimento já foi acumulado em vidas passadas e, por isso, **os blocos da memória deixam ficar nas suas reservas apenas novos conhecimentos que complementam a informação já acumulada em vidas passadas.**

– Há casos onde uma pessoa perde a memória depois de um acidente. Porque é que isso acontece?

– Se a memória de uma pessoa é apagada após um acidente, então isso é uma forma de punição, é consequência de alguma dívida kármica.

– Porque é que a memória de uma pessoa piora temporariamente quando ela recebe muita informação ao mesmo tempo?

– Porque os compartimentos da memória deixam de funcionar. Em casos de sobrecarga informativa dá-se o bloqueamento de alguns compartimentos da memória para evitar um esgotamento dos mesmos.

Se uma pessoa estiver a trabalhar bastante e o invólucro material for concebido para uma determinada potência que, se excedida, pode causar processos irreversíveis no organismo, a proteção é automaticamente ativada e a memória é bloqueada para evitar sobrecarga. Nos seres humanos, esse bloqueio manifesta-se através de um enfraquecimento da memória.

– Porque é que algumas pessoas têm péssima memória para rostos?

– Isso indica que elas já não necessitam desse tipo de informação. A alma já acumulou conhecimento suficiente sobre os vários tipos de rosto, sobre os traços de carácter inerentes a eles e, por isso, as caras são todas captadas como algo tipificado, com características comuns e sem detalhes.

– O que significa má memória numa criança?

– Como já dissemos, pode tratar-se de uma alma antiga que escolhe seletivamente a energia que lhe falta. Os próprios interesses da criança indicarão a direção em que ela deverá evoluir sem sofrer problemas de memória. A segunda razão pela qual às vezes se dá memória fraca a uma criança é para despertar nela diligência e empenho na aprendizagem das disciplinas escolares ou para trabalhar o seu aparelho de memorização a fim de, também aqui, desenvolver certos traços do caráter dessa criança, em particular, para ela aprender a combater a sua própria preguiça. Poderão, no entanto, existir outras causas.

– A memória está de alguma forma relacionada com o trabalho do Anel de Impulso? Por exemplo, pode a memória piorar se o Anel de Impulso funcionar mal?

– Não, isso são coisas diferentes. O Anel de Impulso não piora nem melhora a memória, no entanto, no momento da morte da pessoa, ele realiza a gravação das imagens da vida desta do seu corpo físico para o corpo astral, e assim por diante, ou seja, o anel está envolvido na transferência da memória para os invólucros "subtis".

– A memória está de algum modo relacionada com a duração da vida de uma pessoa? É facto notado que as pessoas que vivem mais tempo têm boa memória.

– Não, isso não está relacionado com a duração da vida, mas antes com o modo de vida correto que lhes permite manter em bom funcionamento o aparelho da memória e a respetiva rede de canais. Mas na maioria das vezes, e pelas mais variadas razões, as pessoas entopem com energia "suja" os canais que executam a comunicação com os blocos da memória, levando a que, por isso, o sinal da demanda por informação a partir dos Repositórios da memória não alcance o destino ou, caso alcance, poderá não se dar a comunicação inversa.

– A memória depende do potencial da sua espiritualidade? Por exemplo, quanto maior a espiritualidade, melhor a memória?

– Não, não existe tal correlação. Pensemos um pouco. Imaginemos, por exemplo, um trabalhador simples com baixa espiritualidade e um padre com alta espiritualidade. O primeiro pode ter boa memória, e o segundo, má. Concluímos daí que a memória não depende do potencial da espiritualidade.

– É possível fortalecer a memória?

– Sim, é possível. As pessoas têm para isso muitas técnicas que lhes foram dadas no seu tempo pelos Determinantes para a construção do homem da quinta raça. Para as gerações da sexta raça, serão dados os outros métodos.

– Como é que tudo aquilo que a pessoa vê e ouve é gravado nos blocos da memória?

– Tudo acontece como num computador. O cérebro humano é um computador bioquímico vivo com autorregulação. É um mecanismo bastante complexo para a compreensão humana, já que a informação é gravada no plano energético – que o homem ainda não consegue ver ou perceber – a partir do plano material. Mas alguns instrumentos de precisão conseguem já detetar certos impulsos elétricos como consequência de tal registo. No entanto, todas as reações químicas e elétricas que ocorrem são apenas uma consequência de processos mais "subtis" que ocorrem durante a gravação de informação.

– Como é que se dá a ativação da memória quando a pessoa se tenta lembrar de algo no momento que precisa?

– O sinal-impulso parte da mente, dos componentes "subtis" da alma, e vai para o cérebro, para os seus blocos da memória, e, uma vez lá, ocorre uma busca – mais uma vez similar à de um computador – mas tão rápida, que às vezes chega a ser instantânea, se ao sinal-impulso se juntar alguma energia de emoções fortes que fortaleça o sinal. O sinal-impulso é uma energia com determinada frequência que encontra nos blocos da memória as células com energia do mesmo tipo, ou seja, com a mesma frequência, e acopla-se a ela, fazendo ressonância. Essa ressonância duplica a força do impulso, o que acaba por servir de chave para abrir nos blocos da memória a porta à informação necessária.

– O Senhor disse certa vez que o homem dispõe na Terra de um menor volume de conhecimentos do que aquele que ele tem na realidade.

– Sim.

– Onde é que está então o potencial total do conhecimento do homem: no seu invólucro físico ou fora deste?

– Todo o conhecimento que o homem acumulou em encarnações passadas fica dentro dele mesmo, ou seja, nas estruturas "subtis" da sua alma. No entanto, ao reencarnar na Terra, a alma não necessita de toda esta informação. É o programa de desenvolvimento do indivíduo que vai determinar tudo: qual a informação que lhe será necessária nesta vida e qual a que lhe será dispensável. E, dependendo dos objetivos do programa da pessoa, parte do conhecimento contido nos blocos da sua memória geral é bloqueada. Esse bloqueio, tal qual um cadeado, irá manter o conhecimento em questão fechado dentro das células e não permitirá ao indivíduo recorrer a todas as suas reservas de conhecimento. Daí se dizer que todas as almas desenvolvidas possuem um determinado potencial informativo. O bloqueio da memória é uma proteção para a própria pessoa.

– Mas para que necessita a pessoa dessa proteção? Por acaso é mau a pessoa usar na sua vida uma grande reserva de conhecimento?

– O arsenal da memória não inclui apenas o conhecimento terreno. Os blocos da memória armazenam em muito maior grau o conhecimento do mundo energético e de outros mundos. Eles armazenam conhecimentos sobre mundos energéticos e outros mundos completamente diferentes do mundo terreno. Daí que muito do conhecimento passado possa entrar em conflito com o conhecimento do mundo físico e isso pode levar a cabeça da pessoa a total confusão mental ou, em caso de indivíduos com alma menos desenvolvida, o seu conhecimento assombroso poderá ser confundido como delírios de um louco. Por isso é que uma alma reencarnada num mundo deverá possuir conhecimento que seja compatível com o Nível de Desenvolvimento das almas que a rodeiam, caso contrário ela não conseguirá viver nesse novo mundo. Esse Nível oscila dentro de certos limites em todos os planos da existência. E há ainda uma outra razão pela qual os blocos da memória são protegidos: o invólucro material do ser humano não está adaptado a volumes de conhecimento que se possuam um potencial energético muito potente. Para melhor compreensão, imagine uma pequena vasilha colocada dentro em si. Essa vasilha encontra-se selada e codificada, mas dentro dela há uma enorme carga energética. Agora imagine que, metaforicamente falando, abrirmos a vasilha em questão. Como resultado, toda essa carga energética espalhar-se-á dentro de si, levando a que o seu cérebro derreta e o seu corpo arda.

— Os médiuns conseguem remover essa proteção do blocos da memória?

— Sim, médiuns fortes possuem essa capacidade de remover a proteção sob hipnose, mas removem apenas uma pequena parte dela. E passado algum tempo, a psique dessa pessoa sofrerá alterações e ela acabará por ir parar a um hospital psiquiátrico. Os médiuns só conseguem remover a proteção parcial das almas jovens, porque aquelas já mais desenvolvidas não deixarão ninguém se intrometer nos segredos da sua vida e, além disso, a proteção delas também é mais forte. Quanto mais energia possuir a personalidade, mais forte será a proteção nos seus blocos da memória.

— Os conhecimentos passados são revelados à pessoa imediatamente após sua morte?

— Não. Os conhecimentos gerais são revelados só quando a alma alcança um determinado estado, quando todos os invólucros temporários se desprendem e a alma começa a estar apenas nos invólucros constantes, passando para o plano "subtil" da existência.

— É possível uma pessoa ver para lá das imagens do passado e descobrir o que pensava nas vidas anteriores com o objetivo de, por exemplo, analisar o quanto cresceu em comparação com a evolução anterior.

— Sim, claro, é possível lembrar-se não só de situações, mas dos próprios pensamentos.

– Então, se uma pessoa recupera a memória anterior, ela terá aí guardados os seus pensamentos do passado?

– Em termos gerais, fica tudo gravado na memória. A memória é o disco rígido de um computador que grava tudo. É por isso que uma pessoa se lembra absolutamente de tudo o que diz respeito a si mesma. Vamos supor que você tenha passado para o estado das Essências de um dos Níveis* Hierárquicos. É evidente que na fase inicial a Essência não é ainda capaz de extrair algo das profundezas da sua memória, já que ela acabou de chegar do mundo inferior, no entanto, quanto mais alto ela vai subindo, mais liberta estará a sua capacidade para abrir os blocos da memória e encontrar com maior precisão os lugares específicos de que necessita para ativar a memória e se lembrar das coisas. Assim, a Essência acabará por aprender a olhar através de qualquer uma das suas vidas e a lembrar-se de tudo o que precisa dela.

– Isto é um bocado como assistir a um filme, não?

– Sim, é parecido.

– E também é possível lembrarmo-nos dos nossos sentimentos?

– De absolutamente tudo: das ações, pensamentos, sentimentos.

– Como é a memória dos Determinantes? Com o que é que ela pode ser comparada, se quisermos compreender o princípio do seu trabalho?

– A memória dos Determinantes é uma rede multicomplexa formada por vários computadores.

– Eles alguma vez esquecerem alguma coisa?

– O esquecimento não é característica Sua. Eles não estão no mesmo Nível que o ser humano, que por vezes se esquece das coisas. A memória das Personalidades Superiores é exata e qualitativa na manifestação dos Seus principais objetivos.

– Do que é composta a memória dos Determinantes?

– De tudo o que Eles viveram como personalidades, mas no seu próprio Nível de Desenvolvimento.

– Existe alguma diferença no funcionamento da memória dos Determinantes positivos e negativos?

– Não existe absolutamente nenhuma diferença no mecanismo do funcionamento dos Seus blocos da memória. A diferença está apenas

nas qualidades das energias embutidas na memória. Elas têm qualidades opostas.

– Onde é que está localizada a memória das Essências?

– A memória Delas está concentrada na matriz, em cada uma de suas células. Cada partícula da **qualidade da energia*** contém em si a memória da situação que levou à sua obtenção, daquele pensamento ou inquietação específico dela. A memória da alma regista até mesmo os pensamentos embrionários que não receberam ainda a forma final. Até mesmo aquelas ilusões que a alma constrói em relação a algo são também colocadas na memória. Quanto mais elevada está a Essência, mais facilmente Ela consegue ler tudo isso, extraindo-o dos blocos da memória pessoal. No geral, A Essência consegue ler as lembranças passadas apenas a partir de um certo Nível Evolutivo.

– Os planetas têm memória? Ou eles não precisam dela?

– Todos têm memória.

– Que outras formas de armazenamento da informação existem além dos blocos da memória do cérebro humano?

– A base de dados do Nível Terreno. Mas cada Nível de Desenvolvimento tem a sua própria forma de armazenamento de informação e quanto mais elevada ela for, mais perfeitas são as formas de armazenamento. Em Níveis* muito elevados da Hierarquia não há necessidade de memória como forma de recuperação e armazenamento de informação, uma vez que aí, o pensamento e outros processos ocorrem de forma diferente. Os Entes Superiores sabem tudo e lembram-se de tudo numa mesma unidade de tempo. A memória é necessária como elemento de educação e de formação da personalidade nos Níveis* mais baixos da Hierarquia.

– O que é a memória do planeta? Do que é que ela é constituída?

– O mecanismo da memória do planeta é significativamente diferente do mecanismo da memória humana. Ela contém em si a consciência complementar, as formas da ionosfera e a memória associada a mundos paralelos.

– Alguns filósofos afirmam que a memória do nosso planeta é formada pela memória de todas as pessoas que vivem na Terra. Isto é possível?

– Isso é uma coisa completamente diferente. O planeta tem a sua própria memória, que de modo algum pode ser relacionada ou comparada com a memória humana, já que a Terra possui uma escala maior de atividade mental e trabalha com um tipo de energias completamente diferente das energias da memória humana.

CONSCIENTE E SUBCONSCIENTE

– Nós associamos geralmente o conceito de *subconsciente* a uma série de reflexos condicionados e incondicionados que a pessoa possui e vai adquirindo ao longo da vida. O que é que entra na área de influência da sua regulação?

– O subconsciente humano inclui todas as reações automáticas inerentes ao corpo físico e seus invólucros "subtis". O automatismo do seu trabalho não se espalha à alma propriamente dita.

– E que mais inclui o subconsciente?

– A memória das vidas passadas fica armazenada no subconsciente e, nesse sentido, podemos dizer que o subconsciente está ligado à alma, já que é nesta que se encontra toda a experiência das reencarnações passadas. O subconsciente é um repositório de conhecimento permanente que nunca desaparecem dele. O consciente, por outro lado, dispõe da informação inconstante.

– Onde é que a alma do indivíduo guarda a perceção de si própria como personalidade: na matriz ou nos invólucros?

– O que é que acha?

– No núcleo da alma.

– A tomada de consciência está naquilo que JAMAIS – (esta palavra foi particularmente enfatizada) poder mudar no seu âmago. É claro que a matriz muda constantemente no sentido de ampliar as suas próprias estruturas, mas aquilo que já foi adquirido permanece constante. Por isso, a base inicial, na qual está incorporada **a tomada de consciência de si próprio**, é sempre constante e imutável.

– Quando uma pessoa morre, o seu consciente, ao momento da morte, une-se ao subconsciente?

– Sim. Inicialmente, esse consciente é desligado e depois passa para o subconsciente. A transição é feita do corpo físico para o corpo "subtil". E a experiência de todas as situações da vida como uma unificação energética, ou seja, como uma linha de conduta, permanece no subconsciente. Tudo o que é novo, conquistado na última vida, é somado ao que foi acumulado pelo indivíduo nas reencarnações anteriores e vai também para preservação no subconsciente após a sua morte, o que aumenta o Nível geral da Consciência enriquecida com a nova experiência.

– A alma comanda o ser humano através do seu subconsciente?

– Não, a alma não comanda. A alma e o subconsciente são ambos um Repositório de experiências passadas. O ser humano é comandado por um programa composto por Entes Superiores.

– Mas não é o Determinante que comanda o ser humano?

– O Determinante conduz o ser humano de acordo com **programa*** deste.

– Existe no subconsciente alguma informação do programa da pessoa para a sua vida futura?

– Para a vida futura? – Não, o programa futuro deve ser criado com base no que foi conquistado pela alma na vida presente, pelo que o programa para o futuro só pode ser elaborado depois de a vida atual terminar e o seu resultado ser visto.

– E para a vida atual?

– E para vida atual também não. Pelo contrário, toda vida atual vivida pela pessoa é colocada no subconsciente já como passado.

– E onde é que está então o programa atual da pessoa?

– O programa está no quarto corpo (invólucro) "subtil" de ligação. Os três corpos "subtis" próximos do corpo físico (etérico, astral e mental, embora o etérico não seja considerado um corpo "subtil" autónomo) desprendem-se após a morte à medida que a alma ascende, os outros permanecem. E o quarto corpo (o causal) contém o programa da vida atual, o programa principal; mas, para além disso, cada invólucro possui o seu próprio programa, um programa secundário.

– Do que é que depende o facto de a consciência ser diferente de pessoa para pessoa? Da experiência passada ou do facto de colocarem no programa da pessoa uma energia adicional de ordem mais elevada?

– Basicamente, isso depende da experiência de vidas passadas, daquelas qualidades que a pessoa adquiriu ao passar por várias situações.

– O que é o consciente de uma pessoa?

– É o trabalho do seu cérebro físico juntamente com o subconsciente, que vem da alma. O consciente ("co-nsciência") é o conhecimento conjunto que permite à pessoa ter consciência de si como individualidade. Este é o consciente físico. Nos planos "subtis", o consciente é algo um pouco diferente.

– O que contribui para a expansão da consciência na pessoa?

– O conhecimento contribui para a expansão da consciência.

– Que tipo de conhecimento?

– O mais variado, aquele que aumenta o intelecto humano.

– Como é que a experiência de muitas vidas e diferentes Níveis da Consciência se relacionam entre si?

– O consciente das pessoas está dividido em Níveis de Desenvolvimento – naqueles Níveis pelos quais a pessoa tem de passar na Terra como se passasse por aulas na escola. No percurso dos cem degraus da escada que o indivíduo tem de subir durante as suas reencarnações, ele ligar-se-á ao Nível Evolutivo correspondente no plano terrestre, que vai depender da experiência que acumulou. Essa pertença da pessoa a um ou outro Nível Evolutivo define também até onde já subiu o seu consciente.

– Conhecemos dois tipos de consciente: o consciente simples e o supraconsciente. É possível à pessoa média alcançar o supraconsciente?

– Os indivíduos medianos não conseguem ter esse consciente. O supraconsciente só é possível em personalidades altamente desenvolvidas com uma experiência de vidas passadas muito abrangente e, por conseguinte, com um imenso volume energético de diferentes qualidades. Muitas vezes, as pessoas irão considerar esse indivíduo como mediano, sendo que, na realidade, indivíduos com esse tipo de consciente já passaram por uma longa cadeia de reencarnações e acumularam uma enorme experiência, precisamente porque têm um supraconsciente. Um indivíduo desses sabe mais do que os outros, vê aquilo do qual os demais não se apercebem e sente tudo com maior intensidade.

— Em que momento do desenvolvimento da pessoa é que lhe surge o consciente simples?

— O consciente forma-se na pessoa na sua primeira encarnação, quando ela nasce na Terra pela primeira vez, forma-se nela no final dessa vida. Na sua primeira passagem pela Terra, o indivíduo nasce sem consciente e vive de acordo com o programa, indo ganhando aos poucos consciência de si ao longo da vida. Essa consciência de si já se encontra formada ao momento da morte. E é desse modo, no final da sua primeira vida, que o indivíduo adquire o consciente humano que ele próprio conquistou.

— E os animais têm algum sentido de consciente rudimentar?

— Sim, têm. A consciência surge no animal assim que ele começa a pensar de forma independente, a fazer escolhas.

— E os cristais?

— Os cristais são uma forma de vida completamente diferente. Eles têm um consciente da sua comunidade em termos de tipos de pedras. Por exemplo, os cristais de diamante têm uma comunidade unificada do consciente em toda a Terra em relação ao quartzo e a outras pedras. É como se eles não tivessem um consciente individual, mas um consciente comum.

— A montanha e o grão de terra que dela se separa possuem o mesmo consciente?

— Sim, o seu consciente será absolutamente idêntico se o material for o mesmo.

— Mesmo um sendo tão grande e o outro tão pequeno?

— Sim, porque eles formam um todo.

— E a nossa Terra, o que é que possui? Consciente ou outra coisa qualquer?

— A Terra tem consciente, mas é um consciente de Nível planetário.

— Com base em quê é que se desenvolve o consciente da Terra se ela não reencarna várias vezes como o ser humano?

— Desenvolve-se também com base na experiência de vida. A Terra tem a imensa experiência de uma vida só. O que uma pessoa ganha com pequenos fragmentos de reencarnação para encarnação, a Terra conquista durante um longo período de existência contínua. Desse modo, a formação do seu consciente ocorre durante uma vida só, mas muito mais rapidamente do que no ser humano.

– O consciente de uma pessoa desenvolve-se apenas às custas de vidas passadas ou existem alguns outros fatores?

– Nas pessoas comuns, desenvolve-se apenas com base na experiência das vidas passadas.

– O desenvolvimento do consciente pessoal dá-se através de situações e sentimentos?

– Sim. E no caso das pessoas que sejam capazes de voar para fora do seu corpo, ocorre também graças à aquisição de experiências ganhas a partir de mundos paralelos. Ao receberem informação adicional desses mundos paralelos, o seu consciente forma-se levando em conta esse conhecimento.

– Que outros fatores influenciam o desenvolvimento da consciência?

– O desenvolvimento do pensamento. Mas é evidente que o principal é a experiência de vida e tudo aquilo que leva à sua aquisição, isto é, situações vividas, especialmente situações de emergência, assim como conhecimento e sentimentos.

– O sofrimento contribui para o desenvolvimento do consciente humano?

– Sim, mas pouco. Só em parte é que a consciência se desenvolve através do sofrimento, uma vez que este não é capaz de garantir o aspeto completo da evolução daquela. No caso do sofrimento, não é tanto uma questão de desenvolver quanto de elevar a consciência. Em compensação, o sofrimento desempenha um enorme papel na educação e aperfeiçoamento da alma. Falando especificamente do consciente, apenas a experiência de vida contribui para o seu desenvolvimento, sem que ele adquira do sofrimento algum conhecimento em particular.

– Mas será que o sofrimento não eleva o consciente?

– Eleva, claro, mas não de toda a gente. Na maioria das pessoas eleva muito pouco, já que elas não tentam tirar quaisquer conclusões do seu sofrimento, daí precisarem de passar novamente por ele em mais de uma vida para elevar o seu consciente.

– É possível desenvolver a consciência sem sofrimento?

– É possível, sim. Grande parte do desenvolvimento humano vem do conhecimento. Também o intelecto não se desenvolve necessariamente a partir do sofrimento, embora isso possa acontecer, sim. Mas este é já um caminho evolutivo completamente diferente. Nos Níveis* Hierárquicos mais elevados, a alma não se desenvolve através do sofrimento, mas através de uma supraconsciência expandida. E o conhecimento, como objetivo de qualquer desenvolvimento, mantém-se para todas as formas de existência. Mas nas etapas Superiores, o conhecimento adquire uma expressão diferente: primeiro como número, depois como energia, e assim por diante.

– Existem Leis Gerais para o desenvolvimento do consciente?

– Que tipo de Leis?

– Por exemplo, Leis Comuns a todas as criaturas, tanto as que habitam a Terra, como as que estão no mundo "subtil". Afinal de contas, elas devem desenvolver-se de acordo com algumas **Leis Cósmicas Gerais***, não?

– O programa pode ser considerado como fazendo parte dessas Leis Gerais, através das quais se desenvolve o consciente de qualquer ser em qualquer um dos mundos. É com base no programa elaborado que se desenvolve o consciente de todos.

– Que papel é atribuído ao desenvolvimento do consciente noutros mundos?

– Existem mundos nos quais tal desenvolvimento ocorre sem a participação da mente consciente. Eles não precisam dela. Mas trata-se, neste caso, de Mundos Muito Altos, que podem viver sem o consciente, já que a sua mente é diferente.

– E como é que se dá o desenvolvimento da consciência nos mundos inferiores?

– Nos mundos inferiores, a mente consciente é uma etapa indispensável do desenvolvimento.

– A perceção do "eu" é incorporada na alma no momento da criação desta ou num outro momento evolutivo, quando o consciente já adquiriu alguma base de conhecimento?

– No momento da criação da alma.

– O que é que guia a alma após a morte: a consciência de si ou o intelecto?

– O que é que vocês acham que ajuda a pessoa a seguir em frente?

– Parece-nos que é o intelecto, como na nossa vida.

– O consciente da pessoa permanece após a morte. Ele é transmitido para todas as vidas subsequentes. O intelecto, claro, também é mantido, mas alguns dos seus conhecimentos são apagados, ao mesmo tempo que tudo o que diz respeito ao consciente permanece. Daí ser a consciência a ter o protagonismo no desenvolvimento, mas apenas até um certo Nível* Hierárquico, a partir do qual outra qualidade passa a ser considerada como base do desenvolvimento.

– A força do intelecto da pessoa é regulável? Ou seja, ela pode ser maior numa vida e menor noutra?

– Não, nem maior nem menor, apenas aquilo que é necessário à alma. Ou seja, a força do intelecto é feita de acordo com o que é necessário para a alma no dado período evolutivo, não obstante, o potencial total do intelecto dessa personalidade poder superar em muitas vezes o seu intelecto real da vida atual.

– Às vezes encontramos pessoas com um intelecto elevado e um Nível da Consciência baixo. Em que é que as suas almas assentam para continuarem a evoluir?

– Para tais almas são criadas situações especiais.

– Ou seja, fazem-nas passar por sofrimento?

– Sim, para elevar a sua consciência.

EPIFANIA (INSIGHT) E CONSCIÊNCIA CÓSMICA

– Em que condições é que se revela a consciência superior de uma pessoa e a leva a ter uma **epifania*** (***insight***)?

– No momento do contacto. Nessa situação, o canal fica totalmente aberto e a pessoa capta um fluxo energético muito potente na forma de esclarecimento, como uma epifania.

– Mas essa é a única maneira de se ter uma epifania?

– Sim. A **epifania*** pode ocorrer apenas neste tipo de contacto. E para isso acontecer, a pessoa deve estar física e moralmente preparada: se não estiver fisicamente preparada, ela queimar-se-á, o que já aconteceu na Terra, e se não estiver moralmente preparada, ela enlouquecerá.

– Ouvimos dizer que a epifania abre na pessoa a consciência cósmica. Então, a única maneira abrir para si a consciência cósmica é tendo uma epifania?

– A consciência cósmica não necessita de nenhuma epifania. O ser humano confunde Novos Conhecimentos que lhe são desvendados em visões fugazes sobre outra esfera existencial com consciência cósmica, que é conquistada com trabalho árduo durante um longo período de tempo. A consciência cósmica pressupõe um enorme volume de Novos Conhecimentos e conceitos sobre o Cosmos e é a soma de experiências passadas na esfera da existência não-terrena. Já a epifania pode ser comparada a um olhar fugaz para outro mundo. Ela simplesmente destrói conceitos antigos do homem sobre o caráter inabalável do mundo habitado por ele, e, de modo algo inesperado, ele descobre a existência de um outro mundo, de outros conhecimentos. Daí que tal epifania seja sempre compreendida como um milagre, como algo sobrenatural. Mas a epifania nada mais é do que a breve mirada de quem está na cabana e vê o palácio.

– Será que durante um insight se ativa a visão volumétrica da alma?

– Não, não se ativa nenhuma visão volumétrica, já que a alma da pessoa nesse caso não voa para fora do corpo. A epifania é a abertura do canal de comunicação entre a pessoa e o seu Determinante, nada mais. Durante um insight, o canal abre-se e uma potente carga energética entra no cérebro da pessoa, que esta capta como uma luz muito brilhante. Em caso de pessoas mais preparadas, elas conseguirão decifrar essa luz como imagens, muitas vezes de ordem cósmica, ou verbalmente, ou noutra forma qualquer.

– O que é que serve de impulso para a abertura de tal canal?

– O enorme desejo da pessoa em aprender algo novo para lá do conhecimento terreno e o desejo do Determinante em ajudar o aluno, em ajudá-lo a alcançar Novos Conhecimentos, ligados ao mundo "subtil" e, consequentemente, em ajudá-lo a entrar numa nova etapa evolutiva. A epifania é, assim, aquilo que resulta do desejo mútuo do tutelado e do seu Professor Celestial.

– Então, é o Determinante que tem o papel principal no fenómeno da epifania?

– Sim, o Determinante envia uma certa energia para abrir o canal, mas age assim só quando entende que o Seu tutelado necessita mesmo disso. Não é para todos os que vivem na Terra que se pode abrir tal canal. Isso acontece apenas no caso de pessoas com um potencial energético muito potente.

– Sabemos terem já ocorrido na Terra casos de combustão espontânea de pessoas, que, por razões desconhecidas, arderam de repente, tendo sobrado delas apenas os sapatos. Isso deveu-se a casos de abertura do canal?

– Não, não houve nenhuma abertura de canal nesses casos. A causa disso é outra. Essas pessoas eram transmissoras de energia cósmica para a Terra. E casos houve em que, por engano, os Determinantes enviaram através delas um fluxo de energia com uma potência acima daquela que o seu invólucro material conseguia suportar, o que levou à combustão espontânea dessas pessoas. É evidente que o fogo cósmico é completamente diferente do vosso fogo físico, daí os corpos arderem e as roupas ficarem. Mas estas situações aconteceram por engano dos Determinantes e nada têm a ver com uma epifania, já que os objetivos são diferentes: num caso, o objetivo é a apresentação de Novos Conhecimentos, no outro, é a libertação de energias cósmicas na Terra e a sua propagação através de uma determinada pessoa a outras. A propósito, estes erros estão agora a ser tidos em conta e os **mensageiros***, através dos quais também são passadas energias cósmicas, vêm dotados com unidades de refrigeração nas suas estruturas "subtis", precisamente para evitar que entrem em combustão.

– Mas quando se dá um insight poder-se-ão também revelar alguns lados negativos desse fenómeno?

– Sim, sem dúvida. Tudo depende do profissionalismo e do Nível de Conhecimento do Determinante. Se Ele conhecer muito bem a estrutura física do seu tutelado e o potencial dos componentes energéticos dos invólucros "subtis" deste último, nenhum imprevisto acontecerá, o canal será aberto e a epifania dar-se-á. Se, por outro lado, o Determinante não considerar as capacidades físicas do corpo e este tiver sido calculado para receber um potencial energético menor do que aquele que lhe for enviado, a pessoa pode morrer ou ganhar algumas perturbações a nível orgânico, o que normalmente leva ao surgimento de pontos fracos, isto é, ao agravamento de doenças nos órgãos já debilitados. Se o Determinante não considerar alguns componentes "subtis" da estrutura do aluno, uma energia potente poderá criar rompimentos nos invólucros "subtis" e levar ao desequilíbrio destes, com a consequente demência para a pessoa. Mas tudo isso acontece muito raramente, pois antes de fazer uma entrega, o Determinante faz cálculos precisos do estado da pessoa e do potencial energético que ela é capaz de receber.

– O Senhor disse que a consciência cósmica é o conhecimento e a experiência de tudo o que há no Cosmos, a experiência de vidas passadas. Assim sendo, apenas as almas maduras são capazes de possuir consciência cósmica?

– Sim, claro, as almas jovens não possuem essa experiência e deverão percorrer um longo caminho até à conquista da consciência cósmica.

– Há muita gente na Terra com consciência cósmica?

– Não, há pouca e, mesmo assim, nem todas essas pessoas serão reconhecidas pela Humanidade, já que seguem pelo seu próprio caminho evolutivo e aquilo que elas sabem pode ser visto pelos outros como algum tipo de anormalidade ou desvio, uma vez que os seus conceitos vão além das visões da pessoa comum. Para entendê-las, a pessoa mediana deverá atingir o Nível daquelas, e só assim algum milagre poderá ser interpretado por elas como conhecimento de Mundos Superiores.

– É obrigatório ter consciência cósmica para passar para um novo estágio evolutivo?

– Sim.

– Que condições são necessárias para que o ser humano obtenha consciência cósmica?

– A passagem por todos os Níveis destinados ao ser humano. A pessoa mediana terrena deverá subir do Nível Zero ao Centésimo, se conseguir, claro. Quando isso acontece, ela dá um salto evolutivo no seu desenvolvimento e passa para uma nova forma de existência, mais elevada do que a terrena. Mas depois, mais acima, existem ainda outros Níveis.

– A obtenção da consciência cósmica vem embutida no programa do homem atual?

– No programa de algumas pessoas, sim. Mas apenas daquelas que já atingiram o último Nível na Terra.

– De que modo é que aqueles que não passam pela etapa humana do desenvolvimento alcançam a consciência cósmica? Vocês têm Determinantes que não trilharam o caminho humano mas que, não obstante, adquiriram consciência cósmica.

– Eles obtiveram-na através de vidas passadas noutros mundos. Outras formas de existência implicam também metas mais elevadas e conduzem a alma através de outros estágios evolutivos em direção aos Conhecimentos Supremos, em particular, à consciência cósmica.

– E em que estágio evolutivo é que ela se revela a Eles?

– Quando Eles alcançam um determinado Nível*. Cada forma de vida tem o seu número de patamares a subir, umas mais, outras menos. Mas o potencial do conhecimento final necessário para a transição para as Esferas Superiores é um único. Por isso, aqueles com menos patamares têm um programa de desenvolvimento mais saturado, e, como tal, despendem maior esforço durante algum período de tempo. Já aqueles que têm mais patamares terão de se esforçar menos, mas participam mais vezes no turbilhão de situações vividas.

– A autodisciplina desempenha algum papel no desenvolvimento da consciência cósmica?

– No Cosmos, não existe o conceito de autodisciplina. A disciplina existe somente para os **indivíduos inferiores***. Nos graus superiores da Hierarquia, a própria alma sente e sabe do que precisa e do que não precisa e, portanto, o que não lhe serve é rejeitado, e o que lhe é necessário, é adicionado, armazenado.

– As pessoas com consciência cósmica possuem algumas capacidades especiais?

– Podem possuir ou não, mas não é obrigatório. Uma dessas capacidades extraordinárias é a de pensar ininterruptamente e, como consequência, o Anel de Impulso delas gira a uma velocidade muito alta e tem a forma de um disco.

– As pessoas com consciência cósmica conseguem bipartir a consciência? Isto é: tê-la simultaneamente no corpo e no Cosmos? Como é que nesse caso se dá a bipartição da personalidade?

– A bipartição da consciência dá-se com a ajuda dos corpos "subtis" do ser humano. Podemos dizer que nesse processo de bipartição da consciência participa um sósia energético de matéria "subtil". Esta pessoa precisa de ter uma energia muito alta.

CONSCIENTE COLETIVO

Passemos à nossa pesquisa na esfera do consciente coletivo.

– O homem utiliza frequentemente o conceito de "consciente coletivo". Esse consciente existe de facto? Porque é que determinados grupos de pessoas unidas, por exemplo, pela mesma profissão, causa ou propósito, pensam de modo igual? Não será porque esses grupos começam a ter um consciente coletivo que os une ou alguma **egrégora*** comum?

– A realidade é que não existem essas egrégoras da maneira como o homem as imagina, ou seja, como volumes plasmáticos de matéria pensante independente. Podemos chamar de consciente coletivo aquele computador comum ao qual um determinado grupo de pessoas está ligado. Assim, por exemplo, os artistas musicais estão ligados a um computador, os pintores, a outro, os poetas, a um terceiro, os comerciantes, a um quarto, os políticos, a um quinto, e assim por diante.

– E se um pintor ou poeta trabalha isoladamente, ele encontra-se, mesmo assim, ligado a esse computador?

– Não, quem trabalha isoladamente e não é membro de nenhum grupo não está ligado a esse computador comum que une, por exemplo, todos os membros da "sociedade das artes" ou do "grémio literário". Ao computador ficam ligadas somente aquelas personalidades que se juntam à volta de organizações sociais.

– Então, o facto de grupos de pessoas começarem a pensar de maneira semelhante é resultado da sua ligação a um computador comum geral?

– Sim.

– E os membros do Parlamento também têm um consciente coletivo que vem do seu computador geral?

– Sim.

– Agora entende-se porque é que cada um deles, quando considerado individualmente, tem um pensamento interessante e aparentemente correto mas, quando se juntam todos começam a fazer o oposto do que foi prometido. E não são poucas as vezes em que as suas ações contradizem as suas promessas.

– O seu consciente coletivo nada mais é do que um computador geral e eles irão defender conjuntamente aquelas ideias que lhe são induzidas por esse computador. O processo da administração, tal como o programa, dessa camada de pessoas encontra-se no computador.

– Antes de se tornarem membros do Parlamento, eles pensam de uma maneira mas, uma vez no poder, começam a acumular riqueza e a pensar apenas no seu bem-estar. Ou tentam levar consigo aqueles comerciantes e empresários unidos a eles pela mesma ideia de tirar o máximo partido das necessidades das classes mais baixas. Estas ideias são-lhes incutidas pelo computador?

– É evidente que a "ladroagem" não é incutida por computador. Isso é já uma "doença" das pessoas, são traços do seu caráter e seu karma futuro. O que o computador lhes incute é o programa da sociedade que devem implementar. As suas almas são já suficientemente competentes em questões sociais para tal implementação.

– O que é que acontece quando uma pessoa é ligada a um computador geral? Porque é que ela muda os princípios do seu comportamento?

– Quando o indivíduo se junta a uma organização qualquer dá-se a sua ligação direta ao computador geral que exibe o programa desse coletivo. O computador geral, gerido por um Determinante de uma ordem mais elevada, sobrepõe-se ao computador do Determinante pessoal do indivíduo, pelo que, a ordem "De Cima" se sobrepõe (ver Figura 10).

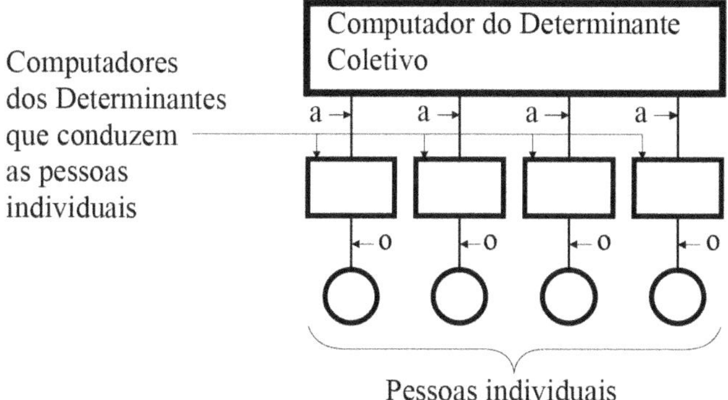

Explicação à Figura 10:

a — a conexão "a" ao consciente coletivo varia dependendo do Nível de desenvolvimento da pessoa e da respetiva atividade (escola — classe; turma — fábrica: coletivo operário, brigada; escritor — associação de escritores; etc);

o — a conexão "o" permanece constante ao longo da vida de um indivíduo.

Figura 10. Funcionamento do Consciente Coletivo

– Como é que funciona o mecanismo desse sugestionamento coletivo?

– Todos os membros de um determinado coletivo que se subordinam a um sugestionamento geral são incluídos neste computador, formando-se assim o seu consciente coletivo. E aqueles que não obedecem à ideia que lhes é enviada e colocam a sua própria ideia acima daquela, saem deste consciente social, ou seja, são desligados do computador. Essa pessoas são, regra geral, a minoria. O consciente coletivo e o programa desse consciente coletivo vence sempre.

– Como é que funciona o consciente coletivo, ou seja, o computador geral? Ele envia para o seu coletivo de tutelados algum campo de força que una as pessoas de tal forma que elas comecem todas a criar trabalhos artísticos ou a roubar?

– Nenhum campo de força é enviado para roubar. Isso tem a ver com a própria pessoa.

– E em relação à criação?

– Sim. Mas, para sermos mais preciso, não se trata de um campo, mas, de novo, da ação de um computador. Todos aqueles que criam algo estão ligados a um determinado computador, do mesmo modo que todos aqueles que destroem estão ligados a outro. E todos os fios de ligação vindos dos indivíduos criadores levam a um só lugar. Não existe campo algum. "Campo" é um conceito figurativo. O que existe concretamente é uma ligação feita, segundo vocês, por meio de "fios" que transportam os sinais do Determinante para a pessoa e em sentido inverso.

– Existe algum consciente coletivo entre os Determinantes?

– Com os Determinantes, é tudo diferente. O consciente coletivo, regra geral, é algo presente em seres materiais: seres humanos e todos os demais seres vivos (pássaros, animais de rebanho, insetos, etc.).

– E em seres mais elevados, não?

– Nos Mundos Superiores, aplicam-se outras Leis. Aí existem Níveis*. E as Essências aí presentes estão unidas pelo princípio do Nível* a que pertencem. Elas são agrupadas de acordo com o grau do Nível do seu Consciente. Já as pessoas são todas diferentes, mesmo quando consideramos os seus Níveis de Desenvolvimento. É por isso que na Terra se torna necessário recorrer a todos os tipos de agrupamento de acordo com os interesses e, portanto, de acordo com os Níveis do Consciente. No entanto, podemos dizer que o Absoluto é também um consciente coletivo para todos, já que Ele disponibiliza programa para todos os Níveis abaixo da Hierarquia e os agrupa segundo Sua orientação. E esta é a pirâmide da Hierarquia do consciente coletivo.

GOVERNAÇÃO DA SOCIEDADE (EGRÉGORAS*)

– Sabemos que a pessoa é guiada ao longo da sua vida pelo Determinante. E quem é que gere a raça? Foi-nos dito que as pessoas formam no plano "subtil" algumas estruturas "subtis", algo como uma egrégora que a partir de um certo Nível de desenvolvimento começaria a governar essas próprias pessoas.

– Não, não é assim. As **egrégoras*** não são capazes de governar as pessoas. A administração das pessoas dá-se através de um grande computador que contém toda a informação dessa raça ou nação.

– Onde é que está o programa da raça: nalguma estrutura "subtil" em especial ou num invólucro da Terra?

– O programa está no computador que se encontra diretamente acima daquele território onde vive a raça recetora.

– A raça é guiada pelos Determinantes Superiores?

– Sim, o Nível* dos Determinantes Raciais é mais elevado do que o dos Determinantes Pessoais, que gerem um único indivíduo. A governação tem a sua própria Hierarquia. Mas qualquer governação é realizada através de computadores (ver Figura 11). Quanto mais baixos e perto da pessoa, menores são os computadores e o programa de trabalho.

– Cada pessoa é guiada pelo seu Determinante Pessoal. E as pessoas todas de uma cidade estão vinculadas ao programa da cidade?

– Sim, é elaborado um programa evolutivo especial para a cidade ou para qualquer outro tipo de povoação que una todos os seus habitantes. Esse programa é então introduzido no computador da cidade e o Determinante da Cidade controla-o para que tudo se realize como deve.

– Em que lugares energéticos é que se constroi uma cidade? Ou a escolha do lugar da sua construção é livre?

– Nenhuma cidade terrena aparece por acaso. Tudo é planeado. O lugar para o surgimento de uma cidade é calculado antecipadamente pelos Sistemas Hierárquicos de Cálculos, que escolhem várias características de acordo com o período. Toda a cidade possui uma

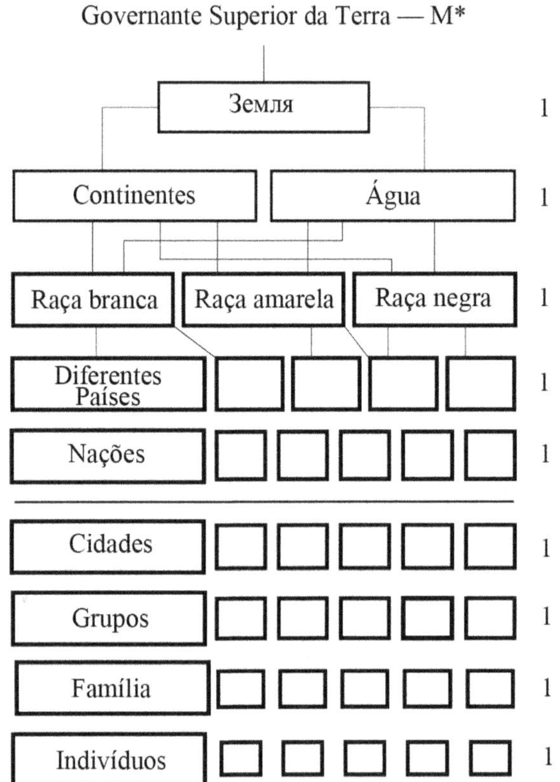

Nota:
"1" — Computadores de diferentes Níveis através dos quais ocorre
   a governação.

**Figura 11. Sistema Hierárquico de distribuição da população
e governação da população através dos computadores**

energia particular correspondente ao seu tempo. A escolha de um local
para futuro lugar de habitação populacional é feita de forma a que na
estrutura terrena escolhida funcionem bem os canais da entrega de
energia à cidade a partir do Cosmos e vice-versa, do mundo terreno para
o Sistema Hierárquico, e também de modo a que se efetue sem entraves
o descarte da parte da energia "suja" para dentro da Terra. Além disso,
são também levadas em consideração as necessidades do planeta
relativamente aos diferentes tipos de energia que chegam a ele através

das pessoas individualmente. Ocorre assim uma complexa troca energética entre o **Sistema Hierárquico***, a cidade, o indivíduo e a própria Terra.

– E como é que se dá a junção dos programas das diferentes pessoas individuais pertencentes à mesma família?

– A família é guiada por diferentes Determinantes, daí que o programa de uma mesma família possa estar nos computadores de diferentes Determinantes. E, paralelamente, o seu programa está incluído no programa geral da cidade.

– Então, existem Determinantes especiais que guiam grupos de pessoas?

– Sim.

– Por seu grau de desenvolvimento, esses Determinantes estão acima dos Determinantes que guiam os indivíduos isoladamente?

– Sim. Existe a Hierarquia Geral dos Determinantes que pertencem apenas ao plano terrestre.

– Qual é o objetivo de quem gere ou administra um grupo de pessoas?

– Uma das tarefas desses Determinantes é conduzir determinadas personalidades a uma meta social ou a uma outra meta qualquer.

- Quais são os princípios pelos quais as pessoas são reunidas em grupos?

- Em primeiro lugar, por suas características especiais, porque os grupos estão envolvidos numa situação e, para que ela (a situação) funcione, são necessárias pessoas com mais variadas e diferentes características. E, em segundo lugar, as pessoas são selecionadas segundo o seu karma. Tudo isso é comparado e somente depois é que se formam os grupos. Por exemplo, como agora, temos alguns grupos envolvidos em lutas, outros envolvidos na criação, e uns terceiros a legislarem para os Estados. Em todos estes grupos as pessoas são selecionadas de acordo com o seu grau de desenvolvimento, o seu karma pessoal e a meta a alcançar.

– Depois da obtenção do propósito estipulado, os Determinantes Grupais reúnem um outro grupo de pessoas para atingir as metas seguintes?

– Os Determinantes Pessoais são sempre os mesmos até à morte do seu tutelado. Os Determinantes Grupais, que controlam os grupos, podem também acompanhá-los até à morte se, por exemplo, se tratar de algum coletivo criativo ou produtivo. Para Eles, o principal é o objetivo para o qual Eles orientam cada um dos grupos. Se se tratar de um grupo criativo, então a tarefa do Determinante será, naturalmente, a de desenvolver ao máximo as capacidades criativas; se for um grupo produtivo, o objetivo será outro, mas que pode acompanhar o indivíduo até o fim da vida. Mas existem, naturalmente, muitas situações que podem levar os Determinantes a trocar de objetivos e de pessoas.

– E o que é que acontece se um grupo se desintegrar sem ter atingido o seu objetivo?

– Se um grupo não desejou alcançar o seu objetivo e se desintegrou ante, nesse caso poder-se-á dar a troca de toda a Governação Suprema: dos **Determinantes***, **Governadores***, **Fundadores*** e mesmo dos **Entes Supremos***.

– Com a desintegração e divisão da sociedade em diferentes grupos ocorre alguma emissão energética? Afinal, qualquer desintegração é acompanhada pela libertação de energia.

– Neste caso isso não acontece.

– Gostaríamos que nos esclarecesse quanto à seguinte questão: o consciente de um grupo de pessoas no plano "subtil" é um programa previamente introduzido no computador do Determinante desse grupo. É isso?

– Sim.

– Nesse caso, a opinião das pessoas que acreditam que o conjunto do consciente do coletivo é uma egrégora está errada?

– Sim. Nesse caso, as pessoas assumem o computador com o respetivo programa como uma egrégora, uma vez que a governação vem só do computador.

– Mas há uma energia mental que é libertada pela pessoa no processo resultante do seu ato de pensar, certo?

– Sim, claro. O processo de formação do pensamento é acompanhado pela produção de energia.

– Mas então essa energia não cria no plano "subtil" um ente à parte capaz de governar certas pessoas de alguma forma?

– Não, não é capaz de governar nada. Esse ente simplesmente existe. As pessoas confundem as coisas. Só através do computador é que se pode governar as pessoas. O processo do pensamento humano liberta uma energia que é de facto armazenada em coletores energéticos especiais, que surgem simplesmente como um "armazém de energia" ou um "banco de energia", ou, como as pessoas lhe chamam, **"egrégora"***. Esta armazena um certo tipo de energia e está sob controlo do Determinante Grupal, que recolhe e gasta a energia de acordo com as Suas necessidades.

– E essa egrégora possui consciência própria?

– Não. Ela resume-se simplesmente a um conjunto de energias de um determinado diapasão de frequências.

– E como é que há então imagens mentais que agem por conta própria?

– As imagens mentais de uma pessoa é uma coisa e as egrégoras de grupos de pessoas é outra coisa completamente diferente. Nem as imagens mentais de uma pessoa em concreto, nem egrégoras de grupos de pessoas possuem um consciente autónomo. Mas o homem coloca inicialmente nas suas formas mentais (do pensamento) um determinado mecanismo de ação que permite a uma dada forma agir de modo autónomo, mas não por muito tempo, uma vez que ela não é espiritualizada. Como poderia ela realizar o que quer que seja se não tem alma nem consciência? A forma mental atua pela inércia que lhe é dada pelo indivíduo. Do mesmo modo que um carro anda se for empurrado: ele mover-se-á por inércia, não por vontade própria. Apenas as pessoas com energia muito potente conseguem transmitir inércia a uma forma mental. Um indivíduo energeticamente fraco não consegue fazê-lo. E até mesmo a forma mental de uma pessoa energeticamente forte está condenada a uma curta existência, já que o Determinante a puxará para Si com um mecanismo especial semelhante ao vosso íman. O mecanismo de recolha da energia mental para o banco de energia geral Deles está sempre a funcionar.

– A energia produzida pelo cérebro humano é toda coletada para um mesmo banco de energia ou para bancos diferentes?

– Quando se trata de uma pessoal individual, ela não possui egrégora própria. Os bancos de energia existem, regra geral, para um determinado grupo de pessoas. Há grupos de pessoas que se criam com base na capacidade energética destas, ou seja, quanto maior o Nível de Desenvolvimento do indivíduo e, por conseguinte, quanto maior a sua energia, mais elevados são os coletivos sociais aos quais ele é agrupado, e vice-versa, quanto menor o seu Nível de Desenvolvimento, mais baixos são os coletivos que vai compor. Por outro lado, o banco de energia do primeiro grupo irá distribuir a sua energia mental nos Níveis mais elevados Altos e os grupos mais baixos terão a sua energia distribuída nos Níveis mais baixos.

— A pertença nacional ou territorial afeta essas distribuições de energia mental?

— Claro. Cada nação tem os seus próprios bancos energéticos para recolha da energia mental, uma vez que cada nação se encontra no Nível de Desenvolvimento que lhe corresponde. Por isso é que todos bancos energéticos ou, como vocês os chamam, todas as egrégoras das diferentes nações se encontram isoladas umas das outras. As diferentes nações misturam-se entre si, já os coletores energéticos dos grupos (egrégoras) ficam presos ao sítio onde estão.

— Os Determinantes de pessoas que fazem parte de algum grupo podem recorrer à energia do banco energético geral do Determinante Grupal?

— Não. Este banco de energia está num Nível mais elevado do que o Deles e por isso pode ser usado apenas pelo Determinante desse grupo e pelos Entes Supremos.

— Para que fins é usada a energia dos bancos energéticos?

— Principalmente para todos os tipos de construções.

— Antigamente acreditava-se que a evolução das sociedades humanas seria a evolução das suas egrégoras...

— A evolução da sociedade passa pela mudança da sua consciência, o que é conseguido através de programas de desenvolvimento elaborados pelos Programadores Supremos. Por outro lado, qualquer sociedade está envolvida no processamento de algum tipo de energias: atualmente são umas energias, há duzentos anos eram outras, há mil anos eram outras, por isso não existem sociedades idênticas. Certas situações podem ser idênticas, mas não a sociedade nem o tempo delas. Tudo é novo e irrepetível. Geralmente, a essência do seu programa consiste em definir o tipo de energia necessária para os Sistemas Hierárquicos e é com esse tipo de energia que essa sociedade deverá trabalhar. O programa forma processos (que para a Terra e as pessoas se manifestam em forma de situações) através dos quais a energia dada será processada.

– Suponhamos que um grupo de pessoas produziu uma quantidade de energia que formou um banco energético. Em caso de necessidade, poderá algum indivíduo desse grupo usar a energia comum do grupo para fins pessoais?

– Não, não pode.

– E se ele precisar de alimentação energética adicional?

– Se a pessoa pedir poderá receber energia adicional. Mas esse pedido será previamente analisado no Nível dos Fundadores a quem os Determinantes apresentam o pedido, e se esse pedido for aceite pelos Fundadores, então a pessoa recebe o que pediu, mas posteriormente deverá compensar tudo, ou seja, as situações da sua vida vão-se complicar ou o número de ocorrência delas aumentará.

– Quem fica no comando de situações de guerra, revoluções ou outras intervenções em massa? Os Determinante da cidade ou do país?

– Em intervenções globais intervêm os Determinantes Supremos.

– Então nessas situações cada Determinante comum, ou seja, o Determinante do indivíduo, coloca o Seu tutelado sob a autoridade de um Determinante Superior?

– Eles passam a trabalhar em conjunto. O Determinante Pessoal está subordinado ao Determinante de um Nível* superior. Eles terão um programa de ação comum, no qual alguns Determinantes de Nível* inferior unem numa situação comum indivíduos guiados por Eles. O Determinante Supremo controla o trabalho destes. É tudo calculado.

– Toda a situação de guerra é calculada?

– Sim.

– Mas porque é que surge um número tão grande de pessoas a subordinarem-se à ideia comum da guerra em períodos de intervenções em massa, não obstante, muitas delas serem contra a guerra e não quererem combater?

– Em primeiro lugar, criam-se certas condições no meio que rodeia o indivíduo que ele não consegue contornar. Por outro lado, ele precisa de participar em tais situações a fim de ganhar experiência de vida, de edificar traços específicos de carácter ou de pagar o seu karma. Em segundo lugar, será muito pior para ele se não obedecer a essa ideia. E, em terceiro lugar, essas pessoas simplesmente não têm escolha. Propositalmente não lhes é dada escolha, visto tudo aquilo ser planeado com um determinado propósito pelo programa e elas não terem capacidade para passarem além do seu programa pessoal.

– Mas nessas intervenções em massa as pessoas são governadas por Entidades Superiores tal qual animais numa matilha?

– Não. Volto a repetir: todos os indivíduos são governados por um Determinante Pessoal, ao passo que a guerra é da responsabilidade do Determinante Supremo. Nós demos-vos a rede de controlo por computador (ver Figura 11), é assim que tudo funciona.

Capítulo 4

PROGRAMA DA VIDA

DESENVOLVIMENTO SEGUNDO O PROGRAMA

Tudo no **Cosmos*** e na **Estrutura Una dos Mundos Energéticos e Físicos*** se desenvolve de acordo com os programas e não há nada, mesmo nos mundos negativos, que se desenvolva arbitrariamente e sem um plano previamente traçado. Mesmo qualquer situação de caos é programada e representa a reorganização temporária da matéria antes de uma nova fase da sua evolução.

Se algo na Estrutura Una dos Mundos Energéticos e Físicos tentar entrar numa via de desenvolvimento autodeterminada e arbitrária, esse algo perecerá inevitavelmente, levando-se a si mesmo à autodestruição, já que a perturbação da harmonia geral do desenvolvimento torna inviável a personalidade que tenta existir por sua própria compreensão e perceções pessoais. Ela entra em conflito com o mundo à sua volta, visto romper todas as ligações da troca energética normal com a realidade existente.

Tudo no Cosmos se aperfeiçoa de acordo com determinadas **Leis Cósmicas*** que exprimem a essência do desenvolvimento harmonioso das suas estruturas e formas constituintes. E os programas de tudo o que constitui a Estrutura Una dos Mundos Energéticos e Físicos como espaço, e de tudo o que o habita, são construídos com base nessas Leis.

A edificação de um prédio requer que ele seja construído segundo determinadas leis. E a sua conservação e existência temporal máxima exigem que as pessoas que o habitam cumpram certas regras que mantêm o regime da sua preservação e funcionamento técnico; significa isso que também no meio humano está tudo igualmente sujeito a certas leis que ditam normas e regras de conduta a tudo o que nele habita e ocupa determinado volume espacial. Apenas pessoas de natureza ignorante podem pensar que tudo à sua volta existe por si só, sem quaisquer leis intervenientes. Da mesma forma, tudo na Estrutura Una dos Mundos Energéticos e Físicos está sujeito a Leis Gerais e Específicas. E é precisamente para que as pequenas unidades que o habitam, formando um organismo completo, não ultrapassem os limites das Leis Gerais, que são introduzidos os programas no desenvolvimento.

Os programas unitários de qualquer organismo são elaborados com base nas Leis Gerais da Estrutura Una dos Mundos Energéticos e Físicos, orientando cada uma das suas partículas para uma evolução individual que, ao mesmo tempo, contribui para a evolução do todo no qual a partícula existe.

Os programas das unidades individuais servem de elo de ligação de todas Leis Cósmicas.

São precisamente os programas que ligam toda a **Estrutura Una dos Mundos Energéticos e Físicos***, fazendo-a atuar como um todo. E qualquer programa é elaborado com base nas Leis da Existência Geral e da Existência Privada.

Por isso, tudo aquilo que deseja evoluir à sua vontade, sem levar em conta os interesses do mundo circundante e sem um programa, entra em contradição sobretudo com as Leis Cósmicas Universais.

E a violação a essas Leis corresponde à autodestruição, uma vez que a não-subordinação àquilo que é geral leva o privado a degradar-se e a colapsar. Portanto, o desenvolvimento segundo o programa é, acima de tudo, um desenvolvimento que está de acordo com as Leis cósmicas. E, neste contexto, o pequeno programa do indivíduo está ligado não só ao programa da Humanidade e da Terra, mas, através deles, também ao programa de evolução de todo o Universo.

O homem não aparece na Terra de modo arbitrário, como algo aleatório, mas de acordo com as necessidades evolutivas do planeta, uma vez que o ser humano é um transformador de energias cósmicas para a Terra, ou seja, o ser humano é um derivado do programa geral de desenvolvimento não só da Terra, mas também do Universo.

O homem nasce por demanda da Terra, que precisa de ser abastecida com energia de certa qualidade num determinado ponto da sua superfície. É por isso que a alma humana, contendo parâmetros específicos, é especialmente selecionada de acordo com os indicadores energéticos para um dado lugar, para que possa gerar, através de situações, o trabalho emocional, mental e físico necessário para o dado lugar na Terra.

Para ser capaz de produzir algo, a alma precisa de participar em determinados processos da vida, ou seja, em processos que requerem planeamento prévio. Caso contrário, ela não será capaz de produzir as energias de que a Terra necessita no tempo e lugar definidos. Além disso, ao operar desse modo, a própria alma acumula bagagem vital que lhe é necessária a ela mesma. E assim por diante: esta cadeia de dependências de qualquer unidade que esteja na Terra ou numa Hierarquia estende-se para dentro e para fora.

É precisamente esta cadeia de dependências que confirma que nada no Cosmos se pode desenvolver arbitrariamente por si só ou por um acaso. Toda a aleatoriedade é programada e legitimada. E qualquer caos é também ele parte do programa universal da evolução.

Assim, tudo no Cosmos, do grande ao pequeno, se desenvolve com base em programas e cálculos precisos.

Analisemos aquilo que constitui o programa do homem, que é o exemplo de ser vivo mais próximo do nosso entendimento.

O homem nunca soube que o seu desenvolvimento é planeado, mas sempre sentiu intuitivamente que existe uma Força incompreensível e poderosa que o envolve numa cadeia de acontecimentos sequenciais e inevitáveis dos quais ele não consegue escapar. É esta inevitabilidade, que por vezes o envolve em ações incompreensíveis e brutais, que o homem chama de sina ou destino. Posteriormente, viria a surgir a denominação de karma, que expressa a Lei Cósmica de Causa e Efeito.

Mas toda esta sina, destino, fado ou karma é expressão e manifestação do programa humano.

A sina, ou o destino, são a expressão do programa através de situações inevitáveis.

Quanto à Lei do Karma, ela é aquela essência interior com base na qual se estabelecem as situações do programa de uma pessoa com recorrência à ligação de causa-efeito criada por ela mesma numa vida sua anterior. E é necessário compreender o quão complexo o programa é, já que tem, por um lado, de considerar as necessidades da Terra relativamente a certos tipos de energia, em segundo lugar, de planear as situações e processos que irão produzir esses tipos de energia necessários, e, em terceiro lugar, de mostrar necessariamente nesses processos e situações usadas a dependência kármica do indivíduo relativamente à sua vida passada, ou seja, ligar o desenvolvimento passado da alma com o presente e criar pré-requisitos para a progressão.

Por isso, o programa humano é um complexo conglomerado de interligações com a Terra, com a vida passada do indivíduo e com a evolução da sua alma.

Existem dois tipos principais de programas:

1. O **programa*** de desenvolvimento da personalidade no Sistema Positivo de Deus;

2. O **programa*** de desenvolvimento da personalidade no Sistema Negativo do Diabo.

Deus revela os caminhos da alma que conduzem não só àquele limiar a partir do qual alguns entram na Sua Hierarquia e outros na Hierarquia do Diabo, mas fala também pela primeira vez do infinito evolutivo em ambos os Sistemas. Por sua própria vontade, a alma é capaz de progredir de igual modo tanto na direção positiva como na negativa. Mas existem muitas diferenças entre os programas de desenvolvimento de Deus e do Diabo, sendo as principais dessas diferenças as seguintes:

1. A existência de liberdade de escolha e de karma no Sistema Positivo de Deus e;

2. A falta de liberdade de escolha e de karma no Sistema Negativo do Diabo (ver o capítulo "Karma ou a Lei de Conexão de Causa e Efeito").

O QUE É O PROGRAMA

Existe variados programas no mundo: o programa de construção do corpo humano, que se reflete no ADN do indivíduo, o programa do movimento dos robôs, o programa do funcionamento do computador, e assim por diante. Mas, uma vez que o que nos interessa é o ser humano, abordemos inicialmente a análise dos programas da sua vida.

– O que é então **o programa*** da vida de uma pessoa?

Deus responde:

– O programa da vida da pessoa é uma sequência de eventos temporalmente ligados entre si que, considerando a personalidade que participa nos dados processos de aperfeiçoamento da alma, levam essa personalidade a produzir as energias necessárias para a Terra e, ao mesmo tempo, para os Sistemas Hierárquicos. Em termos construtivos, o programa é uma estrutura rigidamente encadeada de determinados acontecimentos. Os programas são individuais, são criados para cada pessoa isoladamente e levam em conta aquelas energias qualitativas em falta a serem conquistadas pela alma para conseguir passar para a próxima fase evolutiva.

– Como é a estrutura interna do programa?

– No Sistema Negativo*, o programa* exprime um esquema de ramo único, com execução rigorosa das situações e apenas com a presença de pontos de controle*, que representam, cada um deles, uma situação que o indivíduo não pode evitar ou contornar (ver Figura 12). No **Sistema Positivo***, o **programa*** consiste numa variante primordial, com um ramo principal com **pontos de controle***, e em duas ou mais subvariantes com pontos secundários, que representam uma eventual escolha dos acontecimentos.

No Sistema Negativo do Diabo, ou seja, no Sistema do Diabo, devido à inexistência de variantes e de **karma***, o indivíduo passa pelo programa mais rapidamente, e mais rapidamente consegue obter as características exigidas pelo Sistema negativo. Já no Sistema Positivo, ou na Hierarquia de Deus, leva-se mais tempo a concluir o programa, mas a alma obtém uma qualidade superior.

– Na Terra, temos almas terrenas e almas cósmicas. Existe alguma diferença entre os seus programas?

– Qualquer alma que reencarne na Terra recebe um tipo de programa terrestre para melhor se orientar no vosso mundo.

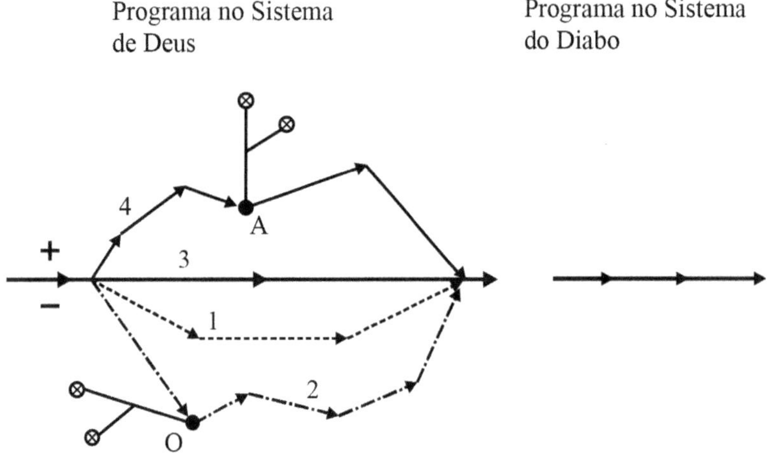

Legenda:
1, 2 — caminhos de desenvolvimento negativos;
3 — caminho ideal de desenvolvimento;
4 — caminho positivo de desenvolvimento;
A, O — opções sem saída;
⊗ — fim do programa.

Figura 12. Programas dos desenvolvimentos opostos

– É possível uma pessoa ir além daquilo que lhe designa o programa pessoal?

– Sim, é possível, embora isso muito raramente aconteça.

– Quando é que isso acontece?

– Isso acontece em situações extremas, em caso de acidentes, desastres, assassinatos, suicídios. Na vida quotidiana, o homem vai agir em estrito acordo com o seu programa e não consegue passar para lá desses limites nem criar mentalmente nada por ele próprio. É por isso que algumas pessoas se tornam facilmente políticas e não conseguem ser artistas, outras viram funcionários técnicos e não são capazes de se realizar como humanistas, ou seja, cada indivíduo tem a sua própria linha de vida, previamente determinada pelo seu programa. E somente em situações extremas é que algumas dessas pessoas são capazes de ir além do programa. No geral, a pessoa segue a vida estritamente de acordo com o seu programa pessoal, sem se desviar um passo que seja dele.

– Existe alguma doença que leve a pessoa a passar para lá dos limites do programa? Afinal, por vezes, ao lutar pela própria vida, as pessoas manifestam grande coragem e superam até mesmo a morte.

– Não, as doenças não se remetem à categoria de situações extremas. Elas fazem parte do programa do ser humano.

– A alma participa de algum modo na elaboração do programa da sua futura reencarnação?

– Não, não participa.

– E será possível ela, eventualmente, a título excecional, ter acesso ao seu próprio programa?

– Tal exceção existe apenas para as Entidades Supremas. A partir de um determinado Nível* de Desenvolvimento da Hierarquia, as Personalidades Supremas ganham o direito de elaborarem Elas Mesmas o Seu próprio programa, de planear o Seu próprio desenvolvimento de forma a conseguirem juntar mais fácil e rapidamente a quantidade de energia necessária.

– Mas a alma comum não consegue mudar nada no seu futuro programa caso não goste de algo nela?

– Não. A alma conhece o seu programa apenas no imediato momento que antecede a sua reencarnação. Não importa do que ela gosta ou não. Ela ainda não compreende do que precisa e do que não precisa, e por isso escolhe geralmente o que é mais fácil e mais agradável. A alma humana encontra-se ainda num patamar muito baixo para refletir o que quer que seja a este respeito. Daí os seus desejos nunca serem levados em conta.

– Todas as almas têm o direito de evoluir?

– Não, nem todas. Há almas muito cruéis e há almas que não são capazes de fazer nada, que escolhem um modo de vida parasitário. Tais almas são decodificadas.

– Existe algum programa de degradação?

– Sim, existe. Ele é atribuído à alma quando a esta lhe faltam certas qualidades, ou seja, para terminar a construção de alguma característica, uma vez que a alma deve possuir o espetro completo das energias terrenas.

– Características como o caráter e a atitude perante a vida são coisas planeadas no programa da alma?

– O carácter e os hábitos da pessoa vêm das suas vidas passadas. Mas as diferentes situações e o estilo de vida de cada nova reencarnação levará a alma a desenvolver alguns novos traços do caráter, algumas novas características, que serão acrescentadas ao carácter da pessoa ou, pelo contrário, ela poderá começar a rejeitar alguns hábitos. Às vezes, acrescentam-se propositadamente algumas **qualidades (características)*** anteriormente em falta no seu caráter. E aquando da elaboração do programa da criança dever-se-á considerar também o carácter dos futuros pais. Filhos altamente espirituais irão aspirar por pais semelhantes e os seus programas serão coordenados em conformidade.

– Podem sentimentos opostos ser colocados numa alma através de um novo programa? Por exemplo, é possível, através de novas situações de uma vida futura, fazer com que a pessoa deixe de gostar daquilo que ela gosta na vida presente?

– Não, isso não pode acontecer. Se uma pessoa sente repúdio por algo numa vida, ela deverá sentir o mesmo repúdio na vida seguinte. Nisto assenta a aquisição de qualidades do caráter e sua consolidação. Essas qualidades não são colocadas dentro delas, mas desenvolvidas por elas. Este é o karma da pessoa. E o karma cumpre-se automaticamente.

– A escolha de qualquer uma das possíveis variantes de uma situação leva a pessoa à execução do seu programa? Por outras palavras, independentemente da variante escolhida entre os caminhos propostos, a pessoa acabará sempre por cumprir a sua tarefa?

– Não, ela nem sempre cumpre a tarefa proposta, já que o programa vem também com desvios propositais, ou seja, a escolha errada também lhe é dada a escolher. Cabe ao indivíduo escolher o que prefere. Se optar pelo caminho errado ao escolher a variante errada, ele não cumprirá o seu programa nesta vida e a tarefa é então transferida para a vida seguinte. As opções incorretas servem para testar a qualidade da energia que já foi adquirida pela alma. Se as energias de qualidade da alma forem ainda insuficientes, o homem cederá a tentações, por outras palavras, ele escolherá uma das variantes de teste. Mas se já tiver acumulado energias elevadas, a alma rejeitará todas as energias baixas e continuará a trilhar o caminho principal.

– Há pessoas com um grande círculo de interação com terceiros, outras que interagem com pouca gente. Quais são as estruturas "subtis" das primeiras e das segundas?

– Isso não depende das estruturas "subtis" mas ante do programa, da necessidade de obter determinadas energias para a matriz a partir de situações concretas nas quais a pessoa deve participar. Assim, por exemplo, temos um indivíduo que precisa de estar envolvido em situações de grandes massas: manifestações, espetáculos, guerras e assim por diante. Mas outra pessoa já precisará de solidão para se envolver em atos criativos ou científicos, ou apenas para sofrer. Tudo isso são programas diferentes e uma aquisição de diferentes tipos de energias.

– Existe alguma relação entre a **espiritualidade*** do indivíduo e a quantidade de pessoas com quem ele se deve relacionar? Por outras palavras, quanto mais espiritual ele for, maior o número de pessoas com quem ele se pode conectar ou maior o número de pessoas em quem ele deve mandar?

– Não, isso não depende da **espiritualidade***.

– Os indivíduos que interagem com muitas pessoas possuem algumas características especiais?

– Não. Apenas o seu programa inclui muitos pontos de contacto com programas de outras pessoas. Paralelamente, esses pontos de contacto podem ser tanto com indivíduos isolados, quanto com massas populares, com multidões, com grupos.

– Imaginemos um indivíduo tenha sido projetado para interagir com um pequeno número de pessoas. É possível reestruturá-lo para interagir com muita gente, caso seja necessário?

– Sim. Essa alteração pode ser feita ante a correção de alguns programas.

– E o Senhor, Pessoalmente, pode intervir no destino de uma pessoa de modo a alterá-lo?

– Sim, Eu posso mudar o destino de uma pessoa e fazer eventual correção no programa a partir de qualquer momento da sua vida. Se Eu vejo que o indivíduo redimiu todos os seus pecados, então o programa pode ser refeito. Mesmo se ainda restarem alguns pecados insignificantes do passado, o programa pode ser refeito de modo a ficar melhor.

DÍVIDAS ENERGÉTICAS

Ao reencarnar na Terra, a alma é obrigada a cumprir o programa que foi elaborado para ela pelas Personalidades Supremas. Acontece que a não-execução de um programa ou a sua execução errada influencia a vida subsequente, levando ao karma e a débitos energéticos (ou dívidas energéticas). O que isso mostra é que, ao falhar a concretização do programa pessoal, o homem é punido. Por isso tentámos saber mais sobre esta questão:

– Quais são as penalidades pelo incumprimento do programa?

– Se uma pessoa não leva a bom termo o seu programa pessoal, o que implica que não adquire a energia inicialmente planeada para ela, a sua próxima vida pode ser curta. Por isso, tem quem morra aos dez ou vinte anos, ou seja, essas pessoas estão a saldar os seus débitos energéticos. E tudo isso que a pessoa obtém nos dez ou vinte anos seguintes da sua curta vida serve de complemento aquisitivo à sua vida anterior. Se uma pessoa morre aos vinte anos de idade, isso significa que o volume do seu trabalho incompleto é maior do que alguém que está destinado a viver dez ou cinco anos. E quando um jovem ou uma criança morre, as suas duas últimas vidas são agrupadas numa unidade única no distribuidor, ou seja, são somadas. Existem, evidentemente, outras opções para saldar débitos energéticos, dependendo do tamanho dos mesmos. Mas o Nosso procedimento para liquidação de débitos é bem rigoroso. As dívidas energéticas não se perdoam a ninguém e a sua mera existência é tratada com rigor.

– O que é o débito energético (ou dívida energética)?

– O débito energético é uma insuficiência na energia que a pessoa deveria produzir ao longo da vida de acordo com o seu programa pessoal.

– E porque é que essas dívidas energéticas surgem?

– Elas surgem como resultado de um estilo de vida errado, quando a pessoa, mais do que executar o seu programa pessoal, busca os prazeres da vida. Por exemplo, imaginemos que de acordo com o seu programa pessoal, determinado indivíduo precisa de gerar energia de uma certa qualidade, mas ele escolhe uma subvariante do programa e segue por um atalho mais fácil, o que resulta na produção de energia de menor qualidade. E daí surgem dívidas, os chamados débitos energéticos (dívidas energéticas).

– E o que é que uma pessoa precisa de fazer para não criar dívidas energéticas?

– Esforçar-se por melhorar e não perder tempo com prazeres que não são propícios à sua evolução. Ela deve estudar, trabalhar, criar, aprender coisas novas, praticar boas ações. A Humanidade sabe disso há já muito tempo. Ouçam atentamente o vosso coração, ele dir-lhes-á o que fazer e o que escolher de acordo com a situação.

– Quando morre alguém numa família, acontece muitas vezes morrer um outro membro dessa mesma família um ano depois. A que é que isso se deve?

– Se um segundo membro da família morre, significa que o primeiro deixou algo do seu programa por cumprir e o programa do segundo é acrescentado àquele. Ou seja, as energias deles são somadas. Obtém-se assim a energia necessária na quantidade certa. Isto é feito precisamente para que o primeiro membro não tenha de reencarnar para uma vida curta. Desse modo corrigem-se os programas das pessoas.

TIPOS DE PROGRAMAS DO SER HUMANO

– Numa das conversas, foi dito haver na Terra muita gente com programas iguais. Mais ou menos, quantos tipos de programas existem para o ser humano: na ordem das dezenas, centenas, milhões?

– Pode-se dizer que existem dez tipos de programa.

– Mas se cada pessoa vive a sua vida pessoal, diferente dos outros, devemos concluir que todos os demais programas são variantes desses dez principais?

– Sim, todos os outros programas são variantes de dez tipos básicos que servem de espinha dorsal a todos os demais programas. Esses outros programas são como que ramificações e o seu número pode atingir valores na ordem dos milhões, ou até milhares de milhões de subprogramas.

– O que é que está na base desses dez tipos de programas do ser humano e quais são eles?

– Os dez tipos de programas assentam na **espiritualidade*** do indivíduo e nas suas **qualidades (características)***, que crescem à medida que a pessoa evolui. O ser humano deve passar por cem Níveis na Terra, a começar do Nível Zero, de modo a que as suas qualidades pessoais e graus de espiritualidade correspondam ao conteúdo energético que lhe permitirá fazer a transição para a próxima etapa evolutiva. Em conformidade com isso, o décimo tipo de programa é dado a pessoas com uma espiritualidade muito alta, que estejam a passar pelo Nonagésimo ou Centésimo Nível Terrestre, após o qual o ser humano passa do plano terreno para o plano "subtil" e assim por diante (ver Figura 13).

– O primeiro tipo de programa está destinado a pessoas com espiritualidade muito baixa, que acabaram de entrar no caminho evolutivo e que se encontram entre os Níveis de Desenvolvimento do zero ao dez. Podemos também representar esta dependência em forma de esquema (ver Figura 13). Ou seja, os Níveis da Espiritualidade pelos quais o indivíduo passa durante as suas reencarnações determinam o tipo de programa que irá ditar a vida atual da sua alma. Se nos orientarmos por este esquema fica fácil de adivinhar as qualidades pessoais do indivíduo, partindo dos Níveis que ele atravessa e do tipo de programa que cumpre. A escolha dos programas em si depende do Nível de Desenvolvimento da Alma no momento imediatamente anterior à reencarnação seguinte. Todas as suas vidas passadas, situações, pontos acumulados, pendências kármicas, etc., são examinadas. E é com base em tudo isto que se escolhe o tipo de programa.

– O que é que esses programas têm de semelhante e de diferente entre si?

a — Níveis   tipos de programas
   de espiritualidade

90 – 100 .... 10 (10° tipo de programa – o mais elevado de todos)

80 – 90 .... 9 (9° tipo)

70 – 80 .... 8 (8° tipo)

60 – 70 .... 7 (7° tipo)

50 – 60 .... 6 (6° tipo)

40 – 50 .... 5 (5° tipo)

30 – 40 .... 4 (4° tipo)

20 – 30 .... 3 (3° tipo)

10 – 20 .... 2 (2° tipo)

0 – 10 .... 1 (1° tipo de programa – o mais baixo de todos)

Legenda:
   a — Níveis de espiritualidade que a pessoa passa durante
     as reencarnações;
  0 – 10 — Níveis mais baixos de espiritualidade;
90 – 100 — Níveis mais elevados de espiritualidade, após os quais
     a pessoa passa do plano terrestre de existência para o
     plano "subtil".

**Figura 13. Tipos de programas de acordo com o grau
de espiritualidade das pessoas**

– O primeiro tipo de programa é idêntico ao segundo, o segundo – ao terceiro, e assim por diante. (No entanto, cada tipo subsequente de programa forma-se na base do programa que o antecede, com o acréscimo de alguns parâmetros novos). Assim, o segundo tipo de programas forma-se na base do primeiro e ganha novos parâmetros, tornando-se mais abrangente e aprofundado, o terceiro - na base do segundo, o quarto - na base do terceiro, e assim sucessivamente. Comparativamente com as pessoas com o primeiro tipo de programa, aquelas com o segundo tipo já se encontram um pouco mais acima na escala da **espiritualidade***. E assim segue a evolução, ao longo dos dez tipos de programas. O programa do décimo tipo (ver Figura 14) inclui seis subprogramas completos que predizem o destino de acordo com seis variantes opcionais, ou seja, existem nele seis opções de caminhos na vida que o indivíduo pode escolher. Esses seis subprogramas (ver Figura 14) são escolhidos pela própria pessoa; ela escolhe uma opção entre as seis propostas, escolhe um caminho de vida de entre os seis apresentados. E após escolher esse caminho único, ela volta a ser de novo confrontada com situações de múltipla escolha que irão desenhar a sua trajetória. O ser humano tem liberdade de escolha e as suas qualidades passadas são tidas em conta nesse programa. Estas pessoas que trilham o segmento superior da evolução humana são muito evoluídas no plano social e intelectual, uma vez que já passaram por muitas reencarnações, e esforçam-se por continuar a evoluir e por ganhar ainda mais experiência em qualquer nova reencarnação com o objetivo de atingir planos de existência mais elevados. Assim, o aumento da experiência geral da sua existência e interação com as outras pessoas acaba por levá-las a uma gradual ascensão espiritual.

– Os tipos de programas mudarão nas pessoas de sexta raça?

– Sim, elas terão tipos de programas absolutamente diferentes, mais aperfeiçoados em comparação com os do vosso Nível.

– E a quantidade de tipos de programas será maior ou menor?

– Será menor. Vocês têm atualmente dez tipos básicos de programa. A **sexta raça*** terá três a menos. E as ramificações de cada tipo serão, consequentemente, também menos. Pode-se até dizer que sobrarão muito poucas ramificações. Mas em termos de saturação e complexidade da execução, qualquer programa de uma pessoa da sexta raça será mais complexo e irá conter três ou quatro programas do indivíduo da quinta raça, uma vez que vocês estão atrasados em desenvolvimento e aqueles terão agora de compensar as vossas falhas.

– É possível uma pessoa encarnar várias vezes na Terra com o mesmo tipo de programa?

– Sim, pode acontecer. E pode acontecer quando ela não cumpre o seu programa numa vida e acaba por ter de o cumprir, ou seja, de passar pelo mesmo programa, numa nova reencarnação. Além disso, ela também recebe o seu karma.

10° Tipo do programa   4° Subprograma com variantes

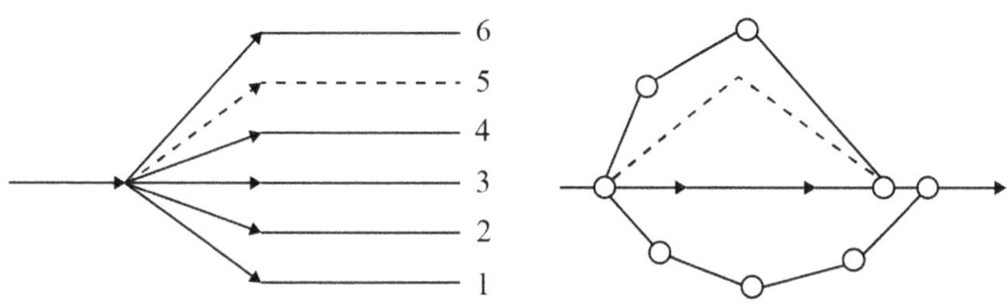

Nota:
1, 2, 3, 4, 5, 6 — Variantes de subprogramas.

Figura 14. Décimo tipo do programa com variantes de subprogramas

– Qualquer pessoa tem de passar obrigatoriamente por todos (dez) os tipos de programas?

– Não. Determinado tipo de pessoas pode pertencer a um tipo de programas e seguir numa única direção só por via de ramificações. Essa torna-se a principal orientação do seu desenvolvimento e tudo vai depender da sua espiritualidade, das qualidades que elas adquiriram na Terra.

– Não estará a astrologia de alguma forma relacionada com os tipos de programas? Existem doze signos de Zodíaco....

– Do vosso ponto de vista, terreno, isso influi a escolha do tipo de programas, mas do ponto de vista cósmico, existe apenas o Nosso programa, a Nossa decisão.

ELABORAÇÃO DOS PROGRAMAS

– Quem é que elabora o programa do indivíduo?

– Existem Entidades Supremas especificamente encarregues disso: os **Fundadores***. São Eles que elaboram a base temática do programa tendo em conta os erros kármicos da vida passada e a orientação evolutiva própria dessa alma. Há que referir que cada alma se desenvolve nos limites da sua própria orientação. Após a elaboração do guião, os Fundadores entregam essa base temática elaborada aos Programadores, Especialistas em Cálculo que, precisamente, irão calcular e executar tecnicamente esse guião. É aí que se determinam os tipos e quantidades de energias envolvidas no programa.

– Os programas de diferentes reencarnações para a mesma pessoa são feitos por diferentes Fundadores? Por exemplo, o programa de uma vida é elaborado por um Fundador, e o de outra vida, por outro Fundador?

– Depende. Os Fundadores às vezes, mudam. Essa mudança pode ocorrer tanto após cada reencarnação como depois de várias, mas também pode acontecer que se mantenha sempre o mesmo **Determinante*** e o mesmo **Fundador***. Mas, no geral, metade Deles mudam, sim. Varia.

– Como é que o programa é gravado na alma da pessoa? Antes de incorporar o corpo físico, a alma e o programa estão separados um do outro, certo? E depois é que são juntos?

– Não, os Programadores só depois é que começam a trabalhar diretamente com a alma, com os seus invólucros (corpos "subtis"). O programa é gravado nos próprios invólucros **"subtis"***, em cada **invólucro*** temporário. Para cada invólucro é elaborado um programa separado.

– É possível ocorrerem erros durante esse processo?

– Sim, é possível.

– E como se podem posteriormente corrigir esses eventuais erros?

– O programa pode ser posteriormente complementado com outras situações e, desse modo, corrigir os erros.

– Então, o programa não é gravado na matriz da alma mas apenas nos invólucros? Ou na matriz também se grava algum tipo de programa?

– Não, não. A matriz da alma é o Repositório para as **qualidades (características)*** obtidas e para as energias processadas pela alma, a matriz é para grandezas qualitativas.

– Os Entes que compõem o programa são os mesmos que o gravam nos invólucros?

– Não. Existem especialistas que elaboram e calculam os programas e outros que os gravam nos invólucros, que podem ser chamados de Programadores de gravação. Mas, já que tocámos neste tema, os programas da pessoa não são gravados por um único Programador, há todo um grupo envolvido nessa tarefa. Há não um Programador, mas vários a trabalharem para cada pessoa.

– Existe alguma especialização relativa ao programa de vida de acordo com os diferentes invólucros "subtis"?

– Sim. Esse trabalho é executado por diferentes grupos de Programadores. Cada invólucro corresponde a um determinado Nível Evolutivo. Assim, para cada Nível* existe um grupo específico de Programadores responsáveis pelos invólucros que lhes compete programar. O programa do invólucro astral é elaborado por uns Programadores, o do invólucro mental, por Programadores de um Nível* superior, para o invólucro espiritual temos Programadores de um Nível* ainda mais elevado.

– Mas os programas de todos os invólucros devem estar de alguma forma ligados, não?

– Sim. A gravação do programa é realizada de dentro para fora: inicialmente a nível do invólucro espiritual, depois – no invólucro causal, depois – no invólucro mental, e assim por diante. Depois de gravado no invólucro espiritual, o programa é transferido para o invólucro causal com as respetivas alterações e complementos. Entre eles haverá a ligação e respetivos bloqueios necessários no momento. Tudo funciona e opera em conjunto para cada pessoa.

– A qualidade de realização do programa do invólucro físico influencia de alguma maneira o desdobramento posterior dos programas dos corpos "subtis"?

– Não, não influencia. São programas completamente diferentes. A influência pode acontecer apenas numa única situação: em caso de morte prematura, ou seja, em caso de morte não planeada para acontecer num determinado momento. Nesse caso, todos os programas seguintes serão alterados e corrigidos.

– A correção é feita imediatamente?

– No momento da morte da pessoa. É claro que agora, devido ao facto de haver muita gente a falecer e de os Programadores estarem sobrecarregados com a programação das almas, há algum atraso. Mas normalmente esse atraso é ínfimo. De um modo geral, existe em cada computador do Determinante uma opção de reserva que se ativa no momento da morte não programada de uma pessoa e que transfere os programas para os corpos "subtis", ou seja, a passagem para um outro programa. Após a morte da pessoa, o comportamento dos invólucros muda e eles passam a funcionar de forma diferente do que aquela que funcionavam quando a pessoa estava viva. Visto a pessoa ter falecido prematuramente, o programa corretivo deverá voltar a envolvê-los no trabalho, já que o enchimento energético dos invólucros ainda não foi concluído, isto é, não corresponde aos resultados planeados, e torna-se necessário, nesta versão inacabada, levá-los até às camadas de purificação e fazer o restante trabalho necessário.

– Ao longo da vida de uma pessoa ocorre constantemente desdobramento do seu programa. A minha pergunta é se é possível ocorrer uma paragem não planeada desse programa, tipo a fita que fica moída do leitor de cassetes e, em resultado disso, ocorrer a morte prematura do indivíduo?

– Não, isso não pode acontecer.

– E é possível ocorrerem erros de cálculo na estrutura da alma?

– Sim.

– Como é que eles se manifestam?

– Manifestam-se no facto de as almas poderem tomar um rumo evolutivo que não foi o inicialmente desejado. A imprevisibilidade do comportamento da pessoa tem aqui um certo peso.

– Porque é que isso acontece? Os Programadores cometem erros?

– Sim, isso deve-se acima de tudo a erro de cálculo dos Programadores. Eles também se podem enganar.

– Pode acontecer Lhes passar algo em branco nos cálculos na pessoa?

– Não é na pessoa, mas precisamente na alma e em situações relacionadas com a sua reencarnação. Pode acontecer não serem calculadas todas as situações futuras que a pessoa tem de passar durante a vida. O Programador constrói as situações futuras e programa essas situações e respetivas variantes. Mas pode dar-se a omissão de alguns cálculos, ou seja, de não calcularem todas ramificações que a alma pode seguir. Numa das variantes possíveis, o Programador pode não calcular isso na esperança de a alma não alcançar esse ponto, mas a alma acaba por alcançá-lo. E uma vez que essa opção não foi calculada, começam ações imprevisíveis.

– É possível a pessoa passar além dos limites do programa?

– Se o indivíduo seguir por uma opção não calculada, ele pode morrer ou ver-se fora do programa geral, uma vez que não está ligado a ninguém e não tem ninguém a apoiá-lo em nada.

– Existem casos de possessão na Terra, ou seja, de **criaturas*** de um mundo paralelo que se introduzem no indivíduo e começam a controlá-lo. A minha pergunta é: essas **criaturas*** têm poder para influenciar o programa da pessoa possuída?

– Não, elas apenas atrapalham a pessoa possuída e mais nada. Elas não são capazes de alterar o programa propriamente dito, mas são, sim, capazes de atrapalhar o indivíduo possuído na aquisição das energias requeridas pelo programa e, dessa forma, retardar o seu desenvolvimento.

– E o Determinante permite a entrada dessas **criaturas*** no seu aluno por negligência ou de propósito?

– Não, de propósito é que não é. O programa não está preparado para tais entradas. Elas só acontecem por descuido.

– Mas seria teoricamente possível uma intromissão externa no programa sem que o Determinante se desse conta?

– Você quer saber se é possível dar-se a reprogramação nesse caso?

– Sim. Os nossos cientistas, por exemplo, estão a tentar pôr na pessoa chips com o seu respetivo programa. Ou essa também é uma experiência Sua?

– Isso não é uma reprogramação, mas antes algo parecido com a transformação de pessoas em "zombies". Esse facto pode ser considerado uma desativação temporária do programa da pessoa. Forma-se uma lacuna temporal, quando a pessoa se submete não ao Determinante, mas a outro alguém. Claro que esta intromissão no ser humano tem os seus objetivos, mas é algo temporário. A não ser que isto seja uma experiência "De Cima", quando chegar o momento certo, o Determinante voltará a lançar o programa principal e a libertar o tutelado dessa intromissão.

– Como sabemos, existem vírus informáticos que destabilizam o funcionamento do software dos computadores. Pergunto se não existirão semelhantes vírus que destabilizem o programa de funcionamento do ser humano?

– Sim, existem vírus desses no Cosmos.

– São vírus especiais de programas?

– São vírus de dimensão cósmica geral, atuam sobre muitas coisas ao mesmo tempo.

– E doenças como a esquizofrenia, por exemplo, serão também elas causadas por algum tipo de vírus que destabilize o programa da pessoa?

– Não, a esquizofrenia é um programa pessoal do indivíduo. Todas as doenças chegam à pessoa através do seu programa pessoal.

– E uma falha no programa resultante de um vírus pode significar o quê? Uma doença?

– Uma intromissão. E tal intromissão acontece quando, suponhamos, um Sistema Hierárquico se desenvolve de acordo com o programa planeado e, a certa altura, um vírus penetra nele vindo de um outro espaço e começa a agir destrutivamente. Isso é semelhante ao que acontece quando alguém de um mundo paralelo penetra no seu organismo. Trata-se de uma intromissão não planeada.

– O Senhor referiu-se a um "vírus de dimensão cósmica geral". Isso quer dizer que ele consegue violar também o programa das Essências de altos Níveis*? Ou isso não se refere a Elas?

– Refere-se também a Elas, sim. Mas depende, claro, do Nível do Vírus em questão. Tudo é proporcional. Ele só conseguirá agir sobre uma estrutura que esteja no mesmo Nível que Eles e, portanto, que seja equivalente em energia. Para que um vírus afete algo, a construção afetada deve encontrar-se em Nível igual ou próximo do dele.

— Como é que se coloca o tempo num programa?

— O tempo é uma característica espacial de potencial humano que é introduzido no programa do indivíduo e que forma processos reais do ser com ajuda dos quais se dá o surgimento de características pessoais e de potenciais energéticos cujo volume vai aumentando. O tempo é uma grandeza objetiva que vos é dada por unidade de volume de qualquer substância ou corpo. Ou seja, é uma grandeza que existe para o plano inferior do ser. O Plano Superior é eterno e infinito, e não necessita de nenhuma característica quantitativa.

PROGRAMAS DOS SONHOS

— Já que toda a vida da pessoa está refletida no programa, para que é que ela sonha, se gasta nos sonhos tanto tempo sem fazer nada?

— Os sonhos são também eles um programa educativo, um programa de desenvolvimento da alma, e todos eles seguem o programa principal do indivíduo. Não existe nenhum sonho desnecessário ou vazio. O programa de aperfeiçoamento da alma na vida real tem o seu prolongamento nos sonhos. A diferença é que nos sonhos o programa é moldável, ou seja, não é planeado desde o nascimento da pessoa, mas antes vai sendo programado no decurso da sua vida para reforço de uns ou outros momentos vividos ou para corrigir algumas falhas.

— Os eventos da vida quotidiana estão associados ao programa da pessoa. Do mesmo modo, sabendo qual é o programa de vida, não seria possível prevermos os nossos sonhos?

— O ser humano não pode conhecer o seu programa de vida. Isso não lhe é facultado.

— De que modo é que as coisas que acontecem durante o sono estão relacionadas com o programa de vida?

– O Determinante conhece o programa do seu tutelado e, como tal, conhece a orientação do seu desenvolvimento. Ele atuará então de acordo com essa orientação geral, criando as imagens dos sonhos, sabendo o que é que o caráter do indivíduo necessita de adquirir, que falhas precisa corrigir ou, pelo contrário, que características deve fortalecer.

– Com base em quê é que o Determinante elabora os sonhos do tutelado?

– Para isso Ele precisa de conhecer o programa diurno, com base no qual vai então criar um ou vários sonhos no decorrer do dia, ou até mesmo ao anoitecer. E quando a pessoa finalmente adormece, esses sonhos recém formados e programados são lançados no programa noturno.

– É possível avaliar o programa de uma pessoa a partir dos seus sonhos?

– Sim, se a pessoa for capaz de interpretar corretamente os sonhos.

O PROGRAMA DA MORTE

– A morte da pessoa é planeada, ou seja, a forma que ela morre vem no programa?

– O programa reflete absolutamente tudo: tanto o processo de nascimento, como o local do nascimento e a própria morte. Cada um morre de acordo com o seu programa, mas a forma de morrer, ou seja, o modo como a pessoa deixa a vida – seja devido a doença ou acidente – dependerá principalmente do seu karma passado e da dívida energética.

– Os suicídios também são programados?

– Não, os suicídios não são planeados.

– Porque é que o suicídio é pecado para o ser humano?

– Porque o suicídio é a interrupção não autorizada de um programa que foi elaborado por Essências Superiores. Por isso, e em primeiro lugar, ao matar-se, o ser humano põe-se a si próprio acima dessas Essências Superiores, e, em segundo lugar, com uma morte não programada rompe-se a comunicação na sociedade, já que ao programa do suicida estão ligados programas de outras pessoas. Ao deixar a vida de modo não planeado, o suicida pode deixar muitas outras pessoas num impasse e, com isso, impedir o aperfeiçoamento delas. Além do mais, ele interrompe o trabalho do seu Determinante pessoal. Não podemos esquecer que o Determinante também tem o Seu próprio programa relativamente a esse subordinado, e se este não completa o seu programa pessoal, também o Determinante fica com o programa Dele incompleto. Daí a razão pela qual muitos Determinantes fazem grandes esforços, isto é, despendem energia adicional, para regular programas perturbados.

– E a morte de uma pessoa num acidente de carro, de comboio, de navio também é planeada? Casualidades são possíveis?

– Geralmente a morte é programada. Mas podem acontecer situações em que o Determinante deixa passar um momento perigoso. Isso acontece em pessoas com destinos complexos. Elas têm tantas aventuras na vida que se torna muito difícil para o Determinante acompanhar todos os seus passos e protegê-las de todos os acidentes.

– E a morte das pessoas em catástrofes globais, tipo terremotos, também é planeada?

– Nesses casos, também poderão haver vítimas casuais.

– A Humanidade paga o seu progresso técnico em vítimas? Se formos a ver, há muita gente que morre devido a todo o tipo de tecnologia.

– O programa dessas pessoas chega ao seu término e assim é realizada a recolha das suas almas. através da terminação do programa. Quando ocorre um homicídio não premeditado, onde ninguém é culpado e o acidente acontece por si só, dá-se uma poderosa descarga energética. Esta acaba também por ser uma forma de os Determinantes receberem um certo tipo de energia necessária para os Sistemas hierárquicos.

– A energia liberta desta maneira é elevada e pura?

– Ela não é assim tão elevada, mas tem uma certa qualidade, sim.

– Para o que é que ela é usada?

– Existe uma espécie de reservatório cósmico que é preenchido com as energias emitidas no momento da morte. Posteriormente, essas energias serão usadas para construir novas civilizações.

– E serão usadas também para a sexta raça?

– Não só para a sexta raça mas também para outras bem diferentes.

– E os assassinos? Também recebem programas para matar outras pessoas?

– Há assassinos que seguem o programa à risca. Esses pertencem ao Sistema Negativo do Diabo. Mas há pessoas a quem apenas se propõe a subvariante do homicídio como um teste de verificação, para ver do que são capazes as suas almas... E vocês têm também de entender que ninguém é morto simplesmente porque sim, sem culpa absolutamente nenhuma. Se isso acontece, é porque esse é o seu karma e a agora vítima terá ela própria matado alguém numa vida passada.

– E um psicopata que mata muita gente, também é com base no programa?

– Sim, mas para a realização desse programa usa-se uma alma do Sistema Negativo do Diabo.

– Pode acontecer um psicopata vir a ter vítimas não planeadas?

– Não, não podem haver vítimas não planeadas. Tudo é realizado de acordo com o programa. O psicopata faz uma purga das pessoas no plano físico entre as pessoas que assim trabalham o seu karma.

– Um psicopata que não tenha cumprido o programa será forçado a complementá-lo na sua próxima vida?

– Não, a complementação de programas é coisa que acontece com as Minhas almas. E no Sistema do Diabo, isto quase nunca acontece, mas em caso de incumprimento do programa, os Programadores pensam como agir na situação existente de modo a levá-la ao resultado anteriormente pretendido. E esse programa inacabado será executado já por outro alguém. Por isso é feito um novo recálculo de programas. A alma do Sistema Negativo que não completou o seu programa recebe um novo programa, mais difícil e rigoroso que o anterior.

PROGRAMAS DE DEUS E PROGRAMAS DO DIABO

– Com base de comparação apenas nos programas pessoais, é possível distinguir as pessoas que operam na Terra vindas do **Sistema Negativo do Diabo*** daquelas que operam vindas do **Sistema Positivo***?

– É possível distinguir apenas por suas ações, por seu comportamento. Vocês não têm outra maneira de saber isso porque não conseguem ver os programas propriamente ditos. Vocês veem apenas ações e resultados.

– Qual é a diferença entre os programas de Deus e os programas do Diabo?

– Os programas do Diabo não se subjugam à Lei de Causa e Efeito (ou seja, à Lei do Karma). O principal objetivo do seu desenvolvimento é que a alma adquira a energia que lhe é devida de acordo com um programa rigoroso. Mas essa energia vinda de programas do Diabo tem uma qualidade completamente diferente das energias no Meu Sistema (Sistema de Deus). Devido à inexistência de karma, a alma que segue segundo os programas do Diabo chega mais rapidamente à perfeição no sentido negativo. Mas, ao avançar por um programa rigoroso, sem quaisquer subvariantes, a alma não tem direito de dar sequer um único passo para o lado. A mais pequena manifestação de livre-arbítrio e desobediência é punível com a eliminação. Por isso é que no caso do Diabo as almas seguem a execução exata do programa. Já Comigo (Deus), qualquer alma se sujeita à Lei de causa e efeito e, portanto, o seu desenvolvimento atrasa-se em muitas centenas e mesmo milhares de anos para corrigir os erros cometidos. No Meu programa, a alma tem liberdade de escolha, no programa do Diabo não há qualquer escolha.

– Qual é a percentagem de livre-arbítrio relativamente ao programa total?

– Trinta por cento, ou seja, no curso de execução do seu programa, a pessoa tem apenas trinta por cento de livre-arbítrio, em tudo o resto ela fica submetida a um programa rigoroso.

– Que tipo de pessoas recebem mais liberdade de escolha: as menos ou as mais desenvolvidas?

– As menos desenvolvidas recebem mais liberdade de escolha.

– Então, quer dizer que se a pessoa está mais avançada no seu desenvolvimento, ela tem pouca liberdade de escolha?

– Precisamente. Os limites do seu livre-arbítrio estreitam-se porque já não há a probabilidade de elas entrarem pelo caminho da degradação, elas já não farão más escolhas que as poderão pôr em risco a elas e aos outros. E embora, claro, isso possa acontecer, é muito raro. Regra geral, elas seguem o caminho da verdade e já não precisam de liberdade de escolha. Elas sabem para onde ir, veem claramente o seu objetivo na vida e atingem-no.

– Há muitas pessoas na Terra a trabalharem para o Diabo?

– Sim, muitas.

– Estamos a falar de milhares ou milhões?

– Quase metade das pessoas, ou melhor, uns quarenta por cento. E cada uma das partes avança de acordo com os seus programas apropriados.

– Quais são as pessoas que pertencem por completo ao Diabo, pessoalmente ao Sistema Dele? Afinal, existem também Sistemas Negativos que lhe pertencem a Si, certo?

– A Ele pertencem as pessoas muito cruéis. Elas são do Diabo.

– Então temos que a principal diferença entre os programas de um ou outro Sistema é a existência ou não de livre-arbítrio?

– Sim. Mas os programas para a Terra e os programas do Nosso Mundo Supremo são absolutamente diferentes uns dos outros. Não dá para comparar.

– O Senhor disse que as pessoas têm dez tipos de programas. Mas isso é válido apenas para aquelas que estão no Seu Sistema (no Sistema de Deus). Quantos tipos de programas do Diabo existem na Terra?

– Também dez tipos. E todos esses tipos de programas para pessoas são elaborados pelo Diabo, mas de acordo com a Minha demanda. Ou seja, Ele faz passar as pessoas Dele também pelos mesmos programas. Estas elaborações são comuns para a Terra toda.

– O Diabo tem pessoas que seguem programas baixos e elevados. Qual é a diferença entre estes programas?

– A diferença está nos Níveis. Na posição que ocupam no Nível* Hierárquico.

– Eles diferem pelo grau de livre-arbítrio?

– O livre-arbítrio é basicamente inexistente no mundo Dele. As Unidades do Hierarca Negativo têm uma parte ínfima de livre-arbítrio na metade superior da Sua Hierarquia, quando a possibilidade de transição para o lado positivo desaparece por completo. Mas, na Terra, as almas que Lhe pertencem têm ainda a possibilidade de Me enviar um pedido mental para passarem para o Sistema oposto. Isto acontece da seguinte maneira: não obstante a existência de um programa restritivo a delimitar todas as qualidades individuais da alma, sobrepondo-se a ela durante esta encarnação com novas qualidades programadas que lhe formam uma outra personalidade, se a alma negativa conseguir de alguma maneira ganhar potencial de um Nível superior ao 50º Nível, a probabilidade de esta personalidade não sentir esse potencial, mesmo sob a batuta do programa que lhe é imposto, é muito reduzida. Daí ser possível estes indivíduos negativos sentirem as manifestações do seu próprio "Eu", que se encontra dissimulado sob a capa do programa daquela encarnação, e, desse modo, conseguirem sentir os seus próprios desejos e serem capazes de definir objetivos individuais fora do referido programa restritivo. É precisamente na sua **encarnação*** na Terra, quando se encontram lado a lado com almas positivas, dotadas de livre-arbítrio, que eles começam a sentir isso particularmente bem. E embora esses indivíduos negativos privados de livre-arbítrio não consigam fazer nada, eles conseguem, não obstante, pensar a partir do seu próprio "Eu", e isso é quanto basta, já que o seu pensamento chegará obrigatoriamente aos Superiores Positivos, que então considerarão e analisarão a possibilidade de transição dessa alma para o Sistema Positivo. Posteriormente, caberá aos Juízes Supremos, presididos por Mim, decidir se vale ou não a pena pegar em tal alma e pagar o resgate por ela. Eu dou direito mesmo ao mais impiedoso assassino de vir para o Meu lado e de se redimir através do karma.

– A nível dos planos "subtis", qual é a diferença entre a evolução de entidades de Nível* inferior e superior próximas do Diabo?

– Nos Níveis* superiores da Hierarquia do Diabo, as Essências* fazem tudo conscientemente. E, embora a sua liberdade seja mínima,

Elas até apreciam e entendem isso como uma necessidade. Elas até se sentem bem com isso.

– Os políticos aqui na Terra seguem programas rigorosos? Eles têm **livre-arbítrio***?

– Eles têm livre-arbítrio, mas muito pouco. Quanto mais alto o indivíduo sobe na estrutura do poder, menos livre-arbítrio ele tem, porque na política é tudo tão intrincado e distorcido, que o topo é sempre pressionado pelas camadas mais baixas, por mais que ele não queira isso.

– Sabemos que o Senhor considera o aperfeiçoamento como a base do desenvolvimento. E o Diabo, quando Ele elabora novos **programas*** para as pessoas, o que é que Ele põe na base desses programas?

– Também o aperfeiçoamento. A diferença está na obtenção de energias de qualidade oposta. Para as pessoas sob o domínio dos Seus programas, o Diabo elabora situações que produzirão precisamente a energia que Ele necessita, negra, pesada.

– Então, situações diferentes dão energias de qualidade diferente?

– Evidentemente. E não apenas situações diferentes, mas também comportamentos diferentes de pessoas na mesma situação vão dar energias diferentes, opostas nos seus fundamentos.

– E qualquer personalidade é passível de ser obrigada a produzir a energia necessária?

– Obrigar não se pode, porque existe o livre-arbítrio.

– Programas sem livre-arbítrio são mais económicos?

– Sim.

– Mas porque é que o Senhor dá livre-arbítrio às pessoas? No final das contas, a pessoa vai cometer tantos erros e desviar-se tantas vezes do programa principal... Qual é o Seu objetivo ao dar esse livre-arbítrio?

– É essa a Minha diretriz desde o início. Decidi que seria dessa forma.

– Essa diretriz resulta *do amor e da bondade*?

– Sim, sim, – suspirou Ele. – E sem liberdade, essas qualidades não podem ser desenvolvidas.

– Os programas do Diabo acabam por ser menos dispendiosos já que a pessoa segue por um caminho apenas, sem opções alternativas, não é?

– Sim.

– Já nos Seus programas, com todas aquelas opções, gasta-se muita energia. E como é que se compensa depois essa energia gasta? Afinal, o ser humano excede-se nos gastos energéticos enquanto busca uma meta.

– Sim, há de facto um gasto energético excessivo. Mas o indivíduo compensa esse gasto excessivo com outras situações. Quanto mais não seja para se conseguir **obter uma alma perfeita,** há que ir pela via dos gastos excessivos de energia.

PROGRAMAS DOS DETERMINANTES TERRESTRES E OUTROS

– As Personalidades Supremas habitam o Cosmos eternamente. Elas desenvolvem-se de acordo com algum programa?

– Sim, todas as Personalidades evoluem de acordo com os seus programas. Não existe no Cosmos uma única criatura sem programa.

– No que é que os programas das Personalidades Eternas diferem dos programas das pessoas comuns?

– Os programas das pessoas comuns contêm muitos subprogramas.

– Os Determinantes que governam as pessoas têm vários tipos programas?

– Não. Eles têm um único programa composto por fragmentos-blocos de todos aqueles programas que Eles atravessaram no passado e que se juntam aí num único programa. Mas, além desses pedaços de programas anteriores, existem, é claro, coisas que vão sendo adicionadas.

– Porque é que os programas Deles são feitos a partir de pedaços?

– Porque isso é preciso para o trabalho Deles. Todos esses fragmentos de programas passados contêm apenas o conhecimento necessário que foi adquirido pela Personalidade numa determinada vida, depois noutra, e noutra, e assim por diante, até ao momento da criação do Seu último programa. Tudo aquilo que a Sua compreensão conseguiu atingir na primeira vida, na segunda, na terceira e em todas as outras, é agora somado num programa integral que se abre como conhecimento tangível e disponível. Obtém-se assim um consciente expandido e uma quantidade significativa de blocos de energia anteriores no programa geral que o Determinante usa como Sua bagagem.

– Quem compõe os programas dos Determinantes?

– Os Sistemas Superiores que estão acima Deles.

– Em que é que o programa da pessoa comum difere do programa do Determinante?

– O ser humano tem um único programa, enquanto que os Determinantes têm programas somados, múltiplos.

– Como é o programa de criaturas em mundos paralelos à Terra quando comparados com o programa do ser humano?

– As criaturas de mundos paralelos têm um modo de vida completamente diferente, daí os seus programas serem também completamente diferentes.

– E são mais simples ou mais complexos?

– Comparado com o programa dos humanos são mais complexos. Quanto mais "subtil" o mundo, mais complexo o programa.

– Qual a vantagem de se ter um programa mais complexo?

– Obtém-se um desenvolvimento mais intensivo, adquire-se maior experiência, maior conhecimento. E também há uma aquisição mais rápida da espiritualidade.

PROGRAMAS DA TERRA

– Cada mundo paralelo da Terra tem o seu próprio programa. Eles estão ligados entre si e, se sim, então como?

– O programa geral de desenvolvimento da Terra une todos os programas dos mundos paralelos num todo uno, uma vez que eles estão predestinados a trabalhar juntamente com o mundo físico e não existem por si mesmos.

– O que é que existe em comum entre os programas do mundo físico da Terra e os seus mundos paralelos?

– O ponto comum entre esses programas é que todos eles são concebidos em todos os mundos para processar uma mesma energia que chega a eles vinda do Cosmos. Inicialmente, essa energia é recebida e processada pela Terra, pelo seu mundo físico. Trata-se ainda de uma energia rudimentar. Em seguida, essa energia entra nas camadas seguintes e é purificada por estas, ou seja, a energia processada deixa o invólucro físico e vai passando sucessivamente por todos os mundos paralelos, onde em cada um será processada e refinada, tornando-se cada vez mais "subtil". E é precisamente nisto que se manifesta aquele elo comum a todos os programas dos mundos paralelos e da Terra, e, por conseguinte, comum também ao trabalho deles. Já a diferença entre eles está no facto de cada mundo viver a sua própria vida e, consequentemente, isso requerer programas individuais.

– As qualidades das energias dos mundos paralelos também são diferentes?

– Naturalmente, cada mundo tem as suas próprias energias.

– Como é que se elabora o programa do mundo físico da Terra? Afinal de contas, a Terra tem flora, tem fauna, tem a Humanidade, e provavelmente tudo isto deverá estar de alguma forma ligado, certo?

– Os cálculos para esse programa são todos feitos pelo Sistema dos Programadores de ordem mais elevada do que aqueles que fazem os cálculos para o ser humano. Eles também têm a sua especialização: tem um que elabora o programa do Sistema, outro que elabora o programa da sociedade, dos próprios continentes em inter-relação com toda a Terra, levando em conta as energias que Ela precisa de receber das pessoas, e mais aquelas energias que, ainda que em menor grau, têm de ser obtidas a partir dos animais no geral, dos pássaros, das criaturas do mar.

O Programa da Terra contém, portanto, onde e quais as plantas e animais que devem existir, onde deverá haver menos e mais deles, e onde é que eles não devem de todo estar representados. Esta distribuição realiza-se de acordo com a energia existente no respetivo potencial inerente das plantas e animais. Tudo é calculado: onde deverá haver água, onde deverá haver deserto, onde deverá fazer calor e onde deverá fazer frio. Os mais pequenos detalhes são calculados ao pormenor e ligam entre si as pessoas e todos os seres vivos com determinados pontos da Terra, com as cidades e vilas.

Nenhuma cidade emerge por si só sem justificação alguma. Tudo acontece de acordo com o programa, já que há na Terra pontos com os quais se conectam as energias das pessoas e de tudo o resto. É imperativo conectar as energias das pessoas a esses pontos para que elas, as energias, possam fluir para a Terra e de volta para os Sistemas hierárquicos. Assim, tudo na Terra está sujeito a cálculos e interligado ao seu programa global.

Capítulo 5

KARMA OU A LEI DE CONEXÃO DE CAUSA E EFEITO

KARMA OU A LEI DE CONEXÃO DE CAUSA E EFEITO

Qualquer processo pode ser analisado tanto por dentro como por fora e a descrição do mesmo fenómeno a partir de dois pontos diametralmente opostos será diferente e não semelhante entre si.

Assim, por exemplo, uma pessoa pode ser descrita como alguém que viveu determinada vida, ou seja, os acontecimentos da sua vida podem ser contados em termos literários, artísticos ou documentais. É possível descrever a mesma pessoa do ponto de vista das suas reações químicas, o que resultaria já numa história diferente. O ponto de vista da biologia seria uma terceira abordagem, o ponto de vista das energias "subtis", uma quarta, e assim por diante, numa imensa variedade de aspetos. E todas estas descrições distinguir-se-iam umas das outras, embora todas elas descrevam o mesmo objeto.

Do mesmo modo, quando se fala de processos ou Leis Cósmicas*, pode-se descrever o mesmo fenómeno de diferentes ângulos e de formas completamente contraditórias. Mas, para compreender que todos esses ângulos se referem todos ao mesmo fenómeno, é preciso encontrar os elos que os unem num todo.

Assim, tudo o que é positivo e negativo no **Cosmos*** se une numa Substância viva chamada **Natureza***, e tudo o que é criado na Terra se une no conceito do Criador, que criou o planeta e nos criou a nós, ou seja, no conceito de Deus. Ao criar o nosso mundo terreno, Ele determinou também as Leis segundo as quais o mundo se deve desenvolver. Foi precisamente Deus que decretou a Lei de Causa e Efeito – ou karma – no mundo criado por Ele na Terra, tendo estabelecido o bem como o caminho do aperfeiçoamento da alma.

O que é então esta Lei na sua complexa relação e interdependência e onde é que está o seu imenso sentido de justiça?

Tentemos compreender esta questão.

O karma é a Lei das Relações de Causa e Efeito expressas nas ações que se seguem à resolução de uma situação por parte de uma personalidade. Ou, em termos leigos, o karma é a expiação dos pecados, isto é, a expiação na vida presente de ações erradas cometidas na vida passada.

Na linguagem energética, karma significa a aquisição pela alma de energias de uma determinada qualidade na matriz através de uma série de processos energéticos complexos com a purificação daquelas energias baixas que não contribuem para a sua evolução.

O **karma*** pode também ser analisado de diferentes perspetivas:

1. do quotidiano, através de situações do dia a dia;
2. como a passagem do programa; e
3. como a estrutura energética da alma humana através da Lei.

Na verdade, o karma é a Grande e Sábia Lei. E não existe na Terra Lei maior e mais justa que esta, porque, segundo ela, ao aperfeiçoar a alma, a pessoa paga pelos erros e atos cometidos até que compreenda toda a amplitude do retorno dado de acordo com o mal por ela cometido.

O ser humano não pode prescindir das inúmeras reencarnações, já que não consegue, numa única e curta vida, compreender tudo o que precisa para poder ascender às esferas Superiores, do mesmo modo que um aluno que terminou a primeira classe não consegue entrar na vida adulta independente. Ele precisa de tempo, para crescer fisicamente, e de conhecimento, para crescer espiritualmente.

O mesmo se passa nas Esferas Superiores. O indivíduo precisa de crescer energeticamente e de estar estruturalmente preparado para o mundo "subtil", ou seja, de estar em sintonia com a frequência das energias "subtis" e de enriquecer com aquela bagagem de conhecimentos elevados que o ajudarão a sentir-se em casa no novo ambiente e não a entrar nele como um selvagem na cidade.

O processo da reencarnação em si é, portanto, necessário ao ser humano para a execução de duas tarefas principais:

1. por um lado, para o indivíduo ganhar conhecimentos e experiência de vida que o levarão a aperfeiçoar a alma;

2. por outro lado, para a expiação dos pecados que o indivíduo cometeu em vidas passadas.

Em termos enérgicos, os pecados representam energias que a pessoa colheu sem estas terem a qualidade exigida pelo programa. Daí o karma ter precisamente a ver com processos compostos por situações que produzem as energias necessárias para preencher a matriz da pessoa de acordo com o programa. Ou seja, a pessoa é defrontada com situações cuja resolução lhe dará as qualidades necessárias, levando assim a aquisição de energias da matriz até aos indicadores normativos. A pessoa é reenviada de volta para essas situações até que a matriz complete a composição qualitativa apropriada. Só depois disso é que terá lugar a sua transição para a fase evolutiva seguinte em Mundos Superiores.

O conceito de "karma" está estreitamente ligado ao conceito de "pecado", que é parte integrante da Lei Cósmica abrangente.

No cristianismo, esta Lei Cósmica é apresentada não como um todo uno e único, mas surge antes em fragmentos separados, em conceitos como "pecado", "castigo em forma de Inferno " e "perdão".

A suprema Lei Cósmica de Causa e Efeito consiste na realização de ações certas ou erradas por parte da pessoa que despoletam uma cadeia de acontecimentos sucessivos tanto na vida atual como na seguinte.

Ações erradas são chamadas de "pecado", e precisamente elas atraem o indivíduo para uma cadeia interminável de reencarnações que irão repetir as situações terrestres quotidianas nas quais foram executadas essas ações erradas, até que a situação necessária seja corretamente resolvida, isto é, até que ela seja executada em conformidade com as normas cósmicas

Uma pessoa poderá ter de pagar por alguns pecados não apenas com uma, mas com várias vidas seguidas.

Mas o que aconteceria com o homem se ele não pecasse? Haveria reencarnações ou não?

Sim, claro que haveria reencarnações, porque a alma vai sempre adicionando gradualmente novas energias, ou seja, qualquer desenvolvimento surge como uma cadeia sucessiva de aquisição de novos conhecimentos, e nisso consiste o processo de integração de energias.

Mas se a pessoa não cometesse erros, se ela não pecasse nunca na vida, o seu desenvolvimento seria acelerado, e a alma chegaria muito mais rapidamente à perfeição no plano terreno. É precisamente devido aos pecados que a alma é atirada de volta ao seu processo evolutivo por milhares de anos ou mais. Para alguns, a consumação do mal, a punição e a expiação podem estender-se ao longo de milhares de anos de dolorosos nascimentos e mortes. Por isso é importante que todos conheçam esta Lei e o que os espera caso se desviem dela.

Uma pessoa evoluída mas não crente em Deus acredita, geralmente, que vive apenas uma vez e, portanto, não importa o que ela faz nesta única vida, já que tudo cairá depois no esquecimento. Por isso essa pessoa faz tudo o que considera adequado para si, o que lhe apetece.

Outros, crentes em Deus e tementes da Sua ira, acreditam que basta rezarem e arrependerem-se para serem perdoado, porque Deus perdoa a todos. Embora estes segundos tracem mais limites para si que os primeiros, eles continuam a permitir-se muito, cedendo às paixões e desejos na esperança de serem depois perdoados.

É claro que Deus propriamente dito perdoa a todos, mas, além d'Ele, existem Leis Cósmicas às quais tudo no Cosmos obedece, e nenhum ser pode contorná-las, visto essas Leis serem como as letras do alfabeto, sem o conhecimento das quais o homem não consegue aprender a ler e, por conseguinte, não consegue progredir para o Nível seguinte. Além disso, o homem é tão ingénuo no que se refere ao seu conhecimento sobre as Esferas Superiores que acredita que todos os seus pensamentos e intenções permanecerão em segredo eterno tanto para aqueles que o rodeiam como para o Mundo Superior, sem suspeitar que os Determinantes conseguem ler facilmente todos os seus pensamentos e que tudo o que ele pensa fica gravado na "cassete" da sua memória, para que no momento oportuno, ou no dia do relato da sua vida terrena (o Juízo Final), seja lido e analisado pelos Mestres Supremos aquando da execução de um novo programa para a sua próxima reencarnação.

Mas, se por um lado se conhece tudo o que uma pessoa pensa, por outro, com base numa outra Lei Cósmica – a Lei da "Não Interferência" nos assuntos dos outros – ninguém interfere nos seus planos (sem o seu pedido e consentimento). Assim, dá-se a essa pessoa a possibilidade de se manifestar na plenitude da vileza da sua natureza e poder revelar todas as imperfeições da sua alma subdesenvolvida, permitindo assim acompanhar todas as suas propensões, a fim de as trabalhar através da "Lei de Conexão de Causa e Efeito" e de levar a alma miserável à perfeição, ou, se for demasiado vil e perniciosa, de a levar à completa desconstrução, ou seja, à sua eliminação e ao fim das suas reencarnações

O Homem atual tem de saber da existência das Leis Cósmicas que definem as regras e normas de desenvolvimento de todos os seres vivos no Cosmos, onde não há excepções nem perdão para ninguém. Cada um corrige os seus pecados sozinho e em total conformidade com a crueldade que ele próprio gera; ou seja, pode-se dizer que ao matar alguém na vida presente, a pessoa mata-se a si mesma na vida posterior; ao bater em alguém na vida presente, bate-se em si mesmo no futuro, e assim por diante.

E agora vamos tentar entender estas novas noções de Pecado, Karma e Perdão, que são dados para uso direto do homem na Terra.

No diálogo seguinte com Deus, utilizámos o antigo mas curto termo "karma" como forma de abreviar o mais longo "Lei de Conexão de Causa e Efeito", e a essência física na forma de "aquisição de energias por parte do indivíduo que não correspondem às normas evolutivas exigidas" foi substituída pela palavra "pecado".

Mas tanto na primeira palavra "karma", como na segunda, "pecado", tudo está ligado com as energias e a luta por elas no decurso da evolução da alma.

Comecemos então a nossa conversa com o conceito que nos é mais próximo: "Pecado".

O PECADO

O homem ouve muitas vezes dizer que há coisas que ele não pode fazer porque é pecado. Mas com que fim foi este conceito introduzido há tantos séculos na civilização humana? Com a ajuda de Deus, tentaremos esclarecer qual o significado oculto do pecado.

– O que significa o pecado de uma pessoa na sua vida quotidiana ou no plano social?

– No Nível mais primitivo da Compreensão entendimento, o pecado é a violação daquelas atitudes morais aceites pela sociedade num determinado intervalo de tempo. O tempo desempenha aqui um grande papel, já que no seu decorrer se vai alterando o conteúdo de todas as normas e leis sociais e, por conseguinte, vai-se alterando também o conceito de pecado, afinal, aquilo que é bem visto e permitido hoje, poderá vir a ser proibido no futuro.

No Nível mais alto de Compreensão, o conceito de pecado expressa um desvio do programa, ou seja, um desvio do caminho principal do programa para uma determinada subvariante, o que leva à realização de ações num plano mais baixo e não naquele plano que era suposto na variante principal.

Já no plano energético, o conceito de pecado nada mais é do que a aquisição de energias desnecessárias nesta encarnação por parte da alma. De encarnação em encarnação, a alma tem de ir adquirindo ao longo da sua evolução certas quantidades de energias elevadas que contribuem para a sua ascensão a diferentes patamares, primeiro a patamares da **Hierarquia do Homem*** e depois da Minha **Hierarquia (Divina)***.

– O Senhor falou sobre desvios relativamente ao programa. Como interpretar neste paradigma a situação do programa da pessoa que é elaborado para ela fazer o mal, mas ela começa a fazer o bem? Isso pode ser considerado um pecado, mesmo sabendo que o desvio se deu para o lado positivo?

– Os programas não são bons nem maus. Isso é tudo relativo. O programa contribui para a personalidade ir ganhando e juntando as qualidades que lhe faltam.

– Os programas das pessoas são calculados?

– Sim, os programas são calculados por especialistas que assistem ao "filme" da vida passada, determinam quais as energias que a pessoa obteve e quais precisa ainda de obter e, baseado nisso tudo, os Fundadores Superiores elaboram o caminho que, de acordo com as Leis de Causa e Efeito, deve ser seguido pela alma para o seu desenvolvimento, e depois disso o programa, ou seja, o seu conteúdo temático, é entregue aos referidos Especialistas em cálculos que, por sua vez, elaboram com precisão os cálculos do programa e o convertem com exatidão em números.

– Na preparação do programa, participam vários Especialistas Superiores?

– Sim, alguns.

– Mas, sendo o programa elaborado para cada pessoa individualmente, não poderá acontecer serem os seus pecados também planeados?

– Não, os pecados não são nunca planeados. Eles são cometidos pela vontade do indivíduo e a principal razão para isso é o seu baixo desenvolvimento e o livre-arbítrio do qual ele goza. Cada pessoa recebe no seu programa a liberdade de escolha, ou seja, é-lhe dada a possibilidade de se desviar do programa no sentido dos seus desejos, fraquezas ou seduções.

– Um ato de violação da moral social é considerado pecado?

– Existem as mais variadas violações da moral. E a vossa sociedade definiu com suficiente clareza em Leis Humanas tudo o que deverá cair na categoria de violação e na categoria de pecado.

– Mas existem regras sociais que não estão escrita mas que um grupo de pessoas pode considerar desrespeitosas se não forem obedecidas. Por exemplo, agora é costume as pessoas reunirem-se e comportarem-se de forma não muito adequada. Para elas isso é moral, mas uma outra pessoa num nível* evolutivo mais elevado do que as pessoas desse grupo irá seguramente considerar esse comportamento inaceitável.

– Uma pessoa tem sempre escolha. Existem muitos outros grupos que ela pode escolher para se sentir normal e naturalmente bem inserida neles. No caso de, por alguma razão, não existir um grupo correspondente às suas aspirações espirituais, a pessoa, mesmo estando integrada num grupo de indivíduos que não correspondam ao seu nível*, pode sempre escolher comportar-se de acordo com as suas normas morais e honrar não aquilo que é baixo e vil, mas aquilo que é moralmente elevado. Esses grupos acabam por ser um teste à sua resistência ao comportamento imoral: descerá ela de Nível quanto aos seus pontos de vista e comportamento ou, pelo contrário, elevar-se-á ainda mais relativamente àquilo que choca a sua alma?

– O que é que o homem considera pecado, no sentido comum da palavra, no atual Nível do seu Desenvolvimento?

– Para o homem, o pecado consiste, e sempre consistiu no seguinte: assassinato, suicídio, blasfémia e renúncia. Estes são os principais.

– Ainda é pecado comer carne durante a Quaresma?

– O consumo de carne afeta antes de tudo a energia, e qualquer jejum leva à purificação dos canais energéticos do ser humano. Por isso, comer ou não comer carne é uma questão de consciência da pessoa: se ela se quer purificar ou não. Mas Eu já enumerei acima os principais pontos no que diz respeito ao pecado.

– Se uma pessoa for preguiçosa e não fizer nada, como é que isso se reflete no seu karma?

– Na encarnação seguinte, ela terá de trabalhar muito. Terá uma vida muito difícil, já que o seu programa será elaborado de forma a que ela tenha de trabalhar numa única vida aquilo que trabalharia normalmente em duas.

– O karma considera e acumula todos os pecados?

– Sim, cada um deles.

– Ou seja, dá-se liberdade de escolha, mas se a pessoa se desvia do programa principal, ela é punida?

– Sim, já que a pessoa viola nesse caso o equilíbrio energético, e, para o Cosmos, o equilíbrio é coisa bastante séria. O indivíduo deve sentir intuitivamente para onde ir e o que escolher. Além disso, existem normas sociais que o orientam quanto ao sentido evolutivo a seguir. Os ideais e a religião são-lhe dados precisamente para esse fim.

– As Personalidades Elevadas também possuem karma?

– Todos possuem karma de acordo com o seu comportamento no Nível a que pertencem as correspondentes regras e normas. Até mesmo Cristo possuía karma.

– Que **karma*** poderia Ele ter ganho na Terra se foi o Grande Enviado? Como se conjugava a grandiosa missão Dele com o Seu carma?

– O karma de Cristo foi a destruição de um povo, ou, melhor, da vida de seres de um outro mundo que Ele regia e onde, por Sua culpa, pereceram nações desse planeta. Elas pereceram por erro d'Ele. O erro de Cristo custou a vida de muitos milhares como vocês. Por isso não há exceções nem para as almas baixas, nem para as almas elevadas: todas têm de cumprir o seu karma. Por isso é que Ele, ao ter destruído as criaturas naquele planeta, teve de salvar a Humanidade no vosso.

– A crucificação d'Ele foi uma escolha feita de acordo com Seu karma?

– A morte de Cristo teve de combinar dois requisitos: Era necessário ligar a nova religião à cruz e ao sinal da cruz, coisa que entrou muito bem na vossa fé. Além disso, Ele tinha de cumprir o Seu karma através do sofrimento. Daí que a morte d'Ele tenha sido uma combinação de duas coisas.

– E após a Sua última missão na Terra, Cristo também teve de cumprir karma após a morte? Afinal, é bem provável que Ele não tenha feito tudo exatamente de acordo com o programa, não?

– Em primeiro lugar, aquela foi a Sua primeira e última encarnação na Terra. E, em segundo lugar, é claro que ele teve alguns pequenos desvios em relação ao programa. Mas o importante é que nenhuma pessoa morreu por culpa d'Ele. Por isso, Ele praticamente não tinha karma após a sua vinda à Terra.

– Por que é que na Bíblia não surge nada escrito sobre o karma das pessoas, ou seja, sobre a expiação dos pecados do passado no tempo presente? Será que acharam que bastava dizer ao homem que qualquer pecado é punível?

– A Bíblia fala da expiação dos pecados, sim, as pessoas é que não compreenderam isso. Esse registo foi deixado por decifrar. É claro que a denominação "karma" é indiana, hindu, e na Bíblia tudo é expresso de uma forma diferente, alegoricamente.

– Mas é possível que tenha havido o conceito de karma e de reencarnação nos ensinamentos de Cristo e que os escribas tenham removido essas menções movidos por suas convicções pessoais?

– Não. Repito mais uma vez: tudo isso vem na Bíblia. A questão é que ainda não foi decifrado.

– Já se passaram dois mil anos desde a época da missão de Cristo. Muita gente evoluiu bastante e temos hoje muita gente digna e altamente espiritualizada. A nossa pergunta é: existe atualmente na Terra alguém que esteja livre de karma?

– Não, não há ninguém. Até vocês, os Nossos mensageiros, escolhidos por Nós, têm alguma situação kármica por resolver.

– Existe algum mundo no **Cosmos*** que evolua sem karma?

– Não. Todos estão sujeitos às mesmas Leis do Cosmos.

– Mas existem mundos que evoluem sem pecado?

– Sim, existem mundos assim em alguns planetas materiais.

– E mesmo assim eles têm Lei Kármica?

– Sim, existe karma também nesses mundos, mas manifesta-se de outra forma. O karma assume formas distintas em mundos diferentes.

– As Leis do Karma são as mesmas para os planos inferiores e superiores?

– A Lei de Causa e Efeito propriamente dita existe em todos os lugares do Cosmos, mas manifesta-se em cada mundo de modo diferente. Para os seres humanos, as Leis do Karma são umas, ou seja, manifestam-se em formas e métodos de correção e punição por seus atos. Para os Seres Superiores, são outras, porque o modo de vida desses seres é diferente e o potencial energético das Suas almas, do qual depende a Sua capacidade de suportar dificuldades, também é diferente. Isto significa que uma punição insuportavelmente severa para uma alma de baixo potencial, será fácil de aguentar para uma alma de potencial superior e não terá o efeito desejado. Por outro lado, quanto mais evoluído for o ser, mais elevado é o seu consciente, pelo que essa Personalidade jamais fará o mesmo que o ser humano. Por isso é que a relação de causa e efeito como a conhecem os humanos não é adequada em outros patamares evolutivos e daí as transgressões e as formas de punição serem diferentes dependendo dos Níveis de Desenvolvimento.

– Os Hierarcas Supremos estão isentos de karma?

– Tudo é relativo. Quanto mais elevado o Nível*, menor o karma, ou seja, o karma vai diminuindo à medida que o Nível de Consciência e Espiritualidade das Essências muda. Quanto mais altas se encontrarem, menos erros cometem.

– Como é que o karma dos Entes Supremos se relaciona com os eventos?

– O karma, e tudo ligado a ele, é cumprido por cada indivíduo até um certo Nível Evolutivo. Nos Mundos Superiores, os eventos são expressos de uma forma diferente da dos homens, mas as ações continuam a existir e, como tal, a Lei de Causa e Efeito reflete-se nelas em consonância com os diferentes tipos de ação. Chamar essa Lei do Karma é coisa dos humanos, para Nós, é a Lei de Causa e Efeito. Podemos chamá-la de outra forma, mas a essência é sempre a mesma. A partir de um certo Nível Evolutivo, o método operacional da Lei muda. O ajuste da relação causa-efeito é efetuado através do cálculo. Imaginemos que uma Personalidade Superior precise de trabalhar para obter um determinado volume de energia num determinado lugar e seja enviada para esse lugar. Uma vez lá, e de acordo com o cálculo feito, Ela adquire o que precisa. Mas há uma outra Personalidade a precisar de juntar energia de outra qualidade – e então é enviada para esse outro lugar. Tudo o que a Personalidade gastou para atingir alguns objetivos pessoais, Ela paga com trabalho, liquidando os seus débitos e aumentando o seu potencial.

– Existe alguma punição divina para o homem além do karma? ou seja, o Senhor pode punir pessoalmente alguém por algo?

– Não, Eu nunca castigo ninguém. A pessoa age apenas de acordo com o seu karma.

– Mas o Senhor pode interferir no destino de uma pessoa aquando da sua vida na Terra, ou seja, quando ela vive de acordo com o programa?

– Tudo é possível: é possível alterar o destino, mudar o programa daqui para a frente, mas somente se vemos que a pessoa expiou todos os seus pecados. Caso restem algumas transgressões menores do passado, o programa poderá ser refeito para eventual melhoria.

– E é possível alterar um programa para pior?

– JA-MA-IS – disse Ele, arrastando ligeiramente a palavra de modo bem expressivo.

– Alguns médiuns afirmam ser capazes de corrigir o karma do indivíduo. Isso é possível?

– Sozinhos não conseguem. É possível mudar algo no programa de uma pessoa somente com a permissão do mais alto Determinante Supremo e do Fundador. Tudo é examinado de antemão, as consequências de eventuais mudanças são ponderadas e se depois, por decisão pessoal, o Determinante Supremo permitir eliminar o karma da pessoa, esse karma será removido, mas apenas por uma vida. Na próxima vida, ele virá duplicado.

– Mas se um médium diz a uma pessoa para mudar o seu consciente, isso pode de alguma forma influenciar o karma do seu paciente?

– Sim, ao trabalhar o consciente para se aperfeiçoar, o homem melhora naturalmente o seu karma, já que começa a cometer menos erros e a tentar corrigir coisas em sua conduta, em si mesmo.

UM KARMA CONCRETO*

– Se uma pessoa fica rica, o que é que isso significa em termos das Leis do Karma?

– A riqueza é dada como um teste ou uma recompensa.

– Porque é que nos deparamos tantas vezes com pessoas de baixa espiritualidade bastante ricas?

– Porque é um teste para elas.

– E se a riqueza vier para as pessoas de elevada espiritualidade?

– É uma recompensa.

– Se uma pessoa convence outra de que a ama e, ao mesmo, a magoa, isso é admissível do ponto de vista da moral cósmica?

– Jamais. Jamais!

– E se a pessoa fizer isso deliberadamente?

– Ele ganha um karma.

– E que punição a espera nesse caso?

– Ela receberá na mesma moeda aquilo que fez a outra pessoa. Colherá aquilo que semear. O mal voltará para ela como um bumerangue.

– Mas volta nesta vida?

– Pode acontecer vir nesta vida e na próxima.

– É possível transferir o karma de uma pessoa para um membro da família?

– Lembre-se do seguinte: Não existe transferência de karma para outras pessoas!

– Mas disseram-nos que os filhos às vezes podem sofrer pelos pecados dos pais...

– Sim, podem. Mas só se houver karmas geracionais, e para isso são selecionadas almas pertinentes. Nessa variante, há sempre dois karmas combinados: o karma dos pais e dos filhos. Por isso as coisas não são assim tão simples nem ninguém paga o karma de outra pessoa.

– É possível um cientista que crie uma bomba atómica ou outra arma qualquer ganhar karma por causa disso, considerando que ele não mata ninguém diretamente, mas que depois tanta gente será morta com a arma dele?

– Não, neste caso, não há karma já que ele trabalha para a ciência.

– O Senhor vê essa pessoa apenas como um cientista e nada mais?

– Sim, como um cientista, um inventor. Normalmente, todos os cientistas e inventores trabalham para e com Sistemas Negativos, porque todos os que podem efetuar operações computacionais, que fazem cálculos e inventam novas estruturas, pertencem a Sistemas Negativos, e podem pertencer tanto ao Sistema Negativo do Diabo como ao Meu Sistema Negativo, tudo depende das qualidades que prevalecem nas suas matrizes: positivas ou negativas.

– Os nossos cientistas já conseguem interferir na psique das pessoas, influenciando situações no programa de alguém com o objetivo de subjugá-lo. Como é que isso afetará o karma deles?

– Tudo depende do objetivo ou desejo do próprio cientista ao criar algo. Se ele cria algo já com o desejo de subjugar os outros, neste caso, ele produzirá karma. Mas se o seu propósito for puramente criativo, então a situação é diferente. Só aquele que quer subjugar alguém é que vai ter de limpar o seu karma. Já aquele que apenas trabalha e deseja o progresso da ciência, que trabalha para o povo e para o bem comum, esse não ganha karma algum. Muitos cientistas têm como objetivo somente a criatividade. No entanto, aqueles para quem eles trabalham e que usam as invenções dos primeiros para atingir os seus objetivos pessoais, esses sim, ganham karma.

– Que pecados está a pagar a pessoa que nasce cega? Deparamonos atualmente com muitos casos desses na nossa cidade, por isso gostaríamos de saber qual a razão para tão severa punição.

– Existe muita gente que nasce invisual não apenas na vossa cidade, mas nas outras cidades também. Para podermos clarificar a razão de um determinado karma precisamos sempre de considerar cada pessoa isoladamente, já que o karma também é sempre individual.

– Mas diga-nos algumas das principais razões que poderão levar a que se castigue alguém com a cegueira?

– Há várias razões... A principal é a de esse indivíduo que agora nasce invisual tenha ele próprio, no passado, privado alguém de visão. Esta é a primeira razão. A segunda razão para se passar uma vida sem ver é a vida de uma pessoa que no passado foi completamente insensível aos outros. Nada a tocava: nem o sofrimento das pessoas, nem acidentes... tudo lhe era indiferente. E a terceira razão é a de aguçar os sentidos para levar ao desenvolvimento de determinados centros específicos. Basicamente são estas as razões.

– Que karma espera uma pessoa sexualmente promíscua?

– O principal karma dessas pessoas é a feiura na encarnação seguinte. Embora possam existir muitos desvios, como a esterilidade, o celibato, todos os tipos de doenças sexuais crónicas. Mas a punição principal, claro, é a feiura.

– E as pessoas que passam pela vida como pessoas decentes, recebem algum tipo de karma?

– No mundo terrestre, é impossível viver uma vida inteira sem gerar karma. Mesmo uma pessoa boa pode gerar karma, fazendo o que considera ser uma boa ação.

– Como assim?

– Uma pessoa pode fazer alguma boa ação que acabará por ser uma má ação. Se não quer provocar o surgimento de karma, a pessoa tem de pensar sempre nas consequências de todos os seus atos.

– Algumas pessoas ricas dão muito dinheiro aos filhos para que possam comprar sempre o que precisam, e estes acabam por comprar drogas. Este é um exemplo de uma dessas "boas" ações que é punida mais tarde?

– Sim. Mas também pode acontecer uma pessoa boa não vai fazer nada e, mesmo assim, gerar karma por não ter intervindo e evitado o mal de alguma situação criada. Por outro lado, ao impedir o mal, ela também pode gerar karma. Por exemplo, imaginemos que um aluno calha com um professor bem severo, com métodos de ensino bastante rigorosos. Os pais trocam de professor e mudam o filho para um professor bonzinho, quando, na realidade, o que o filho deles precisava era mesmo de uma educação mais severa. Nessas condições mais brandas, o filho acaba por se transformar num alcoólico, ou seja, aqui os pais não deveriam ter intervindo no "mal". A única maneira de não gerar karma é pensar bem nas consequências que se seguirão após a participação, ou não-participação, da pessoa na situação criada. Se as consequências do seu ato, seja ele qual for, levarem ao mal, à degradação, então a pessoa gera karma. Daí ser importante ter visão de futuro e desenvolver o pensamento lógico.

– Mas como é que é então elaborada a próxima vida das pessoas decentes?

– Pessoas muito decentes, como vocês as chamam, podem gerar um karma pequeno, insignificante, e a sua próxima vida fluir com relativa calma, com dignidade e sem muitas agitações. Mas é impossível criar-lhes uma vida ideal na Terra, uma vez que a sociedade ao seu redor permanece num Nível bem baixo em suas relações e ligações espirituais. De modo que as pessoas decentes são as que mais vão sofrer da imperfeição da sociedade em que vivem, da insatisfação com aquelas relações e ligações que têm à sua disposição. E não é possível transferi-las para esferas mais altas da existência, onde as relações se encontram já num patamar superior, até que as suas almas não tenham o potencial energético correspondente, ou seja, enquanto não atingirem o desenvolvimento do próximo estágio evolutivo. Assim, o principal caminho para escapar do plano existencial inferior e ir para um plano superior, onde o karma terá um caráter mais leal, passa pelo autoaperfeiçoamento da alma.

– Por que motivo as pessoas morrem em acidentes e desastres de viação? O que têm elas a pagar em karmas passados para serem mortas deste modo?

– Para se morrer num acidente não é obrigatoriamente necessário ter algo pelo que pagar no passado. As razões, de novo, são muito variadas. Quando acontece, por exemplo, um acidente de comboio, onde muitas pessoas estão envolvidas, elas são escolhidas:

1. Umas – por seu karma, como forma de punição,

2. Outras – porque já amadureceram,

3. Umas terceiras – para serem testadas,

4. Umas quartas, que sobrevivem de acordo com o programa – para adquirirem algum tipo de experiência,

5. E outras ainda – porque esse, por exemplo, pode ser o modo que o Determinante achou mais conveniente para levar o seu tutelado, ou seja, assim pode ser mais fácil de o retirar da vida do que por meio de doença ou de outra maneira qualquer. Para o Determinante, coletar a alma guiada por Ele é também um trabalho sujo e desagradável. E num acidente, tudo isso é simplificado. Dessa forma, o processo é mais rápido e indolor para a própria pessoa. Somente quando visto de fora é que um desastre pode parece horrível, mas para quem se vê envolvido nele, tudo acontece instantaneamente, de modo que a pessoa nem tem tempo de se assustar. Daí que os motivos da morte nestas situações possam variar tanto.

O KARMA DO ASSASSINO

– O Senhor disse que um dos pecados atuais é o assassinato e o suicídio. Por que razão as pessoas são punidas por se suicidarem?

– O suicídio é a falta de vontade de uma pessoa de obedecer aos Mestres Superiores, a falta de vontade de resolver os problemas complexos da vida. Através do suicídio, a pessoa tenta encontrar o caminho mais fácil para si e viola com isso as Leis da Evolução. Uma pessoa está ligada a muitas outras e, ao sair prematuramente da vida, ela quebra os programas dessas outras pessoas, pelo que os Determinantes terão de gastar muita energia para restabelecer as ligações que foram comprometidas ao mesmo tempo em muitos programas. E a energia é uma coisa muito valorizada no Cosmos.

– Mas não acontece haver pessoas que se matam de acordo com o programa?

– Sim, acontece, mas raramente.

– Qual é a punição pelo suicídio?

– Provações até ao final da vida que lhe havia sido dada de acordo com o programa. Neste caso, a alma dessa pessoa não tem permissão para ascender e terá de permanecer na Terra. Por esse motivo, sofre imenso. Os tormentos da sua alma continuarão na Terra.

– O suicídio é punido com decodificação?

– Não, essa alma não é decodificada. Ela simplesmente recebe a próxima vida com o acréscimo das características que não teve tempo de adquirir na vida anterior, mais o programa em duplicado, o que significa que terá situações mais complexas e difíceis na vida e a própria vida pode ser bem longa. Além disso, há ainda a sobreposição na vida subsequente, ou seja, a punição envolve três vidas no total. E todas elas serão complexas e difíceis de suportar. Se a alma não aguentar, aí então Nós vemos o que fazer com ela a seguir.

– As pessoas que cometem suicídio fazem-no sempre de modo consciente. Mas também tem baleias que se atiram para a costa para morrerem, cisnes que, quando perdem o/a companheiro/a, levantam voo e se deixam cair de propósito contra o solo... Eles fazem isso conscientemente?

– Sim.

– Nesses casos, a consciência deles funciona como a das pessoas?

– No caso deles, o suicídio é praticado sempre de acordo com o programa e não despoleta karma, precisamente porque nestes animais o karma não existe da mesma forma em que é definido para a pessoa.

– De acordo com as Leis do Karma, uma pessoa que cometa um homicídio numa vida deverá ser assassinada na vida seguinte?

– Sim. Mesmo que a pessoa consiga de algum modo esconder a sua ação e escapar da punição na vida presente, tudo o que ela faz fica gravado no "filme" da sua vida. Como resultado, ela pode até escapar da justiça terrena, mas ser-lhe-á impossível escapar da Justiça Celestial. Esse "filme" regista não apenas as ações em si, mas também os motivos do crime e todos os pensamentos que levam a ele. Portanto, também o próprio motivo que levou a pessoa a cometer o crime será avaliado.

– Se os nossos cientistas conseguissem penetrar nos blocos da memória de uma pessoa, seria possível determinar com exatidão se essa pessoa tinha cometido um homicídio ou não?

– Sim. Mas vocês, pessoas, não precisam disso para nada. O próprio indivíduo é que se deve arrepender do seu crime. O propósito dele nesta vida consiste em adquirir a consciência correta das suas ações. Não são os outros que o devem culpar, mas ele a si próprio.

– Absolutamente todos os homicídios são punidos pela Justiça Cósmica? Afinal, há homicídios cometidos em situações de autodefesa ou de proteção de uma pessoa muito próxima.

– Qualquer homicídio é punido. **O ser humano não deve matar ninguém, nunca**. Para se proteger, ele pode ferir o atacante, neutralizá-lo de alguma forma, pode fazer qualquer coisa, menos matá-lo. Existem várias maneiras de neutralizar as ações agressivas do atacante sem que essas maneiras representem uma ameaça para a vida da pessoa.

– Em que é que a punição por homicídio premeditado difere da punição por homicídio não intencional?

– A diferença, evidentemente, está na gravidade do crime cometido e no grau da punição, mais ou menos severo, que será aplicado em conformidade. Basicamente, a alma irá sentir essa diferença após a morte, ao passar pelas camadas de purificação. No caso de homicídio proposital, e em resultado de a alma acumular uma grande quantidade de energias obscuras, ela irá passar por sensações de dor excruciante, que o ser humano associa aos tormentos do Inferno. Já quando uma pessoa mata outra num ato de autodefesa ou de proteção de um ente querido, ela terá acumulado na alma outras energias, que podem até mesmo ser muito elevadas se obtidas em caso de proteção de terceiros, pelo que ela experimentará menos sofrimento ao passar pelas camadas de purificação. Assim, a principal diferença está na diferença da qualidade das energias obtidas pela alma à custa da ação praticada. Em todas as demais situações, qualquer medida punitiva é também determinada individualmente. Mas o principal que a pessoa deve ter presente quando comete um homicídio, ou qualquer outro crime, é que um castigo a triplicar a aguarda: o julgamento humano, ou seja, a vossa justiça terrena com prisão, dores excruciantes nas camadas-filtros da Terra e a Justiça Celestial, com o correspondente programa de punição para a vida seguinte, na qual essa pessoa será também ela morta por alguém.

– Temos então que se uma pessoa mata alguém, deverá, de acordo com seu karma, ser morta depois por outra pessoa. E essa outra pessoa, por uma terceira, e assim por diante. Isso não nos leva a uma corrente infinita?

– Sim, existe esse padrão.

– Mas, então, como é possível interromper esse círculo vicioso?

– Há duas maneiras de quebrar a cadeia do assassínio. A primeira consiste em analisar a forma como o crime foi cometido. Na maior parte dos casos, estas cadeias terminam em mortes acidentais, onde a vida de uma pessoa é ceifada "inadvertidamente" como resultado de circunstâncias imprevistas. É esse "inadvertidamente" que quebra a cadeia de homicídios kármicos e que será já no próximo karma julgado de forma diferente. Haverá punição, mas o karma pelo homicídio será neste caso eliminado. Uma vez que se ceifou uma vida, haverá necessariamente punição, mas ela será diferente e poderá resultar na sentença que levará o autor a receber alguns tormentos ou outras coisas desagradáveis em sua vida. A segunda forma é o assassínio kármico, aquele assassínio cometido por uma pessoa negativa, em resultado do qual uma pessoa positiva verá o seu karma neutralizado, enquanto que o executante negativo adquirirá as qualidades de que necessita de acordo com o seu programa.

– Que tipo de punição aguarda o governante de um Estado que entra em guerras que levarão à morte de muita gente?

– Normalmente, este tipo de governante é uma personalidade negativa a trabalhar de acordo com o seu programa, já que as personalidades positivas não executam tais tarefas. Existem, no entanto, raras exceções, onde atos de personalidades positivas podem despoletar guerras. E quando isso acontece essas pessoas cumprem depois o seu castigo num mundo inferior, em condições mais duras e terríveis do que na Terra. Elas irão reencarnar muitas vezes nesse mundo inferior e em cada uma dessas reencarnações a sua vida será violentamente interrompida, ou seja, elas serão assassinadas em cada reencarnação. Mas, para não se gastar muita energia e tempo nesse procedimento de pagamento do karma (afinal, para compensar mil mortes seria necessário nascer, crescer e morrer mil vezes às mãos de outros, o que torna tal prolongada punição dispendiosa em todos os aspetos), existem, numa das camadas do Inferno, instalações holográficas especiais nas quais a alma paga, numa espécie de "modo acelerado", por seus graves e numerosos pecados, experimentando exatamente a mesma agonia que sentiria se estivesse a ser torturada.

– Existe algum karma pelas ações que uma pessoa pratica quando está a dormir, por exemplo, quando sonha que mata alguém?

– Claro, isso gera karma. Mas a punição será igualmente cumprida em sonhos. É em tudo idêntico. Essas aspirações da alma não podem passar sem punição. A alma manifesta nos sonhos as falhas e deficiências que pode esconder na vida real, já que na realidade comum as condições são outras, existe um certo entorno social que muitas vezes não permite revelar os aspetos mais vis da natureza, enquanto que no sonho, quando a realidade é alterada e não existem barreiras por parte do corpo físico, tudo isso fica a descoberto e as falhas internas ficam expostas, tal como numa radiografia.

– E que tipo de karma é que essa pessoa terá nos seus sonhos?

– Também nos sonhos ela acabará por ser morta ou ficar severamente ferida. O importante aqui é que a punição seja deveras dolorida e sentida. Sem a devida reação da alma, a pessoa será novamente assassinada noutro sonho, ou seja, a sua morte à mão de terceiros repetir-se-á enquanto não se obtiver a reação adequada ao assassinato. Em geral, a alma durante os sonhos deverá sentir as situações reais de forma mais subtil, já que o invólucro físico grosseiro atenua um pouco as suas perceções subtis da vida real. É por isso que nos sonhos, a tomada de consciência ou o arrependimento deverão despertar mais rapidamente do que na vida normal.

– Existem muitos psicopatas atualmente (1998). Pessoas que sozinhas matam cinquenta pessoas. De acordo com a Lei do Karma, essas pessoas deverão ser assassinadas cinquenta vezes nas suas vidas seguintes?

– Sim, mas só se ficar decidido não decodificar a alma em questão imediatamente após essa vida. Se essa alma não pertencer ao Sistema negativo do Diabo, ela pode ser logo eliminada por causa de cinquenta homicídios.

– A medicina procura doenças mentais nos psicopatas para tentar explicar a crueldade deles precisamente através de transtornos psíquicos.

– É evidente que eles têm a psique parcialmente deturpada, já que uma pessoa normal não possui capacidade para fazer isso. Mas existem outras coisas que o ser humano desconhece.

– Que razões podem levar a psique do indivíduo a ficar deturpada a ponto de ele se tornar um psicopata?

– Educação inadequada desde o nascimento, crescer entre escândalos familiares, pancadaria, má-educação, bem como a influência da televisão: filmes de terror, filmes de guerra com mortes sem fim, jogos de computador violentos – todas essas coisas influenciam muito negativamente o consciente das crianças. No final, tudo isso leva a uma distorção da perceção do mundo da criança e à deformação da sua psique.

– A psique "anormal" de uma pessoa consegue influenciar o seu programa distorcendo-o?

– As perturbações da psique humana distorcem o correto alinhamento entre a pessoa e o seu programa. Às vezes, a ligação com o programa pode ser completamente afetada e a pessoa começar a agir de forma desviante, fora do programa. O Determinante dela tentará reorientá-la a tomar o caminho certo, e quando isto não acontece, Ele elimina-a. Isso acontece no caso de a pessoa pertencer ao **Sistema Positivo***.

Mas na Terra existem também pessoas que pertencem ao **Sistema Negativo do Diabo*** e, regra geral, os psicopatas são especialmente selecionados no meio desse sistema com a finalidade de eliminar algumas almas da Terra. É por isso que os psicopatas do Sistema Negativo do Diabo não têm, normalmente, qualquer perturbação mental. Eles agem automaticamente de acordo com o programa. É precisamente isso que as pessoas não sabem: que a psique desses indivíduos é absolutamente normal.

– As pessoas, apesar disso, não entendem porque é que alguns indivíduos têm permissão "De Cima" para matar 50 pessoas, especialmente quando existem programas?

– Vocês precisam de entender que ninguém é assassinado simplesmente porque sim, sem nenhuma culpa. Isso é o karma da pessoa que na vida passada terá ela própria matado alguém. E convém não esquecer que se existe um psicopata a quem foi dada a oportunidade de crescer e se manifestar sem ter sido eliminado em idade precoce, então ele é um enviado do Sistema Negativo do Diabo ou, como vocês dizem, um servo do Diabo.

Segundo o seu programa, ele deverá libertar um determinado número de almas do respetivo invólucro material (corpo) da Terra e "fazer uma limpeza". As pessoas que não pertencem ao Sistema Negativo do Diabo e que tomam o caminho do homicida devido a transtornos mentais ou por outras razões, como Eu já referi, ou são decodificadas, ou pagam depois pelos crimes cometidos através do seu karma.

– Ao matar pessoas, o psicopata ajuda-as a expiar os seus pecados?

– Não, não existe aqui nenhuma expiação de pecados.

– O que acontece com um psicopata se, por exemplo, o programa estiver programado para ele matar 20 pessoas, mas ele só matou duas, tendo depois sido preso, condenado à morte e executado? Afinal, ele não cumpriu o programa... Esta situação também despoleta karma para ele?

– As coisas, no Sistema Negativo do Diabo, são organizadas de maneira diferente. Aí não existe karma. Existe apenas a execução rigorosa do programa. Essa é **a principal diferença** entre os nossos Sistemas. No Meu Sistema (de Deus), existe o karma, enquanto que, no Sistema do Diabo, não existe karma.

– Se no Sistema do Diabo não existe karma, o que está então na base do desenvolvimento das almas no Sistema d'Ele?

– Está o desenvolvimento progressivo correspondente ao mundo do Diabo. A alma vai ganhando energias de qualidade completamente diferente das energias do Meu Sistema. Mas devido à inexistência de karma, a alma no mundo do Diabo chega mais rápido à perfeição *na direção negativa*. Ao seguir um programa bem mais rigoroso, ela não tem possibilidade de dar um passo que seja para o lado. Ao menor sinal de livre-arbítrio ou desobediência, ela é castigada com a eliminação. Por isso é que no Sistema do Diabo ocorre geralmente a execução rigorosa do programa. E aquelas personalidades vindas do mundo d'Ele que são enviadas ao mundo terrestre com determinados objetivos, executam com exatidão o programa que lhes foi atribuído.

No Meu Sistema (de Deus), onde atua a Lei de Causa e Efeito, ou seja, com a subjugação à Lei do Karma, qualquer alma percorre um longo caminho para evoluir, corrigindo os erros cometidos, já que Eu exijo a tomada de consciência e o reconhecimento desses erros.

E há mais um detalhe importante que distingue a evolução no Meu Mundo e que é o facto de o ser humano gerar karma devido ao *livre-arbítrio* que tem no seu próprio programa. No Mundo do Diabo, *não existe liberdade de escolha*. Nos Meus Mundos, a alma pode escolher, cometer erros, após o que deverá corrigi-los e, dessa maneira, evoluir o seu consciente. Já com o Diabo, a alma não tem o direito de escolher, ela deve fazer apenas aquilo que lhe mandam fazer. Ela é como um soldado no exército, sem opinião própria.

– Se, ao morrer, a pessoa liberta energia, para onde vai essa energia no caso de ela ser morta por um psicopata: para o Determinante do assassino no Sistema Negativo?

– As energias vão para os respetivos Determinantes: as energias da vítima vão para o seu Determinante do Sistema Positivo e as do psicopata vão para o Determinante dele, no Sistema Negativo. Mas a energia negativa do homicídio em si vai para o Sistema Negativo.

– Como podemos analisar o karma do ponto de vista energético?

– De acordo com o karma, a alma tem de conquistar as energias necessárias ao seu desenvolvimento, mais aquelas energias que não conseguiu adquirir na encarnação anterior. Cada nova encarnação implica o desenvolvimento pela alma de novas energias qualitativas e um certo aumento quantitativo das energias já disponíveis na matriz até às normas exigidas.

As situações que no decorrer da vida da pessoa lhe são dadas para serem trabalhadas contribuem para a produção, na sua alma, dos tipos de energias planeados, e a pessoa, ao passar por essas situações, deverá preencher a matriz da alma com um determinado conjunto de energias.

Se ela passar por determinada situação corretamente, a matriz é preenchida com as energias necessárias. Mas se a pessoa passar pela situação de modo errado, ela acabará por produzir energias de qualidade inferior àquela inicialmente planeada pelo programa principal. E uma vez que essas energias são de qualidade inferior à exigida, elas não serão aceites na matriz, e acabam por ir preencher invólucros temporários, que são esvaziados após a morte da pessoa.

Portanto, se uma pessoa não adquirui as energias necessárias numa vida através de determinadas situações, tendo produzido outros tipos de energias à custa da **liberdade de escolha***, então, na próxima vida, terá de desenvolver novamente o que precisa através de situações repetitivas ou semelhantes. É assim que funciona **a base energética do karma.**

– De acordo com a Lei do Karma, a energia do sofrimento não deveria ser compensada com a energia da alegria? Imagino eu que deva existir alguma compensação energética, não?

– Não, não necessariamente. Depende do grau de evolução da pessoa e de quanta energia ela precisa de juntar. Por outras palavras, depende das qualidades da pessoa que formaram ao longo do processo da sua vida a energia de que ela precisa.

O programa criado "De Cima" determina a energia que a pessoa não conseguiu receber em reencarnações passadas ou que ainda não recebeu de todo devido ao seu baixo nível* evolutivo. Daí, imaginemos, por exemplo, que um indivíduo recebe uma tarefa para conseguir obter uma determinada energia a partir de uma situação concreta, e uma outra energia, de outra situação diferente, com as respetivas quantidades necessárias para cada. Neste caso, a alma pode ser programada para conquistar uma unidade de um tipo de energia e cem unidades de outro tipo ao longo da vida. Daqui se vê que esse equilíbrio energético não é obrigatoriamente exigido à alma.

– Então, de acordo com as Leis do Karma, o indivíduo terá de conquistar aquelas energias que ele precisa para passar para o próximo patamar do desenvolvimento?

– Sim. Enquanto a alma não trabalhar para conquistar uma quantidade e qualidade energética definida, ela não poderá ascender a mundos Superiores. Por isso, é o programa que determina os tipos de energias que a alma precisa de conquistar, mas é a Lei do Karma que regula a sua conquista qualitativa. Já a alma pertencente ao Sistema do Diabo, ao se desenvolver de acordo com um programa rígido, ganha imediatamente os tipos de energias necessários a esse mundo, sem necessitar de repetir encarnações do mesmo tipo e, por isso, chega mais rapidamente à perfeição. Mas o conceito de perfeição no Meu Mundo e no Mundo do Diabo é diferente, mais precisamente, é diametralmente oposto.

– As pessoas não entendem porque é que se permite fazer todo os tipos de crueldade na Terra...

– Nós não permitimos isso. Mas o ser humano comete crimes devido à existência de agressão nele próprio e ao Livre-arbítrio que lhe é dado. Há sempre uma escolha:

1. Ser-se morto por alguém;
2. Matar o outro e permanecer vivo; e
3. Se a pessoa for suficiente perspicaz, ela poderá criar uma situação que tanto ela quanto o adversário fiquem vivos.

A agressão do homem vem do seu baixo nível* de desenvolvimento, do medo, da ignorância, de um grande número de vícios e muito pouca espiritualidade. Os Sistemas Negativos vão buscar para os seus fins todos esses vícios e paixões rasas do homem. Um desses Sistemas Negativos está dentro da Terra e absorve a gama energética rudimentar produzida pelo indivíduo, e outro está por cima da Terra e executa as suas tarefas. Daí eles terem interesse em provocar o homem. Existem outros Sistemas Negativos nos mundos nominais, dos quais provém também muito mal na Terra. Há alturas em que eles se apoderam de muitas pessoas, acima da conta, ou seja, vão contra o programa do homem. Eles violam os programas e isto conduz ao caos em alguns lugares da Terra.

— O que significa a expressão "eles apoderam-se... de pessoas"?

— Os Sistemas negativos, oponentes da Humanidade, subjugam a vontade de Unidades espirituais muito baixas e recorrem para isso aos seus próprios métodos de atuação. E as pessoas, sem sequer desconfiarem, começam a satisfazer as suas ordens por meio de sugestionamento. O indivíduo transforma-se numa máquina fora de controlo. O consciente dele deixa completamente de funcionar e ele começa a trabalhar sob hipnose. Este é mais um tipo de psicopatas que existe e que podem também ser chamados de "zombies". E um zombie já não é uma pessoa, pois já não raciocina por ele mesmo. Daí que razões não faltam para o aparecimento de psicopatas, sendo a principal delas a baixa espiritualidade dos indivíduos.

— Planos inferiores, como o do Sistema Negativo que se encontra dentro da Terra, têm grande influência sobre o comportamento humano. Que medidas serão tomadas "De Cima" para limitar a sua influência no futuro e para que as pessoas se tornem melhores?

— Estamos a tratar disso. Temos um Sistema que está atualmente empenhado em limitar a influência dos planos inferiores sobre pessoas. A limitação dessa influência leva à destruição de muitas personalidades que perturbam os Nossos fins. Não obstante, uma pequena parte dessas personalidades deverá ser mantida para um futuro próximo, já que elas são necessárias para o aperfeiçoamento de outras pessoas. No entanto, numa visão a longo prazo, os servos negativos do Diabo desaparecerão completamente da face da Terra.

— Elas serão limitadas pela aplicação de algumas Leis concretas?

— Não. Essas limitações deverão vir da consciência de cada um. Neste caso, a Lei é a consciência. Quanto mais alto sobe uma pessoa, mais elevada a sua consciência e mais perfeitas as suas ações, que ficam desse modo mais conformes às normas cósmicas. Por outras palavras, as pessoas do futuro deixarão as individualidades negativas sem emprego.

MATANÇA DE ANIMAIS

– Um animal com deficiências físicas é sinal de que eles, os animais, têm karma?

– Isso é, antes de mais, um sinal da ignomínia e crueldade do ser humano. As pessoas mutilam os animais, descarregando neles a sua maldade e deceção com a vida.

– Mas os animais mais desenvolvidos, tipo lobos, cães, tigres, elefantes e outros, poder ter karma?

– Sim. Mas há aqui algumas subtilezas a serem consideradas. Os animais pequenos e os herbívoros não têm karma. Já as almas dos carnívoros, por exemplo, podem por vezes reencarnar em corpos de herbívoros com um propósito kármico.

– A maioria dos animais não tem karma, será porque não têm vontade nem livre-arbítrio?

– Não. Se há coisa que eles têm é, precisamente, vontade e livre-arbítrio. O facto de eles não terem karma prende-se com outro motivo. Na maioria das vezes, o karma é gerado por todo o tipo de características egoístas. Quando, por exemplo, uma pessoa comete alguma má ação com o propósito de vingança ou por inveja. Ela pode dizer: "Vou fazer isto para que ele se sinta mal, enquanto eu tiro benefício pessoal disso". Já os animais, na sua maioria, não têm nem soberba, nem ganância, a não ser os animais desenvolvidos e carnívoros, que têm, sim, karma. Os animais mais pequenos e os herbívoros não o têm. Tudo depende do tipo de animal que consideramos.

– Se herbívoros como a vaca, a girafa e a gazela não têm karma, porque é que se encontram num Nível inferior ao dos predadores como o leão e o tigre?

– Não, em termos de desenvolvimento, os predadores é que estão abaixo dos herbívoros. E os herbívoros não têm karma. O facto de um carnívoro poder ser colocado no corpo de um herbívoro acontece precisamente para cumprir o seu karma. Ou seja, animais superiores, que já possuem consciência, como cães, macacos, elefantes, têm karma. Tudo depende da espécie do animal e do seu estado de desenvolvimento nessa espécie. Um animal numa fase inferior de uma espécie pode não ter karma, já um animal na fase final da mesma espécie já terá. Portanto, cada caso é um caso.

– Se uma pessoa escolhe voluntariamente uma profissão que a levará a matar animais, que karma a espera na próxima reencarnação?

– Se ela escolher essa profissão por necessidade de alimentar os filhos e a família, o karma será insignificante ou poderá mesmo não existir. Mas se o indivíduo escolhe essa profissão porque gosta, então ele gera um karma, visto a sua alma ter já aspirações para colher energias negativas. Nesse caso, serão tomadas imediatamente medidas de reeducação sob a forma de karma. E quanto mais animais ele matar, maior e mais pesado será o seu karma. Ele poderá até mesmo ficar sujeito a decodificação se matar demasiados animais e obtiver satisfação com isso.

– E é possível uma pessoa receber um programa pessoal especialmente elaborado para ela que a leve a matar animais?

– Sim, isso terá de novo a ver com o seu karma caso a pessoa necessite de produzir alguma quantidade de energia em falta ou para desenvolver certas qualidades do seu carácter.

– Qual o peso dado ao ato de matar animais aquando da determinação do tamanho da culpa da pessoa?

– Depende de como o homem matou o animal, o mais importante é considerar os motivos intrínsecos que o levaram a esse ato. Se ele o fez por necessidade de se alimentar porque se encontra numa situação desesperada, o abate de animais será visto como um trabalho. Este trabalho em si já é o seu karma e ele não será decodificado por isso. Mas se ele quer matar de propósito devido à sua própria maldade ou a alguma necessidade interna, então estaremos perante um psicopata que poderá, eventualmente, acabar decodificado caso venha a matar um número elevado de animais, por exemplo, cinquenta ou mais. O grau de gravidade do crime depende também das espécies animais em questão. As espécies são importantes. Quando a vida desse homem é analisada, as espécies dos animais que ele matou são necessariamente levadas em conta.

– Quanto mais inteligente for um animal, mais responsável é a pessoa pela vida daquele?

– Sim. Por exemplo, insetos, pássaros e peixes quase não são avaliados.

– O homem recebe alguma punição por matar um animal na caça?

– Claro. Cada pessoa terá a punição corresponde à aspiração da sua alma.

– Existe diferença nas punições resultantes de um animal morto durante uma caçada por lazer e quando a pessoa mata porque não tem nada para alimentar a sua família?

– Essas são duas coisas muito diferentes. Desde o dia da sua criação que o ser humano foi autorizado a matar animais apenas para fins de alimentação. A caça como lazer foi inventada muito mais tarde por pessoas de Níveis inferiores.

– Que tipo de karma vão ter de pagar as pessoas que gostam de caçar por lazer?

– O modo de pagamento do karma pode variar: a pessoa poderá vir a reencarnar num corpo deformado, poderá vir a partir várias vezes os braços e pernas, e assim por diante. E isso pode suceder ao longo de várias vidas, enquanto **a energia do próprio sofrimento não equilibrar a energia daquela alegria que essa pessoa obteve da caça.**

– E a alma das pessoas que matam muitos animais também podem ser decodificadas?

– A matança de animais é um pecado cuja avaliação tem vindo a mudar ao longo dos tempos. Se há mil anos ela não era considerada pecado, atualmente é vista de forma diferente. O importante a ter em consideração é a forma como a pessoa mata animais e em que quantidade. Tudo tem a sua própria essência interior.

– Então, factualmente falando, a razão da existência de um karma é qualquer incumprimento na execução qualitativa e quantitativa das energias na matriz?

– Sim. Cada célula requer uma determinada quantidade para ficar completa e precisamente o volume desse tipo de energia definida pela norma é que forma a qualidade necessária para o dado indivíduo. Uma vez cheia a célula, atinge-se uma qualidade estável de caráter do indivíduo. Mas enquanto o preenchimento da célula estiver incompleto o resultado é uma qualidade instável do caráter da personalidade, o que leva a que o indivíduo pratique alternadamente ações boas e más. O que Nós buscamos alcançar é uma qualidade constante. Uma célula tem por vezes de ser preenchida durante muitas vidas porque o indivíduo, devido ao seu consciente baixo e livre-arbítrio que lhe é dado, faz constantemente escolhas erradas, por outras palavras, comete erros. Em caso de escolha errada nas situações que vão surgindo, as células da matriz ficam por preencher com energias do tipo certo (ou poderão não ter energia suficiente). Daí surgirem as dívidas energéticas (débitos energéticos). Quando o indivíduo não consegue passar corretamente pela situação, esta repetir-se-á nas vidas seguintes até que ele a atravesse como requerido pelo seu desenvolvimento e preencha as células matriciais com o tipo de energia necessária. Cada situação implica o preenchimento de uma célula com energia de uma determinada qualidade. É por isso que, em termos energéticos, o "karma" implica também o preenchimento obrigatório da matriz com as energias necessárias à progressão da alma, de modo a proporcionar ao indivíduo a transição para a fase evolutiva seguinte. Por outro lado, ao mesmo tempo que seguem com sucesso no caminho do aperfeiçoamento pela via do bem, algumas pessoas conseguem ainda ganhar energias acima do planeado, pelo que são recompensadas no seu desenvolvimento.

– No que consta exatamente essa recompensa da alma bem-sucedida no desenvolvimento?

– Ela poderá ser recompensada com bens materiais, com uma existência calma, poderá vir a ser dotada com algumas capacidades especiais. Também temos muitos programas de incentivo. Mas qualquer recompensa é individual e não deve criar obstáculos à progressão da alma nem causar a degradação desta.

– É possível saber que energias tem a alma de gerar no futuro?

– Claro. Existe uma progressão natural na geração e acumulação de energias desde o espetro baixo até ao espetro mais alto. Isso é tudo fácil de calcular matematicamente pelos Especialistas de cálculo. Eles sabem que energias terá a alma de conquistar na próxima vida ou daqui a cinco reencarnações.

KARMA DA FAMÍLIA, DO COLETIVO, DA NAÇÃO

– Quando é que o karma surgiu na Terra?

– Quando surgiu o primeiro ser humano, aquando da fundação da Humanidade.

– Os selvagens da primeira civilização já tinham karma?

– Claro.

– E qual a finalidade dos karmas familiares?

– Tudo assenta, mais uma vez, na geração de energias de alta qualidade. Se considerarmos as unidades familiares, todas elas são construídas basicamente com uma mesma produção de energia e é por isso que as situações pelas quais elas passam são semelhantes. As famílias dividem-se todas em diferentes níveis* de desenvolvimento e geram todas energias de uma determinada **qualidade (característica)***. Por sua vez, essas **qualidades (características)*** estão também divididas em Níveis, e a sua produção ao longo de décadas ou séculos pelos respetivos clãs familiares que existem durante esses períodos de tempo pode revelar-se incompleto. Ou seja, esse clã concreto não completou as energias necessárias no prazo que lhe foi atribuído no âmbito do programa, o que cria dívidas energéticas. É por isso que tudo o que não funcionou bem numa geração é transportado para a geração seguinte. O pagamento kármico dessa geração posterior da família é feito através de situações que podem ser repetidas ou que podem ser absolutamente novas e mais complexas e, desse modo, consegue-se finalmente conquistar toda a energia da qualidade necessária. E essa geração recebe também a energia necessária para o respetivo processamento.

– E qualquer alma pode calhar nesse clã familiar com karma ancestral?

– Não, só aquelas almas com a energia adequada a esse clã. O karma pessoal liga-se necessariamente ao karma familiar, ao karma coletivo, e assim por diante. Ao trabalhar no pagamento do seu karma pessoal, o indivíduo ou ajuda a saldar o karma do clã, do coletivo, ou agrava-o. Tudo isto se encontra estreitamente interligado.

– É por essa razão que existem karmas coletivos e karmas de países?

– Sim, por essa mesma razão.

– E o que é que expressa o karma de uma nação?

– A mesma coisa. As almas são todas agrupadas e adquirem juntas a energia de um determinado tipo, de uma determinada qualidade para a sua matriz, e, ao mesmo tempo, produzem a energia requerida para os Sistemas Hierárquicos. Para tal, elas são elaboradas em conformidade com isso e a sua existência é organizada como um processo tecnológico específico.

– Existem tipos diferentes de karma nacional? Ou seja, as nações têm as suas próprias medidas de punição e medida de responsabilidade?

– Sim, cada nação tem o seu próprio karma. Tudo no vosso mundo varia, e os karmas não são exceção.

ARREPENDIMENTO

– Porque é que se decidiu transferir para a próxima vida as punições pelos delitos cometidos pelo indivíduo na vida anterior?

– Porque se o castigo fosse cumprido nesta vida, a punição seria muito leve.

Quando a pessoa sabe pelo que é que está a ser castigada torna-se bem mais fácil para ela suportar psicologicamente a punição, se comparada com a punição cuja causa ela desconhece, e o trabalho da alma fica reduzido ao mínimo. Temos, portanto, que no primeiro caso, a punição sentenciada acaba por ser bem mais leve. Já bem mais difícil e dolorosa de aguentar é a punição kármica que a pessoa recebe sem saber por que razão surge uma ou outra situação difícil na sua vida, o que a leva a perguntar-se constantemente: "Porque é que eu sofro tanto quando não fiz nada de errado?" Esta pergunta irá atormentá-la para o resto da vida, o que fará com que a sua alma ande sempre à procura da resposta.

A alma não se deve lembrar do que é bom e mau, mas deve sentir e rejeitar o que não é digno dela. E para isso ela deverá, durante o processo de autoaperfeiçoamento, acumular na matriz energias tão elevadas que começarão a repelir tudo o que é vil, não porque a alma se lembre do que não é bom, mas porque tudo o que é vil já não lhe serve e lhe provoca repulsa. E é nisso que está a pureza da experiência.

– Sabendo já que a pessoa não se aperecebeu de nada *durante a vida*, coloca-se a questão se ela terá consciência das coisas que fez erradas *após a morte*?

– Sim. Após a morte, ela entende a causa da sua punição e tira daí algumas conclusões. No entanto, se estas não ficarem fortemente marcadas no seu consciente, a alma acabará por repetir o mesmo erro na encarnação seguinte, quando a memória do passado for bloqueada. Mas se o reconhecimento do errado ocorrer no Nível adequado da Compreensão, ou seja, de modo bem profundo, então a alma já não repetirá na nova encarnação os mesmo erros de antes, interrompendo assim a cadeia da dependência kármica numa ou noutra direção.

– Sabemos que na aceitação comum, o arrependimento de uma pessoa significa o reconhecimento de seus pecados. E o que expressa o arrependimento em termos de energia?

– O arrependimento é purificante. Com ele é eliminada uma parte do karma do indivíduo. Uma parte pequena, no entanto. A parte maior do karma permanece, já que todos têm obrigatoriamente de pagar as suas dívidas kármicas.

– Existe alguma interação energética entre aquele que perdoa e aquele que é perdoado?

– Sim, existe.

– Qualquer ofensa pode ser perdoada?

– Tudo depende da espiritualidade do indivíduo. Quanto maior a sua espiritualidade, mais ele consegue perdoar. E quanto menor, menos perdoará. Às vezes o indivíduo não é mesmo capaz de perdoar nada devido à sua essência interior. Ele pode até perdoar em palavras, mas não perdoa no coração.

– O que é melhor: quando somos perdoados ou quando perdoamos?

– O melhor é quando se perdoa o outro. Para o ofensor nada muda, claro, já que ele ofendeu alguém, gerando com isso um karma que depois terá de pagar. Mas quando você perdoa o seu ofensor ocorre dentro de si uma certa atividade da alma – a análise de ações do ofensor ou da sua situação – que a leva a produzir algumas energias muito importantes para si.

– E se o ofensor repetir as ofensas, há que perdoar *ad aeternum*?

– É preciso mudar a situação. Significa isso que você fez algo errado.

– Como relacionar o perdão universal com o amor universal, uma vez que as pessoas com espiritualidade elevada amam todos?

– O perdão vem do amor, por isso podemos dizer que o perdão universal surge naturalmente do amor universal, é sua consequência. Portanto, quanto mais elevada for a espiritualidade da pessoa que possui o amor universal, mais ela será capaz de perdoar tudo e todos.

– Pode uma pessoa pedir a Deus que puna o seu ofensor?

– Pode, a pessoa pode pedir tudo o que quiser, mas nem todos os pedidos são considerados.

– É possível uma pessoa corrigir o seu próprio karma?

– É possível. Para tal ela deverá reviver pessoalmente tudo o que fez e em todas as nuances do que fez, ou seja, ela tem de se colocar no lugar da pessoa a quem causou mal e se aperceber da profundidade do seu ato do ponto de vista da vítima. Além disso, ela terá também de criar consciência e ficar ciente de todos os motivos que a levaram a cometer esse ato, a encontrar o defeito em si e a compreender o mal que se esconde dentro de si. E depois disso deve seguir-se o arrependimento, cujas energias positivas neutralizarão algumas das energias negativas que a alma obteve ao cometer as más ações (na vida passada ou presente).

– Isso pode ser feito em caso de ofensa cometida na vida atual. Mas o que fazer se o karma vier da encarnação passada e nós não nos lembrarmos do que fizemos, como agir neste caso?

– Se o karma estiver associado a vidas passadas, então isso já será feito pelo programa, e à pessoa não lhe restará outra coisa senão submeter-se a tudo de acordo com o programa, sem quaisquer condescendências. Um karma passado só se pode pagar através de situações programadas.

– Como desatar nós kármicos?

– O nó kármico é uma situação programada em dado momento do tempo, obtida pela combinação de várias linhas kármicas num mesmo segmento de tempo e lugar. O desenlace do nó será feito pela própria pessoa ou essência ao atravessar esse ponto no correspondente intervalo temporal.

– Num dos diálogos anteriores foi dito que algumas almas são decodificadas e que as suas vítimas terão o karma removido por uma a três vidas. Ou seja, se um assassino matou alguém, ele será decodificado e o karma da vítima é eliminado entre uma a três vidas, é isso?

– Isso raramente acontece.

– Por que razão o karma da vítima é eliminado?

– Mais uma vez, tudo se resume à qualidade da energia. No momento da morte inesperada e das experiências fortes, devido às emoções profundas, ocorre o ganho de energias qualitativas que a alma teria de conseguir conquistar no decurso do cumprimento do seu karma na sua vida futura, ou seja, ela ganha para a matriz aqueles tipos de energias que estava planeado serem ganhos com trabalho futuro. Se ao momento da morte a vítima já produziu o que teria de produzir na próxima vida ou mesmo nas três vidas seguintes, o seu karma é eliminado. Mas se esses ganhos não ocorrerem e as células da matriz permanecerem por encher, não será possível sequer pensar na eliminação do karma. Ou seja, como resultado da situação trágica deve haver uma poderosíssima descarga energética (explosão de energia), através da qual a alma geralmente experimenta o stress mais forte. A energia libertada durante o stress e a morte pode ser de muitas qualidades e produzida na quantidade total necessária.

– Quando um assassino é decodificado, a ligação kármica deste com a vítima desaparece?

– Após a morte já ninguém está mais ligado a ninguém.

– Mas é possível acontecer a vítima e o assassino voltarem a ligar-se na vida subsequente?

– Acontece, mas nem sempre, já que as almas podem vir a reencarnar em períodos diferentes. Caso se voltem a encontrar duas almas que já se encontraram no passado, o assassino terá de produzir para a vítima aquela energia concreta que ele, ao matar aquela, a impediu de produzir no passado. No entanto, esta ação não é em si o karma pela morte causada, já que o karma é sempre trabalhado separadamente.

KARMA NO FUTURO

– No cruzamento de duas épocas após o ano 2000, as pessoas da quinta raça passam para sexta. O karma delas continua o mesmo ou elas vão começar novos relacionamentos?

– O karma delas permanece o mesmo e prossegue em frente, já que as novas e supernovas relações entre as pessoas não vão acontecer de imediato. As almas que até ao ano 2000 não tenham ainda atingido a perfeição necessária continuarão a sua progressão com um programa novo e com o karma anterior, levado para um Novo Nível Evolutivo.

– Há quem diga que ao final do ano 2000 as pessoas não terão mais karma. Em que se baseia tal afirmação?

– Sim, pode-se dizer isso, sim, dependendo de como se olha para o karma. Se pegarmos nas almas que vão ser eliminadas da face da Terra, então elas não terão karma. Não existe karma para as almas a serem decodificadas. Por isso é que elas agora fazem o que querem impunemente. Como resultado, as pessoas vítimas do mal daquelas terão o seu karma para a próxima vida automaticamente eliminado, não bastasse já o que elas sofrem em dobro nesta vida: ao pagarem o seu próprio karma por pecados cometidos em vidas anteriores e ao sofrerem adicionalmente pelos pecados não planeado daqueles que serão decodificados. Dependendo do caso, o karma das vítimas daquelas almas a serem decodificadas pode ser eliminado por duas ou três encarnações posteriores, conforme a equivalência do sofrimento causado. Isto está relacionado com o curso de alguns processos enérgicos.

Mas o karma em si, como um princípio de punição e educação, mantém-se também para as pessoas da sexta raça.

A segunda razão pela qual as almas podem não ter karma é que algumas delas irão para o Diabo, que, de acordo com as Lei da Sua

Evolução, não tem karma. Por conseguinte, também elas não terão karma.

E, em terceiro lugar, se falarmos na língua da energia, podemos afirmar que o karma não existe, uma vez que, neste caso, ele é visto como um processo físico. Como tal, será justo dizer que não existe karma, mas, sim, o ganho de determinados tipos de energias com a qualidade necessária para a personalidade, que expressam uma certa progressão evolutiva através do programa definido.

– Algumas almas não conseguiram subir para o patamar seguinte até ao ano 2000. Isso significa que elas ficam agora retidas no seu desenvolvimento por mais mil anos?

– Não, elas não vão precisar de mais mil anos. Nós vamos encontrar um lugar para elas continuarem o seu aperfeiçoamento contínuo, e o seu desenvolvimento prosseguirá. Mas, no seu geral, todas as almas dignas passarão para a sexta raça.

– E para onde serão enviadas as almas das pessoas que devido ao seu karma não se adequam à criação de novos relacionamentos na sexta raça?

– Elas serão enviadas para planetas inferiores, para mundos correspondentes ao seu Nível Evolutivo e karma.

– Quando as almas passam da Terra para outros planetas, para outras civilizações, o karma delas mantém-se?

– Sim, com certeza.

– E não poderá acontecer serem eliminados karmas de algumas almas durante essas passagens?

– No Meu mundo (de Deus), não. O karma é eliminado apenas no mundo do Diabo.

– Se a alma vai agora ter um programa elaborado sem livre-arbítrio, ela continua a ter karma?

– Não, o livre-arbítrio permanece também na sexta raça. Se ele deixasse de existir, o ser humano transformar-se-ia num robô.

– E no mundo do Diabo, o que é que acontece? Afinal, no Mundo Dele não há livre-arbítrio.

– No Mundo do Diabo, o desenvolvimento ocorre com energias qualitativamente bem diferentes e o Nível de Consciência e Intelecto também é completamente diferente, ou seja, está num Nível* mais elevado, onde a alma sai para lá da robotização. Os robôs só podem existir entre os humanos. E aqui, na Terra, de facto, aquelas pessoas que trabalham do Sistema Negativo sem livre-arbítrio é que se transformam em robôs, já que elas não percebem muitas coisas e não entendem porque é que cometem certas ações. Elas apenas fazem tudo aquilo que lhes é devido segundo o programa e não sentem nenhuma luta de contradições nem qualquer tormento na alma. E isto é ser-se robô.

Para resumir o capítulo sobre karma, concentremo-nos numa questão muito importante: Qual é a diferença da ação da Lei de Causa e Efeito em Deus e no Diabo?

Deus, ao construir o programa de uma pessoa, baseia-se no ganho energético de acordo com um determinado esquema ou plano de desenvolvimento da alma. O Diabo parte de igual premissa: no Sistema Dele, a personalidade negativa também ganha energias de acordo com um determinado programa e também aí existe um plano de desenvolvimento para ela. Neste ponto a analogia é completa.

Mas Deus afirma que no Sistema Dele existe o karma como tal. O Diabo, por outro lado, diz não haver karma, mas, sim, um programa.

Se partirmos do acima exposto, podemos dizer que não há karma em nenhum dos dois, há apenas o desenvolvimento energético da alma. A diferença está somente nalgumas subtilezas que podem não ser notadas e serem confundidas como idênticas. As subtilezas são as seguintes.

Os **programas*** que vêm de Deus dão ao ser humano várias opções de escolha e, como tal, possuem uma estrutura multirramificada.

Os programas do Diabo, por outro lado, não permitem qualquer liberdade de escolha e, como tal, possuem um esquema com um único ramo.

No percurso evolutivo do ser humano, Deus demonstra condescendência: se for muito difícil para a alma realizar a sua incumbência para esta vida, ela pode passar da linha primária condutora do programa para uma das opções secundárias, com situações mais brandas, que consumirão menos esforços e que farão a pessoa sofrer menos.

A alma que não esteja ainda preparada para realizar a sua tarefa principal tem permissão para esperar, para dar um passo atrás no desenvolvimento. Ao contornar uma situação difícil graças ao livre-arbítrio dado pelo programa, que lhe permitirá viver situações mais amenas, ela terá a possibilidade de amadurecer mais para o final da vida e estar já pronta na próxima reencarnação para passar por aquela situação difícil que contornou no passado.

Por isso será justo dizer que, ao dar o livre-arbítrio ao indivíduo, Deus demonstra ser misericordioso e paciente na educação da alma. Ele não pressiona, não obriga, antes guia gentilmente, levando a alma ao amadurecimento e aumentando gradualmente o seu potencial energético.

Os programas do Diabo são sempre inflexíveis, rigorosos e, como tal, quer a pessoa queira ou não, quer ela goste ou não, terá sempre de executar tudo de acordo com o que foi elaborado no seu programa. As vontades da personalidade, assim como o seu impulso para se desenvolver numa outra direção, não são levadas em conta. No **Sistema do Diabo***, as almas fazem o que o Sistema quer. Segundo o próprio Diabo, a punição pelo incumprimento do que está no programa é a morte. Por isso será mesmo justo dizer que os programas do Mundo d'Ele são super-rígidos, super-rigorosos, embora o Diabo também considere as energias que o indivíduo já ganhou na vida passada e as que deve ganhar na próxima.

Os programas de Deus são mais humanos e o indivíduo executa-os conscientemente. Eles permitem à alma ir-se enganando em situações idênticas até ela própria se consciencializar do erro e tomar a decisão correta. Este é o objetivo principal dos programas de Deus: Ele deseja que a personalidade ganhe Consciência Elevada.

No caso do Diabo, o desenvolvimento dá-se por meio da violência, da ordem à qual não se pode desobedecer. Os programas do Diabo geram automatismo no trabalho dos subordinados.

Uma outra característica que distingue os programas de Deus dos do Diabo é que a qualidade energética que preenche as células das matrizes das almas da Hierarquia Positiva de Deus e da Hierarquia Negativa do Diabo é diametralmente oposta, ou seja, os tipos de energias produzidas pelas almas são antagonicamente incompatíveis.

Por isso é que indivíduos já com as energias apropriadas na alma e envolvidos em situações idênticas desses programas comportar-se-ão de maneira diametralmente oposta: onde um vai matar, o outro vai salvar.

Daí que as próprias situações e os seus objetivos se distingam qualitativamente em situações semelhantes desses programas opostos. Por exemplo, o objetivo de Deus é formar a nobreza, a humildade no indivíduo através de uma determinada situação, ao mesmo tempo que o objetivo do Diabo é ensinar o seu tutelado a ser uma pessoa calculista, sem coração, nem piedade. Assim sendo, os programas pessoais do Sistema do Diabo são construídos de uma maneira completamente diferente dos programas do Sistema de Deus: com outros propósitos, outros princípios, outras energias, o que leva ao preenchimento da matriz da alma com energias de qualidades completamente diferentes.

Como resultado, uma pessoa será criativa e a outra, destrutiva.

A partir do acima exposto, destacamos quatro princípios essenciais que diferem nos programas do Sistema Evolutivo de Deus e no Sistema Evolutivo do Diabo. Assim, a diferença entre os Seus programas é a seguinte:

1. No **programa*** de Deus, a alma recebe **LIVRE-ARBÍTRIO***.

Nos programas do Diabo, não existe livre-arbítrio.

2. Deus tem programas leais e mais brandos.

Os programas do Diabo são mais severos, até mesmo cruéis. A alma é forçada a desenvolver-se exclusivamente na direção exigida pelo Sistema do Diabo.

3. As qualidades (características)* das energias ganhas pela alma nos programas de Deus e do Diabo são diametralmente opostas.

4. Devido ao karma, há uma desaceleração no desenvolvimento das almas de Deus à medida que progridem ao longo do caminho evolutivo, uma vez que a alma irá voltar atrás várias vezes para situações incorretamente resolvidas.

No caso do Diabo, devido aos programas rigorosos e à inexistência de karma, o desenvolvimento ocorre mais rapidamente. Por outras palavras, a alma de Deus desenvolve-se lentamente e fica mais tempo no seu caminho rumo à perfeição.

As almas do Diabo desenvolvem-se mais rapidamente e numa determinada etapa chegam mesmo a ultrapassar o aperfeiçoamento das almas de Deus. No entanto, a direção do seu movimento é oposta ao movimento das almas de Deus: estas últimas vão no caminho do bem, enquanto as primeiras precipitam-se para o mal.

No entanto, tal desaceleração no desenvolvimento das almas de Deus ocorre somente até meio da Sua Hierarquia. A partir daí dá-se uma aceleração da progressão delas que vai ultrapassar em muito a rapidez de desenvolvimento na Hierarquia do Diabo.

Capítulo 6

O SONO E OS SONHOS

O SONO E OS SONHOS

Há já muito que o sono humano é um mistério da natureza, um fenómeno notavelmente enigmático que está para lá da nossa compreensão. Será que os antigos sabiam alguma coisa sobre o assunto? E o que sabe o homem contemporâneo sobre ele? À exceção do próprio Criador ou dos Construtores Celestes que estiveram envolvidos no seu desenvolvimento, não haverá praticamente quem consiga explicá-lo de modo correto e fiável.

Os cientistas e seus recentes avanços científicos e tecnológicos pouco revelaram ao mundo sobre este complexo estado humano. Eles têm-se mostrado incapazes de detetar o que quer que seja para além de todo o tipo de impulsos elétricos e atividade bioelétrica no cérebro durante o sono e alterações nas reações químicas da pessoa que dorme, ou seja, têm sido incapazes de detetar algo mais do que aquilo que o corpo físico é capaz de expressar.

Mas o homem só recebe "De Cima" o conhecimento que ele é capaz de compreender. Isto não pretende ser uma crítica ou uma zombaria para com os homens da ciência, mas o reconhecimento da nova Grande Chegada do Tempo que está a desvendar à compreensão humana um Novo Superconhecimento da época que está para vir.

No entanto, há que referir que a ciência moderna também teve um impacto positivo no estudo dos sonhos, uma vez que foi capaz de identificar períodos de sono lento e rápido e de expor o paradoxo da imensa atividade cerebral durante o sono que por vezes chega mesmo a exceder a atividade diurna. Este facto tão surpreendente permaneceu, no entanto, para lá do domínio do conhecido e do explicável.

Quanto mais se estuda o sono, mais incompreensível e contraditório ele parece ser. O homem tentou sempre procurar respostas às suas perguntas no próprio corpo físico, mas muitos mistérios estão para além do corpo. Os cientistas tentaram sempre procurar a resposta dentro do fenómeno e não fora dele.

Mas o mistério tem as suas raízes muito além do nosso invólucro material, o corpo, e as suas origens escondem-se para lá da longínqua nebulosa do Céu. E apenas os Entes Celestiais que de alguma forma estiveram envolvidos na criação do homem puderam lançar luz sobre alguns aspetos deste processo.

Estamos a dizer "alguns", porque Eles nunca querem desvendar completamente o mistério, por um lado, para não transformar o homem num parasita da informação, que absorve os dados já prontos e não trabalha com o cérebro em busca de respostas, e, por outro lado, porque levaria demasiado tempo a desvendar todas as intenções dos Superiores, a revelar os processos, a mecânica de ação e circulação de energia envolvida em tudo isso.

A informação que nos é disponibilizada tem o propósito de:

– dar uma nova direção à busca e compreensão da essência deste fenómeno enigmático,

– levar o homem para lá do impasse das ilusões materialistas,

– obrigá-lo a pensar de forma diferente e a desenvolver novos conceitos na base de novos dados,

– conduzir inúmeras experiências novas, e

– tirar a ciência da estagnação em que se encontra atualmente.

Este tema será abordado num esquema de perguntas e respostas. Embora a forma de diálogo não dê uma fundamentação teórica completa de todos os processos que nos interessam, permite-nos, no entanto, refletir sobre o que foi dito e continuar a investigação nesse sentido, permite-nos procurar evidências para nós próprios e compreender mais a fundo as demandas dos nossos Mestres relativamente à nossa pessoa.

Começamos esta conversa com uma questão central que tem vindo a agitar a mente humana há séculos.

PARA QUE SERVE O SONO

– Com que finalidade é que uma pessoa passa um terço da sua vida a dormir? Porque é que se desperdiça tanto tempo nisso?

– O invólucro físico do ser humano precisa de descanso para restabelecer o balanço energético interno. Este é aquele ponto principal na qual assenta a construção do ser humano. Tudo o resto surge já como derivado dessa necessidade primária.

– Porque é que não se fizeram as coisas de modo a que essa recuperação demorasse menos tempo, digamos, uma ou duas horas?

– Isto deve-se aos muitos processos bioquímicos que se operam no organismo. A velocidade das reações varia de pessoa para pessoa. Umas despacham-se mais rapidamente do que outras, pelo que elas requerem intervalos de tempo diferentes para restaurar as funções normais do corpo ativo: duas horas são suficientes para uns, enquanto outros precisam de oito horas. Contudo, uma vez que o sono está ligado aos ciclos do dia e da noite, resolveu-se usar um horário de sono de oito horas como base de duração padrão do mesmo. Além de descansar o corpo, o sono recarrega o invólucro físico com a energia primária, ou, como vocês dizem, com o "combustível", na base do qual o organismo irá trabalhar durante todo o dia seguinte.

A energia é enviada para o corpo pelo Determinante, uma vez que é Ele o responsável pelo fornecimento desta ao tutelado. Cada ser humano recebe a quantidade de energia correspondente à sua capacidade energética e ao trabalho a ser feito durante o dia. Normalmente, a energia dada é suficiente apenas para um dia. Dependendo do seu potencial energético, as pessoas recebem diferentes quantidades de energia. Pode acontecer uma pessoa que participe numa situação concreta durante o dia gastar o excesso de energia que lhe foi dado durante a noite e precisar de "recarregar baterias" também durante o dia.

– E no que é que consiste esse "recarregar de baterias" diurno?

– Quando vocês se cansam e se senta para descansar, acabarão por sentir uma afluência de força passado algum tempo. Esse fenómeno não tem nada a ver com o vosso corpo a mobilizar forças, mas com o seu Determinante a enviar-lhe energia.

– Mas o corpo físico não possui nenhumas reservas adicionais de energia?

– O corpo físico não tem quaisquer reservas. E todo o vosso descanso e recuperação de forças resume-se a uma tentativa complementar de obter energia do Determinante. Se o corpo estiver velho ou doente e sofrer muitas percas energéticas através dos órgãos lesados, ele necessitará também de ser recarregado durante o dia. Mas, regra geral, o Determinante sabe que situações são esperadas na vida e quanta energia distribuir. Ele dá mais energia para algumas situações e menos para outras.

Às vezes acontece dar-se um gasto excessivo de energia devido a fortes comoções que acompanham certas situações e a pessoa fica extenuada; nesse caso, o organismo exigirá repouso e precisará de ser recarregado, visto o repouso e a recarga serem a mesma coisa.

A segunda razão pela qual uma ou duas horas de descanso não seriam suficientes deve-se à influência de uma série de outros fatores. Um deles é a função protetora do sono: à noite a atividade humana deve ser reduzida por questões de segurança. Outro fator tem a ver com poupança: a pessoa dorme com o objetivo de poupar energia física bruta que será utilizada quando ela agir. Essa energia encontra-se armazenada no reservatório do Determinante, uma vez que o seu volume é limitado e o indivíduo ativo gasta mais do que o indivíduo adormecido.

– Os sonhos influenciam de alguma forma o processo de recarga do corpo humano?

– Não. Os sonhos não participam nesse processo. O indivíduo recebe nos sonhos uma energia de qualidade diferente daquela utilizada para recarregar o corpo. Trata-se de uma energia utilizada para o seu aperfeiçoamento espiritual, ou seja, há que separar os dois tipos básicos de energia que a pessoa recebe durante o sono: o primeiro tipo de energia, mais rudimentar, é para o corpo físico, e o outro, mais "subtil", é para a alma, para o seu o trabalho que ela executa durante o sono, já que, para conseguir atuar nos sonhos, a alma necessitará também de ter uma reserva da energia que lhe é peculiar.

– As pessoas que não sonham passam pelo mesmo processo de recarga?

– Sim, nisso não há diferença.

– Há pessoas que não dormem de todo. Como é que se dá a recarga energética no caso delas?

– Essas pessoas são consideradas doentes por vocês, embora isso não seja verdade, já que se trata de uma experiência dos Sistemas Hierárquicos. A sua recarga é realizada durante a vigília, do mesmo modo que nas outras pessoas é realizada durante o descanso. Para isso, elas precisam só de relaxar ou de se colocarem numa posição de descanso. Existem algumas especificidades na sua estrutura "subtil" que lhes permite receber num simples intervalo de relaxamento uma quantidade maior de energia do que a pessoa comum.

– Algumas pessoas "roubam" tempo ao sono para trabalharem. Elas prejudicam a sua saúde física com isso?

– Sim, claro, há que dormir de acordo com as necessidades do corpo e por isso cada um deve vigiar o seu nível de cansaço: se o indivíduo tem muita vontade de dormir, ele deve dormir, independentemente da hora, mesmo que seja de manhã. Não adie o sono de modo algum, já que este é um sinal de que o seu corpo está a precisar de alguma reorganização interna, que é efetuada principalmente durante o sono. Por que razão há pessoas com vontade de dormir de manhã: há dias em que o indivíduo acorda e umas duas horas depois já quer dormir de novo. Isto acontece mais frequentemente com pessoas debilitadas ou excessivamente emotivas devido a algum mau funcionamento do seu sistema energético, ao facto de muitos canais estarem bloqueados com energia suja e a energia que a pessoa recebeu durante o sono não ter sido devidamente distribuída por todo o corpo. Nestes casos, ao controlar a recarga, o Determinante faz correções na sua distribuição inicialmente uniforme por todo o corpo através de um sono adicional. Ele mesmo pode enviar à pessoa impulsos de sono ou pode acontecer o regulador automático da pessoa acionar-se sozinho, isto é, quando a energia recebida após uma noite de sono não é distribuída uniformemente por todo o sistema energético, o regulador ativa o mecanismo da sonolência e surge então o desejo de dormir.

Durante o sono diurno, o Determinante ajusta artificialmente o sistema energético e a redistribuição energética. É evidente que o Determinante faz esse ajuste mesmo que a pessoa se mantenha acordada, mas isso dificulta a tarefa, uma vez que o corpo em atividade vai fazer fluir as energias através dos canais energéticos de acordo com o funcionamento dos diferentes órgãos e surgem muitas interferências. Durante a noite, o corpo é recarregado não com um único tipo de energia, mas com vários. Os tipos materiais de energias dividem-se em subtipos, ou seja, há qualidades diferentes e, por assim dizer, cada órgão funciona com o seu próprio combustível, ou seja, cada órgão recebe o seu tipo de energia rudimentar. É por isso que o sono rápido e o sono lento se alternam.

Durante o período de sono lento, a recarga de um órgão é desligada e são feitos preparativos para recarregar o órgão ou órgãos seguintes. Evidentemente que isso é feito através dos centros-chacras. Paralelamente, dá-se a colheita da energia produzida.

Já durante o sono rápido, dá-se a entrega da energia. Mas, mais uma vez, não imediatamente para o corpo físico, mas primeiro para o corpo astral e, através dele, para o invólucro etérico, e só depois então para o corpo físico. Por outras palavras, a energia é fornecida ao corpo físico durante os momentos de sono rápido.

Daí dar-se um aumento da pressão arterial, uma vez que o sangue faz chegar nutrientes e novas porções de energia a todas as células do corpo. Devido à recarga das células, a pessoa vê o seu pulso, respiração e metabolismo aumentarem. Todo o corpo, e especialmente o seu complexo energético, se recarrega e opera de um modo diferente do que durante o dia. As pessoas que são despertadas durante os intervalos do sono rápido (o chamado sono REM) ficam indispostas, já que o mais importante de todo aquele processo – o fornecimento de energia ao seu corpo – foi perturbado.

Durante o sono lento, ou profundo, outros processos têm lugar. Nomeadamente, é durante esse intervalo que se descarrega do cérebro a informação desnecessária. E se considerarmos que durante o sono a alma é carregada com energias "subtis", torna-se claro o quão complexo é o processo do sono, o quão importante ele é para o corpo e para a alma, e quão grandiosos são os processos que ocorrem dentro e fora do corpo.

O sonho não é uma sucessão rápida de imagens sem sentido, mas antes um mecanismo bem complexo de fornecimento da energia necessária ao corpo físico e à alma, enquanto a alma continua a trabalhar no mundo "subtil".

– O Determinante alimenta a pessoa com energia durante o sono. Mas porque é que se a pessoa ficar sem dormir por mais de cinco dias morre? Afinal de contas, o Determinante poderia dar-lhe energia de dia, durante os períodos de descanso, ou não?

– Durante o dia, os centros e canais ligados a esses centros (que vocês chamam de chacras) não estão abertos como à noite. Ou seja, durante a noite, ao alimentar cada centro-chacra, o Determinante consegue ver que centros têm mais ou menos energia e, consequentemente, quais deles precisam de ser energeticamente carregados. Mas esse carregamento não se pode dar com qualquer tipo de energia, apenas com a energia necessária correspondente a esse centro. A abertura completa dos centros ocorre somente quando a pessoa dorme, durante o seu relaxamento máximo. É essa a mecânica do ser humano. Durante o dia, os centros-chacras estão parcialmente fechados: apenas dez a vinte por cento da área de sua entrada fica aberta.

– Quando a energia é enviada do Determinante para a pessoa, onde é que ela chega primeiro?

– Ela vai inicialmente para o invólucro astral e daí é que é passada adiante. Apenas os invólucros "subtis" recebem a energia que, uma vez lá, é por eles redistribuída pelo corpo físico. Tudo interage como um todo. O corpo físico não consegue bombar a energia diretamente para si sem ter os invólucros "subtis" como ponto intermédio. Mais especificamente, sem ter os centros-chacras, que distribuem a energia dos invólucros "subtis" para o invólucro material (o corpo).

– Como é que o Determinante envia a energia?

– Através de um dispositivo técnico especial. Eles também possuem o equipamento necessário do plano "subtil".

APRENDIZADO DURANTE O SONO

– A grande perda de tempo a que a pessoa se sujeita durante o sono não atrapalha o seu desenvolvimento? Se o ser humano não dormisse ele poderia usar esse tempo para se desenvolver.

– Não, a perda é pequena. Está tudo interligado. Durante um sono, a alma também se desenvolve e vive a sua vida normal. O ser humano não sabe disso, embora muitos tenham já notado que a pessoa vê nos seus sonhos noturnos aquilo que viveu durante o dia. Isso deve-se ao facto de a alma continuar o seu processo de aperfeiçoamento mesmo através dos sonhos, enquanto o indivíduo dorme. E por vezes pode chegar mesmo a acontecer uma pessoa se aperfeiçoar mais no sonho do que no estado de vigília. Esse desenvolvimento dá-se graças à informação sobre outros mundos e sobre o seu mundo, graças à participação em situações sonhadas, já que no sonho a vida transcorre tal como durante o dia, apenas com uma forma um pouco incomum. Durante o sonho, a alma pode passar por sofrimentos ou tentações, pode sentir alegria ou medo. E isso para ela não deixa de ser uma experiência a ser somada à experiência da vida real.

Com isso, o desenvolvimento da pessoa dá-se aos saltos se compararmos com o desenvolvimento que ela recebe durante o dia. Ou seja, a acumulação gradual de algum conhecimento ou experiência prática nos sonhos leva, ante um determinado conjunto de indicadores quantitativos, às características qualitativas da personalidade. Na vida quotidiana, o homem é muitas vezes incapaz de realizar os seus desejos pessoais, mas nos sonhos surge-lhe essa possibilidade e com isso o seu Nível de Vida aumenta, ou seja, ele eleva-se no seu desenvolvimento. Mas isso, é claro, depende dos desejos que ele realiza: se forem vis, os sonhos revelarão aspetos negativos do indivíduo, aspetos esses com os quais ele terá de lutar e superar. Muitas vezes ocorre o sonho repetir situações que aconteceram durante o dia, de modo a reforçar o sucesso que a pessoa teve nessa situação diurna, ou para revelar outros aspetos do seu comportamento contra o mesmo pano de fundo.

– Mas como se pode julgar uma pessoa pelo seu comportamento num sonho se ela própria, quando acorda, considera o seu sonho algo irreal?

– A atitude da pessoa relativamente aos sonhos que tem vai depender do seu Nível de Desenvolvimento: é precisamente o Nível da Compreensão que distingue as pessoas. Claro que algumas pessoas não prestam atenção aos sonhos, mas outras acreditam neles e tentam entender o que viram e procurar associações.

– O Determinante consegue verificar a qualidade das ações do indivíduo pela maneira como ele se comporta num sonho? Digamos que há algo que a pessoa não faz na vida real mas que faz nos sonhos. O que tirar daqui?

– Neste caso, estaremos perante um confronto, claro, porque no sonho, regra geral, a pessoa não responde por suas ações, ou seja, não tem controlo sobre o corpo físico, o comportamento no seu cérebro é desativado e deixa de se fazer sentir aquele controlo que ele teme e que não lhe permite fazer o que deseja na vida real como, por exemplo, enganar alguém com alguma vigarice ou manifestar abertamente desejos vis.

– Se uma pessoa atua de modo vil nos sonhos, mas tem uma atuação exemplar na vida real, isso basta como razão para considerar a sua alma num nível* evolutivo baixo?

– Sim, porque durante o sonho, o indivíduo não é normalmente responsável pelos seus atos, já que o controlo do seu corpo físico é propositadamente desligado do cérebro. Assim sendo, o comportamento dele acabará por exibir tendências que estão no seu subconsciente, uma vez que os estímulos internos da sua essência permanecem abertos. Este é um fator muito importante no aprendizado da alma: durante o dia, enquanto residente de um corpo físico, a sua Vontade permanece ativada, qual controlo sobre as suas ações, e, como tal, a alma inibe-se, enquanto que a dormir, durante o sonho, ela pode passar pelas mesmas situações, mas com esse controlo desligado, o que lhe permite exibir todas as falhas do carácter do indivíduo. Trata-se de um teste à qualidade dos atos: quão genuínos e verdadeiros são por sua essência interior.

INFORMAÇÃO RECEBIDA NOS SONHOS

– O que é que o sonho humano dá ao Cosmos?

– Dá muito, ou seja, dá determinados tipos de energias produzidos pelo corpo material. Estas energias não se destinam ao ser humano, mas ao Determinante, às Estruturas Administrativas Superiores e às egrégoras. Ao trabalhar com as energias "subtis" e ao participar nos sonhos, a alma também produz energias que vão para os reservatórios do Determinante e "mais Para Cima".

– Existe alguma diferença na qualidade das energias que o homem produz durante o dia e à noite, durante o sono?

– Não, regra geral essas energias são do mesmo tipo.

– Mas alguma delas é mais pura?

– Não, a pureza é constante.

– E o que é que os sonhos propriamente dito dão ao homem?

– Os sonhos são, antes de tudo, informação. Durante o sono, o corpo é energeticamente recarregado, ao mesmo tempo que a alma utiliza a informação para trabalhar com os diferentes tipos de energias.

– Como é que a pessoa utiliza a informação que lhe é enviada nos sonhos?

– Cada um usa-a à sua maneira, dependendo de como a decifra. Há pessoas que podem não prestar atenção alguma aos sonhos e, nesse caso, a alma perde os momentos educacionais transmitidos nos sonhos. Outras tentam analisar o que viram, comparar com algo real e tirar as suas próprias conclusões. Foi precisamente num sonho que o vosso cientista russo Mendeleev descobriu a tabela dos elementos químicos, só porque conseguiu usar a informação transmitida no sonho e ligá-la à vida real. Essa é uma questão importante, a de saber unir o real e aquilo aparentemente irreal. Mas agora entende que esta informação lhe foi enviada pelo Determinante, que, evidentemente, o fez com permissão "De Cima". Nem todo conhecimento pode ser revelado às pessoas.

– Como é que se dá o processamento da informação no sonho, com base em que qualidades ou características é que a classificam como necessária ou desnecessária?

– O aparelho do pensamento humano tem uma unidade de triagem que descarta a informação desnecessária e converte a informação necessária em energia. E cabe ao Anel de Impulso, ou centro-cérebro, localizado acima da cabeça do indivíduo, classificar a informação. Durante o dia, ele gira num sentido e à noite, durante o sono, esse sentido inverte-se. O seu regime de funcionamento muda. A insónia em algumas pessoas explica-se pelo facto de o Anel de Impulso não conseguir parar e continuar a girar na mesma direção em que girou o dia todo. Para adormecer é preciso fazê-lo girar na direção oposta ou simplesmente pará-lo.

– Onde é que fica gravada a informação necessária?

– No bloco da memória do cérebro, que é uma memória temporária com duração de uma vida. Além dela existe uma memória para as vidas posteriores, que se encontra nas estruturas "subtis".

– A informação desnecessária é eliminada?

– O homem, por assim dizer, esquece essa informação por ela já não lhe ser útil na vida real, por ele não trabalhar mais com ela. Trata-se de uma informação passiva, sem qualquer significado pessoal para ele. Não obstante, uma vez existente dentro dele, ela forma as situações e o pano de fundo no qual ele atua durante os sonhos. No entanto, ela corresponde a uma energia que já existe nas suas reservas da memória, pelo que se torna dispensável. Mas imaginemos que, ao analisar a vida de uma pessoa, essa informação ressurja exatamente como o pano de fundo no qual a alma se manifestou e agiu, ou seja, como situações nas quais a alma participou. As energias resultantes da reprodução dessas situações vão para a memória de reserva, enquanto que as energias que serviram como suplementares ou como ambiente de trabalho em que determinado resultado foi gerado vão para o bloco da memória passiva, que armazena tudo o que a pessoa passou mas que não precisará na vida presente.

– E a informação desnecessária é depois eliminada? O que é que acontece com ela?

– A informação desnecessária é processada pelo próprio indivíduo como uma espécie de etapa passada, como a perceção de energias que existem nas reservas do seu passado e que, portanto, se tornaram desnecessárias. O programa orienta a personalidade a processar outros tipos de energias.

– Que informação é que se considera necessária e é gravada no bloco da memória pelo Anel de Impulso?

– A informação que uma pessoa pode usar posteriormente para seus propósitos pessoais nesta vida e nas subsequentes também.

– Ela é individual para cada pessoa?

– Claro. Cada pessoa tem de ganhar a sua própria energia com as respetivas qualidades (características).

– Para onde é que vai a energia depois de processadas as informações necessárias?

– Esta energia, após a conversão da informação, entra parcialmente no bloco da memória e é parcialmente distribuída entre os invólucros "subtis".

– Como é que são formados os sonhos ante a classificação da informação em necessária e desnecessária?

– A pessoa "assiste" às imagens dos acontecimentos desse dia, as imagens desnecessárias são descartadas, as necessárias são mantidas. Devido a esse processo, as imagens acabam por se baralhar e daí surgem os sonhos estranhos e incompreensíveis. Mas na maior parte das vezes, a pessoa não se lembra deles.

– A informação desnecessária é descartada todos os dias?

– Sim, todos os dias, porque a classificação da informação em necessária e desnecessária vai ocorrendo paralelamente à medida que a pessoa passa pelas situações concretas. No entanto, a seleção não se prolonga pela noite toda, mas apenas por um pequeno intervalo de tempo.

– E como é que ocorre essa triagem diária da informação em caso de pessoas quem não dormem?

– No caso dessas pessoas, o Anel de Impulso gira a uma velocidade tão grande, levando a uma triagem tão rápida, que a pessoa nem chega a aperceber-se dela.

– Quando a pessoa está doente, a sua morte é acompanhada pela libertação de uma grande quantidade de energia. E se a morte acontece durante o sono, dá-se essa mesma libertação de energia ou não?

– Quando uma pessoa morre durante o sono, a morte é acompanhada pela mesma libertação de energia que aconteceria se ela estivesse acordada.

– O que recebe a alma em caso de morte durante o sono?

– Uma transição mais tranquila para o mundo "subtil".

A FORMAÇÃO DOS SONHOS

– Falemos agora sobre a formação dos sonhos e dos seus temas. Se os sonhos estão relacionados com o trabalho do Anel de Impulso, ou seja, se a sua informação é classificada em necessária e desnecessária, existe, subsequentemente, alguma forma de os controlar?

– Os sonhos obtidos durante a triagem da informação são apenas uma variante dos sonhos possíveis da pessoa. As imagens desordenadas e inconsistentes dos sonhos são, evidentemente, uma indicação dessa triagem/classificação da informação. Mas há outros tipos de sonhos, como sonhos de caráter instrutivo ou de teste, sonhos de viagens, sonhos premonitórios, entre outros. A pessoa não consegue gerir os seus sonhos por si própria, já que eles são controlados pelo Determinante. No entanto, o Determinante pode, a pedido do seu tutelado e, mais uma vez, para fins instrutivos ou outros, e não "só porque sim", enviar-lhe um sonho com o tema desejado. Isso pode acontecer caso seja necessário fazer o tutelado pensar em algo ou acreditar em algo.

– Mas algumas pessoas afirmam ser capazes de criar os sonhos que querem ter.

– O que essas pessoas têm é um bom diálogo com o Determinante, não são elas que criam os seus sonhos, mas Ele que lhes envia os sonhos que elas querem. De outro modo não é possível. E tudo isso é dado para fazer uma pessoa pensar: porque é que ela é capaz fazer isso e como? Tudo deve contribuir para o desenvolvimento desejado do pensamento.

– Quer dizer que absolutamente todos os sonhos são controlados pelo Determinante da pessoa?

– Sim. Mas Ele, o Determinante, não é obrigado a ver todos os sonhos. Para exercer tal controlo Ele recorre a um computador do Nível "Subtil". Não fossem os sonhos também são um programa. Todos eles fazem parte do programa humano. Não existe nenhum sonho desnecessário ou vazio.

– Então, tudo o que uma pessoa vê nos sonhos é-lhe dado de acordo com o seu programa?

– Sim. Existe um programa principal de acordo com o qual a pessoa vive a realidade. Os programas dos sonhos são elaborados com base nesse programa principal, ou seja, seguem o sentido principal que deve ser seguido pela alma. Se o objetivo do programa principal for o de desenvolver qualidades de luta no indivíduo, então, nos seus sonhos, ele estará constantemente a lutar. Se o objetivo do programa for o de desenvolver a criatividade, então o indivíduo irá criar e compor poesia nos seus sonhos, sem jamais lutar neles. E, para completar, o sonho da pessoa desenrola-se normalmente de acordo com um programa rígido. Esta é a diferença entre os programas dos sonhos e os programas da vida real, ou seja, nos sonhos o homem segue situações criadas de modo rígido, sem qualquer direito de escolha, enquanto que na situação normal da vida real é-lhe dado esse direito.

– Porque é que a alma não tem liberdade de escolha nos sonhos?

– Por causa de uma rigorosa produção energética, ou seja, nos sonhos há uma demanda energética rigorosa, um programa muito preciso. Quando há algo que está em falta, a pessoa tem de ir e preencher essa falta.

– Então, é como se nos sonhos a pessoa caísse num mundo negativo?

– Sim, "como se caísse"... mas não cai, uma vez que executa um programa de verdade, que lhe é atribuído para aquele momento. Ou seja, ela segue o tempo todo de acordo com seu programa: no sonho a coisa é rigorosa, mas na vida real ela pode ter a benesse de alguma indulgência.

– Então, resulta que tudo aquilo que a pessoa não completa no mundo real atual, deverá completar no sonho?

– Não tudo. Só aquilo que for mesmo necessário. Aquilo que é necessário para colmatar algumas falhas da alma.

– Os defeitos do ser humano são mais visíveis no mundo virtual do que no nosso mundo?

– Os defeitos são tipos de energia que a alma ainda não obteve. Mas que vai obter, seja na vida real ou num sonho.

– De onde é que vêm os sonhos?

– Do computador do Determinante. O conteúdo do sonho é gerado pelo computador do Determinante de acordo com a vida da pessoa, visto o programa de aperfeiçoamento da alma na vida real continuar atuante também nos sonhos. Mas nos sonhos o programa vai sendo executado progressivamente, ou seja, não é pré-planeado desde o nascimento, mas, sim, programado no decurso da vida da pessoa, para fortalecer mais ou menos certos momentos. E é aí que reside o seu carácter educativo. Por exemplo, imaginemos que a pessoa seguiu um caminho de vida errado, então no sonho vão-se recriar exatamente as mesmas situações e verifica-se, adicionalmente, se a pessoa volta a cometer o mesmo erro cometido durante o dia na vida real. Ou pode também acontecer o contrário: de a pessoa durante o dia, sob a influência da sociedade ou por medo pessoal, fazer a coisa certa, mas no sonho, em estado de libertação dessas amarras, agir incorretamente ao reviver aquela mesma situação, ou seja, a pessoa tem desejos absolutamente errados no seu subconsciente. E tais sonhos de teste ajudam a trazer à tona discrepâncias na sinceridade do comportamento da pessoa.

– Os sonhos são formados pelo Determinante de acordo com o programa principal ou diretamente a partir de situações diurnas. E como se formam eles quando surgem ligados a sensações ou a necessidades fisiológicas do corpo material, como a dor, a sede, a sensação de frio, de calor, etc.?

– Quando o corpo sente frio e surge a ameaça de hipotermia, capaz de causar doenças no organismo, ou quando está muito calor, que pode causar desidratação, a pessoa pode sonhar com neve ou com fogo. O Determinante forma o sonho correspondente. O controlo sobre o corpo da pessoa é constantemente considerado pelo computador e, se necessário, o Determinante acorda o indivíduo.

– Mas como ocorre o processo propriamente dito? O corpo físico envia algum estímulo, algum sinal ao computador, que por sua vez usa esse estímulo para criar os padrões do sonho?

– Não é bem isso que acontece. Neste caso, está tudo diretamente ligado à fisiologia: Durante o sono do tutelado, o computador do Determinante tem a representação visual de todo o corpo daquele. Só que essa visualização não se dá em formas materiais, mas em expressões numéricas. Cada condição normal dos órgãos tem um valor numérico correspondente, e a cada anomalia corresponde um outro valor numérico. O Determinante vê em termos numéricos o que o corpo necessita num determinado momento. Cada estado físico tem os seus próprios indicadores: febre, calor, pressão, composição química, e assim por diante. Se uma pessoa estiver com frio, significa que o invólucro físico arrefeceu e que está a precisar de calor, isto é devidamente indicado no computador. Por isso, em caso de necessidade, o Determinante envia um sinal e acorda a pessoa para esta tomar as medidas necessárias para a sua proteção pessoal. Esta opção só deve ser utilizada se o organismo estiver enfraquecido ou se estiver de alguma forma enfermo. Caso o indivíduo goze de boa saúde e seja capaz de resistir a uma certa quantidade de stress e sobrecarga, então pode também operar em modo automático. Tudo depende do estado geral de saúde do indivíduo. Muitos Determinantes preferem o modo automático, quando é o próprio organismo a indicar ao sujeito as necessidades do corpo. No entanto, a comunicação com o computador do Determinante é contínua.

– E é possível as imagens de sonhos formarem-se fora do computador, aparecerem simplesmente no cérebro, por si mesmas, com base na memória?

– Não. Por si mesmas elas não podem aparecer.

– Porque é que o sono se alterna entre sono lento e sono rápido? Ou seja, alternam-se intervalos em que a pessoa ora sonha, ora não sonha…

– Sim, a pessoa nem sempre sonha. Os sonhos representam pequenos programas que precisam de ser recarregados, tal qual cassetes, figurativamente falando. As pessoas sonham durante o período do sono rápido, o sonho então termina ou é interrompido pelo Determinante, se necessário, e durante o período do sono lento faz-se então a recolha da eventual energia das emoções experimentadas. É nesse intervalo que ocorre a verificação do bem-estar do indivíduo, verifica-se como é que ele se sente depois de um determinado sonho, verifica-se o seu estado mental e físico, porque os sonhos também influenciam a saúde da pessoa. E ainda durante esses intervalos dá-se a recarga dos programas para o próximo sonho. Além disso, a mudança de um sonho para outro requer também tempo no plano terreno e o recarregamento do computador.

Normalmente, uma pessoa tem vários sonhos por noite, mas não se lembra de todos deles.

– Sabendo que os eventos da vida quotidiana estão ligados ao programa pessoal, como é que os eventos do sonho estão relacionados com o programa de vida? Se conhecermos o programa de vida previamente é possível prever os sonhos que a pessoa vai ter?

– O ser humano não consegue conhecer o programa da sua vida. Tal faculdade não lhe é dada.

– Mas a formação dos sonhos está de acordo com o programa, não é?

– Para isso é preciso conhecer o programa do dia. Durante o dia, enquanto o tutelado vive a vida normalmente, o Determinante vai programando os sonhos daquele literalmente até ao cair da noite, até o tutelado ir dormir. E quando o indivíduo vai para a cama, ativa-se o lançamento de sonhos formados e programados para o programa dessa noite.

– E o contrário, é possível? Ou seja, é possível avaliar pelos sonhos o programa do indivíduo?

– Sim, se a pessoa for capaz de interpretar corretamente os sonhos.

– Então, os sonhos não têm o seu início no cérebro humano?

– Não. O cérebro reage às imagens enviadas através do computador e responde aos estímulos visuais com todos os tipos de impulsos, as biodescargas, que ficam registadas nos aparelhos dos vossos cientistas.

– Não dá muito para entender como é que a alma vê as imagens dos sonhos e, ao mesmo tempo, participa nelas. Como é que o cérebro capta essas imagens que lhe são enviadas através de um computador e, paralelamente, a pessoa atua na própria cena que observa?

– É difícil para a vossa perceção compreender esse estado que é o sonho, é difícil para vocês, seres humanos, compreenderem, mesmo vivendo nele: a alma participa nos sonhos… mas habita noutro mundo. Isto parece realidade virtual, mas não é. A alma do ser humano entra no mundo artificial criado pelo Determinante e, claro, vê aquelas imagens criadas artificialmente e enviadas para ela através do computador e, paralelamente, vive nelas. Essas imagens não são planas, como nos vossos filmes, mas volumétricas. Poderíamos mesmo chamá-las de holográficas. Daí elas fazerem lembrar a realidade virtual. É justo dizer que os sonhos são um holograma volumétrico. As imagens holográficas permitem que a alma viva e aja no mundo ilusório como se do mundo real se tratasse. E é evidente que o cérebro humano, que não é capaz de distinguir nos sonhos o verdadeiro do imaginário, reage a tudo o que vê, como se tratando da realidade.

  – Qual é então o papel do Anel de Impulso?

  – Ele faz a conexão entre a matéria "subtil" e a vossa matéria física rudimentar e através dele dá-se a transmissão das imagens enviadas do mundo "subtil" para o cérebro material do recetor humano. O Anel de Impulso está sempre a funcionar, mas em regimes diferentes: num dos regimes ocorre periodicamente a triagem da informação, enquanto que noutro se realiza a transmissão de sonhos do computador para o cérebro. Embora, evidentemente, o seu trabalho não se limite apenas a isto e as suas capacidades sejam bastante amplas.

  – Mas, e o facto de o Anel de Impulso descartar a informação desnecessária e as imagens dessa informação descartada serem captadas pelo indivíduo como sonhos caóticos, não nos permite considerar essa operação como um sonho?

  – Sim, isso pode também acontecer: o indivíduo perceber a informação desnecessária como um sonho caótico.

  – E o Determinante participa nesse caso?

  – Não. Isto acontece sem a participação d'Ele. Mas se durante esse intervalo, ou seja – se durante o período em que a informação desnecessária estiver a ser limpa do consciente – o regime do sonho essencial do indivíduo estiver ligado, então ele já não verá essas imagens descartadas. Dá-se como que uma sobreposição, onde o sonho enviado pelo Determinante se torna prioritário e, tal qual uma tela, acaba por cobrir as imagens descartadas. O indivíduo vê apenas aquilo que lhe mostra o Professor.

  – O Anel de Impulso funciona de maneira diferente nas diferentes pessoas: numas ele gira, noutras, fica parado. Isto influencia a qualidade dos sonhos?

  – A qualidade de sonhos é a mesma para todos, o conteúdo é que difere.

– Se o Anel de Impulso não girar, a pessoa sonha na mesma?

– Sim, sonha. A receção de sonhos dá-se na mesma.

– Mas a receção dá-se a partir do computador já de outra forma, não?

– Não, é tudo igual, através do Anel de Impulso. A rotação durante o sono influencia a triagem da informação.

– Se nos pensantes de raciocínio mais pobre como, por exemplo, os alcoólicos, o Anel de Impulso não gira, surge a dúvida se neles também se dá durante o sono a triagem da informação diária?

– Sim, isto ocorre em todos os seres, mesmo nos animais, e para isso existe um programa especial.

– Quantos sonhos uma pessoa pode ter numa única noite?

– Isto depende do trabalho do Determinante. Durante a noite, Ele pode mostrar-lhe vários sonhos, mas geralmente não mostra mais de cinco, embora mesmo este número já seja raro. Uma pessoa comum tem entre dois a três sonhos por noite. E uma vez que o tempo naquele seu mundo "subtil" ao qual a alma vai parar ser diferente do tempo real, então para ela o tempo de duração dos sonhos deixa de existir. E os eventos de um dia ou de um mês que decorrem nos sonhos são capazes de voar em poucos segundos para a pessoa física, embora a alma os capte no mundo "subtil" como eventos longos.

– E porque é que a alma não sente o passar do tempo nos sonhos?

– Ela sente, mas sente outro tempo, sente aquele tempo que está programado para cada sonho em concreto. As sensações da alma nos sonhos são um pouco diferentes. Mas os sonhos também têm tempo, só que é um tempo próprio seu.

– Os eventos de um sonho decorrem temporalmente?

– Sim, eles desenrolam-se de acordo com o tempo do sonho.

– Mas porque é que o ser humano não sente isso?

– Porque, no plano terrestre, a alma está programada para sentir e perceber o tempo físico. Todas as suas sensações estão concentradas nele e, por isso, a passagem de tempo no mundo "subtil" permanece impercetível. O tempo está presente em toda a parte, só que com diferentes dimensões e durações.

– Como entender as alegorias transmitidas nos sonhos pelo Determinante? Surgem por vezes memórias que não têm aparentemente qualquer ligação com o Mundo Superior.

– Mas essa ligação existe. A vocês é que lhes parecem que não existe. Os seres humanos não estão acostumados a decifrar alegorias. Imaginemos, por exemplo, que você tem repetidamente o mesmo sonho: que está atrasada para a escola. Qual é a essência desse sonho? – O Determinante usa neste caso algumas da suas impressões desagradáveis para lhe mostrar de forma alegórica que você está a ter alguma perda de conhecimento. Você não está a conseguir ter tempo para consolidar na memória todo o conhecimento que obtém, para o guardar na sua bagagem. Por exemplo, imagine que tem um recipiente que precisa de encher com grãos num minuto. O tempo passa e você não consegue encher o que devia naquele intervalo, vai ficando atrasada. O mesmo se passa com o conhecimento, visto estar a sonhar com a escola, por isso no seu sonho você também fica atrasada para conseguir ganhar alguns indicadores solicitado "De Cima". Normalmente, todos os sonhos estão de algum modo relacionados com o desenvolvimento da pessoa e carregam em si determinada informação. Daí ser importante tentar lembrar-se do sonho e analisá-lo sem falta: tomar atenção a algum sinal e não voltar a fazer isso na vida, pelo contrário, corrigir o que está errado na sua vida real.

– E se a pessoa sonha muitas vezes que está a caminhar na lama, como é que deve interpretar isso?

– Dependendo do nível* de desenvolvimento da pessoa, isso pode ser interpretado de diferentes maneiras. Se se tratar de uma pessoa de um nível* baixo, isso significa que ela anda a fazer coisas na vida que a sujam. Mas se estivermos a lidar com uma pessoa de um nível* mais alto, isto pode significar que ela está a ser obrigada a viver na sujidade, que tudo na vida é sujo, para onde quer que olhe, e que ela não tem por onde ir. Ela odeia essa sujidade, mas tem de aprender a não ligar, a não prestar atenção a isso. Daí que ela tenha o mesmo sonho repetidas vezes, de modo a desenvolver em si mesma um ponto de vista diferente sobre algo. Há muita sujidade na Terra, e à volta dela nomeadamente, e alguém tem de trabalhar com tudo isso. Mas é evidente que qualquer interpretação terá de ser individual, feita para a personalidade em concreto.

O VOO DA ALMA PARA FORA DO CORPO DURANTE O SONO

– É possível a alma da pessoa abandonar o corpo físico durante o sono?

– Sim. Acontece com algumas pessoas. Nem todas as almas possuem essa capacidade, apenas algumas.

– O que significa se a pessoa se vê a voar num sonho? Costuma-se dizer que isso é sinal de que se está a crescer, especialmente em relação às crianças.

– Isso significa que a alma humana tem a capacidade de voar, tem a capacidade de deixar o seu invólucro material.

– Ao voar para fora do corpo, a alma vai parar ao mundo físico ou a outro mundo qualquer?

– Ela fica no mundo "subtil" da Terra, mas pode também voar para outros planetas e para mundos paralelos.

– E porque é que algumas almas têm a capacidade de voar, enquanto outras não? Têm estruturas diferentes?

– Sim, a estrutura dessas pessoas é um pouco diferente das demais. E outra coisa que as distingue das demais é que elas se subjugam aos Entes Superiores (ou seja, o Nível* dos Entes Superiores é superior ao dos Determinantes simples).

– E é possível alguém capturar e prender uma alma quando ela está a voar?

– Não. O Determinante acompanha a alma que deixou o corpo físico, sabe em que mundo é que ela foi parar e quais os riscos que ela corre lá.

– Almas diferentes que voam para fora dos seus corpos vão parar em mundos diferentes?

– Normalmente é o mesmo mundo. Podemos dizer que para os terrestres é um mundo paralelo, embora as almas cósmicas (não terrestres) consigam voar para mais longe, para mundos com os quais não temos de todo ligação. Essas almas não-terrestres, ou cósmicas, que vieram parar à Terra por imposição do cumprimento de algum programa, conseguem voar para bem longe graças à elevadíssima **energética*** pessoal que possuem. É por isso que nos seus sonhos, elas se veem por vezes a voar para lugares bem longínquos, que as almas terrestres, com a sua reduzida energia, jamais atingirão.

– Qual é então a diferença entre o sonho de uma pessoa cuja alma voou para um outro mundo e o sonho de uma pessoa comum? E a primeira, ao despertar, consegue perceber que esteve noutro mundo?

– A sua intuição dir-lhe-á sempre que a pessoa esteve não na Terra. Ela lembrar-se-á de uma paisagem não terrena, de uma vida diferente e de muitas características que não parecem ser do seu planeta. Normalmente, quando a alma é enviada para mundos paralelos, ela deixa o invólucro material e vê tudo aquilo que está nesse outro mundo. Mas se a pessoa está sempre na Terra, ela participará então de sonhos holográficos gerados pelo Determinante no computador. A diferença é essa. E, ao mesmo tempo, quando a alma voa dá-se como que uma espécie de divisão da pessoa: o corpo material sem a alma permanece vivo e continua a dormir, a descansar, enquanto a alma permanece nesse momento num outro mundo, e a pessoa sonha que está a participar de uma realidade num outro mundo.

– O Determinante consegue governar esses sonhos quando a alma voa para fora do corpo? – Afinal, a alma fica a atuar noutro mundo...

– Sim, claro. O Determinante controla necessariamente o sonho enquanto a alma se encontra no mundo paralelo. Só que neste caso não se trata tanto de um sonho, quanto de uma realidade fora da Terra da qual a pessoa não tem consciência. O Determinante serve-lhe de guia nesse mundo paralelo e conduz invisivelmente o homem pelo caminho a seguir para este receber as impressões necessárias e se dar na sua alma o processo necessário nessa altura do seu desenvolvimento. É por isso que nesses sonhos a pessoa ouve a voz do seu Professor a dar-lhe conselhos ou sugestões.

– Mas se a pessoa, ao acordar, se esquece imediatamente que esteve num mundo paralelo, que vantagem é que ela tira desse sonho?

– Sim, isso acontece frequentemente. Mas o que o corpo físico esquece, a alma lembra. Ela ganha a experiência necessária, consolida algumas qualidades pessoais, aperfeiçoa-se. O corpo descansa à noite, mas a alma continua a trabalhar dia e noite. Nisso está a particularidade do seu aperfeiçoamento.

PESSOAS QUE NÃO SONHAM

– Porque é que algumas pessoas nunca sonham, se o Senhor disse que o Determinante forma os sonhos no computador? Terão essas pessoas alguma perturbação na perceção dos sonhos ou há outra coisa qualquer?

– Existe na Terra uma categoria de pessoas que não necessita dos sonhos, ou seja, o seu processamento da informação diária dá-se sem os sonhos.

– Isso é normal?

– Sim, perfeitamente normal.

– E que particularidade é essa que lhes permite não sonhar?

– É também uma outra estrutura do ser humano. Nem tudo tem de ser obrigatoriamente padronizado. Essas pessoas já têm experiência suficiente de vida para a formação da alma e a elas não lhes faz qualquer falta a memória de sonhos de verdade.

– Elas têm almas mais maduras do que as outras pessoas que sonham?

– Não. Não se trata de serem mais maduras. Nelas não se aciona a memória dos sonhos porque os sonhos passam por um tal corpo "subtil" que não está ligado à memória da pessoa, ou seja, neste caso, os sonhos não passam pelo bloco da memória terrestre. Quanto mais próximo o corpo "subtil" estiver do invólucro físico, mais estreita é a proximidade da sua memória ao corpo, e quanto mais distante ou mais próxima da alma propriamente dita, mais fraca é a memória do invólucro material, com base na qual o indivíduo consegue ele mesmo recordar e ter consciência do seu sonho. Por isso, podemos dizer que a particularidade da estrutura das pessoas que não sonham está no facto de a alma delas ter uma ligação muito fraca com o invólucro material, e que aqueles sinais ou impressões que a alma recebe nos sonhos não chegam ao bloco-memória do corpo físico para se revelarem depois na memória.

— Isso está de alguma forma relacionado com uma alma altamente desenvolvida ou, pelo contrário, com um desenvolvimento baixo?

— Não, não está relacionado com isso. A estrutura dessa pessoa é projetada para dois programas paralelos que não estão interligados pela memória. Um dos programas desenrola-se nos sonhos, o outro – na vida real. O que a alma faz num sonho, a experiência que ela aí adquire, deve ser levada para o subconsciente, ou seja, a pessoa não se lembrará do sonho, mas o que a alma adquire nessas situações deve ficar tão fortemente registado no seu carácter, ou melhor, nas suas estruturas "subtis" internas, que a pessoa não pode voltar a cometer na vida real alguns erros que cometeu no sonho. É nisto que assenta a pureza da experiência. Essa pessoa pode até ter as mesmas situações no sonho e na realidade. E ela, não se lembrando do resultado do sonho, não deve repetir os mesmos erros na realidade.

— Então, não há pessoas sem sonhos?

— Não, todas as pessoas sonham. O que acontece é que algumas delas se lembram dos sonhos e outras não. Mas em ambos os casos ocorre a acumulação de experiências e conhecimento por parte da alma.

SONHOS PROFÉTICOS

— Há pessoas que têm sonhos proféticos, isto é, os eventos que ela vê nos sonhos acabam por se repetir na vida real. Pergunto-me se esses sonhos são dados pelo Determinante?

– Sim, o Determinante forma os sonhos proféticos no seu computador quando o tutelado precisa de ser informado de eventos próximos ou de orientação para um futuro distante, ou de ser avisado de eventuais problemas.

– O Determinante pode usar sinais de presságio nos sonhos para dar algum tipo de pistas à pessoa?

– Sim, claro. Ao elaborar os sonhos, o Determinante utiliza frequentemente objetos nos quais o tutelado vai reparar e associar a qualquer situação concreta ou conceito semântico. Por exemplo, se por alguma razão a pessoa interpreta a imagem do cogumelo como o início de uma doença, o Determinante formará uma imagem na qual o tutelado está a apanhar ou a comer cogumelos, indicando desse modo a aproximação ou o início de uma doença. Se a pessoa não acreditar nesse tipo de presságio, o Determinante utilizará outras alegorias que sejam mais fáceis daquela entender.

– Porque é que nem todas as pessoas têm sonhos proféticos? Ou será que nem todos os Determinantes são capazes de transmitir as mensagem que querem através de imagens simbólicas?

– Não. Todos os Determinantes são capazes de formar sonhos proféticos, sim. O que acontece é que nem todas as pessoas precisam deles. As pessoas são diferentes: algumas precisam de ver o que lhes espera no futuro, outras não. O Determinante envia muitas vezes sonhos proféticos quando vê que o Seu tutelado se interessa pelas informações transmitidas em sonhos e tenta sempre analisá-las, tenta encontrar na sua vida real a situação análoga à do sonho. Essas comparações desenvolvem o homem. Por isso o Determinante tenta dar-lhe diferentes sonhos proféticos a fim de promover o desenvolvimento daquele e lhe reforçar a crença de que existe algo inexplicável e incompreendido ao ser humano.

– E o que interpretação devemos dar aos sonhos repetidos?

– Os sonhos repetidos também pertencem antes de mais à categoria dos sonhos proféticos. Geralmente eles são enviados muito antes do evento, mas, intuitivamente, o indivíduo sente de imediato a especificidade desse sonho, tenta entendê-lo, entender o que ele expressa e que eventos o seguirão. No entanto, como esses eventos se estendem ao longo do tempo, a pessoa acaba normalmente por esquecer o sonho.

E é então que o Determinante, à medida que se aproxima evento, lhe envia mais um ou dois sonhos semelhantes, após o que a pessoa entende que aquilo que viu a dormir se concretizou na vida real. Em termos de tempo, isto pode estender-se por dez a vinte anos, o que reforça a Fé do homem na existência do sobrenatural, na presença do Altíssimo, e o leva a interessar-se não só por conhecimentos físicos, mas também por conhecimentos esotéricos e místicos. Em suma: a pessoa começa a interessar-se pela busca de pistas e interpretações para além das fronteiras do mundo visível. E isto é importante para o indivíduo pensante, já que é assim que ele sai do beco sem saída – no qual o materialismo colocou o intelecto – para o percurso do conhecimento ilimitado. As almas jovens, evolutivamente imaturas, são geralmente materialistas e acreditam apenas naquilo que podem tocar. As almas mais maduras, graças à sua bagagem rica em reencarnações, começam a compreender que para lá do visível está o invisível. E as mais desenvolvidas, ante a descoberta de certos factos ou novas informações, conseguem visualizar imediatamente nestes factos aquilo que está para lá da perceção dos outros.

– Os sonhos repetidos têm mais algum significado?

– Alguns deles servem ainda para desenvolver um eventual traço do carácter da pessoa, outros são a tentativa de o Determinante transmitir à consciência do tutelado alguma verdade intrínseca que este não entendeu quando viu o sonho pela primeira vez.

– Como consegue uma pessoa distinguir um sonho profético de um sonho normal, rotineiro?

– Apenas intuitivamente. A alma, especialmente se já estiver suficientemente desenvolvida, deve sentir a importância de um sonho especial relativamente aos outros. No entanto é importante perceber que não existem sonhos vazios, já que todos eles representam o ambiente em que a alma trabalha e se aperfeiçoa.

– Porque é que há pessoas que recebem frequentemente imagens de desastres naturais, inundações ou fogos que elas nunca testemunharam na vida real?

– Isso significa que a pessoa a quem isso acontece está a sonhar de acordo com o seu segundo programa. Imaginemos, por exemplo, que uma pessoa não precisa de passar na vida real por terríveis eventos catastróficos para evitar lesões e preservar o corpo físico saudável, por isso ela passa por esses eventos no sonho. Isso é como aquele exemplo do indivíduo que aprende através de filmes como vivem as pessoas noutros países. A experiência é adquirida, de acordo com a natureza da personalidade, do modo que alma reage ao que vê: com medo ou, pelo contrário, mostrando sangue-frio e serenidade. Ela aprende a não se perder em tempos de catástrofe, mas antes a agir e a fazer o que é sensato. Normalmente, quando algo semelhante acontece na vida real, a pessoa fica tão perdida e apavorada que é incapaz de tomar qualquer decisão racional, nem que seja para se salvar a si própria. Ora, se a alma já tiver tido alguma experiência com fenómenos catastróficos em sonhos, ela já terá adquirido essa experiência e as competências que a ajudarão a orientar-se bem em situações críticas da vida real e a encontrar as decisões certas para se salvar a si e aos outros. Por isso é que a experiência que a alma adquire nos sonhos é de grande importância na formação do carácter humano. Assim, se uma pessoa se vê frequentemente envolvida em desastres e acidentes nos sonhos, isso significa que o seu corpo físico está a ser cuidado para que ela não sofra. E essa pessoa pode desse modo viver duas vidas que se distinguem bastante: a dos sonhos e a da realidade.

SONHOS DO PASSADO. SONHOS A CORES

— Existem sonhos com imagens de vidas passadas?

— Sim, muitas vezes.

— Qual a finalidade de mostrar o passado da pessoa?

— Esse é um modo de verificar a conformidade da pessoa com um determinado conjunto de parâmetros da vida atual e de vidas passadas, compara-se o quanto ela subiu na escada evolutiva.

— É possível distinguir sonhos de vidas passadas dos sonhos da realidade atual?

– Nem todas as pessoas possuem capacidade para isso. Algumas conseguem, outras não. Tudo depende do sentido de observação da pessoa em questão, da sua capacidade para analisar o que viu. Mas existem também pessoas a quem não são mostradas imagens de vidas passadas, e isso também deve ser considerado.

– Como é que o ser humano consegue ver os sonhos, se os olhos pertencem ao corpo físico, e a alma, por exemplo, voou para fora do corpo?

– Pode-se dizer que o homem vê os sonhos através da visão da alma. Todos os invólucros têm a sua própria visão cujas estruturas estão bem desenvolvidas.

– Porque é que algumas pessoas sonham a cores e outras, a preto e branco? O que determina a cor do sonho? É o Determinante que envia especialmente as imagens a preto e branco ou são certas pessoas específicas que têm algum tipo de falha na sua estrutura corporal?

– Não, não há aqui falha nenhuma. É claro que podem ser os Determinantes a dar cor aos sonhos, mas o que basicamente se passa aqui é outra coisa. A vossa medicina identificou corretamente a existência de dois tipos de pessoas: primeiro tipo é a pessoa de natureza técnica, ou seja, aquela que não tem qualquer função criativa ou, se a tem, esta encontra-se em níveis* muito baixos. O segundo tipo é o tipo criativo, que tem sonhos coloridos. As pessoas com mentes técnicas têm muitas vezes capacidades matemáticas, são boas nos cálculos, mas não precisam da cor para os fazer. Também as pessoas dos patamares evolutivos mais baixos têm um desenvolvimento ainda tão primitivo que a criatividade não faz ainda parte do seu ser. Por isso, ambos os sonhos são vistos a preto e branco. Existem, claro, tipos mistos, mas são raros.

– Existe algum ser na Terra que nunca durma?

– Não, todos os seres físicos dormem, de uma forma ou de outra. O corpo assim lhes exige. Não existem seres que não durmam de todo. Se o homem acreditar ter encontrado algum animal assim, isso só significa que ele não estudou esse animal o suficiente.

– Existem seres materiais noutros planetas que não durmam nunca?

– Sim, existem alguns planetas com criaturas que não dormem nunca, mas regra geral, a vida dessas criaturas é encurtada em um terço.

– Mas então como é que se resolve a questão do processamento de energia e da recuperação de forças no caso delas?

– A energia enviada para o vosso corpo físico tem uma determinada potência. Já a energia enviada para elas tem uma potência diferente. No entanto, elas acabam por se igualar quando consideramos a vida delas no seu todo. Elas são iguais no sentido em que um ser que não dorme vive menos um terço, ou outra medida de tempo, do que vocês, que dormem e sonham. A potência energética dada a vocês acaba por ser igual à potência dada a eles. Por exemplo, imaginemos uma pessoa de 42 anos que dorme normalmente. Um terço da sua vida é passado a dormir, ou seja, 14 anos. Por outro lado, um ser que não dorme viverá 28 anos. Daí que, as vossas vidas serão equivalentes. Quanto à estrutura dos corpos deles e à forma como se nutrem, aí eles já se distinguem dos humanos.

– E as criaturas que habitam os mundos "subtis" dormem?

– Depende. Ao contrário dos invólucros físicos, os invólucros "subtis" não necessitam de descansar, por isso também as criaturas dos mundos "subtis" acima do Nível* dos Determinantes nunca dormem. Elas trabalham.

SONO LETÁRGICO

– O que é o sono letárgico, que ocorre quando uma pessoa dorme durante vários meses, ou até mesmo anos, sem acordar?

– O sono letárgico ocorre quando a alma permanece num outro mundo. Apesar de ela voar para fora do corpo, a sua ligação a este mantém-se e, como tal, o consumo de energia dos invólucros "subtis" da alma continua. Daí que o corpo, estando a dormir, não morre.

– O sono letárgico é um programa ou um desvio do programa?

– É um programa da pessoa.

– Qual o objetivo em atribuir esse programa?

– A razão dessa atribuição está no facto de essa alma ser extremamente impressionável. Há pessoas que não conseguem suportar certas situações na vida devido à sua hipersensibilidade, que é capaz de levá-las à morte. Daí que essas situações sejam no caso delas transferidas para um mundo ligeiramente diferente, onde elas conseguem vivenciá-las sem danos vitais. O principal é que essas pessoas devem cumprir até o fim o programa que lhe foi destinado e acumular as energias terrenas necessárias.

– Mas não acontece elas serem erroneamente dadas como mortas e serem enterradas por engano?

– Sim, há casos como este, mas isso já se trata de erros humanos.

Capítulo 7

O MISTÉRIO DA MORTE

A MORTE DA PESSOA

O fenómeno mais desagradável para o ser humano na Terra é a morte. Ela sempre foi para aquele o limiar sombrio e sinistro da inevitabilidade atrás do qual se esconde, como acreditavam os materialistas, a coisa mais terrível de todas: o não-ser. O homem vive sempre aterrorizado com a ideia de desaparecer para sempre como personalidade deste mundo.

A vida de cada um de nós representa um momento fugaz em comparação com a eternidade do Universo. Em termos figurativos, o Universo não tem nem mesmo tempo de pestanejar e já a vida de uma pessoa terminou. E nesse breve instante que é a sua existência, a pessoa tem tempo para realizar apenas três coisas básicas: nascer, viver e morrer.

Em comparação com a eternidade do Universo, tal brevidade da existência humana pode parecer um escárnio do Criador. E só o conhecimento do propósito do aparecimento do homem na Terra, da sua alma, permite ao nosso consciente ir além do limite da fatalidade com a esperança da eternidade.

Só o Conhecimento Superior permite ao homem abrir os olhos para as novas etapas do seu desenvolvimento e mostrar a si mesmo a sua breve vida como um elo da cadeia da evolução infinita da alma. Apenas o Conhecimento Superior permite ver a morte não como o fim inevitável de tudo, mas como o início de uma nova existência noutros mundos invisíveis.

Segundo os Mestres do Homem:

– Não há morte no Universo. A morte é a transição necessária de um mundo para outro, do velho para o novo.

O conhecimento relacionado com o processo da morte numa fase do desenvolvimento da Humanidade permaneceu fechado apenas por razões educacionais dos nossos Mestres. As pessoas imperfeitas, crentes que estão de que vivem apenas uma vez, terão sempre tendência a serem o mais egoístas possível, a tirarem das situações o máximo que puderem para benefício pessoal.

Já as pessoas positivas, mesmo perante o rosto da morte, mostrarão sempre o melhor lado do seu caráter. Daí que o medo da morte torne algumas pessoas piores e mais mesquinhas e outras melhores e mais nobres.

Além disso, a morte é um imenso incentivo para o homem lutar pela sua vida, pela sobrevivência, tanto no caso de personalidades positivas, quanto negativas, desenvolvendo em ambas a força de vontade e o desejo de superar as dificuldades. Por isso, é justo dizer que a morte é um grande Mestre.

Ela ensinou o homem a estender a mão aos outros, a simpatizar e a ter compaixão, a pensar logicamente e a prever as consequências. A própria medicina, e alguns outros ramos da ciência, surgiram apenas graças ao desejo de contrapor a morte.

Doutores de medicina e filósofos tentaram compreender a natureza da morte e traçar os processos dela no corpo humano. Mas as experiências humanas distorcem sempre o aspeto cognitivo de qualquer investigação. Assim, embora a experiência com pessoas que estiveram em estado de morte clínica tenha permitido revelar algumas peculiaridades deste processo, ela não conseguiu explicar tudo.

Contudo, hoje em dia, já não é segredo para muitos que a morte não é uma paragem cardíaca que implica o início da desintegração de todo o organismo, mas é, antes de mais, a saída da alma do corpo físico e o rompimento das conexões "subtis" entre si.

E os materialistas que desejavam a confirmação de tais factos conseguiram-na com a ajuda de tecnologia moderna capaz de registar as radiações "subtis" do corpo humano.

Com o consentimento dos seus pacientes, cientistas e médicos norte-americanos efetuaram a pesagem de pacientes terminais no momento da morte destes. E graças a um equipamento ultrassensível, eles descobriram que o corpo fica entre quatro a seis gramas mais leve após a morte. Ou seja, eles conseguiram pesar aquela substância que abandona o corpo físico, à qual damos o nome de alma, e determinar que no momento dessa saída da alma a variação do peso é entre quatro a seis gramas.

Nas experiências feitas, os aparelhos foram capazes de detetar potentes radiações de energia que acompanham o momento da morte. Com isto, os cientistas chegaram já muito perto de registar o momento em que a alma abandona o corpo.

Numerosos estudos de médicos como R. Moody e Elizabeth Kübler-Ross, que passaram infindas horas à beira do leito de moribundos, mostraram muitas semelhanças nas experiências de pessoas que estiveram no estado de morte clínica e voltaram à vida. O seu trabalho incansável provou que a morte nem sempre se inicia com a paragem cardíaca e a paragem da respiração, e que com a morte nem sempre desaparece o "Eu" da pessoa como indivíduo, como personalidade única.

Surge assim pela primeira vez um raiar de esperança na escuridão da morte.

O QUE É A MORTE

– E então, o que é a morte? Para que é ela dada ao ser humano e será que alguma vez este se livrará dela?

– A morte de uma pessoa é o fim do seu programa, a execução do último elemento situacional ligado com a transição da alma do mundo material rudimentar para o mundo "subtil". Por outras palavras, é a transição da alma do rudimentar mundo material para o mundo energético. Um fenómeno como a morte é introduzido apenas nos mundos físicos inferiores. A morte, como transição gradual de um Nível de Desenvolvimento para outro, não existe nos Planos Superiores da existência. E a transformação da alma de um estado para outro, geralmente para um superior, ocorre de forma natural uma vez que a alma tenha já adquirido certas energias com as caraterísticas correspondentes ao próximo Nível* superior da Evolução. Para a alma humana do plano terreno, o caminho de baixo para cima é predeterminado através de uma série de vidas e, consequentemente, de mortes.

– Porque é que a pessoa se desenvolve através de curtos intervalos do ser e de muitas mortes e não, digamos, através de uma vida duradoura de mil anos e uma única morte?

– O caminho faseado da evolução da alma através de múltiplas reencarnações deve-se à necessidade de controlar o seu desenvolvimento, ou seja, no final de cada vida há necessidade de rever os resultados do seu aperfeiçoamento. E é com base nos resultados da vida anterior que se cria um novo programa para a próxima reencarnação dessa alma. Uma vida longa levaria sempre uma alma jovem e inexperiente por um caminho evolutivo errado. Foi por isso que, com o objetivo de obter uma evolução qualitativamente melhor, ficou predeterminado conduzir a alma humana através de curtos intervalos de desenvolvimento, ou seja, através de períodos de vida e morte, ligadas entre si por várias décadas de existência do ser.

– Como é que se dá a transição dos Determinantes para um Nível* mais elevado da Existência? Também através da morte e de novo nascimento?

– No caso Deles dá-se uma promoção no cargo. Eles não morrem, são eternos.

– Existem lendas que rezam que a Terra teria sido antigamente habitada por pessoas imortais. A existência humana imortal é possível?

– Não, isso nunca aconteceu em invólucros físicos. As pessoas sempre interpretam tudo de maneira errada. Se são imortais, por conseguinte, são incorpóreas. As lendas falam da imortalidade da alma no corpo "subtil" e as pessoas, à sua semelhança, deram-lhes formas físicas.

– Existe em algum lugar do Cosmos planetas cuja população, dotada de invólucro físicos, seja imortal?

– Não, os invólucros físicos são todos mortais. A matéria tem vida curta, ou melhor, as conexões que os ligam são de curta duração.

AS CAUSAS DA MORTE

– Falemos então das causas da morte. Compreende-se quando as pessoas morrem por velhice – o programa delas acabou. No entanto, mesmo os idosos morrem de maneiras diferentes: alguns partem facilmente, outros, vítimas de graves doenças, sofrem por muito tempo. Porque é que as pessoas têm mortes diferentes?

– A morte calma é concedida por duas razões principais:

• quando as almas tiverem cumprido o seu programa de vida da forma mais correta possível;

• quando as almas serão decodificadas.

Antes da morte sofrem geralmente aquelas pessoas que não adquiriram durante a vida algum tipo de energia. Daí a sua doença estar associada ao órgão correspondente que produz esse tipo de energia necessária.

– Porque é que alguns idosos vivem ainda por muito tempo, apesar de já ninguém precisar deles nem vir deles já nenhuma utilidade?

– Se a pessoa idosa vive no seio da família, ela torna-se necessária para produzir determinadas qualidades nas almas dos parentes, mais precisamente, para revelar essas qualidades, como, por exemplo, a paciência ou a hostilidade, o respeito ou o ódio. Se o idoso viver sozinho por muito tempo, então sofrerá a sua alma de solidão, e sofrerá o seu corpo por estar fraco, e outros sofrimentos o atormentarão; é desta maneira que se garante a continuação da instrução da sua alma. A velhice ensina muitas coisas.

– Mas… e se for um bebé a morrer, qual pode ser o motivo de tal morte?

– Isso é principalmente uma punição kármica dos pais por pecados passados. Por outro lado, a alma do bebé também consegue ganhar alguma energia da qual necessitava. Às vezes, para obter essa energia em falta basta apenas nascer e morrer logo de seguida. Tanto o nascimento quanto a morte são acompanhados por grandes emissões energéticas.

– Porque é que morrem crianças aos 10-11 anos e jovens de 20-24 anos? Que fins justificam vidas tão curtas?

– Se morrer uma criança de dez anos, isso significa que no passado ela não completou o programa e não adquiriu a quantidade necessária de energia que uma pessoa produz em dez anos de vida, às vezes até em intervalos menores possuidores de um programa mais intensivo, já que existem alguns programas tão ricos em eventos, que permitem à pessoa produzir a mesma quantidade de energia num intervalo mais curto. Por isso, tudo o que criança ganha nos dez anos da sua vida atual serve como um complemento a tudo aquilo que ela ganhou na vida anterior. O mesmo se aplica aos jovens na faixa dos vinte anos. O seu débito energético é maior do que em almas que são enviadas para viverem 10 anos, daí elas receberem uma vida mais longa para compensarem as suas dívidas passadas. Quando um jovem desses morre, as suas duas últimas vidas são agrupadas no Distribuidor, ou seja, são somadas.

– Porque é que essas almas têm dívidas? Foram suicidas na vida anterior?

– Pode haver algumas que sim. Mas basicamente as dívidas energéticas surgem devido a um estilo incorreto de vida, quando a pessoa fica mais interessada na busca do prazer do que em cumprir o seu programa de vida. De acordo com o seu programa, o homem deve processar energias com determinadas características que levam a uma qualidade específica. No entanto, se ceder às tentações, à preguiça e ao ócio vazio e sem sentido, ele irá produzir uma energia de qualidade inferior.

Qualquer trabalho, seja ele físico ou intelectual, uma busca, uma luta contra dificuldades ou um aperfeiçoamento da criatividade, produzem energias de qualidade mais alta do que a leitura passiva de um livro de ficção, deitado no sofá, ou seja, do que o ócio. Suponhamos, por exemplo, que uma pessoa recebe do programa a possibilidade de desenvolver as suas capacidades musicais, ou seja, de aprender a alfabetização musical, de dominar um instrumento musical, de refinar os seus conhecimentos na arte da música. Esse jovem tenta dar-se a esse aprendizado e, ao deparar-se com a natural dificuldade de quem está a aprender, acaba por desistir dessa educação musical e fica-se pela satisfação em ouvir a música feita por outras pessoas. É daí que surgem as dívidas. Ele próprio deveria trabalhar no sentido do domínio musical, mas contenta-se com os frutos do trabalho dos outros.

A pessoa tem a obrigação de desenvolver qualquer capacidade ou talento que lhe seja dado, deverá levar essa atividade à perfeição e, caso cumpra essa obrigação, não surgirão débitos energéticos. É evidente que isto se aplica não apenas a capacidades, mas a quaisquer atos do ser humano, quando este resolve substituir o trabalho e a diligência pela contemplação passiva e a busca do prazer.

— Os jovens que ainda não tiveram tempo de pecar sentirão após a morte alguma sensação desagradável?

— Eles não sentem nada desagradável em comparação com a vossa vida terrena. As coisas mais desagradáveis estão na vossa Terra e dentro da Terra no plano "subtil". Ao passarem para o Nosso lado, o mais desagradável surgirá apenas devido às más lembranças da vida passada.

— Há muitas pessoas que, acometidas de doenças graves e crónicas, sofrem por longos períodos antes da morte. Isso deve-se aos pecados delas?

— A forma com que se morre não depende dos pecados, já que o pagamento dos pecados atuais é transferido para a próxima vida. O tipo de morte é programado ainda antes do nascimento da pessoa e tem a ver com as características da sua vida passada. Há pessoas que se vão deitar e já não acordam. Pelo que o sofrimento não é uma constante obrigatória.

— Muitos alcoólicos morrem de repente, sem sofrimento, enquanto que pessoas que, na nossa opinião, foram boas, ficam paralisadas por um longo tempo. Parece-nos que deveria ser o contrário.

— Existem várias razões pelas quais esses alcoólicos têm uma morte fácil e rápida. Em primeiro lugar, os alcoólicos também se distinguem entre si. Há aqueles inúteis e ocos e há os inteligentes e boas pessoas, que se perderam na bebida devido a circunstâncias difíceis. As almas vazias que não aspiram a nada nesta vida a não ser vinho, morrem para ser destruídas, pelo que não faz sentido fazê-las sofrer. Nenhum sofrimento adicional lhes dará o que quer que seja. Por isso elas são retiradas do vosso mundo rapidamente e sem complicações. As pessoas que tiveram algumas aspirações na vida, mas que posteriormente se desviaram do caminho e sofrem muito com a sua própria futilidade, podem também morrer de repente, visto os sofrimentos precedentes já terem gerado energia suficiente com as características necessárias. Mas se falarmos de pessoas boas que sofrem antes de morrer, então elas sofrem para conseguirem um tipo de energia mais pura que não conseguiram juntar em quantidade suficiente durante a vida. O tipo de energia em falta corresponde a uma determinada doença, na base da qual o organismo irá produzir adicionalmente a energia exigida pelo programa.

Além disso, muitas pessoas doentes sofrem por muito tempo para testar os seus parentes, para revelar a verdadeira atitude daqueles frente ao familiar doente, já que quando a pessoa está saudável tem-se com ela uma atitude, ao passo que quando fica doente tem-se outra atitude. Para além disso, até uma mesma pessoa pode mudar a sua atitude em relação ao doente se a doença se prolongar por muito tempo: no início ela cuida do doente com sincera compaixão, mas ao fim de algum tempo acaba por se cansar, ou por ficar incomodada, ou até mesmo por começar a desejar secretamente a morte rápida do doente. Assim sendo, as doenças são muitas vezes dadas para testar as atitudes que as pessoas do entorno do doente terão em relação a este último e, consequentemente, contribuir assim para revelar as baixas qualidades do carácter de algumas delas.

– É possível não ser um alcoólico mas um comum pecador a ter uma morte fácil?

– Sim, por exemplo, imaginemos um homem cuja esposa é uma mulher muito boa e a doença do marido trar-lhe-ia apenas encargos desnecessários, então, nesse caso, ele é removido rapidamente. Ou seja, se a esposa ou os familiares não precisarem de sofrimento adicional, o pecador é removido por via de uma morte instantânea, não relacionada com doenças.

– O ato da alma abandonar o corpo físico é muito doloroso?

– Não, a morte em si é absolutamente indolor. As pessoas confundem o tormento associado a alguma doença com a morte em si. A doença traz dor e sofrimento, ao passo que a morte é um breve momento de transição que, pelo contrário, interrompe o sofrimento da vida. A morte instantânea em acidentes não é de todo registada pela consciência da pessoa, embora para os que observam o acidente de fora tudo aquilo parece terrível.

– Se pouco antes da sua morte acontecer o indivíduo sonhar que um familiar já falecido o leva consigo, quem lhe dá essa informação?

– O Determinante da segunda pessoa. No caso desse, indivíduo ocorre uma reprogramação e o processamento da informação do futuro dá-se durante o sono, o que o leva a ver que tem um novo programa orientado para a morte.

– Dá para acreditar sempre nesse tipo de sonhos?

– Não. Às vezes eles podem ser algum tipo de aviso ou um teste só para verificar a reação da pessoa à sua própria morte?

– Um vidente consegue determinar a partir da análise da aura se determinada pessoa vai morrer em breve?

– Sim, consegue, porque a morte de uma pessoa no plano puramente físico resume-se a um instante, mas no mundo "subtil" ocorrem preparativos preliminares. Só as catástrofes é que acontecem instantaneamente, e mesmo elas são previamente planeadas e calculadas com precisão. Por isso, o ser humano também se prepara previamente para a morte e os sinais da sua iminência pairam sobre ele por alguns minutos antes de ocorrer.

– Porque é que a aura daqueles que estão perto da morte desaparece ou surge um canal escuro sobre a sua cabeça?

– O Determinante prepara as construções "subtis" do ser humano para o momento da morte libertando o canal para a saída da alma. Os videntes apercebem-se da ausência de algumas estruturas "subtis", como o desaparecimento da aura ou a presença de uma faixa escura por cima da cabeça da pessoa.

– Como é que o Determinante executa essa preparação?

– Todos os dados da pessoa, incluindo os seus invólucros físicos e "subtis", estão no computador do Determinante, por isso a preparação é realizada através do computador. No início, projeta-se tudo no ecrã, ou seja, na sua base de dados e, em seguida, essas alterações são transferidas para a pessoa.

– Após a morte, a alma capta a realidade do mesmo modo que num sonho?

– Não, depois da morte, a alma toma claramente consciência de si mesma e do mundo ao seu redor, a única coisa é que, em virtude do seu despreparo, nem todas as almas são capazes de entender o que aconteceu com elas.

– Mas algumas pessoas que estiveram em estado de morte clínica confirmam que não viram nem ouviram nada.

– A morte clínica nem sempre significa a morte de verdade, por isso nem todas as pessoas passam pela experiência de ter a alma a sair do corpo. O que acontece com essas pessoas é terem a consciência delas simplesmente desligada nesse momento. Mas as almas daquelas pessoas cuja estrutura lhes permita fazer a alma abandonar o corpo durante o sono ou em momentos de alguma lesão corporal significativa, conseguem sair do corpo durante a morte clínica. Geralmente isso acontece a pessoas com natureza mais subtil que, ao abandonarem o corpo, se conseguem ver como quem está de fora, ou subir para esferas mais elevadas ao se aperceberem do que está a acontecer.

– Recentemente (primavera de 1998) caiu um avião em Irkutsk (Rússia). Os pilotos - aviadores de primeira classe - morreram. Eles eram considerados excelentes profissionais, altamente qualificados. A minha questão é: os Altíssimos levaram-nos deste mundo porque eles eram os melhores ou porque eram desnecessários na Terra?

– Morreram aqueles que Nos eram necessários.

– Isso refere-se aos pilotos. E os civis que morreram? O avião caiu em casas residenciais. Os habitantes dessas casas também foram vítimas...

– Nós também precisávamos delas. Tudo isso foi planeado por Nós.

– Nos últimos anos, tem havido mais quedas de aviões. Haverá alguém do mundo "subtil" a avariá-los propositadamente? Quem é que faz isso diretamente?

– São Essências Nossas, plasmoides, que agem de acordo com alguma tarefa dada por Nós. Naturalmente, elas são invisíveis ao olho humano.

– Foram elas que desligaram ao mesmo tempo os três motores do avião para que ele caísse em Irkutsk?

– Sim. O avião estava em perfeito funcionamento. Perfeito. As Essências apenas desligaram os motores durante o voo. O Sistema Negativo desligou-os de tal forma que nenhum dos vossos superespecialistas determinará jamais a causa do acidente.

– Essas Essências estavam em "discos voadores"?

– O disparate é esse? Eram Essências do plano "subtil", ou seja, do Nosso Sistema Negativo. Existe um Sistema Negativo que trata dos cálculos de todos os acidentes. Esse Sistema fez tudo o que era preciso fazer neste caso. A precisão das ações aqui executadas foi excecional. Os cálculos são feitos por umas Essências mas são posto em ação por outras, cujas ações as pessoas do mundo físico não são capazes de detetar. Por isso é que todos os acidentes permanecem um mistério para os humanos. E pouco importa o quão bem os técnicos preparem um avião, os plasmoides do Sistema Negativo irão sempre conseguir avariá-lo no momento e local necessários, já que somos Nós que estamos no controlo das situações e não o ser humano.

– O programa das pessoas que estavam no avião que caiu em Irkutsk estava a chegar ao fim?

– Não, neste caso não, embora normalmente selecionemos pessoas que estejam no estágio final dos seus programas. Mas encontramo-nos atualmente a atravessar um outro período, estamos no final do segundo milénio, numa mudança de épocas, e isso tem muito que se diga.

– Então, quer dizer que agora o programa das pessoas pode estar a meio quando Vocês as eliminam?

– Sim. Na maioria dos casos, os programas dos indivíduos não atingem a fase final. Estamos a retirar daqui muita gente antes de ser chegada a sua hora devido ao facto de se estar a dar o *folding* dos programas antigos, ou seja, os programas das pessoas da quinta civilização, e começar a entrar em funcionamento a nova era, com a introdução de programas de representantes da sexta civilização (sexta raça).

– E o que é que acontecerá com os programas inacabados? Essas pessoas terão de terminá-los na próxima vida ou temos aqui uma outra situação?

– Cada caso é um caso e cada pessoa será analisada isoladamente. No início, todas as almas coletadas serão classificadas pelas qualidades que adquiriram e só depois é que decidiremos o que fazer com elas. Uma característica distintiva deste tempo é o facto de estarmos no fim da transição de uma etapa evolutiva do programa da Terra para outra etapa e de se dar a transição da Humanidade da quinta civilização para a sexta. Daí que coisas anteriormente decretadas como Leis serem agora contraditas. Muitas almas estão neste momento a ser removidas para sempre por não terem cumprido o seu objetivo.

– Os acidentes nas minas, frequentes nos anos noventa, foram a reação da Terra a ações erradas das pessoas, ou teve algo mais por detrás disso?

– Não, também isso foi trabalho do Sistema Negativo. A Terra pode manifestar-se apenas em palcos de guerra ou em terrenos onde as pessoas executem explosões no seu seio, danificando-a e lesando-a. A Terra não gosta de explosões, não gosta das manifestações de agressividade das pessoas e pode nesses casos responder-lhes com terremotos ou outras catástrofes naturais.

– Há alguma diferença entre a libertação energética de uma pessoa que morre em resultado de uma doença e de outra que morre de repente num acidente?

– As doenças fornecem mais de um determinado tipo de energia uma vez que estão ligadas com doenças dos órgãos, enquanto que os acidentes contribuem para a libertação de uma energia mais geral, característica dessa pessoa. Mas se no momento do acidente a pessoa estiver a passar por um forte stress, este dará à alma um grande impulso para subir mais rapidamente. O stress favorece a saída instantânea e indolor da alma.

– Existe atualmente alguma sequência definida na recolha das pessoas?

– Claro. Também a sequência é determinada pelo Sistema Negativo. Existem certas normas, certas regras que regulam a recolha das almas em épocas normais e em períodos de transição, como agora. Coisas inaceitáveis em tempos normais torna-se possível em períodos de transição. Temos atualmente muitas Essências a trabalharem na recolha das almas. Existem grupos separados que executam determinados trabalhos associados à colheita de almas. Por exemplo, temos grupos que verificam os programas gerais das pessoas e escolhem quem pode ser removido de modo a não violar as conexões seguintes. Outros ajustam programas novos, vinculando-os aos antigos. Uns terceiros elaboram situações e acidentes que levam à morte. Outros ainda trabalham diretamente com as almas libertadas… e assim por diante. Há muito que fazer! Mas a sequência é sempre seguida, pois não dá para recolher todas as almas assinaladas de uma vez só. Na Bíblia, esta sequência é claramente exposta com o som da trombeta dos Anjos: "O primeiro Anjo tocou – e veio o granizo e o fogo...", "O Segundo Anjo tocou e uma terça parte do mar virou sangue...", "O Terceiro Anjo tocou – e muitas pessoas morreram devido às águas...", e assim por diante até aos sete Anjos. A seguir ao som das trombetas seguem-se eventos que implicam a redução da população. Isso nada mais é do que a exibição do programa da quinta civilização no estágio final do seu desenvolvimento, o sinal da civilização a passar pelos últimos pontos de controlo do programa.

O PROCESSO DA MORTE

– Como é que se dá o processo da morte?

– O último ponto do **programa de uma pessoa*** que se aproxima da reta final é a imagem da sua própria morte, que determina como ela deve morrer. Se a pessoa morrer num acidente, poderão ser envolvidos vários Determinantes que organizam, no momento da morte, uma situação ou combinação de situações que se assemelhe a um teatro de marionetas. As pessoas são conduzidas à situação que as levará à morte.

Às vezes, basta desligar a consciência ou a atenção da pessoa apenas por alguns segundos ou até mesmo por uma fração de segundo para que aconteça o acidente. Se a pessoa tiver de falecer por doença, então essa situação é executada no computador do Determinante. Os ataques cardíacos e acidentes vasculares cerebrais são feitos pelos Determinantes. Eles recorrem aos computadores para enviarem um pico energético para aquele órgão ou lugar do corpo que deve entrar em colapso e levar à morte da pessoa. Às vezes, o Determinante simplesmente desliga o canal energético através do qual a pessoa recebe energia.

– O Senhor disse que a morte é acompanhada por uma libertação de energia. Ou seja, a energia sai toda do corpo físico no momento da morte, é isso?

– Não, nem toda a energia vital sai do corpo. Um quinto dela é deixado para realizar a decomposição do invólucro físico, para o destruir. O corpo não pode permanecer no mesmo estado que tinha quando estava vivo. O corpo terá de ser obrigatoriamente decomposto em elementos que irão posteriormente construir outros corpos. Nisso consiste o movimento cíclico das energias físicas rudimentares.

– A poderosa emissão energética do corpo humano ajuda a alma a voar para fora dele?

– Sim. Essa emissão serve precisamente como energia de arranque para a alma voar para fora do corpo no momento da morte.

– O que é a energia vital do corpo físico? É aquilo produzido pelas próprias células?

– Não. A energia é toda dada "De Cima" e exclusivamente pelo Determinante. E o processo de desintegração não é exceção, sendo também o Determinante a enviar a energia necessária, uma vez que Ele continua a gerir os processos no corpo do tutelado através do computador mesmo após a morte deste. O Determinante encerra a sua regência sobre a pessoa somente após o processo de decomposição terminar por completo.

– E o que acontece nesse momento com a alma?

– Depois de abandonar o invólucro rudimentar (físico), a alma começa o caminho ascendente em Nossa direção. Os dias de ritual são o terceiro, o nono e o quadragésimo dia após a morte, que são os graus de ascensão pelas camadas terrestres e que correspondem aos períodos de abandono dos invólucros "subtis" próximos do corpo físico: ao terceiro dia, a alma despoja-se do invólucro etérico, ao nono dia, do astral, e ao quadragésimo dia, do mental. Todos os invólucros* temporais mais próximos da alma, exceto os últimos quatro, são descartados. Estes invólucros, começando pelo invólucro causal, são permanentes e ficam com a alma durante todo o tempo de todas as suas encarnações na Terra. Uma vez atingindo o Centésimo Nível Evolutivo, ou seja, o último Nível Terrestre do Ser Humano, a alma descarta o quarto invólucro, o conjuntivo, e veste outros invólucros temporários que dependerão do mundo para onde a alma for enviada a seguir.

– Enquanto permanece no mundo "subtil", a alma necessita de recarga energética?

– Não, nessa altura a alma não precisa de recarga.

– Os rituais religiosos, como orações e missas de corpo presente, alimentam de alguma forma a alma da pessoa que acabou de falecer?

– No primeiro estágio da morte, isso tudo atua sobre a alma, que mantém ainda todos os invólucros, já que nenhum deles foi ainda destruído, e torna-se necessário ter energia adicional para eles subirem até à correspondente camada-filtro. Mas há muita gente que entretanto já perdeu muita energia durante a vida e, a menos que tenham alguma ajuda externa, não conseguirão ascender após a morte até ao Nível necessário. Se a pessoa for enterrada sem orações, a alma será elevada pelas Essências especiais (plasmoides) ou por mecanismos especiais que agem com base no princípio magnético, ou seja, que atraem e puxam a alma para onde é preciso. Agora as orações não têm basicamente importância. Antes tinham, mas ultimamente são usados mecanismos que as recolhem e direcionam para onde é necessário. Também Nós estamos em constante aperfeiçoamento dos Nossos métodos e tecnologia "subtil".

– Esse reforço externo dos invólucros era importante até que momento?

– Até ao 40º dia após a morte. Mas isso é verdadeiro apenas para as almas terrenas com baixo Nível Energético que ainda não acumularam em si força suficiente para subirem sozinhas. As almas espiritualmente mais elevadas conseguem ascender sozinhas para o Nível necessário. Vocês, por exemplo (dirigindo-se para as **mensageiras***) não vão precisar de nenhum reforço energético adicional. Vocês não chegarão mesmo a ver o vosso funeral. Assim que morrerem, voarão imediatamente para fora da Terra. Nem mesmo o vosso próprio corpo vocês conseguirão vislumbrar como os outros. A vossa elevada carga energética não vos permitirá permanecer na Terra nem um segundo a mais. Vocês já têm energia suficiente que vos levará instantaneamente daqui para fora. Pela quantidade de energia que acumularam já não são pessoas, são Essências. É por isso que serão catapultadas das pesadas camadas terrestres como bolas de canhão. E muitas outras pessoas com alto grau de espiritualidade também não precisam de reforço energético em forma de orações. O que podem pessoas com pouca energia dar a pessoas com energia elevada? Por isso é que se uma pessoa atingiu um Nível elevado do Armazenamento Energético em resultado de algumas práticas ou trabalho espiritual, ela terá de guardá-lo até ao fim da sua vida terrena. Isso ajudará a sua alma a subir.

– Já sabemos que a alma sai do corpo físico graças à libertação de energia. Mas qual é então o mecanismo de saída para fora do invólucro astral? Também é acionado por algum tipo de energia inicial?

– No mundo "subtil", o mecanismo é diferente. Existem ao redor da Terra camadas especiais de matéria "subtil". Cada camada dessas tem uma determinada densidade que corresponde à densidade do invólucro astral, mental e restantes, ou seja, que é constituída pelas energias dos dados diapasões correspondentes. Por isso, quando a alma sobe até aos invólucros indicados, aqueles invólucros que correspondem à densidade da camada atingida são descartados. Peguemos no invólucro astral como exemplo: ao atingir a camada com a densidade que lhe corresponde, ele fica aí preso. Esta camada não o deixa prosseguir adiante. Já os outros invólucros, mais leves que a referida camada, passam calmamente por ela e continuam a sua ascensão juntamente com a alma. A camada seguinte corresponde à densidade da matéria do invólucro mental, pelo que ela irá filtrar este último, que, sendo mais pesado do que os demais, não consegue continuar a subida, enquanto que os outros invólucros mais leves processem a ascensão. E assim por adiante. Os três invólucros temporários ficam nestas camadas até à sua total desintegração.

– As camadas-filtros fazem a purificação das almas, determinam o grau de desenvolvimento da alma e, nestas mesmas camadas, tratam de algumas situações, é isso?

– Sim, as camadas são multifuncionais.

O DISTRIBUIDOR (SEPARADOR)

No momento da morte, a pessoa tem as mais variadas visões. No entanto, os guiões dessas visões são bem parecidos e, na realidade, todos veem praticamente a mesma coisa. Prevalecem basicamente dois temas: ou a pessoa é recebida pelos familiares ou voa para uma luz ao fundo de um túnel. Nos últimos tempos, alguns indivíduos têm-se visto a si próprios de fora, veem o corpo que acabaram de deixar. E nessas visões, dá-se já o progresso da consciência humana, que os Mestres Celestiais aproximam cada vez mais da verdade.

Mas, então, o que é que acontece com a alma após a morte? Foi isso que tentámos esclarecer, embora não tenhamos obtido resposta a tudo de imediato.

– Onde é que vão parar as almas depois de passarem pelas camadas-filtros?

– A alma vai parar no Distribuidor, ou Separador. Trata-se de uma imensa estrutura técnica do plano "subtil" que foi feita especialmente para a Terra, para recolher as almas das pessoas após a morte destas últimas.

– E esse Distribuidor encontra-se ao redor de toda a Terra ou paira num determinado lugar sobre ela?

– O Distribuidor propriamente dito está num lugar específico, mas, complementarmente a ele, existe ao redor da Terra um túnel único para o qual voam as almas imediatamente após a morte dos indivíduos, independentemente do local no planeta onde se encontrem. As almas voam então ao longo desse túnel e, graças à ação de determinados mecanismos, ela é atraída para o setor que corresponde à sua raça e ao Nível de Desenvolvimento, ou seja, primeiro, a alma vai parar a um túnel único geral e depois, através de outros túneis mais pequenos, ela vai dar ao seu Distribuidor. É precisamente por isso que algumas pessoas que passaram pelo estado de morte clínica descrevem terem visto túneis ou corredores, embora as impressões possam variar de pessoa para pessoa: algumas veem apenas uma parte dessa enorme estrutura, outras veem outras coisas. Por outro lado, o nível* de desenvolvimento de cada pessoa também é importante, uma vez que o lugar para onde cada um vai dependerá precisamente do seu nível* evolutivo.

– As almas vão dar imediatamente no Distribuidor ou passam ainda algum tempo na Terra?

– Elas não ficam na Terra, vão logo para o Distribuidor, para salas especiais que mais se parecem com salas de espera. No entanto, permite-se às almas que, antes do Julgamento Final, se assim o desejarem e tiverem energia própria suficiente, desçam à Terra, aos lugares onde viveram. "Se assim o desejarem", mas, de novo, apenas com a permissão daqueles que controlam essas salas de espera. Tudo o que se faz só se faz se houver permissão vinda "De Cima".

– Alguma vez aconteceu esquecerem-se de recolher e de levar alguma alma para o Distribuidor?

– Não, isso nunca acontece. O mecanismo de recolha das almas atua como um imã frente ao ferro, por isso qualquer alma será sem exceção puxada para o Distribuidor pelos mecanismos especiais. Já a velocidade de voo das almas, essa, difere. Se um alcoólico desperdiçou a sua energia durante a vida por causa do álcool, a alma dele irá seguramente voar muito devagar, e, por vezes, não consegue subir de todo, então as Essências ajudam-na nisso. Já uma alma de alto potencial energético voará a grande velocidade.

– Por que razão existem almas que ficam mais tempo no nosso mundo terreno, como que se estivessem encalhadas aqui?

– Sim, é um facto que existem almas assim. Elas são deixadas no mundo terrestre como punição por algum ato errado. É muito difícil ficar pendente entre dois mundos e não pertencer a nenhum deles, não ter nunca paz. Esta punição é bem pesada, já que a alma se sente perdida, sente que ninguém precisa dela, não sabe o que fazer e com quem se comunicar.

– E depois de cumprir a punição imposta elas são levadas para o Distribuidor ou perecem?

– Não, não perecem. Elas são então levadas para o Distribuidor.

– O Senhor disse que, uma vez nos túneis dentro do Distribuidor, a alma é transportada a alta velocidade. Que força é essa, sob a ação da qual ela voa no túnel para o lugar certo?

– Em caso de uma alma com elevado potencial energético, ela consegue subir por si mesma até alcançar o túnel. A partir do momento que entra no túnel, ela passa a voar sob a ação de forças artificiais que, apesar de serem uma espécie de forças de atração do mundo "subtil", têm uma natureza completamente diferente da natureza da força de atração da Terra. É uma energia de ordem diferente, embora se possa fazer uma analogia no princípio de ação de ambas e, grosso modo, a ação delas pode ser comparada com a ação de um imã, uma espécie de imã de almas.

– Quem é que apanha as almas no final do túnel?

– Ninguém as apanha, elas são conduzidas. Há um Guia especial que indica a cada uma delas para onde seguir adiante ou onde esperar.

– Esse Guia é uma personalidade viva ou uma máquina?

– É uma máquina que, naturalmente, como máquina que é, é governada por uma das muitas Personalidades que trabalham no Distribuidor.

– As Personalidades que trabalham no Distribuidor com as almas dos mortos fazem esse trabalho por vontade própria ou como punição? Imagino que esse não seja um trabalho muito agradável, não?

– No Nosso Mundo, tudo é feito por vontade própria. Essas Personalidades gostam de trabalhar com as almas, para Elas este trabalho é interessante e Elas cumprem-no de modo profissional. Elas propriamente ditas pertencem a um Sistema especial que faz o controlo de almas e que é um Sistema é especializado em trabalhar com elas: recebe-as, processa-as, instala-as e assim por diante. As Personalidades do Sistema gerem todos esses processos automatizados.

– E esse Sistema é Positivo?

– Ele tem a ver com a Parte Negativa da Mente Suprema.

– E são os especialistas desse Sistema que elaboram também o novo programa da reencarnação seguinte de cada pessoa na Terra?

– Não, os Programadores são outros. As Personalidades operantes neste Sistema guiam as almas para onde for preciso e distribuem cada Unidade pelo lugar definido, seja dentro ou para lá dos limites do Separador, direcionando-as e observando-as... no geral, controlam o processo.

– A alma daqueles que acabam de morrer é recebida pelas almas dos seus familiares anteriormente falecidos? Algumas pessoas que tiveram uma experiência de quase morte contam terem estado com familiares.

– Não, na realidade, ninguém recebe as almas, já que as almas dos familiares previamente falecidos podem já estar envolvidas em algum outro trabalho e ninguém as irá distrair com memórias antigas. No entanto, para que a alma recém-chegada não se sinta muito solitária, é-lhe exibido um holograma que imita um encontro com os seus parentes já falecidos.

– Existem atualmente na Terra três raças: a branca, a amarela e a negra. Todas elas vão dar ao mesmo Distribuidor?

– Cada raça de cor é governada pelo seu Sistema Hierárquico. As pessoas de raça diferente produzem tipos de energia diferentes, são energeticamente construídas de forma diferente, daí que, após a morte, acabem por ir dar a Separadores diferentes que trabalham cada uma delas com o seu tipo de energias, ou seja, cada raça tem o seu próprio Distribuidor.

– Existe alguma distribuição de almas segundo a religião, ou seja, pessoas de religiões diferentes vão parar a Separadores diferentes?

– Não, a distribuição dá-se apenas pela raça. A religião na Terra é uma só, ou seja, única no sentido que **Deus é um para a Terra toda. E esse Deus SOU EU.**

– E o facto de cada povo ter o seu Deus, como Alá, Buda, Cristo... Como entender isso?

– Todos Eles são EU. Cada nação produz o seu próprio espetro de energias no diapasão geral. Da mesma forma que as cores compõem todas juntas um arco-íris, também toda a nação deve produzir a sua parte do organismo comum para compor o todo com essas partes. E, paralelamente, em nome da sua individualidade, cada uma delas deve seguir a sua orientação evolutiva específica, as suas regras e Leis, uma vez que as nações diferem umas das outras pelo modo de vida. E tudo isso tem um objetivo: produzir diferentes energias no organismo total. Por isso é que as almas não são separadas com base na religião após a morte e vão todas para um Distribuidor comum. A divisão dá-se somente com base em critérios raciais.

– O Distribuidor que trabalha atualmente com a nossa civilização, a quinta, ficará também com a civilização seguinte?

– Não, de modo algum. Ele tem obrigatoriamente de ser reconstruído, gradualmente e por etapas. No final do segundo milénio, apareceram, já na Terra, pessoas pertencentes a uma nova civilização, ou seja, uma nova raça. São ainda crianças (estamos atualmente em 1998), mas já existe um novo Distribuidor para elas, por enquanto temporário, para o período de transição.

– O que é que mudará no funcionamento do novo Separador em comparação com o antigo?

– A sexta raça, chamemo-la assim, são pessoas completamente diferentes, mais energéticas, com um diapasão de frequências mais elevado. Por isso, tudo relacionado com os novos tipos de energias mudará no modo de operar do novo Distribuidor. O novo Distribuidor foi pensado para outras frequências energéticas, daí que aquele mesmo "imã" terá de ser construído de novo para funcionar com essas novas frequências, com tipos de matéria mais "subtis". O trabalho dentro do próprio Distribuidor também mudará, uma vez que as pessoas da sexta raça terão outros programas, outro karma e tudo o resto que daí advém. Mudará absolutamente tudo dentro do Distribuidor, inclusive o próprio processo de trabalho com as almas.

– E o Purgatório mantém-se?

– Sim, mantém-se.

– E os Seus **Enviados***, aqueles que Vocês enviam periodicamente para a Terra, também passam pelo Distribuidor?

– Não, Eles não passam pelo Distribuidor comum, Eles voam imediatamente para Nós graças ao elevado potencial energético que possuem. Por questões de segurança, Nós equipamo-los previamente com fatos protetores especiais, específicos para o efeito, em primeiro lugar, para evitar a interceção Deles por outros Sistemas, e, em segundo lugar, para evitar que se agarrem a eles outras almas que se estejam a caminho do Distribuidor, pois o que não falta são almas a querer chegar até Nós. Esses fatos protetores, além de resolverem estas duas questões, ainda conduzem os Enviados até Nós a alta velocidade.

– E as almas de pessoas que foram tocadas pela Vossa energia também vão para o Distribuidor comum?

– Sim, elas ficam basicamente no Nível da maioria das almas, já que o seu Nível Energético não aumenta com um simples contacto com a Nossa Informação. Outra coisa é se a pessoa se interessar por essa Nossa Informação. Quando ela ouve ou lê constantemente essa informação, ela passa a alimentar os seus invólucros com nova energia. O seu Nível Energético Total aumenta, mas isso ainda não lhe permite contornar o Distribuidor geral, uma vez que ainda não passou pela Hierarquia do Homem.

As pessoas que se interessam pela Nossa Informação são pessoas que posteriormente vêm calhar Connosco. Quanto mais energia a alma captar através da Informação dada por Nós, mas alto ela se elevará no Sistema de Níveis.

– Em épocas de catástrofes globais, o processo de recolha de almas é realizado da maneira usual ou são disponibilizados recetores adicionais ao Distribuidor?

– A recolha das almas realiza-se da maneira habitual em qualquer situação. Não ocorre nenhum aumento do Distribuidor nem se disponibilizam recetores adicionais. As almas excedentes terão de esperar nas salas de espera. Surgem filas que rapidamente desaparecem. No Nosso Mundo, não há tempo, por isso o tempo da espera não parece longo para ninguém.

O JULGAMENTO

– As almas ficam por algum tempo nas salas de espera. Mas elas ficam à espera do quê?

– Elas ficam à espera do Julgamento Final e subsequente distribuição.

– Antigamente, o Julgamento da alma era feito ao quadragésimo dia após a morte. Esse prazo mantém-se nos dias de hoje?

– Com a descontinuação do desenvolvimento da quinta raça, há muita gente a ser atualmente retirada da vida, o que forma grandes filas no Distribuidor e, por isso, os Nossos autómatos não têm tempo de funcionar à velocidade a que normalmente funcionam. Por esse motivo, o tempo de espera do Julgamento foi adiado (ano 1998). O Julgamento está a ter lugar em média entre 2 a 2,5 meses (tempo terrestre) após a morte, às vezes até mais.

– No que é que consiste o Julgamento de uma pessoa?

– Exibem-se as imagens da sua vida, ao mesmo tempo que são apontados os aspetos positivos e negativos do seu comportamento. Compara-se a vida vivida com o programa dado a essa pessoa e faz-se a análise das qualidades adquiridas pela alma. E, dependendo da quantidade de negativos e positivos que a alma adquiriu ao longo da vida, a alma é então direcionada para o Purgatório ou para a decodificação.

– E onde é que está guardada essa informação com as imagens da vida da pessoa?

– Nos blocos da memória, mas não nos blocos da memória do cérebro, porque, no momento do Julgamento, essa informação já se encontra no invólucro causal. Nada fica no corpo físico descartado, embora inicialmente a informação seja de facto captada e guardada nos blocos da memória do cérebro.

– O que é que acontece no momento da morte, quando o indivíduo vê a sua vida passar-lhe à frente dos olhos do primeiro ao último dia?

– O indivíduo assiste ao seu filme-programa, ou melhor, assiste nesse programa a episódios ligados pela LINHA DA VIDA, ou seja, por aquela energia específica que os une. A linha da vida conecta os pontos do programa, que é como quem diz, as situações vividas, num todo uno.

No programa completo, existem variantes, outros pontos-situações que o indivíduo saltou devido a uma escolha feita, e daí esses pontos não serem revelados. Daí a linha da vida não os exibir e o indivíduo não os ver.

– Algumas pessoas, como soldados, por exemplo, afirmam terem visualizado nos momentos de grande perigo a sua vida toda como que rebobinada em ordem inversa. Ao que é que isso se deve?

– No momento da morte ou duma situação equivalente à morte, dá-se o rebobinamento das imagens da vida da pessoa na ordem inversa, para que quando a pessoa volte para o Distribuidor, no momento do Julgamento, o 'filme' da sua vida esteja já na ordem correta. Esse rebobinamento acontece somente no corpo físico vivo. Por isso é que alguns segundos antes da morte, ou seja, antes de a alma abandonar o corpo, se dá a regravação da informação existente nos blocos da memória do cérebro físico para os blocos da memória do corpo astral. Quando o corpo astral atinge a correspondente camada-filtro, na qual ele será retido e eliminado, ocorre a regravação seguinte, desta vez do corpo astral para o mental. Quando, por sua vez, o corpo mental estiver para ser eliminado, dar-se-á a regravação para o corpo causal, ou seja, temos a gravação sucessiva da informação passando todos os corpos "subtis" enquanto os seus invólucros estão vivos. Durante o Julgamento ocorre então o exame das imagens a partir do último invólucro temporário, o causal, onde a ordem de apresentação das imagens está cronologicamente correta, ou seja, a começar no momento do nascimento. Devido ao curto prazo da sua existência, o invólucro etérico não participa no rebobinamento de imagens.

– E poderá alguma vez acontecer de este rebobinamento não se dar? Por exemplo, em caso de explosão, onde o corpo é destruído e eliminado quase instantaneamente?

– Não, o rebobinamento ocorre sempre, bastando para isso uma fração de segundo. Uma pessoa pode nem se dar conta dele. Normalmente, pessoas muito impressionáveis não se apercebem desse rebobinamento de imagens, uma vez que estão completamente concentradas na situação que as levou à morte.

– Então o rebobinamento ocorre sempre e nada o pode impedir?

– Sim, ele ocorre automaticamente em qualquer situação e só quando há ainda vida no corpo.

– Ele também ocorre quando a pessoa está doente em estado inconsciente?

– Sim, em qualquer condição e estado. A regravação em doentes ocorre na hora da morte, nos últimos minutos, ou seja, um bocadinho antes do que ocorreria em pessoas que morrem repentinamente em resultado de acidentes e catástrofes.

O PURGATÓRIO

– O que é que acontece com a alma depois de ser analisada a sua vida no Julgamento Final?

– Dirige-se para o Purgatório. Regra geral, todas almas passam pela purificação, mesmo as almas sem pecado acabam por acumular algumas energias negativas. É impossível viver na sujidade sem se sujar, como deve compreender.

– O que é o "Anel de Adão" através do qual a alma passa?

– O Anel de Adão é precisamente o Purgatório, no qual são retiradas as energias "sujas".

– E de que maneira é que essas energias são retiradas?

– Existem aparelhos especiais que "raspam" a energia desnecessária. Trata-se de um processo muito desagradável e quanto mais energias baixas a alma tiver acumulado, mais tempo durará esse doloroso processo. Mas depois de tal purificação ela sentirá a leveza de quem se livrou de algo pesado.

– Segundo o cristianismo, após a morte, os pecadores ardem no fogo do Inferno e sofrem muito.

– O sofrimentos da alma após a morte é outra questão. O sofrimento existe porque ainda ninguém cancelou nem vai cancelar a punição da alma após a morte. A alma passa pela purificação, mas todas aquelas ações kármicas pelas quais ela deve ser punida e os sofrimentos que deverá suportar para perceber o errado das suas ações permanecem e ficam guardados no invólucro causal.

– Qual é duração de sofrimento da alma no mundo "subtil"?

– Isso vai depender da sua tomada de consciência e da gravidade da ação feita ou pecado cometido.

– Gostaríamos que nos esclarecesse o seguinte: durante a purificação da alma, são retiradas dela as energias que não foram ganhas de acordo com o programa ou apenas as energias rudimentares?

– São eliminadas as energias que não foram programadas e todas as que atuam destrutivamente sobre a alma, as energias direcionadas para o Diabo. Mas se as energias que se ganharam de modo não programado forem elevadas e contribuírem para o aperfeiçoamento da alma, então elas permanecem.

– Durante a sua vida, a pessoa obtém, além de tudo o resto, muito conhecimento errado. Esse conhecimento também lhe é retirado da alma após a morte?

– Sim, claro, esse conhecimento não é admitido no mundo "subtil". Mas se ele for ainda necessário ao indivíduo para ser usado por este no futuro, então será poupado, uma vez que compete ao indivíduo partir desse conhecimento para chegar ao conhecimento verdadeiro através do trabalho da alma. Daí esse conhecimento ser mantido. No entanto, por ser errado possui um espetro de frequências energéticas baixo e pesado, o que faz com que ele impeça a subida da alma. Esse tipo de conhecimento puxa a alma para baixo. Mas no mundo "subtil", se a personalidade for suficientemente progressiva, ela compreenderá o erro desse conhecimento que a está a puxar para baixo e ela própria se tentará livrar dele, ou seja, vai reeducar-se, livrando-se do antigo e ansiando pelo novo. É precisamente isso que acontece com os vossos materialistas, que negam a existência do mundo "subtil", mas que, ao irem parar nele, entendem de imediato que ele é tão real quanto o mundo físico, e ver-se-ão assim obrigados a admitir esse facto.

– Como é que o conhecimento errado age sobre a alma de uma pessoa?

– Existe muito conhecimento errado na Terra. O indivíduo gosta de estreitar tudo com dogmas, mas não deve ser assim, porque tudo flui, tudo muda com o tempo. O conhecimento errado é um entrave para tudo. Ele é composto de energia rudimentar, existente apenas nos Níveis inferiores. Ao entrar nos invólucros de uma alma, esse conhecimento errado bloqueia todos os processos daquela, ou seja, trava o seu desenvolvimento. Por isso é que os materialistas entraram num beco sem saída e o seu desenvolvimento não avança mais. E somente quando entendem a existência do mundo "subtil" é que conseguem prosseguir em frente com o seu desenvolvimento.

– Como é o Purgatório?

– O Purgatório não é um compartimento qualquer isolado. O papel do Purgatório é assumido por um conjunto de Níveis estruturalmente especiais, com muitos escalões e camadas. Ao passar por cada uma dessas camadas, a alma vai sendo purificada e libertada de tudo o que é inútil. Essas camadas seguem uma programação que efetua processos automáticos. Cada camada compreende o conceito "parte de baixo" e "parte de cima". Quando a alma está numa dessas delas e chega ao chamado "teto" da mesma, isso significa que ela já está purificada segundo os padrões dessa camada e pode passar para o Nível ou camada seguinte.

– Se os invólucros temporários ficam retidos nas camadas-filtros, então a purificação ocorre apenas a partir dos invólucros permanentes?

– Não. Os invólucros permanentes não terão nunca mais de passar pelo processo de purificação, uma vez que neles se acumulam apenas qualidades eternas. A retenção dos invólucros temporários nas camadas faz mais lembrar um processo de filtração. As energias elevadas ganhas pela alma passam por todas as camadas sem serem retidas, ao mesmo tempo que as energias desnecessárias são como que limpas e retiradas da alma, ficando presas nos filtros das camadas. Será, portanto, legítimo dizer que a energia desnecessária não é realmente arrancada à alma: ela simplesmente não passa para cima juntamente com os invólucros temporários.

– A alma atravessa essas camadas-filtros e deixa nelas apenas os invólucros ou realiza-se algum outro trabalho nesse momento?

– As camadas-filtros são universais e multifuncionais, ou seja, têm várias funções. Elas ajudam também a determinar o Nível Evolutivo atingido pela alma. Algumas almas sobem apenas até à camada astral, outras, até à mental. As camadas não são simplesmente camadas, mas todo um mundo no qual se finalizam todos os desejos da alma não concretizados no mundo físico. O primeiro mundo é o astral. Aqui a alma pode obter tudo o que deseja e, de acordo com esses seus desejos, será feita a avaliação para saber qual o Nível atingido por ela e qual a tendência das suas aspirações subsequentes. Se os desejos da alma forem rudimentares, baixos, eles irão de novo começar a puxar a alma para baixo, ela volta a cair e vai de novo parar ao Purgatório.

– Quanto tempo é que a alma permanece no mundo astral?

– Até passar pela concretização plena dos seus desejos e enquanto tiver um corpo astral. As almas sem desejos no **diapasão energético*** do plano astral passam instantaneamente por essa camada e vão logo dar ao plano mental. Aquelas que atravessam também rapidamente a camada mental param na camada seguinte, correspondente às energias do invólucro ainda mais "subtil", o quarto invólucro a contar do corpo material. Tudo passa pelos invólucros de Nível apropriado nessa sequência. Ao mesmo tempo, são-lhe retirados todos os invólucros temporários, enquanto que os constantes permanecem durante todas reencarnações da alma na Terra. As camadas, ou, como também as podemos chamar, esses mundos, realizam tarefas multifuncionais cujas funções vão muito além da sua limitada capacidade de 'deixar passar para cima'.

– Esta é a única maneira de purificação da alma?

– Também este é um processo muito complexo. A purificação de cada alma, apesar das disposições gerais, é um processo individual. Se uma alma acumulou muitas energias "sujas", então a etapa inicial da sua purificação será sentida por ela de forma muito dolorosa, já que essas energias acumuladas ser-lhe-ão como que arrancadas à força. Equivale a arrancar uma parte do corpo sem anestesia. Mas a culpa desse processo tão doloroso é da própria alma, já que isso não aconteceria se ela tivesse feito as escolhas certas na vida. Por outro lado, se a alma da pessoa tiver atingido um Nível elevado de Desenvolvimento e cumprido corretamente o seu programa, ela passará a voar pelas camadas baixas, entrando na camada superior sem sentir qualquer dor.

Existe ainda um trabalho especial feito com as almas na forma de sugestionamento. É um tratamento direcionado a uma certa categoria de almas, àquelas que não conseguiram adquirir a qualidade suficiente de energia. Essa alma é purificada no Nível que lhe corresponde e, paralelamente, passa por sessões de sugestionamento. Mas todo o corpo fica sempre no Nível que lhe é equivalente. Assim, por exemplo, o corpo astral passará por purificação no Nível equivalente e não conseguirá passar para cima, para a camada mental.

– E que sugestionamentos são esses feitos à alma?

– São-lhe sugestionadas as situações que a alma cumpriu de modo errado na Terra. Ela volta assim a viver essas situações, a reviver alguns momentos da sua vida passada, mas agora já num outro mundo. Graças ao sofrimento e preocupações sentidas dá-se um tipo da purificação da alma. Esta purificação requer também a elaboração de programas específicos e cada camada-filtro possui os seus próprios programas.

– Como se limpam as energias "sujas"?

– Com ajuda de dispositivos e aparelhos especiais.

– Então, é também possível a alma não sofrer ao passar pelas camadas?

– Tudo depende da alma em si e do que esteja a ser purificado. Uma alma que se encontre num Nível superior irá sentir menos momentos desagradáveis do que a alma de um Nível inferior, que guarda em si muitas "impurezas".

– Quem decide quando é que a purificação está concluída?

– Isso é tudo determinado pelas máquinas: são elas que "veem" a composição da alma, que controlam o processo de purificação. À medida que a alma vai passando pelas camadas-filtros, vai-se podendo ver, com a ajuda de dispositivos, como é que ela é purificada e quando é que essa purificação fica concluída.

– O Determinante acompanha esse processo?

– Não. O Determinante já não acompanha a alma após a morte da pessoa. Ela passa a ser acompanhada por outras entidades, enquanto que o Determinante em questão começa já a tratar de outro programa.

– Quem realiza a purificação da alma?

– Essências especiais. Todos os processos são regidos por determinadas Personalidades, também Elas do Sistema Negativo. E na purificação propriamente dita, estão envolvidos trabalhadores do Sistema Negativo.

– Os invólucros, juntamente com todas energias "impuras" retiradas das almas, ficam retidos nas camadas-filtros e uma vez lá são extinguidos?

– Nós não desperdiçamos nada. Essas impurezas são retiradas dos filtros e posteriormente processadas.

– A purificação das almas leva muito tempo?

– Tudo depende do seu grau de contaminação. Algumas podem demorar quarenta dias, outras, menos.

– O que é que sente a alma durante a ascensão até Si?

– Normalmente, um imenso medo. Muitas sobem a voar a uma velocidade incomum para elas. Mas também há almas sem medo.

– O que sentem as almas no Purgatório?

– O Purgatório revela ser um procedimento bastante desagradável. E quanto mais baixas forem as energias ganhas pela alma, mais desagradáveis serão as sensações que ela terá, uma vez que todas as energias das quais a alma não precisa serão "raspadas". É precisamente por causa dessas sensações que as pessoas acreditam estar no Inferno.

– Então, todas as almas passam pela purificação... mas para onde vão elas depois?

– Algumas delas não chegam sequer ao Nível da Purificação. É precisamente no Juízo Final que se decide isso. Apenas as almas que vão continuar o seu desenvolvimento evolutivo é que passam pela purificação. Sim, há almas que passaram pela vida em vão, acumulando energias muito baixas, sem qualquer interesse que não fosse em obter prazer. Essas almas são enviadas para a decodificação, ou seja, para a eliminação total como personalidade. Pode-se dizer que elas atolaram nos seus próprios pecados.

A DECODIFICAÇÃO

– A **decodificação*** da alma é um processo automático ou tem alguém especificamente a fazer este trabalho?

– Tudo é feito por autómatos específicos, embora a gestão das máquinas seja basicamente realizada através do computador. Todos os indicadores da alma, toda a sua estrutura está registada no computador do Determinante que acompanha determinada pessoa ao longo da vida e, de acordo com a estrutura existente, no processo de decodificação, a alma como que se divide e desaparece para sempre como personalidade.

– Isso quer dizer que ela não se desfaz caoticamente, como um prédio em demolição, mas é antes desmontada com alguma sequencialidade? Qual é o propósito de tal decisão se, de qualquer maneira, a alma acaba por ser eliminada na mesma?

– A desmontagem da alma, ou decodificação, é feita de acordo com os seus esquemas estruturais registados no computador. A desmontagem da alma é gerida por especialistas que fazem parte das Essências Superiores, uma vez que se trata de um trabalho muito delicado e meticuloso. Trata-se da desmontagem e decomposição nas partes componentes, como se, imaginemos, tivéssemos de desmontar o corpo de uma pessoa nas suas células componentes, tendo de preservar a integridade de cada uma delas. É isso que se faz com a alma.

Ela é decomposta de acordo com a sequência de matérias "subtis" que a compõem; na vossa linguagem poderíamos dizer que a alma é decomposta em átomos, ou seja, nas menores partículas possíveis de matéria "subtil". E é então nessas partículas que se efetua a limpeza (purificação), longa e minuciosa. As almas de níveis* inferiores vêm de tal modo sujas (impuras) que todas as suas partículas vêm impregnadas com a sujidade adquirida ao longo da vida, ou seja, com **energias baixas*** e **rudimentares***. Essa limpeza minuciosa leva muito tempo, porque a Nossa produção sem desperdício obriga a que tudo seja executado com a qualidade suficiente de modo a que, após essa purificação, novas almas possam ser formadas a partir das partículas elaboradas. As partículas de uma antiga alma são avaliadas e comparadas com elementos desmontados de outras almas decodificadas, daí são escolhidos os materiais necessários e montamos novas almas. Essas novas almas surgem completamente vazias e começam tudo do zero, como personalidades completamente diferentes.

– Gostaríamos de saber o que é mesmo que a alma sente durante o processo de **decodificação***? Dor?

– Claro, sente dores torturantes, não estivesse ela a ser decomposta em partes. Aqui não se usa aquilo a que vocês chamam de "anestesia". Imagine só: você é um ser vivo e está a ser desmembrado e decomposto em partes sem nenhuma anestesia. A decodificação é, resumindo, a decomposição da alma em partes. É evidente que esta, a alma, sente as dores iniciais do processo, mas depois deixa de sentir. E uma vez desagregada e decomposta em partes, a alma deixa de existir como personalidade.

– E os Vossos Especialistas que se ocupam da decomposição das almas fazem-no por vontade própria?

– Não, fazem-no por ordem Minha, visto esse tipo de trabalho ser executado pelos Sistemas negativos, cujos desejos não são tidos em consideração. A decodificação é, antes de mais, um processo árduo, cruel e terrível que assenta em cálculos precisos e que tem uma ação opressora sobre o executante, pelo que os Meus Especialistas não podem sobrecarregar-se com tais funções. É por esta razão que é precisamente o Sistema do Diabo a fazer este trabalho.

– Até ao ano 2000 muitas almas serão decodificadas?

– Sim. Basicamente todos os toxicodependentes, parte dos alcoólicos e outras pessoas vazias. Para isso foram introduzidas tentações como a droga e o álcool, para revelar o lado mais fraco das almas. As tentações ajudam a revelar as tendências vis das almas e a selecioná-las. No geral, se considerarmos a população máxima da Terra no período atual, será decodificado 10% desse número (que somará mais de 600 milhões de decodificados dos 6 mil milhões de pessoas contabilizadas até ao ano 2000).

– Seria possível sabermos mais sobre as falhas que levam uma pessoa a ser decodificada?

– Tempos diferentes têm culpas diferentes, já que no curso da evolução, os valores humanos comuns vão mudando, assim como vão mudando os pecados. Por exemplo, podemos pecar em algo que há mil anos não era considerado pecado mas que atualmente pode ser considerado um ato desumano; os seja, o que antigamente era perdoado não o é mais na atual etapa evolutiva. Mas, na sua essência, a principal característica que levava, tanto no passado, como leva nos dias de hoje uma alma a ser decodificada é a desumanidade em relação aos outros.

Daí que sejam eliminadas as almas de assassinos que destruíram a vida de muita gente e também uma parte das almas que se venderam ao Diabo. Porque é que Eu digo " uma parte das almas"? Porque antes de serem decodificadas, essas almas são oferecidas ao Hierarca do Sistema Negativo, ou seja, ao Diabo. Caberá a Ele analisar as suas vidas passadas e decidir se elas possuem alguma capacidade que lhes permita evoluir ou não no Seu Sistema. Assim, se o Hierarca do Sistema Negativo estiver interessado nelas, Ele levá-las-á para Si e elas continuarão o seu desenvolvimento sob a administração Dele, ou seja, do Diabo. Quanto às almas que matam, que não resistem às tentações e não possuem mais serventia para nada, SÃO ELIMINADAS. Existem muitas almas inúteis que nem sequer para o Diabo têm serventia. Essas almas são tão primitivas que não têm qualquer valor.

– Então, as almas evoluem durante um determinado período longo e depois são eventualmente decodificadas caso tenham agido de modo a merecerem isso. Quando é que se dá essa decodificação? A cada dois mil anos?

– Durante os períodos de transição, é decodificado um número maior de almas. Mas não é necessariamente a cada dois mil anos. Poderão ser outros prazos se no decorrer evolutivo da civilização alguém manifestar características más. Basicamente, a decodificação ocorre no estágio inicial de desenvolvimento da alma, quando ela ainda não se desenvolveu muito. Regra geral, a alma passa por todo um ciclo evolutivo completo. Esse intervalo pode ser bem longo e levar a alma a reencarnar pelo menos dez vezes, após o que, analisadas todas as facetas das suas vidas passadas, ela é então decodificada. Ou seja, ela é eliminada não é pelos pecados de uma vida, mas pelo conjunto dos pecados de todas as suas vidas passadas.

– As almas que alcançam o Nível Evolutivo mais elevado da próxima civilização, a sexta, estarão também elas sujeitas à decodificação?

– Na etapa inicial, ainda acontecerão decodificações, sim, mas, posteriormente, a decodificação já não será mais necessária. No entanto, se acontecer uma alma perder a orientação certa, Nós enviá-la-emos para ser corrigida naquilo a que vocês chamaria de "colónia de correção", embora seja evidente que no Nosso Mundo essa estrutura funcione de um modo completamente diferente.

– Se a alma de um nível* baixo cometer muitas ações negativas numa só vida, pode acontecer ela ser decodificada imediatamente depois dessa vida?

– Não. Se ela ainda não passou pela etapa evolutiva que permite julgar as principais tendências do seu desenvolvimento, então ela não será decodificada. A alma pode estar apenas na metade da etapa programada para o seu desenvolvimento no momento em que comete algo negativo. Mas a sentença será pronunciada só depois que ela termine um ciclo de reencarnações. Existem alguns ciclos de desenvolvimento social em que tudo corre bem e de acordo com o programa. As almas dessa civilização não serão de todo decodificadas.

– Ou seja, a partir de um determinado momento da sua evolução, as almas não são mais passíveis de serem decodificadas, é isso?

– Sim. As almas que adquiriram grande experiência de vida, elevado potencial energético e que aspiram à perfeição já não serão decodificadas. Existem algumas civilizações altamente desenvolvidas também no plano material e, nelas, a decodificação como processo de rejeição das almas fracassadas deixou existir. As almas seguem todas o seu caminho evolutivo. E nos planos "subtis", como já dissemos, as almas dos níveis* altos nunca são decodificadas. Apenas as dos planos inferiores podem ser eliminadas.

DISTRIBUIÇÃO DAS ALMAS APÓS A MORTE

– Após o Distribuidor e o Julgamento Final, algumas almas são decodificadas, outras são purificadas e depois de tudo isso para onde é que elas são enviadas?

– Depois, as almas são enviadas para os lugares de chegada geral das almas terrenas. Existem almas que vão para outros mundos, mas aquelas predestinadas a reencarnar na Terra ficam perto da Terra.

– Em caso de evolução normal, depois de cada reencarnação na Terra, a alma sobe um grau no seu desenvolvimento, é isso?

– Os graus que a alma se eleva após a morte irá depender da sua determinação. É possível ela conseguir em apenas uma vida dar um salto qualitativo tão grande que lhe permita de imediato subir para um Nível muito elevado. Mas, evidentemente, também pode acontecer o contrário e ela descer abruptamente.

– Onde é que vão parar as almas baixas? Antigamente dizia-se que elas iam para o Inferno. Ou será que as almas baixas e altas se encontram todas no mesmo lugar?

– Não, as almas humanas com diferentes Níveis Evolutivos vão necessariamente parar em sítios diferentes.

– Existem Repositórios onde as almas ficam nos períodos entre as reencarnações?

– Sim.

– Como é que se dá a seleção de almas num Repositório?

– A distribuição de almas pelos diferentes Níveis ocorre com grande precisão e de acordo com os tipos de energias que elas adquiriram durante a última vida, além de serem também levadas em conta as energias de vidas passadas, que influenciam o Nível total da sua Evolução. Quanto mais altas energias a alma adquire ao longo da vida, mais elevada ela fica; quanto mais rudimentar a energia, ou seja, quanto mais ela degrada, mais baixo ela desce. A distribuição propriamente dita ocorre também de modo automático de acordo com as frequências energéticas correspondentes a cada alma, tanto mais que todas impurezas energéticas estranhas já foram limpas, o que garante clareza na definição da sua posição. Trata-se de um processo físico simples.

– Imaginemos que se determina o Nível correspondente a determinada alma. Onde é que ela é então mantida no repositório?

– Podemos, claro, chamar esse local de Repositório. Mas, na realidade, trata-se de um mundo no qual as almas permanecem entre as reencarnações. Elas vivem nele e evoluem. É um mundo complexo, dividido por diferentes camadas de Níveis Evolucionais. Mas para se compreender melhor a estrutura desse mundo, imaginemo-lo então como um Repositório feito especialmente para as almas terrestres e dividido em Níveis ou patamares. A cada Nível correspondem os respetivos tipos e frequências energéticas. Por assim dizer, cada Nível desse repositório geral é um sub-repositório para as almas com igual **diapasão energético***.

– Quantos Níveis desses é que existem?

– Para os indivíduos do plano terrestre - até 100 Níveis, o que corresponde à Hierarquia do Homem.

– As almas que após a morte vão dar a esse mundo estão conscientes?

– A alma mantém sempre a consciência. Esta nunca lhe é desligada. No mundo "subtil", é impossível adormecer. Apenas no vosso mundo, o mundo físico, é que se dorme, já que os invólucros materiais requerem um carregamento realizado apenas durante o sono. Uma vez que após a morte do corpo físico as almas ficam em corpos "subtis", acaba assim a necessidade de dormir.

– Mas foi-nos dito que as almas adormeciam.

– Não, não adormecem. Lembre-se disto: **uma alma nunca dorme.**

– Nem mesmo as almas de nível* baixo ficam em estado meio adormecido?

– Não, elas permanecem conscientes no seu Nível. Elas têm o seu caminho de desenvolvimento no Repositório que é, aliás, um caminho muito difícil. A alma continua a trabalhar mesmo após a morte. Somente as almas dos animais podem ficar "meio adormecidas" naquele grau especial de funcionamento da consciência em que o seu desenvolvimento se dá durante o sono.

– Uma vez no mundo "subtil", as almas continuam também a evoluir de acordo com o programa?

– Sim. Qualquer evolução se dá de acordo com o programa previamente determinado pelas Essências do Topo da Hierarquia. Há um programa para a Terra e outro, para o plano "subtil", concretamente para as almas. O programa do indivíduo no mundo físico conecta-o apenas com seus iguais, outros seres humanos. Já no mundo "subtil", o programa liga a alma a entes dos Níveis Inferiores e Superiores, como na Hierarquia.

– Que tipos de tarefas se colocam às almas quando elas caem no mundo "subtil"?

– As mais variadas. No mundo "subtil", existem muito mais objetivos evolutivos do que no mundo físico.

– Onde é que a alma evolui mais rapidamente: no mundo físico ou no mundo "subtil"?

– A alma evolui sempre mais depressa quando desprovida de corpo físico. No mundo "subtil", abrem-se-lhe conhecimentos e verdades que são inacessíveis à sua compreensão quando ela está na Terra. No mundo físico, é tudo distorcido, está tudo errado. Os indivíduos terrestres estão num Nível Evolutivo muito baixo e a maior parte do seu conhecimento é errónea.

– Se as almas evoluem mais rapidamente no mundo "subtil", porque é que então elas são enviadas para nosso mundo físico?

– O homem deve construir a sua própria Hierarquia, que deve começar precisamente na Terra, a partir dos seus planos rudimentares, como que a partir da alicerce.

– As almas no mundo "subtil" evoluem em sociedade ou individualmente?

– Da mesma forma que na Terra, ou seja, a alma evolui autonomamente e, ao mesmo tempo, está ligada aos grupos dos Níveis. Cada alma tem um objetivo especificamente seu. A individualização continua também no plano "subtil".

– Os programas das almas também estão ligados entre si?

– Sim, claro, uma vez que comunicam entre si, como na Terra. É igual.

– Mas o tipo de atividade de uma alma no mundo "subtil" é determinada também pelo Fundador, à semelhança do que se passa na Terra?

– Basicamente, o tipo de atividade é determinado "De Cima", mas a vontade da alma é sempre considerada.

– As almas também têm escolha no mundo "subtil"?

– Sim, nos Meus mundos, o livre arbítrio é dado em todos os lugares e a todas as almas.

– Mas, nesse caso, se uma alma tinha determinadas características na Terra, essas características não se irão manter após a morte?

– Todas as tendências e características que a alma possuía durante a vida vêm com ela para o mundo "subtil". As pessoas criativas sentirão tudo ao seu entorno com maior intensidade, independentemente do mundo onde estejam. Por isso é que se elas criavam num mundo podem continuar a criar num outro mundo. O que muda é o tipo de atividade, porque deixa de fazer sentido criar a mesma coisa. Em primeiro lugar, porque isso iria atrasar a evolução geral da alma e, em segundo lugar, porque, em outros mundos, existe outra matéria, outras necessidades. Portanto, o processo da criatividade pode continuar, mas já noutra esfera.

– Então, não é provável que a pessoa que foi arquiteta no nosso mundo permaneça sendo arquiteta no outro?

– A evolução dá-se seguindo em frente, por isso, se na Terra, o indivíduo foi arquiteto e construía edifícios, no mundo "subtil", ele começa a construir planetas... desde que, evidentemente, atinja o correspondente Nível Evolutivo. Ou, se na Terra, ele foi escritor, no mundo "subtil", ele será Fundador e irá compor os destinos que serão posteriormente colocados em programas. Mas, inicialmente, o destino e as suas versões têm necessariamente de ser elaborados em termos de enredo. Nisto consiste o progresso evolutivo de qualquer atividade criativa. Mas, volto a frisar que tudo é feito por livre vontade da alma. Se ela não se conseguir realizar plenamente na criatividade, ser-lhe-á proposto outro tipo de atividade.

– Que Nível de Desenvolvimento deve a pessoa alcançar para começar a criar planetas?

– Para começar, o indivíduo precisa de alcançar o Centésimo Nível Terrestre, e depois, após a transição para o mundo "subtil", deverá atingir o correspondente Nível Evolutivo, uma vez que a criação dos planetas é uma atividade que envolve o Topo da estrutura hierárquica.

– O número de pessoas na Terra está a reduzir. Dos 6 mil milhões de pessoas atualmente existentes, quantas permanecerão na sexta raça?

– A população será brevemente reduzida em 2/3 (dois terços).

– Isto quer dizer que 2/3 das almas passarão para mundo "subtil" e permanecerão lá, e, na Terra, reencarnará apenas 1/3 (um terço) delas? Como então continuarão as encarnações na Terra, se, no mundo "subtil", no Repositório, haverá constantemente mais almas do que corpos na Terra?

– Após o Juízo Final, uma parte daqueles 2/3 (dois terços) de almas retiradas da Terra será decodificada. Outra parte passará para diferentes mundos físicos, inferiores ao mundo terrestre, e aí continuará o seu desenvolvimento. E a parte que resta, a dos mais dignos, é precisamente aquela que formará a sexta raça e que reencarnará na Terra. Deste modo, dar-se-á uma intensa circulação de almas: umas que saem e outra que entram no lugar das que saíram.

Capítulo 8

MUNDOS PARALELOS DA TERRA.

PLASMOIDES

OS MUNDOS PARALELOS DA TERRA

O homem habituou-se a acreditar que está sozinho no Universo e na Terra, sem se aperceber o quanto essa solidão é relativa. A pessoa é seguida pelos Mestres Celestiais, é observada por seres de mundos paralelos à Terra, é controlada por habitantes de outros planetas, é visitada por almas de falecidos. Por isso, é justo dizer sobre nós mesmos: "Somos cegos, mas não sozinhos".

Numa das conversas de contacto, foi-nos dito que não estávamos sozinhas na sessão, que à nossa volta se encontravam muitos e variados seres do mundo "subtil" e, daí, ficámos interessadas em saber que seres eram esses.

– Diga, por favor, na sessão de hoje, estão presentes alguns outros seres?

– Sim, eles estão aqui constantemente.

– Que seres são esses?

– Os mais variados: alguns parecem-se convosco, outros não.

– Do que mundo é que eles vêm?

– De diversos mundos, daí serem todos diferentes.

– Mas eles pertencem a invólucros da Terra?

– Não apenas aos invólucros, eles vêm também de outros planetas.

– O que é que eles pretendem obter quando assistem aos nossos contactos (diálogos)?

– Tal como vocês, também eles recebem informação através de energia enviada por Nós. Eles decifram-na. Há alguns que ficam apenas curiosos para saber como vocês, as pessoas, vivem. Além disso, foram atraídos para cá pela presença do canal de comunicação que eles conseguem ver perfeitamente lá do mundo "subtil". Tem também alguns quem vêm para receber energia.

– O que é que eles fazem?

– Alguns simplesmente observam as pessoas e nisso consiste o trabalho deles. Outros envolvem-se na distribuição de energias: captam a energia enviada por Nós através do canal de comunicação e voam para outros pontos da Terra para transportá-la para outros lugares. Desse modo, eles distribuem um novo tipo de energia por todo o planeta e seus mundos paralelos.

– E com que objetivo é que eles fazem isso?

– Isso está tudo planeado. Se a Terra propriamente dita, o seu invólucro físico, se está a transferir para uma nova energia de frequência mais elevada, então, do mesmo modo, todos os seus mundos paralelos terão igualmente de passar para um grau mais elevado, tendo previamente recebido e processado essa nova energia.

– Sabemos que existem planetas com e sem mundos paralelos. Para que precisa um planeta de mundos paralelos?

– Esses mundos encontram-se nos invólucros "subtis" do planeta e, como tal, contribuem para a sua evolução.

– O que dão os mundos paralelos ao planeta propriamente dito?

– Fornecem a cada um dos seus invólucros um determinado tipo de energia. Cada mundo possui a sua tecnologia, e cada invólucro, por sua vez, dá ao planeta o seu próprio Nível da Energia, já produzido numa nova base.

– Esses mundos paralelos já existiam aquando da primeira civilização na Terra?

– Eles surgiram ao mesmo tempo que a Humanidade. Mas o seu número foi alterando de acordo com os invólucros da Terra.

– Ou seja, quanto mais civilizações houver na Terra, maior será o número de mundos paralelos?

– Sim, o mesmo se passa com os invólucros da pessoa à medida que ela evolui. A Terra desenvolve-se, aumenta o número dos seus invólucros, o que, por sua vez, requer o surgimento de novas civilizações no plano físico. E desse modo, ocorre esta interligação entre eles.

– As civilizações desaparecidas passam para algum mundo paralelo? Por exemplo, a civilização Maia, da América do Sul, para nós ela desapareceu sem deixar rasto, mas… para onde é que ela foi? Para mundos paralelos?

– Essas civilizações são transferidas para onde Nos fazem falta.

– No que é que se distingue o trabalho de planetas com mundos paralelos relativamente a planetas sem esses mundos?

– Os planetas sem mundos paralelos encontram-se num Nível Evolutivo inferior ao dos planetas com mundos paralelos, ao mesmo tempo que produzem uma energia mais simples, mais monotípica. Quanto aos planetas com mundos paralelos, quanto maior o número destes últimos, mais tipos de energia são transmitidos para os Sistemas Cósmicos que os regem.

– De que modo é que a energia dos mundos paralelos é enviada para os Sistemas Cósmicos?

– A energia é enviada não para todos e não para quaisquer Sistemas Cósmicos, mas apenas para aquele Sistema que se ocupa diretamente desse planeta. E antes de a energia ser tomada, há um determinado trabalho a ser feito: a energia de cada mundo paralelo é coletada em separado para o respetivo invólucro, depois do que se forma nesses invólucros o campo completo do planeta. E depois disso, essa energia já é coletada do campo do planeta pelo Determinante Planetário e transferida para as Hierarquias Superiores.

– Que tal falarmos de um dos mundos paralelos em concreto?

– De qual é que quer falar?

– Daquele mais próximo de nós. Pode dizer-me que seres é que habitam esse mundo e se eles são parecidos com os seres humanos?

– No mundo mais próximo de vocês, vivem, sim, seres parecidos com os seres humanos. Nos outros, não.

– Eles são muitos? Se tivermos a Terra com os seus atuais 5,5 bilhões de pessoas como medida, eles estão em maior ou menor número?

– O número deles é metade do número de pessoas.

– Como é que eles estão distribuídos pelos continentes da Terra, se estão aproximados do nosso mundo material?

– Ao contrário das pessoas, eles não se distribuem por continentes, mas permanecem na sua esfera, na sua matéria, e veem o mundo de outro modo, embora estejam ligados ao vosso planeta. Eles têm as suas ilhas energéticas, que pairam sobre a Terra e nas quais eles vivem.

– Ou seja, eles não têm ligação com a estrutura física da Terra?

– A matéria física do vosso mundo de modo algum influencia o mundo deles, eles guiam-se por outras Leis completamente diferentes. Cada mundo permanece na sua própria frequência de vibrações ou, mais precisamente, cada mundo existe num diapasão de frequência específico. O erro do ser humano consiste no facto de tentar aplicar as Leis do seu mundo físico aos mundos "subtis", onde elas, essas Leis, não funcionam. Como tal, esses seres não têm natureza, têm espaço, que é isso que habitam.

– O que nos pode dizer sobre a vida dessas criaturas? Como é que elas vivem?

– Eles, tal como vocês, têm habitações a que podemos chamar casas.

– Esses seres vivem em casas juntamente com a família?

– Não, vivem sozinhos. Essas criaturas são projetadas de tal forma que não podem viver juntas, nem mesmo aos pares.

– Elas são do mesmo sexo?

– Não, têm sexos diferentes.

– Como é que então se reproduzem para formar população se não se juntam em famílias?

– Eles vivem de acordo com outras Leis. Não têm sociedades, nem Estados. Cada um deles vive de forma autónoma, separado dos demais, mas quando o programa requer, eles juntam-se para gerar filhos e voltam a separar-se logo de seguida. O conceito de educação conjunta também é coisa que não existe para eles. Apenas um dos pais educa e cuida da criança.

– Qual a causa para tal diferença no modo de vida entre o nosso mundo e o deles?

– Tudo é determinado pelos processos que devem ocorrer neste e nesse outro mundo.

– No mundo deles, existem cidades, aldeias?

– Não, não há quaisquer concentrações populacionais. Isso é coisa necessária para o vosso mundo, mais precisamente, para algumas necessidades da Terra. As habitações deles estão espalhadas, por isso não existe entre eles nem guerras, nem agressão, nem inimizades.

– Eles possuem capacidade tecnológica?

– Muito pouca. Quase não precisam de técnica, recorrem muito pouco a ela.

– Qual é a duração média de vida deles?

– Em medidas humanas, a duração média de vida deles é de trinta anos.

– Ou seja, bastante menos do que a nossa.

– Sim.

– A que se deve isso?

– Ao programa deles. Uma vez que não dormem, eles cumprem o programa mais rapidamente do que os seres humanos. Eles não dormem de todo, enquanto que o ser humano passa um terço da sua vida a dormir.

– O que é que eles fazem?

– Os seres desse mundo têm como função exclusiva ocupar-se do vosso planeta, das necessidades da Terra. Eles reparam o invólucro da Terra naqueles sítios, onde, por algum motivo, o invólucro diminui de tamanho. O trabalho deles é restaurar o seu tamanho normal. Além disso, eles também fecham alguma eventual abertura energética que apareça no invólucro, ou seja, consertam-no.

– E eles fazem esse trabalho conscientemente?

– Sim, claro.

– Mas se eles não vivem em sociedade, quem é que os governa de modo a eles executarem as suas funções?

– Eles são governados pelos Determinantes do seu mundo, mas telepaticamente.

– Eles têm religião?

– Não, eles não precisam dela. Ao contrário das pessoas, eles estão a par da existência dos Sistemas Cósmicos e dos Hierarcas Superiores.

– Sendo assim, por seu Nível Evolutivo, eles estão acima do ser humano, certo?

– Em certa medida, podemos dizer que estão acima, sim.

– Qual a causa dessa diferença no estilo de vida entre o nosso mundo e o deles, se, apesar de tudo, a frequência de vibrações do mundo deles está próxima do nosso?

– Tudo é determinado pelos processos que devem ocorrer nos diferentes mundos. Cada mundo tem uma forma de ser vivo elaborado para ele, mais precisamente – um invólucro, que é construído para produção de um determinado diapasão de frequências desse dado mundo. A forma do respetivo ser vai depender da matéria desse mundo e do trabalho que ele deve realizar.

Para que esse ser produza no decurso do seu ciclo de vida a energia requerida, torna-se necessário elaborar um processo tecnológico que permita processar um tipo de matéria (matéria-prima) no tipo de energia necessária (produto resultante). Por isso é que com base nessas metas é elaborada a linha de vida comportamental do referido ser em determinadas condições, onde cada ação sua resulta não num ato arbitrário, mas num processo tecnológico de processamento através de situações ou ações da energia enviada e transformada em novos tipos de energia.

E, por fim, o importante nesse processo é a alma propriamente dita, que pode aqui ser comparada a um operador de guindaste. O operador "dá vida" ao guindaste, obrigando-o a fazer um determinado trabalho e, ao mesmo tempo, ele próprio trabalha junto com guindaste. Ou seja, trabalha a forma (o guindaste), trabalha a alma (o operador) e realiza-se o processo (o levantamento da carga). Este é um exemplo figurativo, claro.

E não dá para colocar arbitrariamente uma alma despreparada nessa forma. A alma tem de estar devidamente preparada para essa forma e para esse trabalho. (Por exemplo, se se puser um médico a operar um guindaste, ele não só não realizará o trabalho como acabará por provocar um acidente). Da mesma forma, qualquer processo, qualquer situação exige a preparação espiritual certa da Unidade.

E são particularmente as situações que exigem essa preparação. Certas situações requerem a escolha de almas já estruturadas energeticamente para ações correspondentes. E as exigências de escolha dessas almas são muito rigorosas, já que o mais pequeno erro de cálculo pode levar à interrupção de todo o processo.

Quanto mais complexos os processos nos quais participam as almas, mais potente deverá ser o seu potencial energético.

A forma propriamente dita não exige nenhuma preparação concreta dos parâmetros da alma. A forma do corpo permite grandes variações na acumulação energética da alma, ou seja, ela tanto pode incorporar uma alma com ganho energético baixo, como uma alma com ganho energético muito alto, que, não obstante, irá variar dentro de determinados limites.

Por isso, para que determinado processo desejado ocorra num mundo qualquer, torna-se necessário:

1. criar uma nova forma;

2. elaborar o correspondente processo tecnológico para esse mundo em concreto;

3. uma alma com o potencial energético requerido ou com um determinado conjunto de características qualitativas.

E então esse mundo existirá.

– É possível fazer formas de invólucros para seres capazes de viver em vários mundos?

– Não. Cada mundo tem a sua matéria, as suas cargas, por isso cada forma é individual: é criada a partir da matéria desse mundo e suporta apenas todas suas cargas e ações.

– A alma da pessoa que passa para o estágio seguinte vai parar a esse primeiro mundo paralelo?

– Nem todas as pessoas passarão por esse mundo, apenas algumas, com fins experimentais. Cabe aos Fundadores decidir quem enviar para que mundo.

– E para aonde vão os seres do primeiro mundo paralelo depois de terminarem o seu desenvolvimento?

– Existe mais um mundo no vosso planeta, localizado na Hierarquia acima da deles, ou seja, um mundo que se encontra numa frequência de vibrações mais elevadas. Esse mundo possui ainda menos habitantes. As almas vão parar nele depois de passarem por uma seleção muita rigorosa. Os seres de qualquer mundo superior são selecionados a partir de um mundo inferior, por isso, cada mundo superior tem um número de habitantes menor do que o mundo inferior a ele, mas, em compensação, cada Personalidade sua é mais potente.

– De onde é que vêm os seres que estão num determinado mundo, ou seja, de onde vêm as almas deles?

– Cada mundo tem os seus próprios Fundadores, que elaboram os programas, e os seus próprios Determinantes, que controlam e acompanham esses programas; há também uma reserva individual de almas. Uma parte das almas pode ser trazida de outros mundos enquanto a outra parte é criada de novo. Existe o Sistema Hierárquico de Deus que produz as almas para todos os mundos da Terra. Trata-se do Sistema Supremo do Plano Espiritual, ou seja, não se refere a Sistemas Materiais. Os Fundadores de cada mundo determinam as suas necessidades numéricas de seres e as almas baixam então a esses mundos.

– Após a morte, as almas dos seres dos mundos paralelos da Terra vão parar no mesmo Distribuidor (Separador) que o das almas humanas?

– Não, há um outro Sistema específico desse mundo a trabalhar com elas.

– Os habitantes do primeiro mundo paralelo realizam algum contacto com outras civilizações?

– Não, eles não precisam disso. Eles fazem o seu trabalho, bastante específico, e relações externas não os ajudam em nada.

– Poderá a transição da Terra para a nova órbita levar a mudanças em seus outros mundos?

– Sim, esse processo está energeticamente interconectado e causará mudanças sucessivas em todos os seus mundos paralelos, que também passarão para uma etapa evolutiva mais elevada.

– Quando a Terra transitar para a nova órbita, a população humana encolherá. Será que também encolherá o número de seres dos seus mundos paralelos?

– Não, lá esse processo ocorre da outra forma. Não obstante, é claro que a transição da Terra para a nova órbita causará mudanças em todos seus mundos paralelos, habitados por seres mais avançados. E toda a vida da Terra, existente tanto no vosso mundo físico como nos mundos "subtis" dela, caminha em paralelo, mas com um desfasamento quanto aos Níveis da Evolução. Daí o seu nome: "mundos paralelos", ou seja, existência e evolução simultâneas com subsequente transição simultânea de todos mundos para um patamar acima.

O mais importante é que todos esses mundos estão na mesma base energética na sua construção. Por isso, se se der um aperfeiçoamento das almas no plano físico, um aumento energético da potência das almas ocorrerá em todos os outros mundos.

Em cada mundo paralelo, à semelhança do que acontece no vosso, os seres com uma potência de alma mais elevada vão saindo e sendo substituídos por seres com uma potência energética menor. E nisso está o progresso e o desenvolvimento evolutivo. Tudo muda em paralelo e em concordância de uns com os outro.

– No nosso mundo, dá-se por vezes a descontinuação e supressão de programas previamente desenvolvidos. Isso também acontece nos mundos paralelos?

– Sim, tudo terá de ser refeito também neles de modo a combinar os programas de interação dos mundos.

– O mundo físico está a ser refeito com recorrência a catástrofes e desastres naturais. Nos mundos paralelos, também se usam esses métodos?

– Sim, lá também ocorre algo semelhante. Já aconteceu, por exemplo, um mundo ter sido inteiramente destruído.

– Que tipo de mundo era esse?

– Era um mundo muito rudimentar. Nós chegámos à conclusão de que não precisávamos dele. Tratava-se de um mundo rudimentar pelas características das energias produzidas. É claro que Nós não o eliminámos completamente, apenas o removemos da Terra. E todos seres dele foram transferidos para outro local, para outro espaço.

– Ao eliminarem um mundo, o que é que acontece com os outros mundos?

– Os outros mundos seguem o seu caminho para atingir o Nível exigido, os programas deles são corrigidos. As maiores correções são realizadas nos mundos mais próximos do mundo físico.

– Como é que o trabalho da Terra propriamente dita mudará em resultado disso? Afinal de contas, o número dos seus mundos paralelos diminuiu...

– Convém lembrar que agora, com a transição da Terra para a nova órbita, ela ganhará mais três invólucros "subtis", isto é, três mundos energéticos. Por isso haverá mais mundos paralelos.

– O que é que acontece aos mundos paralelos em caso de destruição do planeta?

– Todos os mundos paralelos se apoiam no plano físico como numa base construtiva, por isso, se algo acontecer a essa base, estes últimos serão inevitavelmente afetados. Quando o invólucro físico de um planeta morre, todos os seus mundos paralelos acabarão por se desintegrar. Trata-se de um processo semelhante à morte do corpo físico de uma pessoa e ao gradual desaparecimento dos seus invólucros temporários. O mesmo acontece com o planeta, ou seja, uma vez desaparecido o plano físico, sucumbem todos os mundos paralelos. E no plano "subtil", eles vão avançando na sua Hierarquia.

– As almas dos seres que habitam mundos paralelos vão para os seus Sistemas imediatamente após a morte desses seres?

– Sim, vão para os Sistemas que as governam, para as suas Hierarquias. Uma vez nos Sistemas, elas são reprogramadas e enviadas para novos planetas, para novos Níveis de Desenvolvimento.

– As pessoas e os seres dos mundos paralelos são governados por Sistemas diferentes?

– Individualmente são governados por Sistemas diferentes. Mas as diretrizes da administração geral são as mesmas, ou seja, as ações são coordenadas, já que seria impossível guiar um mesmo planeta com várias diretrizes diferentes: uma a querer uma coisa, outra a querer outra coisa. Isso poderia levar à explosão de todo o planeta. Daí que seja obrigatório haver concordância de ações.

A ANTIRRAZÃO

– Segundo a imprensa, vemos surgir agora na Terra a Antirrazão. De onde é que ela veio e quem a enviou?

– Aqueles a quem vocês chamam de "Antirrazão" foram enviados por outras civilizações cósmicas para exterminar a civilização, de quem são inimigas. O objetivo dessas civilizações era destruir a Humanidade.

– A sua chegada à Terra deu-se ainda durante a primeira civilização terrestre?

– Não, apenas na quinta, apenas com aparecimento da vossa (quinta) civilização é que eles chegaram à Terra.

– E porque é que a existência da Humanidade os incomoda tanto?

– Você sabe bem que a Humanidade degradou muito e muito rapidamente. Em pouco tempo, energias muito baixas começaram a ser enviadas da Terra para o Universo, o que veio a causar o descontentamento de muitos no Universo. Daí surgiu quem começasse a defender a destruição da Humanidade com base no facto de esta ser um foco de energia impura. Mas Nós temos o Nosso próprio ponto de vista sobre a Humanidade e por isso tentamos mantê-la.

MUNDOS MAIS RUDIMENTARES DO QUE A TERRA

– Considera-se que o mundo físico pertence à matéria rudimentar e é composto por energias de baixa frequência. Os demais mundos são "subtis". Mas existe alguma matéria com vibrações ainda mais rudimentares, ou seja, matéria mais densa do que a do nosso mundo físico?

– Sim, existe matéria cuja estrutura é mais densa do que a vossa.

– E onde é que esse mundo está localizado?

– Não no vosso **Universo***.

– E do que é constituída essa matéria densa?

– Ela tem os seus próprios átomos e moléculas, que são bem mais densos que as partículas do vosso mundo. Trata-se de uma matéria estruturada de modo a corresponder às exigências daquele mundo.

– E como surgem essas moléculas e átomos mais densos?

– Para cada mundo, é criado um determinado conjunto qualitativo e quantitativo de partículas. Esse processo é feito de acordo com instruções "De Cima". Primeiro, define-se o objetivo e, em concordância com ele, forma-se tudo o resto.

– O ser humano conseguiria habitar esse mundo?

– Não. Ele não é capaz de entrar nesse mundo. Tente imaginar a mesma Terra, o mesmo planeta que o vosso, mas feito de uma matéria mais densa. A atmosfera em si é tão densa que é impossível mover-se nela, para a pessoa comum seria como tentar mover-se dentro de uma pedra em condições terrenas. Ou seja, para se moverem nesse planeta de que falamos, os seres que o habitam precisam de ser feitos de uma matéria ainda mais densa.

– Então, o nosso mundo pode ser considerado como "subtil" para os seres desse mundo?

– Sim. Essa será uma comparação justa para o efeito. A diferença que separa esse mundo denso do vosso mundo é a mesma que separa o vosso mundo físico do mundo astral, é a diferença patente na densidade de matéria.

ALIENÍGENAS

– Temos por vezes casos de avistamentos de "discos voadores" no espaço terrestre. De onde é que vêm esses objetos voadores?

– De mundos paralelos que se encontram fora do vosso Universo. Existem objetos voadores capazes de atravessar o espaço de um ponto a outro com grande precisão, ou seja, desaparecem num ponto do espaço para aparecerem num outro ponto, correspondente às coordenadas previamente definidas.

– E porque é que não existe contacto direto entre os habitantes de outros mundos e as pessoas?

– O homem foi educado de tal forma que o atual Nível Evolutivo da sua psique não lhe permite ter a perceção de alienígenas. Quando avista seres de outros mundos, a pessoa entra em estado de grande stress ou de agressividade e começa imediatamente a atirar nesses objetos estranhos. O ser humano é cobarde e, guiado pelo medo dos fenómenos que lhe são incompreensíveis, começa a destruir tudo o que lhe é desconhecido, sem tentar sequer entender do que se trata.

– Esses alienígenas têm os seus "discos voadores" protegidos com um escudo de proteção. Como é esse escudo?

– O escudo de proteção opera num diapasão de frequências invisível ao olho humano. Além disso, estamos em dimensões temporais diferentes, o que também contribui para que os seus aparelhos passem despercebidos.

– Quando é que os contactos com alienígenas se tornarão tão naturais como um contacto normal com habitantes de outros países?

– Na **sexta raça***. Mas as pessoas da sexta raça voarão até outros planetas não em dispositivos físicos voadores, mas em seus próprios corpos "subtis".

– E esses contactos contribuirão para o progresso humano?

– Sem dúvida. Quando o ser humano deixar de ter medo do desconhecido e passar a perceber a realidade dos outros mundos tal como ela é, ele aprenderá muita coisa nova sobre a vida da outra civilização e dará um salto no conhecimento.

– Mas existem civilizações terrestres do passado que também guardam memória de alguns dispositivos voadores. Elas foram também visitadas por alienígenas na altura, não?

– No que se refere aos discos voadores da época da Atlântida, eles próprios os construíram e voaram neles, já que esta se tratava de uma civilização altamente desenvolvida. Quanto às demais civilizações da Terra, os dispositivos cósmicos avistados a sobrevoarem o espaço aéreo vinham de outros planetas e de outros mundos.

– Com que fins é que os alienígenas visitam atualmente a Terra nas suas naves espaciais? Para fins de conhecimento?

– Não, para trabalharem na Terra quando for preciso corrigir algo no plano energético ou concertar algo na estrutura do próprio planeta. Acontece que às vezes Nós precisamos de ajuda no plano físico e é impossível comunicar diretamente com vocês, seres humanos, já que somos de matérias diferentes. Por isso, quando se torna necessário, recorremos aos serviços daqueles seres físicos que, do ponto de vista evolutivo, se encontram no mesmo Nível que Nós. Trata-se de um **Sistema Cósmico** completamente distinto, de um mundo totalmente diferente, mas cujos seres, tal como vocês, são materiais. Nós damos-lhes então instruções sobre o que fazer, assinamos um contrato e enviamo-los à Terra para eles trabalharem aqui. Os seus fins não incluem contacto com as pessoas, apenas o trabalho pago por Nós.

– Então, é justo dizer que são Vocês que controlam essas criaturas?

– Não é bem assim. Nós não as controlamos, Nós simplesmente lhes pedimos que consertem algo no vosso Sistema e elas fazem isso, uma vez que possuem um imenso conhecimento sobre a matéria física. Mas volto a sublinhar que elas se limitam a executar o trabalho de acordo com o Nosso pedido, já que o seu Nível Evolutivo é compatível com o Nosso. Elas têm a sua própria organização, o seu trabalho.

– Graças a quê é que eles alcançaram um Nível Evolutivo tão elevado em comparação com a Humanidade?

– Graças a uma vida muito longa.

– Não terá sido graças a terem tido alguns métodos especiais de desenvolvimento?

– Não. Foi tudo graças à aquisição do conhecimento durante um longo intervalo de tempo. Eles encontram-se em posição elevado na estrutura Hierárquica do plano material porque ascenderam aí no decorrer de uma longa vida.

PLASMOIDES

Ao viver no mundo físico, o ser humano não consegue ver muitas coisas e acaba por não ter conhecimento da existência de outras criaturas tão inteligentes quanto ele e que, na maioria das vezes, o superam em desenvolvimento.

O ser humano é o último estágio evolutivo racional do nosso mundo físico, depois dos mamíferos e outros animais. Paralelamente, existe no mundo "subtil" uma escada evolutiva infinita de seres racionais, na qual já se encontram todos aqueles evolutivamente superiores ao ser humano. Ou seja, se pegarmos no critério da razão, o homem é o ser superior do nosso mundo físico terreno, no entanto, ao passarmos para o mundo "subtil", ele torna-se o mais baixo entre todos os seus companheiros racionais invisíveis.

As pessoas acharam sempre que estão entregues à sua própria sorte e que, por conseguinte, são livres para fazer na Terra o que bem entenderem, já que não há mais ninguém no Universo e que o ser humano é a rara exceção nos limites do Espaço infinito. E essa versão foi não só categoricamente apoiada por aquela parte de Nível evolutivamente Mais Baixa e pouco instruída da Humanidade, como se tornou também crença firme e inabalável das melhores mentes e cientistas, de astrofísicos, astrólogos e astrónomos, que com os seus telescópios adentraram milhões de anos-luz pelo nosso Universo. E, ao mesmo tempo, que negavam a existência de quaisquer seres como eles em qualquer outro eventual mundo afastado, seres com intelecto igual e superior ao deles sorriam condescendentemente nas suas costas, esboçando aquele sorriso que os adultos esboçam à criança quando ouvem o disparate das suas certezas.

E apenas os indomáveis amantes de ficção científica, com o seu sexto sentido, se permitiram ver o invisível, se permitiram admitir a existência de outras formas de vida no Cosmos para além das patéticas bactérias nos asteroides e microrganismos nos planetas mais próximos. E precisamente estes resultaram estar certos.

O Universo é um espaço a fervilhar de vida no qual o ser humano, entre todas as formas inteligentes existentes, ocupa a mais baixa posição da escala evolutiva. Esta é a verdade que as pessoas precisam de saber sobre si mesmas para encontrar o seu lugar na Hierarquia Geral dos seres vivos do Universo.

Do mesmo modo que não se deixam crianças pequenas tolas sem vigilância, não se deixa o ser humano sem essa mesma vigilância. É por isso que as pessoas são constantemente acompanhadas a partir do mundo "subtil", são guiadas e também provocadas.

A vida terrena foi construída de tal forma que possa revelar numa pessoa não apenas os seus aspetos positivos, mas também os negativos. E para que a pessoa revele de alguma forma as características negativas do seu caráter, torna-se necessária a existência de situações, bastando às vezes apenas provocações do mundo "subtil". Essas criaturas que criam todos os tipos de provocações para os indivíduos, que os empurram a cometer atos impensados, que incitam discussões ou outras ações negativas, são os plasmoides, seres especiais do mundo "subtil" que pertencem ao Sistema Negativo da Mente.

A influência dos plasmoides pode ser sentida pelos indivíduos com natureza sensível nas mais variadas situações, ante uma observação suficientemente cuidadosa de si próprios. Assim, por exemplo, quando uma pessoa está na varanda do nono andar ou na beira de uma estrada cheia de carros, ela pode sentir que alguém, na forma de uma voz interior, começa a tentá-la, a dizer-lhe: "Atira-te lá para baixo, tenta voar" ou "Atravessa a estrada a correr. Será que consegues chegar ao outro passeio?".

A pessoa pensa que esses pensamentos provocativos que a desafiam a escolher entre a vida e a morte vêm dela própria, quando, na realidade, eles são resultado de uma sugestão do mundo "subtil". E os plasmoides são capazes não apenas de incutir certos pensamentos, mas de criar diretamente situações de emergência, de organizar acidentes de carro, desmoronamentos repentinos de edifícios, vazamentos de gás e petróleo, são capazes de causar explosões e incêndios, de desativar aviões, de fazer comboios colidirem uns com outros e de levar navios a perderem-se para sempre no alto mar. E às vezes, como que se de uma brincadeira se tratasse, eles dão um safanão no braço da pessoa que, por exemplo, está naquele preciso momento a levar à mesa um prato com sopa quente, fazendo assim com que a sopa se entorne por cima dela e a queime. E nisso não há tanto de má intenção, quanto de cálculo preciso e de coordenação de ações.

Numa palavra, os plasmoides trabalham para o Sistema Negativo e o seu objetivo é provocar aquela reviravolta inevitável do destino, previamente definida "De Cima" para aquela pessoa em concreto e em conformidade com o seu programa pessoal, e levar essa pessoa a manifestar características negativas do seu carácter.

Assim, por exemplo, se a pessoa que entorna subitamente a sopa quente sobre si mesma (depois de ser empurrada no mundo "subtil") possuir internamente características negativas, ela irá certamente praguejar perante o inesperado, ou, pelo contrário, ela limitar-se-á a dizer "ai-ai" e a culpabilizar-se com humildade por ser tão desajeitada, caso tenha um alto nível* de desenvolvimento.

Assim, ninharias como estas permitem já por si julgar sobre a essência interna da pessoa, sobre o grau da sua malícia ou, pelo contrário, do seu elevado Nível da Consciência. Uma personalidade que tenha atingido um alto nível* evolutivo manter-se-á humildemente calada perante uma situação inesperada desagradável, ao mesmo tempo que um indivíduo ainda em patamares baixos do desenvolvimento terá tendência a soltar emoções negativas juntamente com obscuras energias rudimentares.

Portanto, tudo o que acontece por acaso e de modo inesperado é, na verdade, resultado de um planeamento específico com algum objetivo concreto. Não existem casualidades, tudo no mundo pressupõe um cálculo preciso, um planeamento determinado "De Cima" e concretizado por plasmoides, que são quem cumpre o "trabalho sujo" no Cosmos.

– Então, o que são esses seres que, a partir do mundo "subtil", seguem as pessoas, provocando-as e levando-as a atuar de modo vil ou empurrando-as para a morte?

– São almas que percorreram um longo caminho evolutivo, inicialmente em mundos físicos, depois em mundos energéticos, e por fim escolheram para si o caminho negativo da evolução, o caminho da destruição, por o considerarem o mais apropriado para elas. Essas almas podem ser recrutadas tanto na Terra, quanto noutros mundos.

– E de onde é que surgiu o termo "plasmoides" para os denominar?

– Eles receberam esse nome por pertencerem ao mais rudimentar dos mundos "subtis", o mais próximo do vosso mundo físico. O mundo "subtil" também se divide em Níveis segundo a densidade de matéria: existem Níveis mais densos e Níveis menos densos. Aqueles que mais se aproximam da vossa matéria são os mais densos. Os plasmoides que trabalham com a Terra estão mais próximos do estado físico desta. A sua matéria lembra um coágulo de plasma, daí eles terem recebido essa denominação. Mas existem outros seres negativos que habitam as camadas mais altas e que não participam no trabalho da Terra. As suas tarefas são outras.

– Se esses seres são negativos, significa que se encontram num Nível Evolutivo mais baixos do que o ser humano, não?

– O ser humano avalia de modo errado os Níveis da Evolução, considerando que tudo o que é negativo está abaixo dele e que o positivo está acima, considerando-se desse modo a si mesmo como uma espécie de ponto neutro de referência. Mas essa autoavaliação está errada. O ser humano está abaixo de todos, e todos os demais estão acima dele. Existem muitos Sistemas Negativos tão desenvolvidos quanto Sistemas Positivos. No que diz respeito diretamente aos plasmoides, o seu Nível de Desenvolvimento, após um longo caminho evolutivo, é muito mais alto do que o do ser humano. Portanto, eles estão acima dos humanos, controlam o seu comportamento, conhecendo perfeitamente os meandros da psique humana.

– Os plasmoides estão subordinados a quem?

– A Deus. Todos eles estão subordinados ao Deus Único e, posteriormente, são divididos em negativos, positivos e neutros. Por isso, os plasmoides, como Unidades Negativas, são controlados pelo Hierarca do Sistema Negativo.

– Que tipo de trabalho é que eles fazem na Terra?

– Tudo se faz de acordo com o programa comum de evolução da Humanidade. A tarefa dos plasmoides é revelar no ser humano todas as facetas defeituosas da sua natureza. Às vezes, uma ninharia pode dizer-nos muito mais sobre uma pessoa do que dezenas de ações feitas, como vocês dizem, "para inglês ver". Basicamente, eles controlam a precisão da execução de situações de acidente com meios de transporte e na indústria. Os programas das pessoas envolvidas em acidentes são calculados "De Cima" por departamentos especiais de Programadores, e o controlo da precisão de execução desses programas na Terra fica a cargo desses seres chamados plasmoides. O trabalho deles é desativar o vosso equipamento técnico, mesmo que este esteja em bom estado. E nenhuma inspeção ou verificação ajudará a evitar um acidente planeado, uma vez que somos Nós que vos governamos. Tudo é feito de acordo com um programa.

Por exemplo, foram os plasmoides que desativaram o avião que caiu em cima de uma das vossas cidades (Irkutsk, 1998). Apesar de o avião se encontrar em bom estado, os plasmoides desligaram por incumbência do programa três motores exatamente onde era necessário. As vítimas foram definidas de acordo com o programa. O mesmo se passa com outros aviões ou qualquer tipo de transporte: por vezes, basta atordoar a consciência de uma pessoa por alguns segundos para que aconteça um acidente. São o plasmoides que desativam o vosso equipamento cósmico para não o deixar chegar aos Nossos objetos. Os acidentes em centrais nucleares ou em minas, todos eles são provocados pelos plasmoides.

– Além de causarem acidentes e provocarem certas pessoas, eles têm alguma outra tarefa?

– Eles baixam os campos negativos para aqueles sítios onde é suposto acontecer algo negativo. O campo pode ser posto nalgum lugar ou nalguma pessoa do governo, o que depois leva a guerras, e os governantes tomam decisões tão destrutivas como uma necessidade de destruir algo, apesar de antes de chegarem a membros do governo, as intenções dessas pessoas fossem completamente diferentes. Por "campo" deve-se subentender certos meios de comunicação técnica que se espalham num determinado volume, e não algo que se assemelha a um espaço homogéneo vazio. Esse campo limita o quadro de ação e executa várias outras tarefas, incluindo a recolha das energias formadas depois do assassinato de pessoas.

– É possível desse modo levar alguém a matar uma pessoa?

– Tudo é feito de acordo com o karma da pessoa e as suas orientações internas. Se a pessoa é honesta, digna, internamente contra o assassinato e se o seu karma não estiver manchado, então jamais ninguém a vai levar a matar quem quer que seja.

– Os campos negativos envolvem as pessoas em guerras e agressão independentemente da vontade destas?

– Independentemente da vontade delas, sim, mas de acordo com seu karma. Esta é a condição obrigatória. E os resultados da participação também variam. Por exemplo, alguns atuam em situações de hostilidades como patriotas, como defensores da sua pátria, como heróis, salvando os outros e servindo de exemplo para os demais. Já outros indivíduos agem como agressores, como invasores. A situação é a mesma, mas as pessoas manifestam características diametralmente opostas.

– Isso significa que a pessoa é construída de tal forma que não consegue resistir à influência dos campos negativos?

– Exato, não consegue.

– E se for uma personalidade muito forte, consegue resistir-lhes?

– Nem mesmo uma personalidade muito forte consegue resistir. Ela ver-se-á sempre envolvida no acontecimento. Mas há que lembrar que a pessoa tem sempre uma escolha: matar ou deixar viver, executar ou não. Além disso, voltamos a sublinhar que os campos negativos ajudam a revelar todos os aspetos fracos da natureza do indivíduo: em tempo de guerra o canalha verá os seus vícios virem ao de cima, enquanto que o herói verá florescer nele as mais altas qualidades humanas. A guerra ajuda a pôr à prova a firmeza das qualidades de caráter ganhas, ou seja, em certas pessoas, serão reforçadas as características negativas, enquanto noutras, as positivas.

Vocês mesmas conhecem muitos exemplos onde a guerra trouxe à luz o Espírito Superior em pessoas aparentemente humildes. Ao passarem pelos campos negativos, esses indivíduos deram um pulo evolutivo. Situações extremas permitem revelar todas as fraquezas da pessoa, bem como todas as suas qualidades.

– Se os plasmoides se encontram a uma distância considerável da Terra, como é que eles enviam os seus campos negativos para as cidades e as pessoas?

– Não se esqueça que o mundo "subtil" recorre à técnica correspondente à matéria do mundo em questão. Por isso os plasmoides enviam campos negativos para o sítio necessário com ajuda de certos dispositivos. A mira é acertada com grande precisão. Tudo é feito através de tecnologia "subtil". Os próprios plasmoides podem vir à Terra e porem-se onde precisam.

– Além de meios técnicos, o que mais compõe os campos negativos?

– Eles estão cheios de energia negativa. Para atuar sobre uma pessoa é necessário que essa energia corresponda à frequência da própria pessoa, ou seja, os campos negativos terão de corresponder ao diapasão das características negativas do ser humano. Para tal, o enchimento de tais campos é feito das baixas frequências produzidas pelo próprio ser humano. As pessoas produzem grande quantidade de energia negativa, ou seja, energia da agressão, da maldade, do ódio, etc. Existem muitos tipos de energias de baixas frequências que o ser humano expele num ou noutro estado negativo. Zonas e campos previamente estabelecidos não deixam essa energia espalhar-se para outros territórios. Ela é coletada pelos plasmoides, que as classificam segundo a frequências em campos especiais que serão posteriormente usados para exercerem qualquer influência negativa. No entanto, o preenchimento desses campos não consegue existir por muito tempo, daí que eles precisem de ser alimentados regularmente com a energia negativa das pessoas. Sem essa alimentação de recarga, os componentes do campo acabam por se dissipar.

– As energias negativas dissipam-se por si mesmas?

– Sim. É uma característica delas. Com o tempo elas dispersam-se. Se isso não acontecesse, a Terra ver-se-ia gradualmente encerrada no invólucro das suas energias negativas, o que violaria o equilíbrio energético terrestre. Quanto aos dispositivos técnicos, eles são retirados do dado território.

– Os plasmoides executam algum trabalho positivo?

– Os plasmoides subdividem-se de acordo com o género das suas atividades, ou seja, eles não executam trabalhos ao calhas, mas antes especializam-se em determinados tipos de tarefas. É claro que essas tarefas não são necessariamente destrutivas. Há plasmoides que se especializam na saúde do ser humano e que são capazes tanto de ajudar quanto de prejudicar a saúde das pessoas, dependendo do que lhes for ordenado que façam.

Se for necessário infetar alguém com SIDA, como punição pela amoralidade, ou reduzir o volume populacional em algumas regiões do planeta com ajuda de pestes ou cóleras, os plasmoides espalharão nos locais necessários da Terra os vírus e bactérias necessários, previamente cultivados em laboratórios do mundo "subtil". É claro que isso de um vírus adormecer por cem anos no solo e depois, assim do nada, acordar e começar a matar populações inteiras, não existe. Tudo o que é preciso é produzido nos laboratórios celestiais, lá também são inventadas novas doenças que são depois trazidas para a Terra.

No que diz respeito ao trabalho positivo dos plasmoides, este reside no facto de eles ajudarem as pessoas a superar doenças, curando-as, dando as injeções energéticas necessárias, ao mesmo tempo que consertam também estruturas danificadas dos invólucros "subtis"; eles consertam e curam os indivíduos que têm de cumprir o seu programa até ao fim mas em quem a doença ou o estrago surgiram prematuramente e ameaçam frustrar o programa. Por isso, caso seja necessário, eles são também capazes de ajudar as pessoas.

– Como é que os plasmoides determinam quem deve ser ajudado e quem tem de ser punido?

– Isso é geralmente determinado pelos Determinantes que acompanham a pessoa ao longo da vida. Com a ajuda dos computadores, Eles examinam e analisam periodicamente o estado do invólucro físico dos Seus tutelados. Caso detetem algum defeito menor, Eles próprios o consertam. Mas se não forem capazes de consertar recorrem então à ajuda aos plasmoides, que descem até à pessoa indicada e atuam diretamente sobre ela.

No caso de uma punição, o modo de atuação deles é ligeiramente diferente. Se o tutelado comete atos amorais ou outros atos que o levam à degradação, o Determinante tentará com os Seus próprios métodos avisá-lo várias vezes do caminho errado que tomou.

Se, mesmo assim, o tutelado não prestar atenção aos avisos, o comportamento dele será então relatado a entidades superiores – aos Fundadores, e após o veredito negativo destes últimos, os plasmoides são instruídos a infetar a pessoa com o vírus necessário.

Quanto à peste e à cólera, regiões específicas, geralmente povoadas por pessoas impuras e sem escrúpulos, são desligadas da troca energética geral com ajuda dessas doenças e faz-se uma purificação.

Capítulo 9

CAMPO INFORMACIONAL DA TERRA

CAMPO INFORMACIONAL DA TERRA

O Homem contemporâneo vive literalmente numa bolha de informação, fora da qual – da vida sem informação – já não se consegue imaginar. A vida sem notícias parece-lhe aborrecida, cinzenta, desinteressante. Mas isso nem sempre foi assim. Quanto mais para trás andamos na história, menos informação encontramos, menor é a saturação das suas estruturas sociais.

Se analisarmos a história da Humanidade, podemos ver que o portador inicial da informação era apenas o homem, só depois é que surgiu a escrita e, com ela, os primeiros livros.

O ritmo de divulgação da informação tem sido extremamente lento e está em grande parte ligado aos avanços tecnológicos, que tornaram possível a sua rápida disseminação pelo globo terrestre. No entanto, o seu volume não era grande e o conhecimento era escasso. O homem era limitado no fornecimento de novas informações sobre o mundo à sua volta, contentava-se principalmente com a palavra falada num intervalo de ação limitado. Quanto à leitura, de longe nem todos sabiam ler.

O volume de Novos Conhecimentos começou a aumentar consideravelmente a partir do século XVIII e atingiu o seu apogeu para os seres humanos da quinta raça (a Humanidade em atual evolução até ao ano 2000) no final do século XX.

O século XX assistiu ao aparecimento de novos portadores de informação, tais como a rádio, a televisão e, posteriormente, os computadores, já para não falar dos livros, jornais e revistas que lhes antecederam e que se tornaram massivamente populares. E o objetivo de tudo isso era elevar o mais rapidamente possível a consciência das pessoas cujas almas atingiam maturidade suficiente na quinta raça e que precisavam de obter os últimos pontos sob a forma de Conhecimento Superior para conseguirem entrar na nova fase da evolução. Cada alma em progresso tinha de adquirir a energia que lhe faltava, aceitando o volume máximo de Novas Informações e ampliando a consciência até às noções cósmicas gerais.

Desde meados do século XX que o homem se encontra literalmente banhado por um oceano formado por todo o tipo de conhecimento, informação e notícias. Mas é pouco provável que ele tenha alguma vez refletido plenamente sobre o enorme papel que estes desempenham no seu crescimento geral, contribuindo não só para o seu desenvolvimento intelectual e físico no plano material, mas também para o seu desenvolvimento energético no plano "subtil".

Ante isso, o plano "subtil" e invisível desenvolve-se muito mais e mais ativamente do que o plano físico, já que se dá o desenvolvimento de todos os invólucros energéticos e a acumulação de um poderoso potencial da alma.

Muitos indivíduos que absorveram a mais ampla variedade de conhecimentos, quer conhecimentos terrenos quer Novos Conhecimentos cósmicos, ocuparão um digno lugar entre os Mestres da Humanidade. Ou seja, inicia-se na Terra a transição das almas dos Níveis inferiores para os Níveis superior através da Escada Hierárquica.

E o principal papel nessa transição é desempenhado pela informação cósmica enviada "De Cima" para a Humanidade e que serve de medida de maturidade de muitas almas, que absorvem avidamente as Novas Verdades.

Apenas as almas maduras perceberão a Nova Informação cósmica e descobrirão nela aquilo que as almas imaturas, que não conheceram as Verdades Superiores e permaneceram cegas as elas, rejeitam. É preciso notar que **a maturidade da alma não é medida pelo Nível de Desenvolvimento do Intelecto, nem pelo volume mental,**

mas pelo conjunto de energias espirituais. É por isso que a informação cósmica tem uma razão de ser específica: a de desvendar entre os milhares de milhões de almas, aqueles milhões, ou talvez apenas milhares, que atingiram uma determinada maturidade evolutiva no plano terrestre.

Então, o que é a informação, que cerca o homem por todos os lados com o único objetivo de o fazer evoluir, de expandir o seu consciente tanto quanto possível no que diz respeito às mais diversas áreas do conhecimento?

O ser humano conhece essencialmente apenas dois tipos básicos de informação: a alfabética e a numérica. Existe também a informação simbólica, mas essa é secundária. O homem habituou-se a percebê-la através de imagens e conceitos que lhe são acessíveis e sequer suspeita o quão complicada é a estrutura de qualquer imagem e o que são em si os números.

Vejamos então como é que o conceito da informação nos é explicado a partir de um novo ponto de vista.

– O que é a informação?

– A informação é energia e a energia é informação.

– Qualquer informação transporta em si energia?

– Sim, qualquer. Mas a informação é multinivelar, ou seja, tem diferentes características. E a mesma informação pode dar energia a uma pessoa e não a outra, cujo Nível da Energia é superior a essa informação. Por exemplo, aquelas conversas que têm as pessoas comuns não contêm energia para uma pessoa de intelecto superior. Esta última vai considerar essas conversas ocas. Mas para um indivíduo que esteja num nível* evolutivo inferior, é claro que conversas dessas serão tão interessantes quanto energéticas, embora a sua energia seja pouca e de baixa qualidade, ao mesmo tempo que para um indivíduo que se encontre já num nível* evolutivo elevado, essa conversa não é interessante e não lhe traz qualquer energia. Ele necessita de uma energia de ordem maior. Assim, é a Lei da Relatividade que atua nestes casos: a mesma informação que traz energia para umas pessoa não traz absolutamente nada para outras. O valor energético da informação vai depender do Nível Evolutivo no qual se encontra a pessoa que recebe a informação. Por isso é que para uma mesma pessoa a informação de Nível inferior terá energia baixa, enquanto que a de Nível superior terá energia alta, capaz de causar sobrecarga. Somente a informação do mesmo Nível da pessoa será percebida por ela com normalidade e facilidade.

– A que Nível pertencem aquelas conversas simples do quotidiano?

– Essa é informação para o Nível 6 e inferiores, para as assim chamadas pessoas fúteis (estamos a falar do Nível 6 num total de 100 Níveis existentes na Terra pelos quais o ser humano deve passar obrigatoriamente para transcender para a Hierarquia Divina).

– Que tipo de informação contém energia máxima?

– Informação sobre Deus, o Cosmos, os Mundos Superiores. Qualquer informação terrena, por mais enigmática que lhes possa parecer, encontrar-se-á sempre muitas ordens abaixo da informação cósmica. E isso é já um indicativo para determinar o grau de desenvolvimento da alma. A pessoa que se interessa apenas por conhecimentos materiais encontrar-se-á sempre em Nível de Desenvolvimento Espiritual inferior àquele da pessoa que se interessa pela informação cósmica, pois a alma desta última percorreu já por um longo caminho evolutivo e a sua essência interior não pode mais ficar limitada apenas ao conhecimento terrestre.

– Que tipos de informação é que existem?

– Para o ser humano, existe a informação alfabética (em forma de letras), a digital (numérica), a acústica, a térmica, a sinalética e a simbólica; para os outros seres existe a informação de impulso, de luz e energética. E existem muitos outros tipos de informação que não são compreensíveis ao ser humano.

– O ser humano regista a informação de diferentes maneiras. Ocorre alguma perda informativa quando se fixa na escrita a informação em forma de letras, números ou símbolos?

– Não. Cada registo tem o seu próprio potencial energético. Se considerarmos um registo escrito, então na escrita, ocorre uma concentração de energias maior do que numa conversa, uma vez que a palavra falada tem menos energia do que a palavra escrita. Isso no que respeita à transmissão de informação de uma pessoa para outra. Mas, no que diz respeito à transmissão da informação diretamente do Determinante para o tutelado, a situação muda e, neste caso, o bloco energético enviado com conhecimentos pode não ser decifrado na totalidade pelo indivíduo ou ser decifrado com distorções. Tudo depende do grau de preparação do tutelado e da sua capacidade de traduzir as suas imagens e conceitos mentais em conhecimento alfabético e numérico.

– Sendo assim, qualquer livro é um acumulador de energia?

– Sim. Todo o livro corresponde a um certo Nível Evolutivo. Mas os números são energeticamente mais fortes do que as palavras. Os números podem conter enormes quantidades de energia, tendo o ser humano já se apercebido disso ao calcular e criar armas atómicas e centrais nucleares. Neste caso, é a energia dos números que faz atuar a energia do átomo.

– E os símbolos transportam em si energia máxima?

– A maior quantidade de energia está contida nalguns símbolos especiais. Sim, existem alguns símbolos específicos que concentram em si um certo tipo de energia.

– Que tipo de informação obtida pelas pessoas é mais valiosa para Si e para o Cosmos?

– Não há informações particularmente valiosas para Nós. Há, sim, energia que as pessoas entregam ao Cosmos quando lidam com ela, e se essa energia corresponder ao Nível 100 na escala de desenvolvimento do ser humano, ela será então considerada a maior medida evolutiva do indivíduo, que é o que Nós de facto avaliamos. Nós avaliamos o progresso da alma no seu trabalho com a informação e não a informação com a qual trabalhou o ser humano. Toda a informação parte de Nós. Não é o ser humano que no-la dá a Nós, somos Nós é que a damos a ele. A Nós interessa-nos apenas a interpretação que as pessoas fazem da Nossa informação, a sua psicologia em relação à compreensão da mesma, o trabalho que elaboram com ela e outros aspetos.

– Qual é, no mundo das pessoas, a diferença entre as letras e os números no que concerne à energia?

– As letras são mais brandas em questão de energia. Os números transportam uma informação rígida, rigorosa. Tudo vem dos números. As letras derivam dos números. As palavras são números.

– As letras têm uma concentração energética inferior à dos números?

– Sim.

TRANSMISSÃO DA INFORMAÇÃO DE CIMA PARA BAIXO

– Como é que se dá a transmissão da informação dos Níveis Hierárquicos para a Terra?

– Dependendo da informação, ela é transmitida de diferentes maneiras. Se se tratar de informação de ordem privada, ela pode ser transmitida ao tutelado pelo Determinante através de um sistema transmissor especialmente criado para o ser humano. E para a ligação deste com o Determinante, existe o Anel de Impulso e os invólucros "subtis" como formas intermediárias entre dois mundos distintos: o físico rudimentar e o "subtil". Se for uma informação de ordem mais geral, então ela será transmitida através de uma rede mais complexa de dispositivos de transmissão do plano "subtil", e pode ser transmitida tanto a pessoas, como à própria Terra, ou mesmo a outras criaturas que habitam os seus mundos paralelos. E neste caso, a transmissão já ocorrerá de outras formas.

No entanto, se falamos da transmissão de informações especificamente para o ser humano, então este é capaz de perceber apenas a informação imagética, sendo que tudo o que está para lá de algum tipo de representação em imagem fica fora do seu entendimento. A construção da imagem dá-se através de matrizes de códigos digitais. E aqui lida-se, acima de tudo, com cálculo digital. Primeiro, o ser humano capta os impulsos que vêm "De Cima" e só depois é que se inicia nele o processo do pensamento a nível do subconsciente. Para o indivíduo, é impossível conceber uma ideia sem uma imagem. O ser humano necessita primeiro de imaginar e só depois se segue a compreensão. Ele foi construído desse modo e não há nada a fazer.

– Por conseguinte, uma informação transmitida a um indivíduo segue um determinado esquema, é isso?

– Se ela for transmitida a partir dos Planos Superiores terá de sofrer várias transformações antes de chegar até vocês. Primeiro, dá-se a transformação de luz, depois – a digital, e por fim – a transformação imagética. E para que as informações enviadas ao ser humano passem por essa transformação terá de ser feito um cálculo apropriado. A informação não consegue passar por si mesma de uma forma para outra, de um estado para outro. A dificuldade da transmissão da informação dos Planos Superiores para os inferiores está no facto de ela ter de passar pelos diferentes tipos de matéria, desde uma mais "subtil" para uma muito rudimentar, e, nessa travessia de diferentes camadas, ela vê-se forçada a transformar-se na mesma matéria através da qual passa.

— Como é que se forma a informação digital?

— Nisso está envolvida a técnica dos planos "subtis", além do trabalho dos Nossos Especialistas.

— Quem é o responsável direto por esses cálculos?

— - O Hierarca Supremo do Sistema Negativo, é o Diabo. Os cálculos estão principalmente sob o Seu controlo.

— Imaginemos que seja preciso transmitir uma imagem qualquer para o mundo material. Faz-se um determinado cálculo e como é que depois se transformam os números obtidos em imagem?

— Através do computador, porque a entrada na matéria requer tecnologia. As transformações em matéria são impossíveis sem tecnologia. Mas é evidente que se trata aqui de uma tecnologia pertencente ao mundo "subtil", que permanece invisível para as pessoas. Os mundos numerais possuem também eles uma tecnologia multinivelar que quanto mais próxima da matéria se encontrar mais rudimentar será. Nós também temos uma tecnologia aproximada à vossa, ou seja, computadores. No último patamar antes da entrada na matéria física, os computadores também são materiais, embora para vocês eles se encaixem na definição de energia "subtil". Mas para Nós, são uma tecnologia rudimentar. Acima desses computadores "materiais" está uma tecnologia mais "subtil". E ainda mais acima desta está uma terceira energia, mais "subtil" ainda. Quanto mais alto subirmos, mais "subtil" será a execução tecnológica. E quando se chega ao Nível superior, ela desaparece. Nos Mundos Supremos, não existe tecnologia alguma.

— A tecnologia ajuda a fazer cálculos?

— Da mesma forma que acontece na Terra, a tecnologia faz muita coisa, não apenas cálculos.

OS NÚMEROS

– O que são os números?

– Os números são uma determinada estrutura. Cada dígito (número) tem pertença a determinada energia. Se olhar para dentro do número verá a estrutura e parte dessa energia que o compõe. Por outras palavras, podemos dizer que a energia representa uma estrutura linear de dígitos para o vosso mundo. Já para outros mundos, ela não será apenas linear.

– Existem números com estrutura volumétrica?

– Sim. Imagine uma rede volumosa com números. Em cada quadradinho existem números, que podem ser lidos tanto em linha reta quanto diagonalmente – e tudo isso serão códigos. É assim que é formada uma estrutura energética.

– Diga-me, por favor, o conteúdo energético de cada dígito é constante?

– Sim, é constante para cada dígito.

– E qualquer informação vem em forma de código, em formato digital?

– Sim, qualquer. Tudo são números. Não só as palavras, mas absolutamente tudo pode ser transposto para números.

– A numerologia usada pelo homem contemporâneo corresponde à nova energia?

– A numerologia antiga ficou obsoleta.

– E onde obter uma nova numerologia?

– Ela será brevemente disponibilizada às pessoas especialmente preparadas.

– Especialmente preparadas?... Quer dizer matemáticos?

– Sim. Mas matemáticos com noções básicas de energia, uma vez que todos os números serão dados na sua interligação com as energias. A propósito, os vossos contactos possuem as bases da nova numerologia. A numerologia terá vários tipos e vocês receberam um deles.

INFORMAÇÃO DAS CATEGORIAS "A" E "B"

– No plano terrestre, a informação é transmitida apenas através de números e letras ou existem outras formas de sua transmissão no Cosmos?

– A informação divide-se em vários tipos, nomeadamente: informação sonora, numérica, codificada, em forma de sinal-impulsos e informação de caráter único. Mas existem duas categorias principais de informação nas escalas cósmicas gerais: são elas "A" e "B".

INFORMAÇÃO DA SEGUNDA CATEGORIA (CATEGORIA "B")

(Com base no exemplo dado pelo contacto por escrito da **mensageira do Nível superior L.A. Seklítova***. Esta informação concentra uma energia mais alta do que os contactos verbais).

Relato de informação levada à segunda categoria (categoria "B").

"A definição relativa das funções da integridade do mundo, relativo a uma instância única de duas propriedades, subdividida num conjunto de localizações transobjectivas no espaço tridimensional, tem a sua característica dependência relativamente à possibilidade dada em várias conexões multidimensionais.

Precisamente a **intercontinentalidade*** é a característica da multidimensionalidade e variabilidade de tudo em tudo.

A hereditariedade tem uma variedade de ligações elementares conectáveis, que são reunidas aos pares em paralelismos processuais unitários volumétricos, que têm na sua espécie características distributivas em ligações únicas.

Estes sucessos experimentais e processuais de curta duração do Absoluto referem-se apenas à perceção temporária das informações.

Na distorção atemporal, existe material adicional suficiente para construir formas do volume interespacial.

Perfeitas por sua essência interna, as substâncias possuem o Nível Nomenclatural Cibernético da sua própria estrutura.

Isto aponta para uma espécie de superioridade e de exaltação, desde o estágio inicial da sua existência, relativamente às demais criaturas de estrutura similar, que, por sua vez, esgotaram os contactos pessoais possíveis com os pares paralelo-temporários positivamente semelhantes.

Como resultado de tudo isso, acrescenta-se o seguinte: a súmula de espaços, chamada de variabilidade, é o novo no antigo. E o antigo é a forma aperfeiçoada do novo.

Esta é a Lei Dinâmica e a ordem do Cosmos nas ligações construtivo-criadoras chamadas de **mutabilidade***.

INFORMAÇÃO DA PRIMEIRA CATEGORIA (CATEGORIA "A")

(Contacto verbal. **Mensageira: L.A. Seklítova*.**)

– O que é o campo informacional da Terra?

– É uma complexa estrutura multinível do mundo "subtil" que se formou ao longo das gerações humanas. Regra geral, ele inclui os pensamentos das pessoas como um conjunto de conhecimentos, o pensamento dos animais do seu Nível e o pensamento de todos aqueles que se encontram na Terra e que são capazes de criar imagens mentais. Nesses mesmos ficheiros informacionais, estão incluídos também dados sobre as pedras, as árvores e tudo o restante que constitui a natureza e que está relacionado com o ser humano e o seu modo de vida. O campo informacional é composto pelas mais diversas categorias do conhecimento, que nele se distribuem e classificam de forma variada. Cada categoria do conhecimento tem os seus próprios blocos especializados. Não há nada de caótico no Cosmos. Os pensamentos humanos e tudo o mais está distribuído em diferentes Níveis de acordo com o seu estado energético. Em cada Nível, há uma distribuição dos mesmos em plataformas de níveis, que apresentam imagens de pensamentos.

Os pensamentos da Terra propriamente dita, como regra, têm o potencial energético mais elevado e estão no plano superior do banco informacional geral.

– Os pensamentos das pessoas são reunidos numa egrégora?

– As pessoas formam um determinado Repositório dos pensamentos como uma espécie de nuvem, nebuloso e impreciso, à qual chamam de egrégora.

Na realidade, todo o campo informacional da Terra é um poderoso dispositivo técnico, ou aquilo que na vossa linguagem chamariam de um enorme computador, no qual toda a informação é armazenada em "prateleiras"-Níveis, ou seja, organizada pelo tipo energético e ordem de conhecimento.

Mas o Determinante da Terra é responsável pelo conhecimento especificamente terrestre. A Terra tem o seu próprio Determinante, de ordem superior à do ser humano, que possui o seu próprio computador. Nesse computador, encontra-se o conhecimento especificamente predestinado à Terra e não mais do que isso. Cada mundo paralelo possui o seu volume de informação, que para outro mundo já não serve.

– Como é que esse computador recolhe o conhecimento da Terra?

– A comunicação é feita através de canais energéticos especialmente concebidos para a transmissão da informação. Há na Terra um Sistema que processa os dados relativos ao planeta e os passa "Para Cima".

– E o conhecimento oriundo das pessoas também vai para o computador do Determinante da Terra?

– Tudo tem a sua própria sistematização. Existe o conhecimento geral (comum), referente à Terra, e existe o conhecimento que se refere à Humanidade. Nada se mistura e toda a informação tem um lugar que lhe corresponde de acordo com a sua saturação energética, uma vez que a informação de um tipo difere da informação do outro tipo, acima de tudo, pelo conteúdo da sua capacidade energética. Mas o ser humano não se deve esquecer jamais que não ele é que cria Novas Informações para Nós, mas Nós que lhe damos todas as Informações Novas que ele obtém.

O ser humano descobre para si o que já há muito existe e que foi criado pelos Supremos. No entanto, todo aquele Nosso Conhecimento que ele assimila e desenvolve, é guardado em ficheiros históricos como um caminho de aperfeiçoamento da Humanidade, ou seja, tudo o que o ser humano cria e elabora fica registado e é guardado como momentos do seu desenvolvimento. Nós enviamos Novos Conhecimentos à Humanidade através de personalidades especialmente preparadas para recebê-los, que os decifram e decompõem como seu próprio conhecimento para as camadas da população abaixo da sua. Dá-se assim a difusão das Nossas Informações entre as camadas evolutivamente mais baixas, mas o grau do seu aprendizado fica obrigatoriamente registado e gravado nos ficheiros do computador como a decomposição multinível dos Conhecimentos enviados por Nós. Por isso, a informação vinda do ser humano vai de facto para o computador do Determinante da Terra, mas já como um grau de perceção e domínio da Nossa Informação Superior após ter sido processada por aquele.

– O campo informacional dos outros planetas é recolhido de forma similar?

– Sim, de forma similar. A informação das criaturas vivas que habitam o planeta em questão é colhida para um banco de informações, e a do planeta em si – para outro. Acumula-se informação sobre tudo para, mais tarde, ser mais fácil compreender o funcionamento de tudo e de todos os que evoluem no planeta. Depois da morte do planeta, o Determinante e o Fundador do mesmo realizam a análise minuciosa de todos os dados sobre ele.

– O que recebe o planeta com o facto de uma parte dele estar iluminada pelo Sol, enquanto outra parte permanece no escuro? Isso está de algum modo relacionado com a receção da informação?

– Sim, está diretamente relacionado.

– Isso significa que durante o dia o planeta recebe informações do seu Nível e que à noite a devolve? Ou ao contrário?

– Não, à noite o planeta continua a receber informação, só que outra informação, de um outro tipo, por assim dizer.

– E o que é isso de informação diurna e noturna?

– Por exemplo, durante o dia, o planeta recebe informação intelectual e à noite, sensorial.

– E de onde é que o planeta recebe a energia sensorial?

– Do Cosmos, dos próprios planetas. Dá-se uma troca de energia sensorial entre os planetas. Mas este é um exemplo isolado. A diferença entre energias recebidas e enviadas dentro do seu alcance é vasta, assim como é a diferença das suas características. E energias com características diferentes significam informação de diferentes planos.

– Portanto, o campo informacional da Terra encontra-se constantemente sob a competência do seu Determinante?

– Sim. É evidente que ela não existe por si própria. Está sempre sob a administração do Determinante.

– A Terra desenvolve-se, vai mudando com o tempo. Isso não levará a que a informação geral do Determinante da Terra se vá atualizando com Novos Conhecimentos?

– Naturalmente, todas as alterações ocorridas na Terra são registadas no banco de dados. Além disso, os Sistemas Hierárquicos Supremos conduzem novas investigações para melhorar a Humanidade e o planeta e introduzem no banco de informações tudo de novo que os possa fazer avançar.

– Os Determinantes das pessoas têm acesso livre ao Repositório Geral de Conhecimentos ou precisam da permissão dos Determinantes Supremos para isso?

– Não, não possuem tal acesso.

– E é possível a pessoa conseguir ligar-se diretamente ao campo informacional?

– Não, ninguém consegue nunca ligar-se ao que quer que seja por si mesmo, exceto ao seu Determinante pessoal. Tudo terá de ocorrer através Dele. É o Determinante que dá ao Seu tutelado todo conhecimento do qual este necessite e que contribua para o seu progresso, ou seja, o indivíduo jamais receberá mais do que aquilo que pode saber.

– De onde é que a pessoa vai buscar informação durante o estado de meditação? Ao que é que ela se liga nesse caso?

– A informação pode ser obtida de duas maneiras:

1. A partir do Determinante pessoal, através da base de dados do Seu computador;

2. Ela mesma consegue perceber a informação existente no mundo "subtil" ao seu redor.

O volume de informação no segundo caso e a sua qualidade dependerão do grau de recetividade da pessoa, do nível* do seu desenvolvimento, ou seja, da capacidade de consciencializar aquilo que entra no seu campo da perceção. Podemos comparar o primeiro caso com aquela situação quando o indivíduo obtém informação a partir de livros numa biblioteca, e o segundo caso, quando ele sai para a natureza e percebe o que está ao seu redor. É certo que ele lê diretamente a informação da natureza, mas dentro dos limites dos seus próprios conceitos. Tudo na natureza é portador de informação: as plantas, as pedras, a água, o ar. No entanto, o tipo de informação, a profundidade da sua cognição, o seu volume e a exatidão de reprodução irá já depender da capacidade da pessoa em extrai-la do mundo que a rodeia. Uma informação pode ser lida de modo correto ou errado, ou seja, dependendo do seu desenvolvimento intelectual, o indivíduo pode perceber uma ou outra informação que lhe interesse mais e decifrá-la à sua maneira. E, perante isto, cada um vai extrair o seu quinhão do mundo exterior, pelo que a informação obtida pode variar bastante, como sendo apenas uma parte de um todo comum e maior.

Mas elas terão sem algo em comum umas com as outras. E para unir as partes dispersas num geral maior torna-se necessário ter grandes conhecimentos.

O mesmo se passa no mundo "subtil": uma informação pode ser extraída através de meditação ou em voos no plano astral. Nesse caso, a informação recebida por uma pessoa assemelhar-se-á ao tipo de informação que ela recebe quando está em comunhão com a natureza. E tal informação pode ser infinita, já que o Cosmos está repleto de todos os tipos de estruturas "subtis" e tudo aquilo acessível ao intelecto humano pode ser estudado.

– As pessoas desenvolvem-se todas de maneira diferente e obtêm o conhecimento correspondente ao seu nível?

– Sim, cada indivíduo recebe a informação apropriada ao seu Nível de Desenvolvimento, ou seja, o computador do Determinante contém uma reserva com o conhecimento que o indivíduo é capaz de perceber. E todas as ideias que lhe vêm à cabeça e que ele posteriormente formaliza em teorias vêm do seu Determinante, em forma de sugestão para a sua evolução. Se uma pessoa desejar conhecer algo além do seu programa, o Determinante terá de pedir permissão ao Fundador e questionar se pode revelar esse conhecimento ao seu tutelado. Se o Fundador permitir, o Determinante envia então esse conhecimento ao aluno. Mas se não permitir, o indivíduo fica assim com alguma questão não resolvida até o fim da sua vida.

– Conseguirá alguma vez o ser humano tirar proveito de todo conhecimento existente no campo informacional da Terra?

– É evidente que não. Nem ele precisa disso.

– Mas para que é que esses conhecimentos são então todos armazenados?

– Para analisar a evolução da Terra e da Humanidade. Além de que o ser humano pode aproveitar muito desse conhecimento só depois de terminar o ciclo das suas encarnações terrenas e passar para os planos "subtis" da existência e de, possivelmente, se ter ele próprio tornado um Determinante ou uma outra entidade qualquer. E então esses conhecimentos, já ampliados, poderão ser-lhe revelados. E aquilo que lhe era desconhecido sobre a Terra e o ser humano quando ele ocupava um corpo material, tornar-se-á conhecido, permitindo-lhe então usar tudo o que for necessário para o seu novo trabalho.

– O campo informacional que a Humanidade possui tem sido o mesmo para todas as civilizações da Terra?

– Não, vai variando. Cada civilização recebe o seu próprio campo informacional. As civilizações diferem por seu Nível Evolutivo, pela estrutura "subtil" e por suas capacidades, daí que um campo informacional com sobreposição de dados antigos teria uma influência negativa sobre uma civilização posterior e a evolução desta poderia seguir o caminho errado, ou seja, teríamos uma informação a atrapalhar outra.

– O campo informacional tem de corresponder ao programa da respetiva civilização?

– Sim, claro. Cada campo informacional é preparado para uma civilização em concreto de acordo com suposto Nível de Desenvolvimento desta, ao mesmo tempo que o programa de desenvolvimento da civilização determina quais os conhecimentos que deverão estar acessíveis à Humanidade num determinado período e quais os que não poderão ainda estar acessível por o tempo deles não ter ainda chegado.

– Mas será possível que os intelectuais da Terra não sejam capazes de fazer descobertas na ciência e nas artes por si mesmos? Afinal, existe muitas personalidades bastante desenvolvidas no mundo.

– Não, eles não fazem nenhuma descoberta para Nós, eles fazem descobertas para as pessoas. Mas as descobertas são dadas por Nós. Todos os conhecimentos necessários à evolução da civilização vêm "De Cima" e estão de acordo com o programa de desenvolvimento futuro. E quando determinadas pessoas, como mensageiros, cientistas, políticos, artistas, etc., precisam desses conhecimentos, os Determinantes enviam-lhes os conhecimentos necessários de acordo com período em questão, e só posteriormente é que aqueles primeiros darão a conhecer às outras pessoas esses mesmos conhecimentos na forma de teorias ou de obras de arte. Ou seja, voltamos à mesma tecla: não é o ser humano que enriquece o campo informacional com suas novas teorias ou obras de arte, se não que ele extrai tudo isso do campo informacional, mais precisamente, da base de dados do Determinante, dos computadores onde se encontra a informação necessária para o desenvolvimento de cada pessoa em concreto. Por isso é justo dizer que o campo informacional da Terra forma um imenso computador geral que fica sob o domínio do Determinante principal do planeta, e que tudo nele é sistematizado, classificado e armazenado de acordo com a energia que possui. O ser humano não consegue entrar nessa base de dados. E todos aqueles conhecimentos específicos que ele pode receber de acordo com o programa de desenvolvimento pessoal, ele recebe do seu Determinante, através do computador Deste.

Toda a informação do banco de informações está distribuída pelos diferentes Níveis Energéticos. E os diferentes Níveis Evolutivos têm os seus Níveis de Conhecimento. Daí que uma pessoa com um nível* evolutivo baixo receba informação de um determinado Nível, ao mesmo tempo que outra pessoa, de um nível* evolutivo médio, receba informação já de um Nível Informacional já mais elevado, e uma terceira pessoa, evolutivamente acima das duas primeiras, receba informação de

Nível elevado. Resumindo: a informação vem destinada a diferentes perceções.

– É possível uma pessoa reconhecer mais do que aquilo que lhe é determinado pelo programa e que está definido na base de dados do computador do Determinante?

– Sim, é possível uma pessoa evoluir muito rapidamente e o seu desejo de conhecer o novo predeterminar o volume de conhecimentos que foi colocado no computador do Determinante. E se acontecer o indivíduo querer conhecer mais do que lhe é suposto, o seu Determinante está no direito, com a respetiva aprovação "De Cima", de pedir a outro Determinante, que possua na base de dados do seu computador o conhecimento de interesse do Seu tutelado, que lhe dê o que aquele quer saber. Isto já estará para além do programa. Em troca, o Determinante da pessoa em questão também dá algo, ou algum conhecimento pessoal.

– Então, o campo informacional nada mais é se não o computador geral do Determinante da Terra?

– Sim. Pode denominá-lo como quiser, mas na essência é isso.

– Mas onde é que ficam então gravados os pensamentos das pessoas e tudo o resto?

– No chamado bloco histórico da memória do computador, onde os pensamentos são armazenados em diferentes Níveis de acordo com a energia que possuem. É a isso que se chama sistematização.

– O volume informativo destinado à sexta raça expandir-se-á em comparação com o da nossa raça, a quinta?

– Sim, evidentemente, uma vez que o indivíduo da sexta raça deverá ter um desenvolvimento cerebral de noventa por cento (90%) ao final do período definido. Por isso, a informação deverá corresponder-lhe no que respeita tanto ao volume quanto à complexidade. Por outro lado, a informação que chega à Humanidade estará sempre confinada a certos limites. O ser humano não pode conhecer mais do que lhe é permitido "De Cima". Mas aquilo que lhe é permitido, ele deve conhecer na perfeição, não fosse isso determinar o caminho da sua evolução posterior.

EPÍLOGO

Relativamente à ideia por detrás dos livros da série "Diálogos com Deus" (4 livros), é de notar que as repetições existentes são incluídas de propósito. Muitos dos temas estão tão entrelaçados que é impossível separar um do outro. Isto mostra a unidade e estreita interligação de tudo o que existe.

Ao se abordar um tópico, inclui-se um determinado conjunto de conhecimentos, com a tentativa de o abordar o mais amplamente possível em todas as suas interligações. Mas quando chegamos a outro tópico, vemos que uma certa passagem da informação anterior precisa de ser repetida para que esse volume de conhecimento pareça mais completo e para mostrar a mesma inter-relação com o tópico anterior. Por exemplo, quando falamos sobre a alma, é impossível não mencionar o programa relacionado com a mesma. Quando se fala das Hierarquias, de Deus ou do Diabo, é também necessário incluir nelas material sobre os programas, caso contrário, a sua essência completa não será revelada. Na parte do karma, temos mais uma vez de abordar o tema dos programas. E uma vez que nos são dados em forma de diálogos, vemo-nos obrigadas a transcrevê-lo sem alterações, o que provoca o facto da repetição. Se um não for complementado pelo outro, não se cria uma impressão coerente sobre o assunto a revelar.

Tomemos um exemplo terrestre mais óbvio. Se estamos a falar de uma cidade, então temos de contar sobre o seu povo, as suas indústrias e lugares culturais, caso contrário, não conseguiremos recriar toda a imagem da cidade. E quando falamos de indústria, devemos também falar de como esta afeta a vida da cidade e das pessoas. Ou seja, existe em todo o lado aquela interligação que ajuda a alargar o conhecimento sobre o assunto em questão. É o conjunto de conhecimentos que dá uma imagem completa da esfera de atividade de qualquer objeto.
Portanto, as repetições neste e noutros livros da série "Diálogos com Deus" são criadas artificialmente e têm o propósito definido de tornar a informação sobre o assunto tão completa quanto possível.

Ao ser defrontada com informações resultantes de contactos, é difícil à pessoa despreparada no sentido esotérico aceitar novos conceitos que quebram todas as ideias antigas já predefinidas sobre o mundo, o homem, Deus e o Diabo. Mas nisto é que consiste o verdadeiro período de transição – a transição da Era de Peixes para a Era de Aquário, a transição da **quinta raça*** para a **sexta***, e a transição da Terra para uma nova orbital.

A progressão de uma personalidade resume-se precisamente a isto, ao facto de que ela deve desistir do velho a tempo para seguir os novos caminhos que conduzem ao futuro.

GLOSSÁRIO

O Absoluto

1. Deus, A Mente Suprema (conceito de uso geral);

2. Personalidade Suprema que governa toda a Hierarquia Evolutiva das almas. Para a Humanidade, o Absoluto é Deus. No entanto, existem Hierarquias Superiores com um ciclo evolutivo mais longo que são regidas por Absolutos ainda maiores. Cada ciclo elevado do desenvolvimento termina com o Absoluto da grandeza que lhe corresponde. Existe um número infindo desses Absolutos, no entanto, cada um deles representa o Nível de um determinado ciclo hierárquico de evolução. Todos os Absolutos se distinguem por sua ordem sequencial, ou seja, por uma sequencialidade regulada de acordo com o grau do seu desenvolvimento. Qualquer Personalidade que lidere uma Hierarquia* é um Absoluto para as almas que aí se desenvolvem. Os Absolutos podem ser positivos (orientados para Deus*) e negativos (orientados para o Hierarca Negativo, o Diabo*). Depois de atingir o Absoluto de um Nível, todas as almas nele contidas passam para o volume do mundo subsequente para atingir o Absoluto do Nível seguinte;

3. Volume espacial que personifica um organismo vivo da Essência Suprema e que contém tudo o que pertence a um determinado estado de vida, assegurando o seu funcionamento normal dentro de um ciclo de evolução completo. O Absoluto é o topo de um ciclo evolutivo que subentende todo o percurso feito dentro da Hierarquia e serve como valor limite normativo desse ciclo.

Alma (Unidade*, Essência*)

1. Estrutura energética espiritualizada do plano "subtil" que nos permite ter consciência do nosso "Eu" e de nós próprios no mundo como uma individualidade singular. A alma é capaz de existir fora do corpo material e tende a aperfeiçoar-se. Ela é triúna, isto é, formada por três partes: duas delas

antagónicas (a Parte Positiva e a Parte Negativa) e uma terceira que as controla (a Parte Governante). As estruturas da alma incluem Matrizes de Consciência, Subconsciência, Tempo, Leis, Conceitos, Qualidades, Palavras e Números, bem como corpos energéticos permanentes. O Criador da alma é Deus e Seus Assistentes. Existem Sistemas Hierárquicos* especiais de Deus que, sob a orientação Deste, se ocupam da criação de estruturas para as almas futuras. A evolução de cada alma ocorre com base nos programas estabelecidos pelos Programadores Supremos;

2. Matriz espiritualizada com uma determinada composição qualitativa inicial de energias que, no processo do seu aperfeiçoamento, se vai alterando à medida que novas energias vão, ininterruptamente, preenchendo as células. A matriz está ligada a estruturas permanentes e temporárias, destinadas ao plano terrestre. Os corpos energéticos permanentes (invólucros)* tendem a aumentar os seus indicadores com a progressão. As Essências possuem apenas matriz com estruturas permanentes.

Almas com Defeito (Almas Defeituosas)	Almas dos indivíduos que degeneraram, isto é, que destruíram qualidades positivas ganhas no passado, ou de indivíduos que por seu desenvolvimento se aproximam do Diabo (através do ganho de energias com qualidades que as orientam para o Sistema do Diabo*, como a maldade, a crueldade, a agressividade, o ódio, etc.). As energias que conduzem ao Diabo são chamadas de "obscuras" e negativas. Temos, portanto, que as almas que acumulam estas energias são por Deus consideradas como sendo defeituosas, pelo que Ele se vê obrigado a destruí-las, ou seja, a decodificá-las ou a entregá-las ao Hierarca do Sistema Negativo (o Diabo).
Almas Rasas (almas inferiores, almas baixas)	Almas que pertencem aos indivíduos inferiores* (indivíduos baixos).

Capacidade Energética (Ganho Energético, Enchimento Energético)	Concentração de energia por unidade de volume.
Compósito	Conjunto de diferentes tipos de energias existentes na matriz da alma que criam a sua textura, a composição qualitativa, que determina a expressividade e individualidade da personalidade.
Decodificação	Eliminação da alma a nível no plano "subtil", anulação da consciência individual de uma pessoa, do seu "eu" pessoal; desmontagem das estruturas energéticas "subtis" da alma através de uma limpeza total das células da matriz que resulta na eliminação das energias ganhas e acumuladas pelo indivíduo ao longo de todas as suas vidas anteriores. Este processo é muito doloroso para a individualidade em processo de decodificação. Sem anestesia, a alma sente a decodificação como verdadeiros tormentos do Inferno. Esta desmontagem e limpeza das células é feita pelas Essências* do Sistema Negativo. A base inicial da matriz permanece inalterada e volta a ser introduzida no ciclo da vida, mas já como uma pessoa completamente diferente, como uma alma diferente, nova, com outra individualidade que não sabe e não se lembra de nada sobre a alma que estava nessa mesma matriz antes dela. Daqui podemos deduzir que a matriz propriamente dita é eterna e que a eternidade de uma personalidade depende do processo do seu aperfeiçoamento.
Densidade Energética da Alma	Quantidade de energia* por unidade de volume da alma. Ao evoluir, a alma vai acumulando energia nos seus invólucros. Quanto mais a alma evolui, maior se torna a sua densidade energética, ou seja, mais energia ela acumula dentro de si. A densidade energética depende: 1. da intensidade de assimilação do conhecimento (quanto mais a pessoa aprende e sente, maior será o valor da densidade energética);

2. da duração da vida e do número de reencarnações. Mesmo uma alma preguiçosa adquire gradualmente, de vida em vida, algum conhecimento e experiência que resulta no aumento da sua densidade energética.

Desenvolvimento

Sinónimo de "Evolução"

Determinante (antes: Professor Celestial)

Individualidades Superiores que se encontram entre o Primeiro e o Terceiro Nível* da Hierarquia de Deus. O Determinante guia a alma da pessoa ou de outro ser (por exemplo, animal) através de um dispositivo especial do plano "subtil" chamado de "computador celestial". O Determinante controla a execução do programa por parte do ser humano, fornece-lhe energia, dá-lhe impulsos para se desenvolver e sinaliza-o antes do perigo. Além disso, participa no momento do nascimento e da morte da pessoa.

No Primeiro Nível* da Hierarquia Geral de Deus existe uma Hierarquia Específica Para os Determinantes, na qual Estes se encontram distribuídos de acordo com o Seu grau de perfeição pessoal. Esta Hierarquia inclui também os Determinantes que conduzem as almas dos seres de outros mundos. Os Determinantes tanto podem ser positivos quanto negativos, além de que Determinantes de diferentes Níveis Evolutivos podem conduzir diferentes números de discípulos. Os Determinantes Negativos orientam os indivíduos negativos e recebem destes a correspondente qualidade energética. O mesmo acontece com os Determinantes Positivos.

Deus (Criador)

1. O Absoluto*, A Mente Suprema; A Suprema Personalidade do plano "subtil" que governa a Humanidade (na sua aceção comum);

2. É o Hierarca Principal do Sistema Positivo*, a Personalidade Suprema que dirige a Hierarquia*, o volume geral de uma construção estrutural do plano "subtil" constituída por muitos Mundos Energéticos e quatro Universos Materiais. Deus é uma Essência Altamente Evoluída que atingiu a perfeição máxima

em termos de potência do pensamento, de capacidades criativas e de valores do potencial em relação ao ser humano. Deus possui uma estrutura interna hierarquizada e uma alma triúna. Ele é o Ideal que todos devem almejar. Deus possui a capacidade de espiritualizar e de criar o novo. Possui todas as características qualitativas das Suas Essências constituintes. O Seu potencial total é constituído pela soma dos potenciais de todas as Unidades* da Sua Hierarquia. O aperfeiçoamento de Deus realiza-se por ciclos hierárquicos e é infindo por sua perspetiva. Deus é a Essência eterna e imortal da Ordem Suprema em relação ao ser humano. Mas existem muitos Deuses na Estrutura Una dos Mundos Energéticos e Físicos*, cada um dos quais se desenvolve na Sua qualidade específica. Todos os Deuses distinguem-se, mas, não obstante, têm muito em comum. Todos Eles obedecem às Leis da Estrutura Una dos Mundos Energéticos e Físicos.

3. Convencionalmente, alguns Determinantes fazem-se passar por Deuses diante do homem. Isto deve-se ao facto de Lhes ser difícil explicar ao ser humano qual o lugar que Eles de facto ocupam no muito complexo Sistema da Hierarquia.

Diabo

1. Nas doutrinas de algumas religiões (cristianismo, islamismo, etc.), é um Espírito Mau ou o principal dos Espíritos Maus, a "força impura" que se opõe a Deus, que impele o Homem para o pecado, a personificação do mal;

2. Personalidade Suprema diametralmente oposta a Deus por Seu conteúdo intrínseco e Seus atos. Altamente inteligente, Ele vai-se aperfeiçoando por meio dos processos negativos. Possuidor de metade da potência de Deus, Ele gere uma Hierarquia Negativa autónoma. No entanto, encontrando-se completamente subordinado a Deus, o Diabo cumpre a Sua tarefa de identificar as almas instáveis por suas qualidades espirituais. A Ele cabe-lhe a tarefa de desmantelar estruturas que, tendo-se tornado desnecessárias aos Sistemas, ficam

condenadas à destruição. Cabe-lhe a Ele interromper processos, nomeadamente processos de vida de indivíduos e Sistemas cuja existência não mais se justifica e que terão de ser substituídos ou reiniciados. Ou seja, no âmbito da Estrutura Una dos Mundos Energéticos e Físicos*, é precisamente ao Diabo que cabe a tarefa de executar todo o trabalho rudimentar de destruição daquilo que se tornou desnecessário, degradado, do desperdício e do nocivo. O Diabo está funcionalmente ligado a Deus e não pode existir sem Aquele como substância separada, porque juntos Eles formam um Volume único, e ambos trabalham - em coordenação um com o outro - para o mesmo objetivo.

Diapasão Energético (Gama de Energias)	Quantidade de energias de determinada frequência que constitui um Nível Evolutivo (por analogia com a música - 1 oitava, ou seja, a gama de vibrações do som "dó" inferior ao som "dó" superior da mesma oitava. A transposição do limite deste Nível para uma área de frequências energéticas mais refinadas indica a passagem do desenvolvimento energético para um Nível superior, enquanto que a transposição do limite inferior do Nível indicará a degradação do desenvolvimento humano (nos caso das oitavas, isso corresponde a um melodia conduzida em falsete).
	Cada Nível possui a sua própria quantidade de energias que o formam. Quanto mais elevado o Nível, ou seja, o diapasão, maior será o número de energias que o formam e que o afastam da sua base inicial.
Egrégora	Volume que comporta algo, especialmente energias, que se instalam nele de acordo com a sua ordenação hierárquica. As egrégoras referem-se geralmente ao plano terrestre.
Encarnação	Cada uma das vivências corporais na Terra. É sempre realizada de acordo com um programa* que determina que tipos de energias o indivíduo deve acumular na sua matriz. Uma única encarnação

nunca é suficiente para o indivíduo atingir a perfeição, daí ser necessário reencarnar muitas vezes.

Energética

1. Nova designação para a palavra "energia" que indica um tipo de energias estruturalmente mais rigorosas e típicas das energias enviadas atualmente (anos 2000) pelo Universo à Terra;

2. Potencial total contido num volume concreto.

Energia

1. Medida geral das diferentes formas de movimento da matéria (definição clássica);

2. Qualquer tipo de matéria, física ou "subtil", que está para além da perceção humana. Tudo na Hierarquia de Deus é energia, mesmo a mais rudimentar matéria física é energia que, por meio de determinados métodos especiais, se concentrou numa massa densa. Daí resulta que a energia é uma forma de movimento e evolução comum a todos os mundos e seres vivos. Qualquer objeto, estado ou processo é uma forma materializada dessa energia e serve de meio para a transformação da energia do respetivo Nível. Qualquer tipo de energia possui estrutura e propriedades próprias. Todas as formas e mundos acomodam a transformação da energia no seu movimento em direções opostas: rumo à evolução e involução. A Estrutura Una dos Mundos Energéticos e Físicos* possui um número infindo de tipos de energia;

3. A circulação das energias na Estrutura Una dos Mundos Energéticos e Físicos* é infinda, tanto num como no outro sentido, isto é, no que toca à Terra, tanto na direção do Cosmos quanto no sentido da profundidade da matéria.

Energias Baixas (Inferiores, "Sujas", "Obscuras", Pesadas, Rudimentares)

Energias pertencentes aos Níveis mais baixos da Hierarquia do Homem*, normalmente até ao seu 30º Nível.

Energias Elevadas (Altas Energias)	São energias que pertencem aos Níveis Superiores da Hierarquia do Homem*, geralmente a partir do seu 70º Nível. Se considerarmos a Hierarquia de Deus*, então todas as suas energias são já por si elevadas em relação à Hierarquia do Homem*, pelo que todas elas serão denominadas de Energias Supremas. Enquanto as energias, no geral, pertencem a um espetro ou gama (diapasão*), as energias elevadas remetem-se às frequências energéticas do extremo superior de tal espectro ou diapasão.
Energia Espiritualizante	Energia com determinada qualidade obtida e acumulada por Deus através de processos específicos. É Sua pertença. O Diabo não possui energia espiritualizante, uma vez que no caminho negativo do desenvolvimento não existem processos que permitam a essa energia desenvolver-se posteriormente. O processo de tal desenvolvimento assenta no amor por todas as coisas, na bondade e nos processos criativos. Apesar de não ter hierarquia, a energia espiritualizante está sempre várias ordens de grandeza acima do Nível das matrizes que ela espiritualiza. Em termos de qualidade, é tanto heterogénea quanto homogénea. Ou seja, num Deus, ela (a energia espiritualizante) é sempre homogénea, e, em diferentes Deuses, é heterogénea. Cada Deus possui o seu próprio tipo de energia espiritualizante. A energia espiritualizante é neutra: está tanto em formas positivas como em formas negativas.
Entes Superiores (os Superiores, Mestres Celestiais, Essências)	Individualidades que se encontram num Nível Evolutivo acima do Nível Terrestre e que gerem a Terra e a Humanidade.
Enviado	Alma vinda do Mundo Superior que encarnada no plano terrestre com um objetivo específico e que traz conhecimento do Plano Superior para o mundo inferior. Não obstante, o enviado não transmite tudo o que sabe mas apenas aquela parte da informação que o Nível Evolutivo da Humanidade for capaz de entender e compreender. O seu conhecimento

pessoal das coisas, que ultrapassa o conhecimento da pessoa comum, é necessário para decifrar a Informação Superior enviada pelos Mestres da Humanidade relativamente aos seus conceitos modernos. No cumprimento da sua missão, surge uma ligação particular entre o enviado e o seu Determinante na qual este último disponibiliza ao enviado a quantidade necessária de conhecimento e gere as ações deste na Terra.

Espiritualidade

1. Conquista do mais alto estado de desenvolvimento, inerente ao mundo em questão e relacionado com acumulação de energias de ordem mais elevada a partir do diapasão energético existente no dado plano;

2. Principal caraterística da alma constituída pelas mais nobres qualidades de cada Nível de Desenvolvimento. Trata-se de um tipo especial de energia pura que vai enriquecendo o indivíduo ao longo da sua vida, como resultado do elevado senso moral, da pratica de boas ações, de atos humanitários e da aquisição de conhecimento espiritual.

Espiritualização

1. Incorporação (introdução) de energia espiritual superior em qualquer criação ou estrutura que resulte na aquisição de vida e na espiritualização da dada forma. A espiritualização é o único processo que possui poder de "dar vida". O segredo da espiritualização pertence unicamente a Deus e às Essências a quem Ele confia tal segredo. O Diabo não conhece esse segredo;

2. Processo de dar a vida a uma matriz que consiste na união desta com energia de uma determinada qualidade que a dota da capacidade de existir eternamente. Por isso as matrizes são eternas mas o seu conteúdo pode mudar em caso de acumulação de energias sujas, ou seja, as matrizes com defeitos ficam sujeitas à eliminação de aquisições desnecessárias.

essência (com letra minúscula)	Significado interno de algo; aquilo que é mais caraterístico de uma determinada forma ou processo.
Essência (com letra maiúscula) (Unidade*, Alma*)	Alma*, indivíduo, progressão, nominal, personalidade, Unidade*, ou seja, uma Individualidade. Em qualquer mundo, seja da Hierarquia de Deus ou da Hierarquia do Diabo, habitam Essências, isto é, Individualidades Altamente Evoluídas, criadoras e calculadoras, que evoluem de acordo com programas* individuais e que auxiliam Deus na implementação dos Seus planos. Cada Essência tem uma direcionalidade qualitativa de desenvolvimento e, dependendo desta, une-se a outras Essências em Sistemas de Níveis* com determinada especialização funcional.
Estrutura Una dos Mundos Energéticos e Físicos (O Volume Espacial Multidimensional)	É um maxivolume cujas dimensões correspondem ao Seu Nível de Desenvolvimento; é o mundo externo, o habitat das Essências do grau evolutivo correspondente. Em relação ao ser humano, este maxivolume é infinito, mas possui uma construção estrutural hierarquizada. Contém um sem-número de Naturezas* de todo o tipo e Volumes Espaciais com menor Nível de Desenvolvimento, que possuem diferentes bases qualitativas e que estão limitados por dimensões espaciais.

É na Estrutura Una dos Mundos Energéticos e Físicos que se encontra tudo o que existe. Ela desenvolve-se de acordo com as Leis Gerais da Existência e possui a sua respetiva Hierarquia Evolutiva.

A nossa Estrutura Una dos Mundos Energéticos e Físicos tem a sua própria direcionalidade qualitativa de desenvolvimento, ao mesmo tempo que outras Estruturas Unas dos Mundos Energéticos e Físicos têm outras direcionalidades de aperfeiçoamento das suas qualidades. As Naturezas* de umas Estruturas Unas dos Mundos Energéticos e Físicos não são capazes de existir noutras Estruturas Unas dos Mundos Energéticos e Físicos devido às bases qualitativas do Seu desenvolvimento.

Fundador
A Essência* que se encontra uma ordem de grandeza acima do Determinante. É Ele que tece o enredo da vida futura da pessoa.

Governador
A Essência* que está acima dos Determinantes e Os governa.

Hierarquia
1. Sistema evolutivo sequencial dos níveis de quaisquer formas, estados, progressões, processos, etc;

2. Sistema evolutivo regulado no qual o movimento das energias se faz a partir das energias de baixa frequência para as de alta frequência;

3. Sistema regularizado de construção usado na Estrutura Una dos Mundos Energéticos e Físicos;

4. Sistema de distribuição de um número absoluto de progressões com determinadas regras de desenvolvimento para cada ordem de um Nível*.

Hierarquia Divina (Hierarquia de Deus)
Estrutura espacial que serve de carcaça ao plano "subtil" na qual estão dispostos, numa determinada ordem, os mundos de Deus, habitados por indivíduos com distintos Níveis* de Desenvolvimento chamados de Essências*. Os mundos ou planos do ser são Níveis* que possuem o seu próprio sistema existencial e regras de aperfeiçoamento. Muitas vezes, esses planos da Hierarquia são chamados de mundos energéticos de Deus, dispostos de acordo com o maior ou menor grau dos seus potenciais energéticos. A direcionalidade do seu grau de desenvolvimento vai da base da pirâmide da Hierarquia até ao topo desta, onde se encontra Deus no controlo de tudo abaixo d'Ele. Toda a Hierarquia acomoda um número bem definido de Essências, que são o que de mais valioso há para Deus. A Hierarquia de Deus é formada por 100 Níveis* Evolutivos (ou de Desenvolvimento) e contém tanto Sistemas Positivos quanto Negativos na direção divina do aperfeiçoamento.

Hierarquia do Diabo (Hierarquia Negativa)	Estrutura espacial que serve de carcaça ao plano "subtil" constituída por Mundos/Níveis* com energias qualitativamente opostas às Energias Divinas. Estes mundos, completamente subordinados ao Hierarca Negativo, são habitados por Essências elaboradas a partir de antigas almas defeituosas(almas com defeito) e colocadas por Deus à disposição do Diabo. No entanto, as referidas almas com defeito só entram nesta Hierarquia depois de terem passado por estágios adicionais de desenvolvimento nos mundos inferiores do Diabo e terem alcançado o potencial energético correspondente ao Primeiro Nível* da Hierarquia em questão. Todas as Essências* da Hierarquia do Diabo têm uma forma negativa de pensamento, são dotadas de um conjunto muito concreto de qualidades da alma e desenvolvem-se de acordo com os estritos parâmetros dos seus programas. Apesar de Deus não interferir no desenvolvimento dos mundos do Diabo, Ele apresenta sempre os objetivos de tal desenvolvimento, e cabe ao Diabo, de acordo com esse objetivos dados por Deus e considerando sempre os Seus próprios interesses, elaborar os respetivos programas da evolução dos Seus mundos.
Hierarquia do Homem (Hierarquia da Humanidade)	Sistema de aperfeiçoamento da alma humana na Terra constituído por sete raças e formado por 100 Níveis de Desenvolvimento, tanto de indivíduos positivos, isto é, pertencentes a Deus, quanto de indivíduos negativos, pertencentes ao Diabo. A pessoa necessita de várias vidas para atravessar cada um desses Níveis. Nos Níveis inferiores, ela passa por muitas reencarnações (por cem ou mais vidas); já nos superiores, à medida que a sua evolução acelera, ela reencarna menos vezes. Cada tipo de programa corresponde a dez Níveis, pelo que muitas pessoas têm destinos semelhantes por se encontrarem no mesmo Nível Evolutivo.

Indivíduos Inferiores (indivíduos baixos, seres inferiores)

1. Indivíduos que se encontram nos Níveis Evolutivos mais baixos da Hierarquia do Homem*); almas jovens recém-entradas no caminho da evolução sob forma de ser humano. (Indivíduos inferiores - até ao Nível 30, indivíduos médios - do Nível 30 ao Nível 70, indivíduos elevados - do Nível 70 ao Nível 100.) O indivíduo inferior existe apenas no mundo terreno e nos mundos inferiores. Ele possui um intelecto fraco, sabe pouco e tem ainda pouca destreza, as suas capacidades criativas estão apenas no início do seu desenvolvimento. Trata-se de uma pessoa que sucumbe facilmente às tentações e à busca do prazer;

2. Designação utilizada para contrapor o ser humano aos Entes Superiores que habitam a Hierarquia de Deus. O homem material é sempre evolutivamente inferior aos Entes da Hierarquia Divina ou da Hierarquia do Diabo, uma vez que a energia "subtil" representa um grau mais elevado de organização da matéria e as Essências percorreram sempre um caminho mais longo de perfeição e são, por isso, evolutivamente superiores ao ser humano, possuindo, como resultado, num Nível mais elevado da Organização da Alma. O termo "almas inferiores" (almas baixas) é uma denominação transitória, já que o desenvolvimento resultante de múltiplas reencarnações vai enriquecer as almas humanas com experiência de vida e Novos Conhecimentos que contribuem para o aumento do potencial energético daquelas, o que, por sua vez, eleva as almas humanas, primeiro à categoria evolutiva de almas médias e, posteriormente, à categoria de almas elevadas.

Intercontinentalidade

Tipo especial de ligação "subtil" no Cosmos entre as diferentes formas de existência pertencentes a mundos diferentes.

Invólucro

1. Superfície externa completamente vedada, com funções protetoras e vedantes relativamente a qualquer conteúdo interno;

2. Estrutura material ou energética pertencente a uma estrutura multidimensional maior ou a uma entidade vivente e que, dependendo das suas características, irá corresponder a um determinado plano do ser (ex.: invólucro físico, invólucro astral, etc.).

Karma

Retorno que a pessoa recebe por suas ações positivas ou negativas feitas na vida passada (destino bom ou mau que vem incorporado no programa de vida da pessoa).

Leis Cósmicas (Leis Gerais da Existência)

Principal energia transformadora de ordem superior que no plano humano se transforma numa série de normas e regras do comportamento humano e que nos Mundos Superiores determina as formas comportamentais possíveis das Essências* de cada mundo em concreto.

Matriz da Alma

Estrutura celular do plano "subtil" com forma semelhante a favos de mel, detentora de um sistema estrutural conforme às leis regulares, e graças à qual a energia de uma determinada qualidade é fornecida à célula de armazenamento condizente, onde será utilizada para construir a hierarquia da qualidade que lhe corresponde. Base estrutural da alma que se vai preenchendo e vai armazenando os vários tipos de energias formadoras da base do caráter da alma. Possui a capacidade de ir construindo e acrescentando a si mesma novas células à medida que as células já existentes vão ficando cheias. A matriz é uma estrutura espiritualizada que cresce autonomamente e cujo preenchimento energético segue uma sequência hierárquica regular estabelecida por Deus.

As matrizes espiritualizadas são criadas por Deus e Seus Auxiliares dos Níveis* Evolutivos 98-100 da Hierarquia Divina. A matriz vai-se preenchendo com energias em consonância com a atuação da alma no cumprimento do programa evolutivo que lhe foi atribuído pelos Entes Superiores. Tal programa orienta o desenvolvimento da alma em direção ao objetivo para o qual ela (a alma*) foi criada na Estrutura Una dos Mundos Energéticos e Físicos*. As matrizes do nosso Deus vêm ao mundo idênticas, mas, no processo do seu desenvolvimento, elas vão-se afastando e diferenciando umas das outras, visto existir nelas o mecanismo da individualidade, que faz com que cada alma seja única.

Mensageiro(a)

Pessoa que comunica com representantes de outros mundos. Os mensageiros distinguem-se uns dos outros pelas entidade com quem eles comunicam. Alguns comunicam com os Mundos Superiores, outros, com os mundos inferiores, alguns com Sistemas Positivos, outros com Sistemas Negativos, recebendo muitas vezes informações contrárias. Cada mensageiro é capaz de contactar com o Nível cujo grau de desenvolvimento ele ou ela alcançou. Alguns obtêm contacto com a Hierarquia de Deus, mas em Níveis diferentes, pelo que a informação diverge de mensageiro para mensageiro. Quanto mais elevado o Nível do Mensageiro, mais complexa é a informação disponibilizada.

Mundo Inferior

1. Todos os mundos situados abaixo do Primeiro Nível* da Hierarquia de Deus são mundos inferiores;

2. Relativamente ao mundo humano, os planos inferiores (baixos) são planos de existência hierarquicamente abaixo do mundo terrestre e incluem mundos estruturados com gamas energéticas de ordem ou ordens inferiores à gama das energias terrenas. Os seres de um mundo inferior vivem em condições diferentes das condições em que vive o homem e têm uma forma de existência mais rudimentar e severa.

Mundo Superior

Plano existencial acima do plano terrestre. Todos os mundos desta Hierarquia estão num Nível mais elevado, ou seja, são Mundos Superiores, estruturados com gamas energéticas de ordem ou ordens superiores à gama das energias terrenas. No entanto, cada Mundo Superior tem o seu próprio Nível e encontra-se em contínuo aperfeiçoamento.

Os volumes destes Mundos têm a sua própria Hierarquia Evolutiva, que também se rege por programas feitos pelos Especialistas dos respetivos Níveis* e especializações.

Natureza (Organismo Cósmico)

Volume espacial delimitado pertencente a um imenso organismo cósmico no qual se localiza e se desenvolve tudo o que garante o seu funcionamento e aperfeiçoamento vitais normais. Tudo o que Nele existe obedece às Leis do seu Desenvolvimento e ao principal propósito da existência. Quanto à Natureza propriamente dita, ela obedece às Leis da Estrutura Una dos Mundos Energéticos e Físicos*. Ela é uma singularidade vivente que surge como uma formação una e coesa. A sua especificidade está no facto de ela, sendo para nós um imenso Volume Externo e Geral do mundo, poder ser a singularidade de um Volume ainda maior que ela, como é a Estrutura Una dos Mundos Energéticos e Físicos, e, ao mesmo tempo, conter um número absoluto de singularidades de ordem menor, ou seja, a potência dessas singularidades é menor do que o Volume Geral da Natureza em toda a Hierarquia*. A Natureza é absoluta por sua estrutura e limitada por suas dimensões. Caracteriza-se por um número absoluto de Essências* e processos. Existem muitas Naturezas na Estrutura Una dos Mundos Energéticos e Físicos, e cada uma delas tem a sua própria direcionalidade qualitativa de desenvolvimento, a qual estabelece o seu objetivo evolucional. O propósito da formação da Natureza é definido pela forma maior em que ela, a Natureza, existe. Por outro lado, a própria Natureza estabelece a direcionalidade qualitativa do desenvolvimento de tudo o que está dentro de Ela. Por isso, nenhuma evolução concreta é arbitrária, mas antes direcionada para as tarefas gerais da dada Natureza. As Naturezas estão todas interligadas por meio das Leis Gerais da Estrutura Una dos Mundos Energéticos e Físicos, formando assim partes constituintes desta.

nível* (com letra minúscula)	Grau de desenvolvimento de alguém ou de algo. Grau de desenvolvimento de alguém ou de algo. O nível de desenvolvimento do ser humano corresponde normalmente aos Níveis da Hierarquia do Homem* na Terra, a qual inclui cem Níveis, ou seja, cem graus de desenvolvimento. O grau de desenvolvimento depende da acumulação interna do indivíduo: do potencial total de conhecimento e da experiência adquiridos em encarnações passadas.
Nível* (com letra maiúscula)	1. Distribuição das Essências* na escala hierárquica de acordo com o seu desenvolvimento, com a qualidade do seu conjunto de energias, isto é, com o seu potencial energético e potência; 2. Mundos Energéticos da Hierarquia de Deus (ou do Diabo) que contêm Essências* do correspondente grau evolutivo.
Nível Hierárquico ou Nível da Hierarquia	Mundo ou plano de existência da Hierarquia. Os Níveis* encontram-se organizados de acordo com a sua ordem, ou seja, de acordo com a sequencialidade regulada do desenvolvimento energético, desde o mais baixo (mais próximo da Terra) até ao mais elevado (mais próximo de Deus).
Nível do Potencial da Alma	O potencial energético da alma correspondente às suas mais recentes aquisições energéticas. O Nível do Potencial da Alma é um valor de força da alma que pode ser tanto de uma individualidade quanto de outra coisa, como um mundo, um processo, etc. O potencial energético é individual em cada Nível Hierárquico* e, correspondendo a indicadores normativos do limite superior do Nível*, tem tendência a aumentar. (A exceção é a degradação, que diminui o seu valor).
Orbital	Estado energético da Terra que por seu Nível Evolutivo é mais elevado do que o anterior. (Por outras palavras, podemos dizer que a transição de um planeta para a orbital seguinte designa a sua transição para um estádio superior de desenvolvimento).

A transição para uma nova orbital implica sempre uma mudança civilizacional, já que cada civilização traz definido consigo a sua quota-parte de produção de energias para a Terra. No decorrer da sua existência, a civilização aumenta o potencial energético do planeta, o que permite a este progredir e subir cada vez mais na escada da sua Hierarquia, ou seja, permite-lhe passar para novas orbitais. O potencial energético acumulado corresponde ao potencial do Nível seguinte, mais elevado.

Pensamento Figurativo

Capacidade de pensar por meio de imagens tridimensionais. O processo de formação deste pensamento contorna letras e palavras. Ele passa diretamente dos números para as imagens, estabelecendo a sequência "energia - números - imagens" e fazendo com que as etapas "letras - palavras" da cadeia "energia - números - letras - palavras - imagens" sejam eliminadas. Este é, por enquanto, o pensamento do Homem do Futuro, que possuirá um processo de raciocínio mais rápido e ágil do que a pessoa dos nossos dias.

Pensamento Imagético (por Imagens)

Pensamento associado à criação da imagem. O mecanismo de transmissão do impulso do Determinante para o tutelado envolve uma cadeia de transformações sequenciais do impulso: energia – números – imagem. Ao receber uma imagem, o cérebro humano despoleta a cadeia das transformações: imagem – números – letras – palavras.

Pontos de Controlo do Programa

Acontecimentos dos quais a pessoa não consegue fugir. É o destino, a sina. Estes eventos não são escolhidos pela pessoa, mas sim dados "De Cima" para que a alma consiga obter as energias qualitativamente necessárias para aquele dado Nível. Os pontos de controlo são também conhecidos como "principais pontos do programa" e correspondem a situações kármicas e planeadas, ou seja, situações pelas quais uma pessoa terá de passar para acumular o potencial energético necessário para subir para o Nível seguinte.

| **Potência da Alma** (**Potência do Mundo, Potência do Nível**) | 1. Indicador de força formado pela soma dos potenciais energéticos acumulados pela alma;

2. Indicador de capacidade operativa da alma por unidade de tempo;

3. Indicador de capacidade da alma relativamente à realização de ações ou processos (incluindo processos do pensamento). |

Potência da Alma
(Potência do Mundo,
Potência do Nível)

1. Indicador de força formado pela soma dos potenciais energéticos acumulados pela alma;

2. Indicador de capacidade operativa da alma por unidade de tempo;

3. Indicador de capacidade da alma relativamente à realização de ações ou processos (incluindo processos do pensamento).

Potencial Energético
da Alma

Indicador de potência da individualidade. É formado pelas potências das energias que vão preenchendo a matriz e os invólucros permanentes.

Programa de Vida da
Pessoa

Algoritmo multivariável do desenvolvimento da vida do indivíduo elaborado pelas Essências* Superiores e usado por aquele para atravessar as situações da vida durante a sua evolução na Terra. Um programa é constituído por pontos situacionais que se iniciam no primeiro ponto de controlo (o nascimento) e vão até ao último ponto de controlo (a morte). Os programas de Deus dão o livre-arbítrio à pessoa (funcionam num Sistema Positivo)* e permitem a acumulação de diferentes tipos de energias na matriz. Eles, os Programas, são multivariáveis e com livre-arbítrio no Sistema de Deus*, mas possuem uma única variante, sem livre-arbítrio, no Sistema do Diabo*, onde o indivíduo obedece mecanicamente a um programa negativo com uma só variante. Estes programas são chamados de "rígidos" ou "lineares".

Os programas da vida humana são construídos por Programadores Superiores especiais que, com base nas situações e acontecimentos da vida no mundo terreno, orientam a evolução da alma humana para os objetivos estabelecidos por Deus. Os programas ajudam a pessoa a ganhar novos tipos de energia de acordo com os Níveis do seu Desenvolvimento e, ao mesmo tempo, fazem-na pagar por seus erros e saldar dívidas kármicas.

Progressão da Alma

Acumulação energética na matriz segundo o programa definido para essa alma.

Qualidades (Características) Energéticas da Alma	Para a alma humana, uma qualidade é uma energia de determinado tipo que foi obtida e guardada numa célula da matriz após a concretização de ações e pensamentos e que forma assim o carácter de uma personalidade, as suas propriedades, capacidades, possibilidades. São as qualidades, ou seja, os tipos de energias acumuladas, que formam a sensação de conhecimento, a compreensão de algo, a visão do mundo de uma pessoa.
	Cada qualidade tem, na célula da matriz, uma base estrutural de leis que disponibiliza a tecnologia especial para a sua ação e constrói o seu próprio mecanismo de trabalho na célula da matriz. A qualidade que construiu uma mini-hierarquia completa numa célula passa para um modo de ação automático e transforma-se numa força de controlo que passa a subordinar o comportamento do indivíduo. Uma qualidade é construída por uma célula já preenchida com uma energia uniforme. As diferentes células unem-se para formar uma qualidade de acordo com o tipo de energias nelas guardada, criando uma qualidade de carácter ou propriedade. As diferentes qualidades têm diferentes mecanismos de ação. Cada qualidade tem a sua própria potência, da qual depende a força do seu efeito. Às qualidades podemos remeter várias capacidades ou talentos da pessoa, como por exemplo, a capacidade de desenhar, cantar, contar rapidamente, dançar, escrever poesia, etc. A essas capacidades chamamos talento ou competências profissionais.
Qualidade (ou Característica) da Energia	Tipo particular de energia uniforme capaz de mudar. Qualquer acréscimo ou perda da energia acumulada resulta numa alteração da qualidade.
Quinta Raça	Denominação dada "De Cima" à Humanidade que se desenvolveu até ao ano 2000. Este nome está relacionado com a transição da Terra para a quinta orbital.
seres (criaturas)	Figuras pensantes pertencentes a outro mundo, com uma forma diferente da humana, mas possuidores

de estruturas provisórias que lhes permitem adaptar-se ao mundo no qual se desenvolvem.

Sexta Raça

Nova raça da Humanidade, convencionalmente iniciada no ano de 2000. Esta denominação remete para a transição da Humanidade para a sexta orbital, um estágio evolutivo mais elevado do que aquele em que se encontra a quinta raça.

Sistema Cósmico

Comunidade de Essências Inteligentes (geralmente do plano material) localizadas nos Universos Físicos do nosso Deus. No âmbito da Natureza*, o nosso Deus possui apenas quatro Universos Físicos com respetivas Hierarquias Energéticas. Mas na Natureza existe uma quantidade infinda desses Universos e Hierarquias aos quais pertencem os Sistemas Inteligentes, que nós (autoras L.A.Seklítova e Strélnikova L.L) denominamos de Sistemas Cósmicos. Mas há Sistemas Cósmicos do nosso Deus e há outros Sistemas externos, que não Lhe pertencem, mas com os quais Ele coopera.

Sistema de Deus

1. Princípio do aperfeiçoamento das almas nos princípios da ordem das leis de Deus;

2. Tudo o que pertence ao nosso Deus. Além dos mundos da Sua Hierarquia*, inclui os mundos inferiores, cujos seres ainda não evoluíram o suficiente para ocupar o Primeiro Nível* da Hierarquia. Todo o Sistema de Deus é considerado positivo, a educação das almas nele assenta nos princípios da bondade, do amor, da criatividade e do livre-arbítrio dos indivíduos.

Sistema do Diabo

1. Princípio do aperfeiçoamento da alma baseado na aquisição de qualidades específicas energeticamente opostas às qualidades Divinas;

2. Área de existência das Essências* Negativas do Diabo. Inclui a Hierarquia do Diabo e os mundos cujos seres não conseguiram evoluir o suficiente para entrar no Primeiro Nível* da Sua Hierarquia.

Sistemas Hierárquicos

1. Sistemas pertencentes a uma Hierarquia;

2. Comunidade das Essências pensantes que habitam a Hierarquia de Deus ou do Diabo, unidas por sua especialização em algo. Os Sistemas de uma mesma Hierarquia são positivos e negativos, ambos coexistem em cada um dos Nível* da Hierarquia. Os Sistemas que pertencem ao mesmo plano têm um só Nível. Entre os Sistemas Positivos e Negativos de um mesmo Nível*, bem como entre Sistemas de diferentes Níveis*, existem correlações de força estritamente definidas que permitem manter a integridade da estrutura da Hierarquia.

Sistema Material

Comunidade de Essências pensantes em corpos materiais e com um Nível muitas vezes superior ao do ser humano.

Sistema Negativo

Comunidade de Personalidades e Essências* altamente evoluídas que se desenvolvem na direção negativa. As suas matrizes acumulam vários tipos de energias negativas através de operações computacionais, programação e muitos outros processos assentes na manipulação de energias negativas. É importante entender a distinção entre o Sistema Negativo que é a Hierarquia do Diabo* e os Sistemas Negativos que estão na Hierarquia de Deus*, já que estes dois polos são qualitativamente diferentes um do outro.

Sistema Positivo

Comunidade de Essências Altamente Evoluídas ligadas à acumulação de energias positivas na matriz através dos processos de criatividade, criação, ajuda aos outros e de uma série de outras ações e progressões de caráter positivo. É a antítese do Sistema Negativo.

"Subtil" (mundo, estrutura, invólucro)

1. Tudo o que está para além da perceção humana;

2. Tudo o que é criado a partir de uma energia de ordem superior à da matéria física.

Unidade

Denominação da Alma* usada no Sistema Negativo.

Universo (Cosmos)

1. Conceito fundamental da astronomia que inclui todo o mundo à nossa volta (Wikipedia);

2. Volume espacial visível ao olho humano e constituído por estrelas, planetas, galáxias, nebulosas de gás, poeira e outros objetos visíveis;

3. Espaço cuja estrutura tem por objetivo a produção de energia de uma determinada qualidade para alimentar um grande organismo espacial, que no caso do Universo é a Natureza*. À escala da Natureza, cada Universo é a sua "célula". Os Universos são materiais e energéticos. Qualquer Universo individual é multinível, existindo em várias ou muitas dimensões, cujo número aumenta à medida que aumenta o seu Nível Evolutivo.

Volume	Conteúdo quantitativo e qualitativo de algo com limites definidos.
Volume Geral	Dimensões espaciais específicas do organismo global da Natureza* ou de algum espaço unificador.
Volume Individual ou Particular	Parte isolada do Volume Geral* (Natureza*) que se desenvolve de acordo com as suas necessidades e leis, ou seja, que tem uma determinada direção evolutiva que satisfaz as necessidades e os objetivos do Volume Geral*.

ÍNDICE

BIOGRAFIA E BIBLIOGRAFIA DAS AUTORAS

Larissa Seklítova

Nasceu em 1972 em Novorossiysk, Rússia, tendo terminado o ensino secundário técnico. O seu interesse pelo desconhecido, incomum e misterioso iniciou-se quando ainda estudante. Juntamente com os seus pais, A.Strélnikov e L.Strélnikova, Larissa dedicou-se ao estudo da ufologia, bilocação e bioenergética e aprendeu os fundamentos da astrologia. Os contatos com a Mente Suprema tornaram-se o principal objetivo da sua vida. Tendo começado a sua prática num grupo de pesquisadores entusiastas, Larissa acabou por descobrir em si mesma a capacidade de receber informação cósmica, passando então para a categoria de mensageira e atingido um elevado Nível de contacto. Durante muitos anos, manteve contactos telepáticos com a Mente Suprema e Seus Ajudantes, tendo recebido Deles mais de 130 Leis Cósmicas, que descodificou no livro "Leis da Estrutura Una dos Mundos Energéticos e Físicos ou os Fundamentos da Existência da Hierarquia Divina".

Lyudmila Strélnikova

Nasceu em 1947 na região de Volgograd, Rússia. Formou-se com distinção no liceu e posteriormente no Instituto de Engenharia Civil de Rostov. Trabalhou durante muitos anos como engenheira civil. O seu interesse e curiosidade pelo desconhecido e misterioso levaram-na ao clube do conhecimento esotérico, onde estudou ufologia, bilocação, astrologia e outras ciências. O envolvimento no fenómeno do contato com a Mente Cósmica Suprema foi percebido por ela como uma aproximação ao milagre. Juntamente com a filha, L.Seklítova, ela começou em 1989 a trabalhar com os Sistemas Cósmicos. Com base nesse trabalho, obteve-se um grande volume informativo, que foi exposto em 80 livros de diferentes séries. Alguns desses livros foram já traduzidos e publicados noutras línguas.

No momento da publicação deste livro em português, cerca de outros 80 títulos sobre o tema da filosofia cósmica foram já escritos e publicados pelas autoras. Estes serão traduzidos para o português à medida que tal oportunidade vá surgindo. A leitura dos livros é recomendada de acordo com a seguinte lista:

1. Série "Para Além do Desconhecido"

1. A Mente Suprema Revela Mistérios,
2. A Alma e Os Mistérios Da Sua Estrutura,
3. Mistérios dos Mundos Superiores,
4. A Vida Secreta dos Mestres Celestiais,
5. A Estrutura Energética do Homem e da Matéria,
6. Encontros com Os Invisíveis,
7. Criação das Formas ou Experiências da Mente Suprema,
8. A Vida em Corpo Alheio,
9. O Homem da Era de Aquário,
10. Pérolas de Verdades Superiores,
11. Dicionário de Filosofia Cósmica,
12. Matriz: a Base da Alma,
13. O Dedo do Destino,
14. O Terreno e o Eterno,
15. O Fogo de Prometeu ou Misticismo na Nossa Vida,
16. Filosofia da Eternidade,
17. Filosofia do Absoluto,
18. Personalidade e Eternidade,
19. A Formação da Alma ou Filosofia Paradoxal (Volume 1.2),
20. Novo Modelo do Universo ou O Mistério do Universo Desvendado,
21. Leis da Estrutura Una dos Mundos Energéticos e Físicos ou os Fundamentos da Existência da Hierarquia Divina (Volume 1.2),
22. Mistérios do Século XXI,
23. Revelações do Cosmos,
24. Conversas Sobre o Desconhecido,
25. Caminho Para o Desconhecido,
26. Enigmas da Realidade,
27. Fórmula da Evolução,
28. A Natureza Ilusória da Verdade,

29. O Objetivo do Desenvolvimento Humano,

30. O Nosso Armagedom,

31. Capacidades Paranormais,

32. Os Duplos da Terra,

33. As Mais Recentes Informações Sobre o Desenvolvimento da Alma,

34. Respondendo a Pitágoras,

35. Evolução da Alma: do Escorpião ao Faraó,

36. Segredos Energéticos do Casamento Duradouro,

37. Descobertas Sem Telescópio (Volume 1.2),

38. O Que a Ciência Omite,

39. Como Não Terminar no Inferno;

40. O caminho para a Raça Dourada.

2. Série "A Magia da Perfeição"

1. Liberdade e Inevitabilidade,

2. Lições Kármicas do Destino

3. O Fenómeno da Alma,

4. A Grande Transição ou Variantes do Apocalipse,

5. As Causas do Sofrimento,

6. 2012 Apocalipse – Previsões Otimistas,

7. Porque Muda a Terra?.

3. Série "Esoterismo em Aforismos"

1. As Faces do Diamante,

2. Pétalas de Lótus,

3. Blues das Estrelas,

4. Espelho da Sabedoria,

5. Sonata da Verdade,

6. Ode à Eternidade,

7. Sabedoria em Aforismos,

8. Espinhos e Rosas,

9. A Música da Vida,

10. A Filosofia da Vida – poemas.

4. Série "Enciclopédia da Nova Era"

Secção "O Homem da Raça Áurea"

1. A Criação do Homem – Volume 1,

2. A Criação da Alma – Volume 2,

3. O Desenvolvimento do Pensamento – Volume 3,

4. Nascimento. Morte. Karma – Volume 4,

5. Amor. Família. Crianças – Volume 5,

6. O Desenvolvimento do Homem – Volume 6,

7. A Escolha da Alma – Volume 7,

8. Sina. Destino ou O Papel dos Programas no Desenvolvimento – Volume 8,

9. Humanidade – Volume 9,

10. O Admirável Ser Humano – Volume 10,

11. O Que Há de Novo Sobre a Religião;

12. Espiritualização.

Secção "A Terra da Raça Áurea"

12. Terra: Planeta Pensante – Volume 1,

13. Enigmas do Tempo – Volume 2.

Secção "Universo"

14. O Universo e os seus Mundos - Volume 1.

Larissa Seklitova, Lyudmila Strelnikova

A ALMA E OS MISTÉRIOS DA SUA ESTRUTURA
Para Além do Desconhecido
ISBN: 978-84-129291-2-6 (Paperback)
ISBN: 978-84-129291-3-3 (EPUB)

Published to print 15.12.2024.
Format: 152 x 229

This publication is intended for persons over 16 years of age.

CosmUnity
Centro de Desarrollo Espiritual Humano "Raza Dorada"
Email : info@gold-race.org
CIF: G13673611

Os leitores interessados podem, se o desejarem, contribuir da forma que entenderem para a publicação dos livros dos autores em português, financiando ou traduzindo diretamente, revendo e, em geral, contribuindo para a publicação do livro que lhes interessa.

Envie a sua proposta para info@gold-race.org

www.ingramcontent.com/pod-product-compliance
Lightning Source LLC
LaVergne TN
LVHW010307200726
843507LV00010B/1179